collection tempus

Pierre MIQUEL

LE SECOND EMPIRE

PERRIN
www.editions-perrin.fr

© Perrin, 1992, 1998
et 2008 pour la présente édition
ISBN : 978-2-262-02849-7

tempus est une collection des éditions Perrin.

La surprise du chef

Les aigles grasses et luisantes qui surmontent, au musée de l'Armée, les drapeaux de Magenta et de Solferino succèdent aux coqs ridicules de Louis-Philippe et sont la réplique empâtée des emblèmes du premier empereur. Elles sont baroques, incongrues. Pourquoi pèsent-elles si lourd, au sommet des hampes ? Ont-elles couvert de leurs ailes dorées un vrai régime, ou sont-elles les accessoires d'un théâtre désaffecté ?

La France de 1848, elle n'avait plus de roi : elle venait de chasser Louis-Philippe et le prétendant, Bourbon légitimiste, Henri V, ne passait pas pour un candidat sérieux. La surprise était l'empereur de réserve : il se présentait doucereusement pour prendre les commandes. Un fou ? Un « crétin », comme disait Thiers ? Un aventurier sans argent ni morale ? Un étranger ? La montée de ce Napoléon, dont on murmurait qu'il n'était pas authentique, son intronisation démocratique en 1852, telle serait la surprise du chef. Après le coup d'État du 2 décembre 1851, celui qui avait reçu de la Deuxième République les clés de l'Élysée accomplit l'imprévisible : la France de Proudhon, de Flaubert et de Claude Bernard découvrait au petit matin, sur des affiches placardées dans la nuit, qu'elle était gratifiée d'un futur Empereur.

Le bicorne, qu'il portait d'avant en arrière à la manière des encaisseurs de banque, la moustache blonde et la barbiche n'avaient rien d'impérial. L'oncle, comme Auguste, était imberbe. Le profil imprimé sur les timbres à dix sous, gravé sur les monnaies, ne faisait pas ressortir la moindre ressemblance avec le modèle célèbre. Il est vrai que la barbiche dissimulait la mollesse du menton et que le flou du regard était indiscernable sur les vignettes.

Pourquoi Napoléon III et non pas Napoléon II ? Parce que l'Aiglon avait été reconnu empereur, après Waterloo, par les Chambres des Cent-Jours. Il eût été inconvenant de l'oublier.

Les Français préfèrent leur nouveau souverain à cheval. Ils ont raison : à pied, la démarche est lourde, les jambes courtes, le torse interminable. Il a de beaux chevaux qui caracolent au Champ-de-Mars ou sur l'avenue des Champs-Élysées. Le public peut-il l'accepter comme héritier de la légende impériale qui court depuis Sainte-Hélène dans les veillées paysannes, les chansons de Béranger — toujours présent, certains soirs, à la Closerie des Lilas —, sur les images d'Épinal et jusqu'à ces faïences translucides qui font apparaître à la nuit, éclairées par la flamme de la lampe à huile, le « petit chapeau » qui se détache sur les « lithophanies » de Rubelles ?

L'étrange empereur a gardé l'accent de la Suisse allemande où Hortense, sa mère, l'a élevé. Il a fait son service militaire chez les Suisses. Des

Hollandais, sujets épisodiques de son père Louis, il a les yeux bleus et le teint rosé. De son passé de dandy londonien, il a conservé le flegme impassible et une belle passion pour le cheval. Il est italien pour son orageuse liaison de jeunesse avec la société secrète des carbonari, des terroristes prêts à faire sauter l'Europe pour réaliser l'unité de leur patrie. Il est américain par son pragmatisme et sa vision mondiale du progrès, russe par son goût des uniformes, de la parade et des jolies femmes. Est-il, même moindrement, français ?

C'est précisément un trait moderne de ce fils de personne que d'être de nulle part. Napoléon Ier s'identifiait à la tradition militaire, Louis-Philippe portait le parapluie des bourgeois. Louis Napoléon est atypique au double aspect social et national : Européen, faute d'avoir une patrie, citoyen du monde, faute d'endosser vraiment un passé et une tradition. De l'oncle, il ne porte que le nom. Il n'est capitaine que de gendarmerie et vient pour rétablir l'ordre et la paix. Pourtant, les Français ne tardent pas à se reconnaître en lui, à certains traits qu'ils croient discerner.

D'abord dans son mode de vie : l'époque est hypocritement bourgeoise. On aime qu'il ait des maîtresses, mais aussi qu'il ait choisi une épouse selon son cœur, belle et vertueuse, qui assiste aux offices et fait la charité. Qu'il s'ennuie en famille rassure. Son fils unique comble ses sujets d'aise : ils n'aiment plus les familles nombreuses. Il est « l'empereur, sa femme et le p'tit prince » de la chanson. Celui que l'on pourrait recevoir le dimanche, pour chanter les airs de Béranger. Il répond à tous les clichés bourgeois de l'époque et l'on est surpris de ne pas le rencontrer plus souvent sur les boulevards : ne le voit-on pas fréquemment dans la loge des théâtres les plus gais de Paris ?

Deuxième trait d'identification : cet homme de cheval aime les gendarmes et les militaires. Les revues dans Paris sont incessantes, les voyages en province sont accompagnés de galops de lanciers et de cuirassiers. Il donne des spectacles de manœuvres, en pleine ville, n'hésitant pas à confier à un corps d'armée la prise d'assaut des hauteurs du Trocadéro. Dès son avènement paraissent sur les boulevards les uniformes prestigieux de la Garde impériale restaurée, avec les anachroniques bonnets à poil. Voilà qui parle net au cœur des anciens ; ceux de la Grande Armée, après tout, sont encore sexagénaires. Ils reçoivent avec plaisir les médailles et les pensions, et sont l'objet de toutes les marques d'attention. Pourquoi ne pas crier : Vive l'empereur ?

Une bouffée de panache et d'aventure remue les cœurs et fouette les imaginations endormies par la tisane de Louis-Philippe. Tremblez Anglais, Prussiens et Russes, le neveu de l'empereur est de retour. Il donnera la main aux malheureux de l'Europe, à ces Polonais que la gauche idolâtre, aux Italiens en peine, aux Allemands du Rhin que Berlin opprime. Qui peut croire qu'un Bonaparte aime la paix et qu'il préfère les pantoufles aux bottes des conquérants ? La France revient sur la scène de l'histoire : les nostalgiques de la Révolution et de l'Empire peuvent-ils s'en plaindre ?

Son personnage a de quoi séduire aussi ceux qui se piquent de songer d'abord à l'avenir. Il réussit à prendre le pouvoir presque sans révolution, et le sang versé le 2 décembre — qu'il regrette — est dû, pourrait-on dire aujourd'hui, à des « bavures ».

Baudelaire remarquait alors : « La grande gloire de Napoléon III aura été de prouver que le premier venu peut, en s'emparant du télégraphe et de l'Imprimerie nationale, gouverner une grande nation. » Il faut aussi convenir qu'il compte, pour asseoir son règne, sur les chemins de fer et les navires à vapeur, et qu'il entend changer la vie des Français. Qu'il soit le « premier venu » n'est pas pour les choquer. En quoi étaient-ils concernés par les délibérations des notables de Juillet ou de la Deuxième République ? Pas plus la voix sèche de Monsieur Thiers que celle, vibrante et chaleureuse, du poète national Lamartine, n'ont vraiment touché leur oreille. A l'évidence, la surprise du chef ne leur a pas déplu.

La vraie surprise n'était pas le coup d'État : on s'attendait qu'un jour ou l'autre le « prince » Louis Napoléon eût l'idée de s'auto-proclamer empereur. En revanche, l'élection à la présidence, devant Cavaignac et Lamartine, avait fort surpris et marri les notables. Ainsi donc, il suffisait qu'un inconnu avançât le nom de Napoléon pour être admis, reçu, idolâtré peut-être par les Français ? On retrouve l'amertume et la déception indignée des rentiers dans les ouvrages écrits sur le Second Empire : le tableau dressé par le républicain Seignobos pour l'*Histoire de France* d'Ernest Lavisse est impitoyable. A ses yeux, même la « fête impériale » est triste. Les sept tomes du très honnête historien royaliste Pierre de La Gorce ne sont guère plus indulgents : pour ce catholique passionné, les erreurs de la politique romaine sont presque des péchés. Depuis ces deux sommes, les historiens fouillent, grattent, comptent et recomptent du côté des ballasts, des docks et des dépôts de charbon. Le signal de la réhabilitation a été donné, dans les années soixante, par Adrien Dansette, le premier qui ait vu en Louis Napoléon un homme de notre temps. Sans barguigner, le député gaulliste Philippe Séguin s'engouffre dans la brèche avec la hâte d'un chasseur d'Épinal, et hausse l'empereur au niveau de Charles de Gaulle. Peut-on aller plus loin ?

On comprend la malédiction : elle tient à la honte du dernier épisode du régime impérial, celui de Sedan. Il est vrai que le prince est parti comme il était venu, après la défaite, après la guerre civile. Bordé de désastres, le régime n'avait guère de charme. Si Napoléon III avait été un gardien de l'ordre opportun, il n'était pas pour autant légitime : son régime souffrait de la précarité de ses origines.

Il était, de plus, hétérogène. Les manuels ont longtemps distingué l'Empire « autoritaire » et l'Empire « libéral » des années soixante. Mais le libéralisme couvait déjà sous le manteau d'abeilles des premiers temps, et le principe d'autorité, sous le très long gouvernement de Rouher, devait dans la pratique se maintenir presque jusqu'à la fin. Précaire, l'Empire était aussi contradictoire que l'empereur.

Peut-on lire une évolution politique dans le cours de ces dix-huit ans ? Le dernier ministère avant le gouvernement croupion de la guerre — celui d'Émile Ollivier — engage des commissions de réforme, prétend instaurer en France une démocratie libérale sans être gêné par le principe dynastique. Il a le front de renvoyer tout l'ancien personnel et de se passer même des ministres orléanistes qui n'avaient jamais vraiment disparu des instances gouvernementales. Il pousse l'audace jusqu'à chasser l'impératrice Eugénie de la salle du Conseil ; geste symbolique, qui lui vaut la secrète estime des barbus républicains toujours prêts à fustiger la nouvelle Marie-Antoinette. Mais Ollivier, le bouillant Marseillais tropézien et varois (en réalité breton), est emporté dans le climat guerrier, aux premières défaites. Il est impossible de juger un régime interrompu.

La défaite est insupportable aux Français. Pourtant, Napoléon Ier a fort bien survécu au désastre décisif de Waterloo, qui livrait l'Europe et le monde à l'Angleterre. Zola, dans *La Débâcle*, n'a pas de traits assez durs pour représenter l'auguste malade qui assiste impuissant à la ruine de son armée. Le premier est resté un héros, le second un irresponsable.

Si l'empire est *mal* traité, c'est aussi qu'on lui reproche encore l'illégalité de ses origines. François Mitterrand, reprenant à l'inverse la comparaison de Philippe Séguin, dénonçait en 1958 dans *Le Coup d'État permanent* un régime qui n'avait pas pris sa source dans la légalité républicaine. Outre la défaite et l'aventurisme militaire, on inculpait Louis Napoléon pour exercice du pouvoir personnel, tyrannie, césarisme, atteinte aux libertés publiques et répression sociale.

Mal traité par la postérité, le régime était aussi mal exploré par l'investigation historique, qui considérait, sans doute à tort, que tout avait été dit et bien dit par la critique républicaine. Pourquoi analyser des élections truquées, lire des journaux orientés, scruter l'évolution d'assemblées qui étaient à la dévotion du trône ? On pouvait faire l'économie de ces analyses, et se consacrer à l'étude plus neuve des faits économiques et des pulsions sociales.

On posait ainsi les premières pierres de la réhabilitation — de la réintégration — du régime dans le cours normal de l'histoire de France. S'il est vrai que le 2 décembre 1851 un aventurier sans tradition politique réelle s'est emparé du pouvoir jusqu'à occuper un trône si différent de celui de son oncle qu'il pouvait passer pour un usurpateur, il était quasiment seul à occuper la scène politique et ne pouvait donc manquer, pour assurer la continuité de l'État, de faire appel à des équipes inscrites dans une tradition administrative et dans une réflexion politique. Il ne pouvait ainsi méconnaître sa dette au passé proche de la France : rouvrant les dossiers des Premiers ministres de Louis-Philippe, il n'avait, dans tous les domaines, d'autre choix que de poursuivre.

De la sorte, l'intérêt d'une nouvelle étude sur le Second Empire peut être — entre autres — de rétablir les continuités et de montrer le cheminement de l'histoire tout au long de ce règne d'exception, dont seuls les symboles changeaient puisque Louis Napoléon assurait, dans un autre langage, la politique de « progrès dans l'ordre » qu'avait poursuivie, avant lui, un Guizot. Retisser les liens d'un siècle de vie française n'est pas réhabiliter un personnage, mais seulement restituer son règne dans ce que de Gaulle appelait la « nécessité des choses ». Tant pis pour ceux qui aiment l'histoire moralisante, qui juge et condamne. L'homme du 2 décembre n'est pas plus un maudit que le roi des barricades ou le Bourbon rentré « dans les fourgons de l'étranger » (Louis XVIII). On peut le placer sans haine et sans colère sur le trône des Tuileries, même si l'on a quelque raison de penser que son influence sur le cours de l'histoire a été parfois plus que fâcheuse. Encore faut-il, pour être fidèle à ce dessein de réintégration du Second Empire, se montrer peut-être plus attentif à ce que l'empereur a subi qu'à ce qu'il a choisi. Tant il est vrai qu'un homme, même au faîte d'un pouvoir sans balance, ne peut manquer de s'inscrire dans la continuité de l'histoire d'un peuple, ni rester sourd aux exigences de l'État, qui traduisent les réponses plus ou moins adaptées aux besoins profonds des sociétés.

Il était courant, il y a un demi-siècle, d'écrire l'histoire des institutions en plaçant Thiers à la tête de la dynastie des présidents de la République. Dans un album consacré récemment à ces burgraves, un jeune historien, Guy Rossi Landi, a cru bon de mettre en tête de liste Louis Napoléon Bonaparte. L'évolution de nos institutions politiques, en rétablissant en France un pouvoir exécutif fort, est sans doute la cause de cette mutation des mentalités. La tendance à la « réhabilitation » de l'homme du 2 décembre voit en lui le prince-président, devenu empereur pour les nécessités médiatiques du temps. De la sorte, une étude sur le Second Empire manquerait son but si elle se bornait à restituer les continuités indûment interrompues, sans prendre soin de dégager ce qui, dans ce régime, annonce la France moderne. La véritable surprise de ces dix-huit ans de règne est l'installation dans le paysage urbain et rural, mais aussi dans les mentalités et modes de vie, d'une France contemporaine qui doit beaucoup plus sa silhouette et son organisme à l'Empire qu'à la Révolution française. Les contemporains ont eu parfois la conscience de ces changements en profondeur : une fois fortune faite, l'ancien normalien Hippolyte Taine, coqueluche des dîners littéraires et familier de la reine Mathilde, écrivait en 1875, sous la république naissante, dans ses *Origines de la France contemporaine* : « Pareille à un insecte qui mue, la France subit une métamorphose. Par un sourd travail intérieur, un nouvel être s'est substitué à l'ancien. » L'Empire a-t-il changé la France ? Il serait plus exact d'écrire qu'elle a changé sous l'Empire : la vieille France de Louis XVIII, celle de l'ancien régime, n'est plus, elle est livrée aux archéologues et aux conteurs, elle ne compte plus. La nouvelle France illuminée par la très jeune fée électricité reste seule sur la piste de danse. On peut avoir pour le passé un respectueux attendrissement et même chanter avec Hugo ceux qui « sont, de par Dieu, gentilshommes de haut lieu » en découvrant le château de Pierrefonds restauré, par la grâce de l'empereur et de Viollet-le-Duc. La vraie France est un chantier ininterrompu dont les lignes de chemin de fer vont fixer les contours.

Rupture ou continuité ? Thiers s'emporte déjà sous Louis-Philippe de la manie des chemins de fer et s'indigne des premiers accidents. Haussmann, le préfet de Paris, a pour illustre prédécesseur Rambuteau. James de Rothschild a pour employés les Pereire et sa fortune est faite bien avant le coup d'État. Les villes de province n'ont pas attendu Napoléon III pour dresser leurs décors de pierre : Dijon, Nancy, Bordeaux, Rouen et beaucoup d'autres sont des réussites de l'urbanisme d'ancien régime. L'historien Duveau établit avec force qu'il n'y a pas un ouvrier de plus en France après dix-huit ans de règne. Où donc est la révolution ?

La première surprise est celle du temps : les constructions et les mises en place industrielles vont si vite qu'elles donnent l'impression d'avoir été réalisées d'un coup. On n'attend plus, l'avenir est trop impatient ; les chantiers s'ouvrent sur l'ensemble du territoire : on inaugure chaque mois, presque chaque semaine, des tronçons de chemin de fer à partir de 1852. La pioche des démolisseurs détruit les vieux quartiers de Paris, de Lyon, de Marseille ou de Lille à une cadence effrénée. Qui mène la danse ? Le profit, la libération de l'argent, les banques nouvelles qui ont pignon sur rue et bénéficient, dit-on, de la grâce impériale. « Enrichissez-vous ! » disait déjà Guizot. La rente d'État était, pour les candidats à la fortune, un moyen lent, reposant sur la patience et la vertu d'épargne des générations successives. Il semble que dans Paris devenu soudain, selon le poète Théophile Gautier, une Philadelphie, toutes les hardiesses soient bénies : le Veau d'or est de retour. On ne connaît pas, pour le progrès rapide, de plus sûr stimulant.

L'adage anglais *time is money* prend un sens nouveau : on ne peut attendre pour s'enrichir que le temps ait fait son œuvre. Il faut aller vite, toujours plus vite, pour participer aux bénéfices. Zola, dans *L'Argent*, compare la curée de la chasse impériale à ce rush vers les profits, qui ne touche pas que les banquiers ; les spéculateurs deviennent boursicoteurs, la rage de jouer son argent s'empare des petits, et même des humbles : on trouve des actions de chemin de fer dans le portefeuille des pauvres. L'or de Californie a-t-il tourné les têtes françaises ?

Le temps, c'est l'heure ; les rendez-vous sont pris : le Paris-Strasbourg doit être achevé à une date fixe et le prince attend l'heure de l'inauguration. Le préfet presse les maires, et le banquier les poseurs de rail ; le chef de gare et le serre-frein attendent aussi, les yeux sur le chronomètre ; les horlogers suisses et jurassiens ont l'avenir devant eux : le Second Empire a introduit la révolution de l'heure exacte. Les Français, qui prennent encore parfois la diligence, ont désormais les yeux fixés sur leur montre de gousset, quand ils ne veulent pas « manquer le train ». Les mineurs à la tâche des mines de Carmaux regardent l'heure eux aussi, pour toucher les hauts salaires, et les mécanos de chez Cail, qui sortent des locomotives comme les boulangers leurs pains. L'heure du profit est aussi celle du rendement et la révolution des choses entraîne une singulière conformation des esprits.

Les chemins de fer ont transporté 107 millions de voyageurs en 1868, cinq fois plus qu'en 1852, à des vitesses qui atteignent, sur ligne droite, le 100 à l'heure. Cet exploit industriel suppose une révolution dans le dispositif : les aciéries ont dû aligner sur le marché des quantités croissantes de rails, les mines fournir du charbon aux tenders. Les employés des compagnies ont été logés dans les casernes plantées pour eux dans les quartiers neufs des villes, autour des gares et des « dépôts ». Ainsi se sont étendues les villes ouvrières, quand elles n'ont pas été créées de toutes pièces, comme dans l'Allier Commentry. Les rues droites ont multiplié les maisons basses, de plain-pied, où logent les familles, venues des campagnes proches.

Ces bataillons d'électeurs, pour qui l'on construit hâtivement des églises en fonte, sont des nouveaux Français dont on ignore encore ce qu'ils pensent. L'avenir le dira.

Par kilomètres, les textiles aux machines ultramodernes d'Alsace ou de Normandie leur offrent des calicots, des indiennes, des cotonnades aux ramages flatteurs, aux dessins hardis, des châles et déjà des soutiens-gorge, sur les comptoirs des grands magasins, dont le plus célèbre s'appelle *Au Bon Marché*. Ont-ils les moyens de s'engager en foule dans cette furie de la consommation qui touche aussi bien à l'alimentaire qu'au textile ? Les marchands de vin, qui multiplient leurs échoppes dans les rues de Paris, font la fortune des nouveaux vignobles du Languedoc et des docks dressés devant la gare d'Austerlitz. Le vin est frais, il faut le boire, même le vin bleu des carrières d'Amérique, aux Buttes-Chaumont. Quant à la viande, aux fruits et aux légumes, on les trouve la nuit dans les Halles en fonte du baron Haussmann, des monceaux de viandes décrits par Zola dans *Le Ventre de Paris*. Les haricots d'Arpajon y arrivent chaque jour, à la saison. Par le chemin de fer, Paris devient l'immense caravansérail du pays, où chacun peut se procurer, à condition de pouvoir payer, les tapis d'Alger, les figues de Marseille et les foies gras d'Alsace, bientôt, grâce au réseau de l'Ouest, les sardines de Douarnenez. La France entière peut alimenter ce marché de consommation dont l'extension semble infinie. Avec frénésie, l'empereur ordonne la mise en valeur de terres nouvelles, pour produire plus et moins cher. On assèche la Dombes, on plante les Landes et la

Sologne. Le progrès, un des mythes de ce temps, est-il sans limite ?

L'organisation politique nouvelle qui se met en place en Europe semble promettre un avenir mirobolant aux entrepreneurs. La France vivait, depuis Louis XV, dans la hantise de l'avance britannique : les bateaux cuivrés du roi d'Angleterre voguaient plus vite et gagnaient les batailles ; la fin funeste du cycle des guerres de la Révolution et de l'Empire avait condamné les Français à vivre dans une Europe dominée par le principe de l'équilibre européen. Londres avait suggéré cette Sainte Alliance des traités de 1815 qui tendait à dominer les peuples impatients, à leur barrer la route à l'indépendance, au profit de quelques nations d'égale importance, la Russie, la Prusse, l'Autriche, et la France. Les chemins de fer préparaient à la hâte l'unification de nouveaux États, l'Allemagne était déjà réunie dans une entente douanière, le *Zollverein*, dominée par la Prusse, tandis qu'en Italie du Nord, un État leader, le Piémont, attirait les capitaux pour construire ses voies ferrées et ses ports. Les chemins de fer allemands touchaient déjà Strasbourg : les Autrichiens franchissaient les Alpes pour filer sur Venise. Bientôt, il n'y aurait plus de Pyrénées. Comment ne pas percevoir l'urgence de l'adaptation de l'espace français à cette géographie nouvelle qui faisait fi des anciennes bornes-frontières ?

La surprise, dans ce domaine, provoquait l'angoisse. Sans doute se réjouissait-on des intentions constamment amicales de l'empereur des Français à l'égard de la reine Victoria, qui trônait sur le plus riche royaume du monde : la Grande-Bretagne n'est pas seulement la première nation qui ait réalisé sur son territoire la révolution industrielle du charbon et du fer, elle bénéficie d'une position alors dominante dans le monde, grâce à sa maîtrise des marchés et des routes maritimes, grâce à son avance capitaliste et aux intérêts dont elle dispose dans tous les pays en voie d'équipement. Il n'est pas au monde d'homme si pauvre qu'il ne puisse acheter un morceau de sucre ou un pagne : les cotonniers de Manchester et les sucriers des Antilles peuvent satisfaire à toutes les demandes grâce à la présence de l'Union Jack sur toutes les mers du monde, jusqu'en Chine. L'anglomanie d'un Taine ou d'un Guizot tient, certes, au libéralisme du régime politique anglais, mais surtout à la réussite industrielle et commerciale d'un pays que l'on envie sans espérer l'égaler. Que Victoria soit en même temps impératrice des Indes est plus qu'un symbole : Napoléon Ier avait pu rêver, en occupant l'Égypte, de ruiner son arrogant adversaire. Il avait parfaitement vu que la puissance de l'Angleterre, encore peu peuplée et exploitée, était d'abord maritime. Le neveu revenait en Égypte pour y creuser le canal de Suez, avec beaucoup de prudence et de ménagements. On n'ose plus affronter le pays le plus riche du monde. Tout au plus peut-on songer au « rattrapage » économique, le défi politique est exclu.

Les cotonniers manchestériens, qui donnent le *la* au cabinet de la Couronne, ne souhaitent rien tant que la paix. Rien n'est plus préjudiciable aux affaires que la guerre. Qu'un conflit se présente entre les nations, un congrès peut le résoudre, surtout s'il se tient à Londres où la puissance invitante sait alterner les tentations et les semonces. Pourquoi ne pas entrer dans ce jeu du développement pacifique ? Il suppose, sur le terrain de l'Europe, des regroupements en unités plus vastes qui se dessinent déjà, en Allemagne, en Italie : quelle plus fructueuse rivalité que celle des compagnies de chemins de fer qui brûlent de percer les montagnes, de jeter sur les fleuves les nouveaux ponts de fonte, et de joindre les tronçons de voies isolées en un puissant réseau international ? Une sorte de réflexe ferroviaire s'empare des politiques : Louis Napoléon presse la voie de Strasbourg pour raccorder la France et la future Allemagne. Son demi-frère Morny, en mission à Saint-Pétersbourg, jette aussitôt les bases du développement du réseau russe, sous fourniture française. L'Espagne, l'Italie sont à portée. On peut pousser, par un rêve fou, jusqu'en Turquie. Certes l'Europe reste à conquérir, par les cheminots, et non plus par les hussards.

Singulière révolution : le calcul, les prévisions, les projections des économistes priment. Pourtant, les hommes d'entreprise ont besoin des politiques, plus que jamais. Non seulement pour maintenir la paix sociale et celle des nations, mais pour modeler sur le terrain de nouvelles frontières, plus propres à l'expansion. La banque investissant dans les chemins de fer ne veut pas traiter avec le pape, le duc de Parme et le doge de Venise, mais avec un pouvoir italien unique, garantissant l'accès uniformisé d'un territoire : ainsi se font les unions. Ce qui fait la force de Cavour, ministre de Victor-Emmanuel, c'est qu'il peut être honoré du titre d'interlocuteur par les banquiers de la City. On a souvent remarqué qu'une poignée de politiques inconnus entourait Louis Napoléon au matin du coup d'État ; ils n'étaient pas l'élément décisif de la « surprise » : derrière eux, dans l'ombre, des équipes étaient prêtes à donner très rapidement au nouveau pouvoir des directions d'action précises. Ces hommes nouveaux auraient bientôt le champ libre, et leurs ambitions ne se limitaient pas aux frontières.

Les Mirès, Pereire, Rodrigues brûlent de se distinguer dans la course aux équipements. La gloire de Rothschild ou de Laffitte les empêche de dormir et l'habile Morny, qui organise le coup d'État, sait qu'il suffit de leur donner le champ libre pour qu'ils partent au galop. Tous les polytechniciens ne sont pas à l'armée d'Algérie : derrière Enfantin, le disciple de Saint-Simon, mais surtout dans les ministères ou dans les bureaux des compagnies, ils guettent aussi le signal qui leur permettra par la technique de « rectifier la géographie » et, par l'équipement, de mettre fin à l'isolement et à la misère des hommes. Certains attendent l'âge d'or depuis vingt ans. Ils ne sont pas loin de penser que tout devient possible, par l'arrivée sur le trône d'un prince éclairé. On se souvient de la parabole de Saint-Simon, que son valet de chambre avait ordre de réveiller chaque matin par les mots : « Debout, Monsieur le Comte, nous avons de grandes choses à faire ! » Certes, les généraux, les évêques, les princes et les rois sont fort utiles, disait le comte. Mais s'ils mouraient tous en une nuit, l'humanité s'en consolerait. Elle ne pourrait en revanche survivre à la disparition des ingénieurs, des médecins, des producteurs. Pour cette école de pensée, Louis Napoléon était le balayeur inspiré qui jetait aux orties les fausses querelles politiciennes pour laisser agir les équipes de l'ordre nouveau, capables de prévoir, d'organiser, de travailler efficacement à la gestation du futur, débarrassées, le temps de l'action, des pulsions anarchiques et irrationnelles. Qu'un pouvoir pût en imposer à la fois à des groupes d'intérêts divergents, aux privilégiés de tout poil, tout en fascinant les foules, était une bénédiction. La surprise était précisément la découverte de ce nouveau pouvoir, dont les moyens n'échappaient pas à Baudelaire : utiliser les masses par le biais du suffrage universel maîtrisé, et les tenir sous le charme par le bénéfice visible, palpable, appréciable de l'organisation de la production. Cette ambition exigeait le maintien de la paix et la concorde des nations européennes. Les saint-simoniens, bientôt nombreux à la table du Conseil des ministres, avaient le sentiment d'entrer dans un nouvel âge de l'histoire de l'humanité.

Le télégraphe électrique était une invention diabolique qui permettait la mise en place d'un pouvoir technicien. Les plots des préfectures pouvaient être allumés simultanément, sur l'impulsion de Paris. Les nouvelles de la périphérie parvenaient au centre sans retard. On imaginait les effets du système si, grâce au jeu des câbles sous-marins, les continents pouvaient être reliés par un réseau serré de communications. La vision des saint-simoniens est universelle : l'organisation du monde est leur objectif. Le lointain Brésil n'a-t-il pas inscrit sur son drapeau les maîtres mots d'Auguste Comte, premier philosophe reconnu de l'école, « ordre et progrès » ?

On s'est gaussé souvent, dans les cercles d'opposition, des « grandes pensées » du règne, et le plus redoutable censeur de la politique étrangère de Napoléon III était l'ancien ministre de Louis-

Philippe Adolphe Thiers, hostile au développement des chemins de fer. Il est vrai que l'empereur n'a pas eu les moyens de sa politique, même s'il a tout fait pour s'en doter : la navigation à vapeur a progressé lentement, les ports sont entrés tard en service. Cependant, la flotte militaire de l'Empire fut l'une des trois grandes marines de l'histoire de France. Des arsenaux sont sortis les premiers cuirassés, et même le prototype d'un sous-marin. Les bonnes intentions n'ont pas manqué. Si les bateaux restaient à voile et les lampes, à huile (bien qu'on connût l'électricité), ils étaient assez nombreux pour soutenir l'ambition d'une politique mondiale.

Elle était d'abord méditerranéenne : les saint-simoniens parcouraient la mer intérieure des Latins avec le souci de faire sauter, à son extrémité, la vésicule de Suez, de l'ouvrir à la mer Rouge, de faire déboucher les vapeurs sur l'océan Indien. Cette direction maîtresse supposait la paix et le développement sur tous les rivages : si l'on n'osait espérer la collaboration de l'Espagne — secouée par des luttes politiques inexpiables — à la constitution d'une vaste zone d'influence « latine », on comptait sur la nation sœur, enfin reconstituée, l'Italie, pour se lancer vers le sud où les conseillers du prince brûlaient de transformer la misérable colonie d'Algérie en puissant « royaume arabe » ouvert à la modernité. La présence des fantassins de Charles X sur le sol algérien était considérée jusque-là comme une sorte d'accident de l'histoire. On peuplait la colonie d'aventuriers, de déportés, on laissait les militaires y développer, après Bugeaud, des villages de colonisation aux maigres récoltes. L'Algérie, une fois équipée en chemins de fer et en industries, pouvait devenir un pôle de développement pour la région méditerranéenne, mais surtout un arrière-pays économique pour la France et demain l'Italie, peut-être un jour l'Espagne. Cette vision supposait une politique d'entente et d'amitié avec les États musulmans : Égypte et Turquie. En Syrie, l'intervention de la France, plus qu'à la défense des intérêts chrétiens, devait tendre au maintien de la paix, à la coexistence des communautés. La présence de la France en Orient n'était plus une croisade, mais, aux côtés de la Grande-Bretagne, une tentative d'arbitrage entre les deux impérialismes rivaux dans la zone, le russe et le turc. On n'hésiterait pas, pour neutraliser la région, à recourir à l'alliance du Turc contre le tsar pendant la guerre de Crimée, en engageant, dans l'armée alliée, un contingent italien : une opération déjà internationale.

Était-il nécessaire d'aider les Anglais à vendre de l'opium aux Chinois ? L'expédition de Chine est bi-nationale et, si la France fait cavalier seul pour installer un point d'appui en Indochine, c'est devant la consentante indifférence de son partenaire. La Grande-Bretagne est plus chatouilleuse sur Suez, mais Napoléon III a l'astuce de ne pas cautionner officiellement l'entreprise de Lesseps. Il se lance dans l'affaire mexicaine sous la forme d'une entente des nations européennes victimes des finances mexicaines : Anglais et Espagnols sont présents à Santa Cruz. La mer des Caraïbes, objectif secondaire des saint-simoniens, peut-elle échapper aux sirènes du Mississippi ? Le rêve d'une Amérique latine liée à l'Europe du Sud a été souvent repris depuis. Il sort de la cervelle « embrumée », de la pensée « floue » du saint-simonien des Tuileries. L'argent du Potosi pouvait-il compenser l'or de Californie ?

Cent ans d'avance sur les projets, cinquante ans de retard sur les moyens : la réussite de Suez est un miracle que rend possible l'esclavagisme de Mohammed Saïd. L'« empereur » autrichien du Mexique, Maximilien, malgré ses mercenaires belges et suisses, ne peut recruter parmi les forces de progrès et tombe environné de ces réactionnaires qu'il déteste. Les chefs algériens sont des féodaux préoccupés seulement de leur fortune, et la France ne tient le pays que par l'armée d'Afrique, si mal vue de Louis Napoléon, qui connaît les excès et la férocité des officiers des affaires indigènes. Trop de précipitation dans l'action a rendu dérisoire ce qui n'était qu'anticipation et tendu le flanc aux critiques acerbes des porte-parole de l'ancienne France. Les forges du Creusot étaient l'avenir, les mines d'Anzin le passé ; contre Schneider, président du Corps législatif, Thiers, bouillant vieillard, rompait des lances : il était administrateur de la compagnie d'Anzin.

Que la France se risquât outre-mer dans une politique d'avenir choquait à ce point les mentalités politiques que le prince se devait au secret dans l'action, à l'ambiguïté dans le discours, jusqu'à laisser croire qu'il allait au Liban pour les beaux yeux de l'Église et qu'il combattait en Crimée les orthodoxes impies, qui voulaient planter leur seule croix d'argent sur la grande place de Jérusalem. Ce pouvoir personnel, limité aux conseillers, se défiant même des ministres, méprisant les députés, ce centre de décision qui mise toute son action sur la surprise et le secret, s'appuyant sur un petit nombre de techniciens d'exécution, est-il une banale tyrannie, une parenthèse anachronique que l'histoire escamote ? L'intérêt de l'opinion d'aujourd'hui pour le régime oublié ou méconnu montre qu'à l'évidence la pensée politique contemporaine a trouvé dans le dernier empire une forme de gouvernement prémonitoire que la troisième révolution industrielle, celle des puces, allait en somme réactiver, en la débarrassant des aigles dorées et des tambours de la Garde. Aujourd'hui comme hier, un pouvoir de cette sorte risque l'isolement. Il ne peut s'imposer aux contre-pouvoirs organisés qu'en s'appuyant sur la foule indifférenciée, dont on obtient le ralliement moins par des explications sur le fond que par le déploiement de symboles. Napoléon III invente le bain de foule et voyage jusqu'en Algérie. S'il muselle la presse hostile, par la censure et par les procès, s'il taille, rogne et tranche à sa guise dans les médias, il se ménage, en les achetant sans vergogne, des journalistes fidèles parmi les plus grands noms. Les intellectuels sont choyés, recherchés, invités dans les bals officiels. Ils s'y rendent en habit, pour obtenir les riches pensions de sénateurs qui les mettent à l'abri des caprices des directeurs de journaux. Louis Napoléon, par la photographie et les gravures de presse, se flatte de toucher même les analphabètes. S'il ne dispose pas de sondages pour mesurer sa politique, il a le plébiscite, dont il use avec bonheur. Penseur pessimiste, Baudelaire estime que ce recours au peuple n'est pas sans inconvénient. Le pouvoir risque de se réduire au niveau des plus bas instincts des électeurs, en prétendant les dominer. « Les dictateurs, écrit-il, sont les *domestiques du peuple* — rien de plus — un foutu rôle, d'ailleurs — et la gloire est le résultat de l'adaptation d'un esprit avec la sottise nationale. » Réflexion toute moderne et qui condamne trop vite, sans inventaire, un pouvoir plus subtil qu'on ne le dit. Mais il est vrai sans doute que le Second Empire a disposé derrière lui, avant de disparaître, une surprise à retardement : elle tient à la découverte dans le régime oublié d'un autre, encore en place, le nôtre.

Première partie

LE MENSONGE IMPÉRIAL

Chapitre 1

La France se réveille

2 décembre 1851. Il est cinq heures. Une voiture a chargé des ballots d'affiches à l'Imprimerie nationale. Escortée de gendarmes à cheval, elle se présente à la porte de la préfecture de police : le processus du coup d'État est engagé.

Six heures. L'aube. Les ouvriers se rendent au travail, aperçoivent les affiches sur les murs. Ils ont à peine le temps de lire cet « appel au peuple ».

L'appel est signé de Louis Napoléon Bonaparte, prince-président de la République. Il annonce la dissolution de l'Assemblée nationale, « foyer de complots ». Il veut sauver la république et la maintenir. Il demande au peuple « les moyens d'accomplir la grande mission ». Il a besoin de son appui pour « créer des institutions qui survivent aux hommes ». S'il entend conserver l'État républicain, il veut « fermer l'ère des révolutions ».

On met en suspens les institutions, pour en créer

d'autres, au prix d'une dictature intermédiaire dont Louis Napoléon s'excuse en somme, par son « appel au peuple », et qu'il justifie d'avance. Il a bien malgré lui franchi, comme César, le Rubicon, contraint, dit-il, à cette solution ultime par les menées de ses ennemis, qui sont aussi ceux du peuple.

Le secret a été bien gardé. L'homme de la rue regarde passer dans les paniers à salade les beaux messieurs de la rue de Poitiers, les bourgeois députés qui portent des montres en or dans leurs goussets. Ils ont fait tirer sur le peuple en juin 1848, et plus récemment en 1849. C'est leur tour d'être victimes. Qui lèvera la main pour les aider ?

Ni Changarnier, ni Cavaignac, surnommé aux Batignolles « le boucher de juin », n'inspirent la moindre pitié. Le général Lamoricière, idole des zouaves, passe dans un fiacre fermé, escorté de cavaliers. Tous les généraux « africains » rejoignent à la prison de Mazas les prisonniers illustres : ils sont au total 78, dont 16 parlementaires. Les autres sont des journalistes, des écrivains, des responsables politiques. Adolphe Thiers, un des membres du comité de la rue de Poitiers qui a fait élire le prince à la présidence de la République, est dans les premiers logés.

Au commissaire Hubault, qui se présente en pleine nuit à son domicile, il signale qu'il est représentant du peuple « et comme tel inviolable ».

A Mazas, il ne fut guère étonné de rencontrer le général Le Flô, un parlementaire fort hostile au prince, et qui rêvait d'employer contre lui la force publique de l'Assemblée. Il devait être exilé, ainsi que Thiers, dès le début de janvier 1852. Les généraux d'Afrique, particulièrement redoutés, seraient transférés à la forteresse de Ham, où le prince avait été longtemps le prisonnier de Louis-Philippe.

L'opération est une réussite. On peut croire l'Assemblée réduite à merci : les troupes, dès cinq heures du matin, ont pris position sur les rives de la Seine, elles sont massées place de la Concorde, aux Tuileries, aux Champs-Élysées. « Vous êtes l'élite de la nation », a dit, par voie de proclamation, le président aux militaires. Le colonel Espinasse a fait cerner le palais Bourbon. Trois coups de clairon envoient bientôt aux Tuileries le signal convenu : opération terminée. Paris est calme. Les otages sont sous les verrous.

Les auteurs du coup d'État se démasquent alors. Dès sept heures du matin, Morny, le demi-frère de l'empereur, prend possession du ministère de l'Intérieur dont le titulaire n'est pas même averti. Il donne aussitôt des ordres pour que l'on garde les clochers, afin d'empêcher les agitateurs de sonner le tocsin. Morny n'est pas sûr de la garde nationale, une milice de volontaires des quartiers, où chacun a payé son équipement. Aussi fait-il donner des ordres pour que les tambours de la garde soient crevés. Les journaux sont mis sous surveillance, ainsi que les imprimeries, pour enlever aux adversaires tout moyen d'action. A dix heures, le prince-président passe une revue aux Champs-Élysées. Derrière lui, deux autres conjurés, Saint-Arnaud, un général qu'il a fait venir d'Algérie pour le nommer ministre de la Guerre, et le général Magnan, commandant en chef de l'armée de Paris, un fidèle du prince. Cet ancien des armées impériales a été capitaine à Waterloo, colonel à la prise d'Alger. Il a conduit à Paris les troupes lyonnaises qui ont aidé à juguler l'émeute ouvrière de juin 48, il commandait personnellement les unités qui réprimèrent à Lyon, le 15 juin 1849, la sanglante insurrection. Il était député de la Seine quand Louis Napoléon lui a demandé de prendre la tête de l'armée de Paris. Il se trouvait ainsi aux commandes pour le coup d'État.

Deux autres conjurés restent encore tapis dans l'ombre, inconnus du grand public : Louis Napoléon a fait son secrétaire particulier de l'ancien avocat Mocquard, qui a plaidé sous Louis XVIII pour les quatre sergents de La Rochelle. Il a organisé la propagande de l'élection présidentielle du 10 décembre 1848 : depuis lors, il est chef de cabinet à l'Élysée. Persigny, qui s'appelle en réalité Jean Gilbert Victor Fialin et dont le père a été tué dans l'armée impériale à la bataille de Salamanque, en 1812, est un autre fidèle. Le jeune homme, devenu sous-officier des hussards, a été rayé des cadres pour menées carbonaristes. Il s'est tourné vers Louis Napoléon en exil, a organisé avec lui les affaires malheureuses de Strasbourg en 1836 et de Boulogne en 1840. Emprisonné dans la forteresse de Doullens, il a réussi à sortir en 1848 pour retrouver à Paris Louis Napoléon dont il a dirigé l'élection à l'Assemblée constituante en juin, puis septembre 1848, mais surtout l'élection présidentielle. Meilleur agent politique de l'empire, ce conspirateur, devenu comte de Persigny, a recruté et organisé dans le pays toutes les sociétés bonapartistes. Il est ainsi devenu le chef du parti, et comme tel un des cerveaux du coup du 2 décembre. Ce jour-là, après la revue des Champs-Élysées, il attend fébrilement le retour du prince. On croyait l'affaire réglée : or, depuis une heure, 300 députés, pour la plupart de droite, sont réunis à la mairie du 10ᵉ arrondissement, au carrefour de la Croix-Rouge. Ils prétendent reconstituer l'Assemblée. Ils proclament la déchéance du président et lancent à leur tour un appel au peuple. La journée est-elle compromise ?

Morny prend alors la tête de la résistance. Il sait qu'il dispose d'atouts essentiels, mais il veut les jouer à coup sûr. Ce fils naturel du comte Flahaut et de la reine Hortense, ce petit-fils de la comtesse de Souza, qui avait pour amant Talleyrand, a commencé ses exploits dans le monde en enlevant au duc d'Orléans Fanny Le Hon, l'héritière du banquier Mosselmann, richissime propriétaire de mines de houille, de fer, de zinc et de plomb. Morny connaît bien les militaires, pour avoir servi en Algérie sous Oudinot et Changarnier. Il a sauvé, sous le feu, le général Trézel et reçu, pour actions d'éclat, la Légion d'honneur. Il a cependant quitté l'armée pour suivre les conseils de son tuteur, le banquier Delessert : il s'est approprié la sucrerie de Bourdon, dans le Puy-de-Dôme, avec l'argent de Fanny Le Hon. A l'aise dans les affaires, il s'est construit dans la vie parisienne l'image d'un jeune homme cynique, intime d'un autre enfant naturel, Alexandre Walewski, et des banquiers Fould et Laffitte. Depuis la mort de sa mère, en 1837, il arbore crânement à sa boutonnière un hortensia qui rappelle son illustre origine. Il a réussi à se faire élire conseiller général, puis député du Puy-de-Dôme sous la monarchie de Juillet. Il se disait alors orléaniste et arrondissait sa fortune, entrant au conseil des Mines de la Vieille Montagne, spéculant sur les terrains des Champs-Élysées où il se faisait construire une maison près de l'hôtel de sa maîtresse. Propriétaire, toujours avec l'argent de Fanny, du journal libéral *Le Constitutionnel* qui publiait en feuilletons Dumas et Eugène Sue, il eût été ministre si la révolution de février n'avait emporté le régime. L'« enfant du caprice et du hasard », comme disait de lui *Le National*, avait tout de suite mesuré le poids de la légende impériale dans l'ascension politique de Louis Napoléon. Par le prince Bacciochi, petit-fils d'Elisa, la sœur du premier empereur, il avait approché son demi-frère, qui l'avait reçu en janvier 1849.

Il était temps pour lui de rétablir sa fortune compromise par la longue crise des années 1848-1849. Criblé de dettes, il attachait son avenir à celui du prince, menant pour lui le combat à l'Assemblée où il avait retrouvé, non sans efforts, son siège de député. Il a joué un rôle essentiel dans la destitution du général Changarnier, commandant l'armée de Paris en 1850 qui avait interdit aux troupes d'acclamer Louis Napoléon à la revue de Satory. Engagé dans la bataille suprême, il a recommandé au futur empereur de prendre pour ministre de la Guerre le général Arnaud, son camarade en Algérie. Il avait besoin, pour détourner l'armée des officiers « africains », tous fidèles à Cavaignac, d'un nom qui inspirât le respect.

Les troupes de la garnison parisienne avaient été soigneusement choisies et dûment endoctrinées par Saint-Arnaud et Magnan. Mais Louis Napoléon comptait surtout sur les gendarmes. Personne ne faisait plus confiance à la garde nationale : ces soldats citoyens, qui s'équipaient à leurs frais et désignaient leurs officiers, s'étaient montrés mous dans les quartiers riches et dangereux dans les quartiers pauvres. On leur préférait la troupe soldée dont le prince avait eu le temps, depuis son élection à l'Élysée, de s'assurer le soutien. Cavaignac, après les journées de juin 1848, avait lui-même mis sur pied, à Versailles, un premier bataillon de gendarmes mobiles. Le prince en avait créé un second en 1850, 1 200 hommes en huit compagnies marchant au clairon, exclusivement à ses ordres. Il donnait de sa personne pour s'assurer des bons sentiments des recrues, qui achetaient à leurs frais leur équipement et se recrutaient naturellement dans la petite bourgeoisie ou la paysannerie riche. Le 14 mars 1851, il avait passé en revue les gardes mobiles dans la rotonde des Champs-Élysées, devant le panorama de la bataille d'Eylau. Pris par la légende impériale, les deux bataillons avaient défilé aux cris de Vive l'Empereur ! Une troupe aussi attentionnée devait être confortée : le prince décida alors de rattacher la garde républicaine de Paris à la gendarmerie. A cette occasion, 39 commandants de compagnie avaient été promus chefs d'escadron et 51 lieutenants capitaines. Les organisateurs du coup d'État disposaient d'une force de 13 000 chevaux et 23 000 gendarmes, qui marcheraient au signal. Le général Carrelet les commandait.

Saint-Arnaud avait expédié à l'armée et à la gendarmerie des instructions précises. Une circulaire du 28 octobre 1851 envoyée aux généraux commandant les circonscriptions militaires leur recommandait de « veiller au salut de la société ». On ne pouvait être plus clair : l'armée devait seconder la gendarmerie dans la lutte engagée contre les « rouges ».

Morny avait une égale confiance dans la police parisienne : pour éviter tout incident, il avait confié aux commissaires le soin d'arrêter les généraux d'Afrique. Son but était d'éviter toute effusion de sang : « Il faut, disait-il au préfet Carlier, que le coup d'État s'accomplisse sans qu'on ait arraché un cheveu à personne, sans une égratignure. » Déçu par la mollesse de Carlier il l'avait remplacé par Maupas. Celui-ci s'était assuré personnellement de la fidélité des commissaires employés dans l'action. Il avait affecté aux équipes d'intervention de nombreux Corses recrutés par l'Élysée. Le commissaire chargé du palais Bourbon s'appelait Bertoglio. Sa mission consistait à arrêter les questeurs. Il avait ainsi, avec ses agents et les gendarmes, mis la main sur le général Le Flô. La police avait fait son devoir.

Les gendarmes avaient suivi dans l'action leur commandant Saucerotte. Ils avaient encore en tête les chaudes paroles du prince-président à l'armée : « Votre histoire est la mienne. Il y a entre nous et le passé communauté de gloire et de malheur. » Deux semaines plus tôt, le général Carrelet les avait passés en revue dans la cour des Tuileries, devant l'arc de triomphe du Carrousel. « Le pays sait, dit-il, que vous êtes les plus fermes appuis de l'ordre et de la tranquillité publique, et que si elles venaient à être menacées, vous sauriez défendre la loi, la propriété et la famille. » Le même jour, au banquet des officiers, Carrelet qui avait trente ans d'ancienneté dans l'arme avait été plus ferme encore. Les commandants Jolly et Saucerotte, les officiers de la Garde Babut, Frontgous et Peitavin l'avaient assuré de leur fidélité : Morny pouvait être tranquille, la gendarmerie soutiendrait.

On redoute les gardes nationaux royalistes du

colonel Lauriston, postés à la mairie du 10ᵉ arrondissement où se sont rassemblés les députés. Ils n'offrent pas de résistance, et les parlementaires qui résistent sont arrêtés. Morny intervient pour que le préfet Maupas ne fasse pas jeter dans les geôles des hommes aussi distingués que le duc de Broglie, les ministres Dufaure, Odilon Barrot ou l'avocat légitimiste Berryer. Ils sont conduits au quartier de cavalerie du Quai d'Orsay. Le général Forey fait expédier les autres à Mazas puis au donjon de Vincennes. Quant aux magistrats de la Haute Cour chargés par la Constitution de juger le président s'il portait atteinte à l'Assemblée, ils protestent en vain contre les affiches et l'emploi de la force. Ils sont empêchés de siéger.

Au soir du 2 décembre, on pouvait considérer le coup d'État comme achevé. Le 3, le prince constituait le nouveau gouvernement avec Morny et Saint-Arnaud, auxquels se joignaient trois inconnus, Rouher, Fould et Magne. Il était en effet urgent de s'entourer de juristes pour préparer le plébiscite et constituer la commission consultative, chargée de rédiger la nouvelle Constitution. Le prince exigeait que son pouvoir vînt du peuple, et fût consigné par la loi.

Qui lui avait suggéré Rouher ? Morny, sans doute, qui connaissait de longue date cet avocat madré du Puy-de-Dôme. Il était pourtant de mouvance orléaniste, comme ses deux compères Baroche et Achille Fould. Eugène Rouher avait fait ses classes en province, au barreau de Lyon puis à l'Assemblée où l'avait porté la révolution de 1848, comme représentant d'une sorte de parti de l'ordre rural. Partisan d'une république musclée, libérale, antidémagogique, il s'était tout de suite rapproché de Baroche et du bâtonnier nantais Billault, ancien orléaniste. Il s'entendait à merveille avec Thiers et le comité de la rue de Poitiers. Pris entre Cavaignac et Louis Napoléon à l'élection présidentielle de décembre, il avait parié sur le mauvais cheval et, quand les paysans de son canton avaient voté en foule pour le prince, il s'était cru perdu.

Il est vrai qu'il s'était rattrapé aux élections de 1849 en conduisant la liste de l'Ordre contre les « rouges » du Puy-de-Dôme. Nommé alors garde des Sceaux, tandis que Fould prenait les Finances, il avait mené en France la chasse aux « partageux », destituant les magistrats tièdes, persécutant les journaux de gauche. Il appliquait avec rigueur la loi électorale de 1850 qui mutilait le suffrage universel. Il créait le casier judiciaire, pour surveiller les opposants. Il s'appliquait à expulser les étrangers, considérés comme des suspects politiques, et faisait condamner les « mauvais imprimés ». Il ne manquait pas de défendre en toutes occasions devant l'Assemblée l'indépendance du pouvoir exécutif et cet orléaniste mal repenti avait salué en Louis Napoléon, le 3 novembre 1849, lors de la cérémonie d'installation de la magistrature, « le grand génie dont le nom est votre étoile et dont la gloire vous protège ». Cette allégeance publique lui serait comptée. Pourtant, il n'avait pas participé à la préparation du coup d'État. Quand le prince annonça publiquement son intention de modifier la loi électorale de 1850, que Rouher avait constamment soutenue, il n'avait pu qu'abandonner son ministère. Sa nomination, au matin du 3 décembre, était un éclatant retour.

Il indiquait clairement que la réussite du coup de force permettrait à Louis Napoléon de s'emparer de l'État sans effort, sans incident, comme l'avait souhaité Morny. Les députés montagnards acceptaient mal cette mystification. Ils décidèrent de tenter une action violente, pour empêcher le pouvoir, qui annonçait déjà le plébiscite dans quinze jours, de s'installer benoîtement, sans risque, en escomptant le vote favorable des campagnes et celui de la bourgeoisie urbaine. « Aux armes ! », criaient au faubourg Saint-Antoine les députés ceints de leur écharpe tricolore. Quelques barricades furent dressées, qu'une colonne de soldats suffit à détruire. Un coup de feu malheureux provoqua la mort du docteur Baudin, député de Paris. A-t-il dit à un ouvrier : « Venez voir comment on meurt pour vingt-cinq francs » ? (C'était le montant quotidien de l'indemnité parlementaire, quand les salaires ouvriers ne dépassaient pas deux francs.)

Sa mort n'éveilla, sur-le-champ, aucune émotion particulière. Les ouvriers du faubourg refusaient de prendre les armes. Ceux de Saint-Martin et de Saint-Denis, ameutés par les députés, élevèrent quelques barricades. Morny fit alors rédiger par le préfet de police et par Saint-Arnaud des arrêtés interdisant les rassemblements et promettant l'exécution immédiate de tous ceux qui seraient pris les armes à la main sur une barricade. Puis il fit donner aux troupes l'ordre d'évacuer les quartiers de l'Est et de se rassembler dans les casernes. Sur les boulevards, on criait au passage des cavaliers Vive la République ! Les chefs républicains se croyaient à la veille d'une journée décisive.

Le 4, un millier d'hommes seulement gardaient les barricades qui s'étaient dressées dans les quartiers ouvriers de la rive droite. Ils étaient peu nombreux mais semblaient résolus : leur résistance inutile, imprévisible, posait à Louis Napoléon un vrai problème : il croyait réussir, avec Morny, une opération sans commune mesure avec les changements de régime sanglants qui avaient précédé : 1830, 1848 avaient connu des batailles rangées. On croyait sortir de l'horrible guerre civile pour imposer le nouveau régime à l'anglaise, grâce à un scrutin propre. Les ouvriers des petits ateliers des faubourgs Saint-Denis et Saint-Martin, en dressant leurs fragiles barricades, rendaient la répression inévitable. Des rapports de police signalaient aussi la concentration d'étudiants, de journalistes, de jeunes bourgeois dans les cafés des boulevards.

— Frappez ferme de ce côté, dit Morny au général Magnan.

Il eut la main lourde. Les soldats fusillèrent au hasard, croyant avoir aperçu un fusil à une fenêtre.

Des promeneurs, des clients dans un magasin, des femmes et des enfants furent tués sur le boulevard. Dix minutes de feu, que personne ne put maîtriser. Le général Canrobert rougit de colère quand on lui rapporta qu'un officier d'artillerie avait bombardé une maison. Magnan, dans son rapport, parle de « fusillades inutiles » et déplore que l'on ait dû utiliser « des troupes qui faisaient pour la première fois la guerre des rues ». On fusilla les hommes pris les armes à la main derrière les barricades, même s'ils s'étaient rendus. On déplorerait aux Tuileries le trop grand nombre des victimes.

Elles ne furent pourtant pas nombreuses : entre 175 (selon un premier rapport de police) et 215, pour une centaine de blessés, contre 26 militaires tués et 184 blessés : beaucoup moins qu'en juin.

380, dont les deux tiers étaient des ouvriers, selon *Le Moniteur*. Morny a-t-il surestimé la résistance des quartiers républicains ? Les généraux ont-ils été débordés ? Le prix payé est moralement lourd. Il faut renoncer à la thèse de la fondation propre, juridique, irréprochable du régime nouveau. Indiscutablement, le prince-président n'a pu empêcher le sang de couler. Il ne peut prétendre tenir son pouvoir d'une issue légale, au conflit avec l'Assemblée. Comme Louis-Philippe, il est sacré sur les barricades, et c'est pour lui un échec.

Les Goncourt, témoins du drame, en dénoncent l'amateurisme dans leur *Journal* : « Ce coup d'État a failli manquer ; il osa blesser Paris dans un de ses grands goûts : il mécontenta les badauds. » On peut cependant penser que les badauds étaient nombreux parmi les victimes de la fusillade des boulevards. Ils ont subi « les coups de pied des sergents de ville, en pleines poitrines d'hommes, les charges de cuirassiers terribles, les pistolets au poing, contre les cris de Vive la République. » Les bourgeois des cafés criaient, non les ouvriers. Ils n'avaient pas mis la main à la pâte pour construire « les pauvres petites barricades en petites planches souvent dressées par une seule main ». Était-elle militante, la pauvre femme qui reçut, rue Notre-Dame-de-Lorette, « une balle dans sa robe » ? Rue Laffitte, affirment les Goncourt, les « chasseurs de Vincennes giboyaient aux passants ».

Les Louis Blanc, les Proudhon ont assez reproché aux ouvriers leur absence. Les féroces répressions de juin 1848 et de 1849 avaient décapité le mouvement, exilé ceux des chefs qui n'avaient pas été tués. La troupe était sourde à tout mot d'ordre lancé par des députés bourgeois qui avaient voté pour Cavaignac aux présidentielles.

L'image du député, même de gauche, était alors au plus bas : des bavards pensionnés qui fermaient les yeux quand on tirait sur le peuple, et qui s'éternisaient en querelles au lieu de donner aux gens du travail. Les nobles discours des poètes de 1848, Lamartine, puis Victor Hugo, n'avaient pas plus remué les masses que les harangues des politiques. Hugo souffrait dans sa chair de cette indifférence. Rien d'étonnant : il s'était senti progressivement d'autant plus révolutionnaire que le peuple l'était moins.

En février, il était allé proclamer la régence, après le départ de Louis-Philippe, sur la place de la Bastille. Il avait été accueilli aux cris de « A bas les Bourbons ! Silence au pair de France ! » Un ouvrier en blouse voulait le fusiller sur-le-champ. Un autre l'avait sauvé, au nom du respect dû aux grands hommes. Il avait refusé un ministère à Lamartine, affirmé que le peuple n'était pas mûr pour la république. Pourtant, en mai il avait été élu député. Proudhon et le prince Napoléon avaient ceint en même temps que lui l'écharpe tricolore. Juliette Drouet l'avertit en vain : Louis Napoléon, qui renonçait à son siège, était un danger. Elle avait entendu, au marché des Blancs-Manteaux, « des marchandes qui battent des mains et dansent en rond en disant que Napoléon a été nommé et qu'elles vont avoir un empereur qui vaut mieux que toute cette canaille de républicains ». Hugo hait l'anarchie, il voit plus tard d'un bon œil la candidature du prince. La guerre civile de juin, qui lève 50 000 ouvriers derrière de vraies barricades, le renforce dans sa conviction. Des émeutiers tentent de mettre le feu à sa maison de la place Royale. Même s'il comprend cette « révolte du peuple contre lui-même », il veut défendre la république, il est l'un des commissaires chargés par le gouvernement de rétablir l'ordre dans les quartiers, il part à la tête des troupes pour enlever une barricade de la rue Saint-Louis.

Des milliers de morts, des hommes fusillés sans jugement, plus de onze mille insurgés en prison ou déportés, la liberté de la presse muselée le font réfléchir et « tourner casaque », comme on dit à droite. Il défend les victimes de la guerre civile, exige le rétablissement des libertés. Pourtant, en septembre 1848, il applaudit presque à la nouvelle élection de Louis Napoléon qui proclame : « La république démocratique sera l'objet de mon culte. » Le prince rend visite à Hugo chez lui, rue de La Tour-d'Auvergne. « J'imiterai Washington », lui dit-il. Pourquoi pas ? Le journal de ses fils, *L'Événement*, soutient la candidature de ce Bonaparte qui a rendu aux ouvriers le suffrage universel intégral. Hugo se réjouit de l'élection et rend visite au vainqueur, à l'Élysée.

Le comité de la rue de Poitiers, toujours en place, patronne sa candidature en mai 1849. Réélu, Hugo fait partie de la majorité de droite. Il soutient le président tant qu'il le croit sincère dans la question romaine : Louis Napoléon prétend en effet qu'il a envoyé à Rome le général Oudinot avec un corps expéditionnaire pour rétablir le pape, mais qu'il exige du pontife le respect de la démocratie et des droits de l'homme. Quand il devient clair qu'il n'en est rien, Hugo prend ses distances, poursuit dans *L'Événement* la dénonciation du pape tyran. Honni de Thiers et des burgraves de la rue de Poitiers, il devient démocrate, presque socialiste, alors que les ouvriers hurlent dans les rues « Poléon, nous l'aurons ! ». Il tient un discours furieusement anticlérical, réclame la séparation de l'Église et de l'État, s'insurge contre la loi Falloux qui détruit le monopole de l'Université. « Il ne faut pas, dit-il alors, que la France soit prise par surprise et se trouve, un beau matin, avoir un empereur sans savoir pourquoi. » Les relations avec l'Élysée s'enveniment. Il en vient à dénoncer à la Chambre les menées d'un Napoléon qui n'a gagné « que la bataille de Satory ». La persécution de *L'Événement*, l'emprisonnement de ses fils le poussent à bout : le jour du coup d'État, il descend aussitôt dans la rue, son écharpe tricolore en sautoir, pour se joindre aux opposants. De café en salle de réunion, de barricade en barricade il doit déchanter : le peuple ne veut pas se battre. Proudhon le confirme, le prince Napoléon le met en garde et lui propose son toit pour asile. Il n'a d'autre issue que de prendre le train de Bruxelles sous un faux nom. A l'évidence, les ouvriers ont abandonné la République : Paris est pris.

L'analyse de Proudhon est encore plus féroce : il n'admet pas d'être classé parmi les utopistes, les fouriéristes et autres cabétistes. Il croit pouvoir changer la société tout de suite et s'indigne de l'indifférence des ouvriers qui jouent au billard et boivent du vin bleu au lieu de reconstruire les barricades de juin. « Je crache sur les Dieux et sur les hommes, écrit-il à Charles Edmond. Je ne crois qu'à l'étude et à l'amitié. » Fils d'un artisan tonnelier et d'une paysanne, il est pourtant proche de ce peuple qu'il voudrait libérer. Comment les ouvriers peuvent-ils être assez fous pour croire au suffrage universel que leur offre le futur empereur ? Cette *démopédie* est « un jeu d'illusions ». Le plébiscite, à coup sûr, sanctifiera le coup de force et Napoléon pourra se dire, comme l'oncle, fidèle à la Révolution française, celle des gardes nationaux, des paysans riches et des boutiquiers.

Le philosophe « de pur calcaire jurassique » a appris tout seul, dans les livres (il était prote d'imprimerie), les principes de la société en lisant Hegel et Adam Smith, mais aussi Fourier qui annonce la venue d'un nouvel ordre mécanique. Il n'a pas tardé à partir en guerre contre le principe de base de la société. Son aphorisme « la propriété, c'est le vol » indigne les académiciens de Besançon qui l'avaient gratifié d'une bourse d'étude et le signale aux journalistes parisiens, qui le découvrent beaucoup plus tard, quand il s'est installé dans la capitale, ayant parcouru à pied les trois cents kilomètres de la route de Besançon. Employé comme commis batelier sur le Rhône, puis dans les bureaux des mines de Saint-Étienne, il a pu étudier l'économie sur le tas, découvrant et dénonçant déjà dans des articles de journaux les féodalités économiques et le rôle néfaste de la centralisation étatique. Méprisant les « évangiles » des Buchez, Pierre Leroux, Lamennais et Pecqueur, il avait l'ambition de construire du concret et demandait à Marx (qu'il avait rencontré, pendant une longue nuit de discussion à Paris) de ne pas être « le chef d'une nouvelle religion, l'apôtre d'une nouvelle intolérance ». Il préférait un « coup de main » ou une « secousse » aux anciennes « révolutions », même si elles flattaient le romantisme des philosophes. Loin de rêver d'une « Saint-Barthélemy des propriétaires », il estimait possible d'éduquer le peuple et de l'amener à réformer lui-même les circuits économiques dont dépendait sa survie. Irrité contre les « singes de la Montagne » qui berçaient les « prolétaires » de promesses vagues, il fondait des journaux pour développer ses théories pendant que les insurgés proclamaient à Paris la seconde République. « Il n'y a point d'idées dans les têtes, disait-il, je n'ai rien à faire là-dedans. » Il méprisait la « cohue d'avocats et d'écrivains » qui se pressaient au pouvoir. « Les polichinelles dansent à l'Hôtel de Ville » et le chômage s'accroît. La note de la révolution sera lourde. Les charlatans du socialisme ne peuvent pas tirer la société du marasme. Ils ne peuvent qu'encourager, par la « peur des rouges », la pire réaction.

Proudhon fut pourtant élu député de Paris. Lié d'amitié avec Louis Blanc, il s'intégrait au milieu socialiste pour tenter d'apporter à la crise des solutions ouvrières, associatives, révolutionnaires : sans attenter à la propriété, il voulait seulement changer les circuits du crédit et de la monnaie, créer une banque mutualliste qui serait l'amorce d'un mouvement de fond. Les « bourgeois vainqueurs, féroces comme des tigres » des journées de juin avaient fermé l'avenir. Proudhon regardait-il favorablement, comme Victor Hugo, la candidature présidentielle de Napoléon ? Il la jugeait dangereuse, mais n'écartait pas l'idée de l'utiliser. Le républicain Pyat, indigné à cette idée, provoqua le Jurassien en duel. Ils échangèrent sans résultat deux balles à vingt-cinq pas. Pyat avait raison : les tribunaux du prince, indignés par les articles de presse de Proudhon, le condamnèrent à trois ans de prison bien qu'il fût soutenu par le puissant directeur de *La Presse*, Émile de Girardin. De la prison de Sainte-Pélagie, il annonçait le coup d'État dès 1850 : « Le peuple ne remuera pas, les paysans ne diront rien, avec un escadron, on aura toujours raison d'un département. L'armée ne vous tendra pas les bras, les généraux qui la commandent ne se diviseront point. Ils sont, comme les soldats, toujours bêtes féroces... Au premier mouvement de la République on criera : Voici les Tartares ! Voici les Cosaques ! Car la trahison est consommée depuis longtemps contre le peuple et contre le pays. »

Le 2 décembre, il obtient une autorisation de sortie de Sainte-Pélagie où il est toujours enfermé.

« Rue Soufflot, dit le sculpteur Étex, nous rencontrons Proudhon, en redingote verte, la canne à la main. » Ils descendent vers l'Hôtel de Ville. « J'appartiens à la Révolution », dit Proudhon, prêt, comme Hugo, à se faire tuer. A la Bastille, il saute dans un fiacre pour se rendre chez Émile de Girardin, qui est absent. Il tombe sur Victor Hugo qu'il met en garde. « La République a fait le peuple et Napoléon veut refaire la populace. Il réussira et vous échouerez. Il a sur vous cet avantage, qu'il est un coquin. » Découragé très vite par l'absence de pugnacité des ouvriers, il rentre en prison. « Paris avait, note-t-il, l'aspect d'une femme violée par quatre brigands et qui, ne pouvant faire un mouvement, ferme les yeux et s'abandonne. » Les ouvriers ne s'étaient pas montrés et cependant les quelques barricades des faubourgs avaient permis au pouvoir d'agiter de nouveau la peur des rouges, pour réduire au silence les libéraux bourgeois.

Pourquoi les ouvriers, qui avaient voté pour le prince en décembre 1848, auraient-ils volé au secours des parlementaires libéraux en décembre 1851 ? La propagande bonapartiste dans les quartiers pauvres s'était renforcée tandis que croissait la haine contre les députés, depuis la répression de juin 1849 (occasionnée par l'émeute sur la question romaine) et le vote, en 1850, de la loi électorale restrictive. Aussi bien les ouvriers que les directeurs de la presse libérale (comme Émile de Girardin) voulaient en finir avec les ministres de la rue de Poitiers, qui persécutaient les journaux. Nombre de bourgeois responsables (les filateurs protestants de l'Est, par exemple) estimaient excessives les lois de répression qui avaient suivi le massacre de juin et voulaient améliorer le climat politique.

Si Louis Napoléon n'avait pu convaincre ni Victor Hugo ni Proudhon, il était populaire chez les marchandes de quatre-saisons, les bistrotiers, les vendeurs de journaux et les compagnons du faubourg. L'homme qui avait expédié à Mazas le général Cavaignac et Adolphe Thiers ne pouvait être qu'acclamé dans les rues de Paris. Le Montagnard Martin Nadaud, maçon de la Creuse, s'en inquiétait : « Les ouvriers répétaient que le président valait mieux pour eux que les Changarnier, les Montalembert, les Falloux... Le président gagnait des sympathies. » Ils étaient cependant convaincus, grâce à l'abrogation de la loi électorale de 1850, que 1852 verrait le triomphe de la « sociale ». Le chansonnier Dupont avait fourni un refrain aux « mangeurs de pain noir, buveurs d'eau »... : « Viens, en déployant ta bannière, dix-huit cent cinquante-deux ! »

Année électorale, année magique ? Le président

avait pris les devants. Ceux qui l'avaient en sympathie pouvaient se féliciter du bon tour joué aux « vingt-cinq francs ». Ils se réjouissaient de compter des « gants jaunes » parmi les victimes. Pour la première fois, la force armée avait reçu l'ordre de tirer *aussi* sur le bourgeois. Au reste, même si l'on avait vu des mécanos des Batignolles et des métallurgistes de chez Cail faire le coup de fusil sur les barricades autour de l'Hôtel de Ville, les dossiers des arrestations sont éloquents : les ouvriers passés en jugement sont cordonniers, sabotiers, menuisiers, serruriers, maçons, forgerons, tailleurs et boulangers ; le petit peuple des ateliers, les compagnons des métiers parisiens ont une fois de plus fait les frais de la répression, alors qu'ils étaient loin d'être tous entrés dans l'action : leur réputation de « démoc-soc » suffisait à les rendre suspects aux policiers des brigades de répression.

Leurs chefs étaient en exil, en prison, au bagne. Ledru-Rollin, qui avait organisé la dernière grande insurrection de juin 1849, était à Londres, où il préparait les élections de 1852. A cette occasion, les associations de résistance ouvrière avaient été dispersées, leurs chefs incarcérés. Tout lien entre les dirigeants démocrates-sociaux, syndicalistes, et les ouvriers parisiens étaient dissous. Ainsi s'expliquèrent peut-être les succès de la propagande bonapartiste organisée par Persigny.

Elle était beaucoup moins efficace dans les départements « rouges » de province, où les réactions au coup d'État furent parfois vives : on ne distinguait pas, à Carmaux ou à Narbonne, la démocratie politique de la sociale. Le drapeau rouge était aussi celui des républicains avancés et la troupe des militants attendait de 1852 plus qu'un succès électoral. Les ouvriers affrontaient depuis plusieurs mois l'armée et la gendarmerie dans une guérilla sans fin, qui avait pour cause la pénurie de vivres, le chômage, les bas salaires. Cette agitation permettait au prince de brandir en province le mythe du péril rouge, tout en continuant à flatter l'encolure des ouvriers parisiens. Le 4 novembre 1851, il dénonçait « la vaste conspiration démagogique qui s'organise en France et en Europe. Des sociétés secrètes cherchent à étendre leurs ramifications jusque dans les moindres communes ». Ces sociétés, les Mariannes, étaient à la fois républicaines et socialistes, et les gendarmes avaient reçu l'ordre de les débusquer. Ils interdisaient les fêtes votives, occasions de manifestations, et jusqu'aux courses de taureaux à Nîmes. Deux mois avant le coup d'État, le général commandant la région et le préfet de l'Allier ont utilisé des chasseurs à cheval et l'infanterie pour venir à bout des ouvriers rouges de chez Rambault, qui avaient pris de force la mairie de Commentry. Même combat dans le Cher, où deux escadrons de hussards interviennent sur ordre du général d'Alphonse contre les « communes insurgées ». Les gendarmes chargent dans la Nièvre les terrassiers d'un chantier ferroviaire qui demandent l'augmentation de leurs salaires. Dans le Finistère très chrétien, les républicains attaquent, à Cléden-Poher, une procession protégée par les gendarmes. Les « anarchistes » n'ont aucun respect pour la religion ni pour la propriété. Les gendarmes arrêtent en Côte-d'Or un vagabond près du lieu d'un incendie. Il est aussitôt soupçonné. Le vagabond ne figure-t-il pas sur les listes des anciens combattants de juin ? A la poudrière du Mans, des terroristes ont attaqué un dragon en sentinelle, pour pénétrer dans la place. Le dragon s'est défendu et son colonel, Ney d'Elchingen, l'en félicite, flétrissant ses agresseurs : « Des coquins assez effrontés pour parler de fraternité en assassinant de braves soldats qu'ils ne peuvent entraîner à leur parti, rouge de honte et de sang. Ils ont en fuyant jeté un cri : enfants de la guillotine ! Juste prévision du châtiment de leur crime. » Les démoc-soc de province cherchent, pour la grande lessive de 1852, de la poudre et des balles. Il était inévitable que, dans certaines régions, la résistance au coup d'État fût vive.

Le gouvernement avait pris largement ses dispositions, comptant sur cette terreur rouge pour paralyser l'opposition bourgeoise : 32 départements avaient été mis en état de siège et la troupe circulait partout sur les routes, se massait sur les places d'armes des grandes villes. Les paysans du Sud se groupèrent en bandes pour brûler les fermes et les châteaux des grands propriétaires réactionnaires dans le Var, les Basses-Alpes, les Bouches-du-Rhône, le Vaucluse et la Drôme. Dans le Languedoc et l'Ardèche régnait l'insécurité, ainsi que dans le Gers, le Lot-et-Garonne et le Lot. Les gendarmes couraient les villages des Pyrénées-Orientales, tenant tête aux factieux. Cette féroce jacquerie n'épargnait ni les biens ni les personnes. Les sociétés secrètes parfaitement organisées firent basculer du côté de la révolution l'ensemble du département des Basses-Alpes. Les chefs républicains organisèrent l'appel aux armes. Une foule de paysans armés de faux, de faucilles et de fusils de chasse, prit Digne, où le préfet s'enfuit, et Sisteron, dont la garnison trouva refuge dans la citadelle. A Barcelonnette, le sous-préfet était en prison. Six mille paysans étaient en armes dans la région de Brignoles et de Vidauban. Ils tinrent campagne pendant six jours et se dispersèrent quand leur chef, Duteil, fut abattu par les soldats venus de Marseille. La troupe eut la main lourde à Béziers où 70 hommes, appelés à l'insurrection par les sociétés secrètes, furent abattus. A Bédarieux, les ouvriers de la laine massacrèrent des gendarmes. Seule la concentration des forces de l'ordre empêcha la ville de Montpellier de prendre les armes. Les paysans protestants quittèrent leurs fermes pour marcher sur Nîmes et Uzès.

Les républicains rassemblaient, dans leur révolte, aussi bien les bourgeois que les artisans et les paysans. Le journal *L'Ami du Peuple,* à Auch, réussit à mobiliser par ses articles incendiaires 6 000 hommes qui devaient tuer une vingtaine de hussards. Les insurgés étaient 4 000 à Marmande et les paysans de Castelnau blessèrent un gendarme. Mais dans les grandes villes, à Toulouse, à Bordeaux, les manifestations furent rapidement maîtrisées. Dans le Centre, en revanche, la tradition démoc-soc était fortement enracinée en milieu rural : les troubles les plus graves affectèrent Clamecy et le tocsin appela les paysans à se rassembler pour marcher sur Auxerre. Un propriétaire, un curé, des gendarmes furent blessés. L'arrivée des soldats rétablit le calme, comme dans les villages insurgés du Cher, de la Saône-et-Loire et de l'Allier.

Les troubles se limitèrent à ces régions, où l'industrie était loin d'être dominante. Ni les zones industrielles du Nord, de l'Est, de Saint-Étienne ou de Rouen, ni les grandes villes de Lyon et de

Marseille ne furent entraînées dans la tourmente. Les troubles du Centre et du Midi ne procédèrent pas d'un mouvement lançant un mot d'ordre général, mais d'initiatives locales, cantonales ou municipales, autour des sociétés secrètes républicaines. Cette réaction imprévue permit au pouvoir de centrer sa propagande électorale, à l'occasion du plébiscite, sur la peur des rouges : « Monsieur le préfet, écrivait le ministre de l'Intérieur Morny dans tous les départements, vous venez de traverser quelques jours d'épreuves ; vous venez de soutenir en 1851 la guerre sociale qui devait éclater en 1852. Vous avez dû la reconnaître à son caractère d'incendie et d'assassinat. Si vous avez triomphé des ennemis de la société, c'est qu'ils ont été pris à l'improviste et que vous avez été secondé par les honnêtes gens. » Tout est en place pour un plébiscite triomphal.

Viel-Castel, futur chroniqueur de la Cour, était de ceux qui accréditaient dans la presse la thèse des rouges massacreurs. « Les bandes socialistes maîtresses de Clamecy, n'hésitait-il pas à écrire, se sont fait servir à dîner et ont contraint trente-huit des plus jolies et des plus jeunes femmes et filles de la localité de les servir dans un état complet de nudité. Les malheureuses ont été violées sur la place publique. Des prêtres, liés à des poteaux, assistaient à ces saturnales. » Tel est le ton de la propagande adopté par certaines feuilles favorables au nouveau pouvoir. Les milieux d'affaires commanditaires des journaux se ralliaient-ils en bloc au camp de Bonaparte ? Avaient-ils soutenu de leurs écus l'opération qui se préparait ? Le coup d'État avait-il été exécuté à leur instigation et à leur profit ?

Sans doute, la Bourse accueillit-elle favorablement le retour au calme et les débuts de la répression : la nouvelle équipe finissait par inspirer confiance. Mais si l'on en croit l'ouvrage de René Girard, *Les Travaux publics sous le Second Empire*, la banque traditionnelle était loin d'avoir inspiré l'aventure. Si les Pereire, qui n'existaient pas encore sur le marché financier, avaient soutenu, avec Fould, le coup d'État, Louis Napoléon avait eu le plus grand mal à obtenir des fonds. James de Rothschild, le 2 décembre, était au lit, victime d'une attaque de goutte. La plupart des banquiers influents s'étaient retrouvés dans sa chambre, à son hôtel de la rue Saint-Florentin. La plupart étaient d'anciens orléanistes, qui déploraient les événements de 1848 et avaient soutenu le parti de la rue de Poitiers. Changarnier était reçu à l'hôtel Rothschild et Cavaignac avait épousé une jeune fille de ce milieu huppé. Les banquiers s'attendaient au coup d'État, qui ne les avait guère surpris. « On ne blâmait pas, raconte Pereire qui avait fait, lui aussi, visite au baron de Rothschild, le parti qu'avait pris Louis Napoléon d'en finir avant 1852. On regardait la chose comme à peu près inévitable. On s'en inquiétait seulement comme d'une périlleuse aventure. » Pereire rassura comme il put, indiquant en particulier qu'il n'y avait nulle division parmi les officiers commandant l'armée. « Les grands financiers écoutèrent avec plaisir ces nouvelles rassurantes. » Quant aux industriels, ils étaient, pour des raisons souvent opposées, favorables au nouveau pouvoir. Les plus dynamiques, les cotonniers de l'Est, espéraient une détente sociale. Les plus timorés souhaitaient que Napoléon, comme son oncle, soutînt une politique des tarifs qui les mît à l'abri de la concurrence anglaise.

Tous attendaient avec impatience la mise en place d'un régime d'ordre, qui permît de réaliser rapidement la révolution des transports et de jeter les bases d'une véritable politique industrielle. Morny l'avait compris. Il n'eut aucun mal à rallier au régime la très grande majorité des chefs d'entreprise.

La répression qui s'annonçait leur faisait en outre espérer la paix sociale pour une longue période. « Tout le monde admet, écrivait à sa femme le comte de Flahaut, père de Morny, que le coup d'État a sauvé le pays. » Les affaires pouvaient reprendre : la rente était à plus de cent francs.

Il n'était pas alors apparent que le régime ne répondait pas aux espoirs des uns et des autres. L'ambiguïté des propos du prince était calculée. Pour justifier le coup d'État, il se plaçait au niveau institutionnel : prévoyant qu'il devrait, en 1852, abandonner le pouvoir selon les stipulations constitutionnelles, il voulait imposer à l'Assemblée hostile, où figuraient deux cents députés démoc-soc, une révision de la Constitution. Il plaidait la légitime défense : les burgraves avaient ourdi contre lui un complot, avec le général Changarnier, pour le chasser de l'Élysée à coup sûr. Il n'avait fait que prévenir leurs coups : entre les Montagnards qui armaient leurs sociétés secrètes et les bourgeois libéraux qui souhaitaient se débarrasser de lui, la France courait à l'aventure. En se maintenant, il sauvait le régime et l'ordre.

Rien dans son discours ne pouvait permettre aux

intérêts économiques de prévoir l'avenir. Serait-il l'organisateur de cette révolution du crédit que les saint-simoniens, jeunes banquiers et directeurs d'entreprise, appelaient de leurs vœux ? Assurerait-il le rythme de développement accéléré des transports ? Maintiendrait-il au contraire l'économie dans l'état de sage progression qui avait la préférence de la banque traditionnelle et des industriels protectionnistes ? Morny et Fould, engagés dans la même galère, rassuraient l'un et l'autre camp. Le sucrier du Puy-de-Dôme, vedette du Jockey-Club et des cercles parisiens, semblait promettre l'expansion ; l'ombrageux banquier bordelais, juif converti au protestantisme, était une garantie de stabilité. Même ambiguïté en matière religieuse. Les catholiques pouvaient certes se féliciter d'un président qui, par l'envoi de la division Oudinot, avait rétabli le pape dans son pouvoir territorial. Mais n'était-il pas à craindre que l'ancien carbonaro ne fût sensible au mouvement unitaire qui s'était manifesté avec force dans la péninsule en 1848 ? Les évêques étaient perplexes, et, si le cardinal Gousset affirmait « le doigt de Dieu est ici, il veut nous sauver », on mettait surtout l'accent sur l'utilité d'un pouvoir qui protégeait le parti prêtre contre les anticléricaux des Mariannes rouges. Dans le Midi, ils organisaient des processions où la statue de la République remplaçait celle de la Vierge Marie. « De quels barbares, disait un curé de la Creuse, le Président nous a délivrés ! » Même Montalembert, le penseur libéral de la rue de Poitiers, admettait l'utilité du coup d'État et saluait en Louis Napoléon le défenseur de l'ordre : « Voter pour lui, écrivait-il, ce n'est pas approuver tout ce qu'il a fait, c'est choisir entre lui et la ruine totale de la France. Je ne vois (en dehors de lui) que le gouffre béant du socialisme. » Dans les villages, les gendarmes protégeaient les processions, ils recevaient l'ordre de figurer en uniformes lors des cérémonies du temps pascal. A maintes reprises, Louis Napoléon avait assuré l'Église de son soutien. Pouvait-on douter de sa parole ? Le vote catholique garantissait au prince le ralliement des campagnes et des villes des plus grandes régions. Il devait aussi gagner les capitales, et les votes ouvriers. Il était indispensable qu'ils pussent croire au rétablissement intégral du suffrage universel.

Dès le 3 décembre, Rouher avait préparé le décret portant plébiscite, au jour du 14 décembre. Il était question de « déléguer (à Louis Napoléon) les pouvoirs nécessaires pour établir une Constitution, sur les bases établies dans la proclamation (du 2 décembre) ». Tous les citoyens français de plus de vingt et un ans voteraient. Mais ils devraient inscrire leurs noms sur un registre, dans la colonne des *oui* ou dans celle des *non*. Les militaires et les magistrats craignaient pour leur carrière. Le prince ordonna de faire brûler les registres. « Je veux ignorer, dit-il, les noms de ceux qui ont voté contre moi. » Nombre d'officiers, en particulier dans l'armée d'Afrique, voulaient voter *non*. Les républicains, comme Bosquet et du Barail, votèrent *oui* par respect « pour le grand nom de Napoléon ». La majorité des *oui* apparut dans les régiments d'infanterie et dans les zouaves. Les réserves venaient des armes savantes, l'artillerie et le génie mais aussi des disciplinaires et des pionniers, républicains. Le général Mac-Mahon, légitimiste, avait d'abord décidé de voter *non*, mais il finit par se rallier au *oui*, en apercevant, sur certaines maisons d'Alger, le drapeau rouge.

Le scrutin était-il vraiment libre ? Dans les campagnes, il semble que certains préfets aient poussé le zèle jusqu'à refuser la distribution de bulletins. Ils luttaient particulièrement contre l'abstention, que prônaient parfois les notables catholiques de tendance légitimiste. Le maire était aussi menaçant. Après l'appel nominal du 21 décembre il y aurait, le 22, un contre-appel pour ceux qui n'auraient pas voté et se seraient ainsi placés au ban des paroisses.

Dans les départements soumis à l'état de siège, la presse n'était pas libre et la propagande de l'opposition ne pouvait s'exprimer. En revanche, à Paris, l'administration ne pouvait pas éviter les réunions dans les quartiers ouvriers ni la circulation des libelles. Partout les préfets étaient confiants : le pays, remué par les désordres, avait oublié l'illégalité du coup d'État. Il était prêt à répondre à l'attente anxieuse du prince-président.

Plus de 7 400 000 *oui* contre 646 000 *non* et 36 000 bulletins nuls, le résultat passait les espérances et devait permettre au prince d'affirmer : « La France a compris que je n'étais sorti de la légalité que pour rentrer dans le droit. » Étant ainsi « absous », il se proposait de « jeter les bases du seul édifice capable de supporter plus tard une liberté sage et bienfaisante ».

A « plus tard », la liberté : l'heure était au régime d'ordre. Le prince annonçait-il déjà, à mots couverts, l'empire ? Les ouvriers qui avaient, en bandes joyeuses, gagné la mairie à Saint-Étienne, criaient sans vergogne : Vive l'empereur ! Ils arrivaient, explique Edmond Texier, avec « des bouquets et des drapeaux » *(Le Siècle)*. Dans leur cœur, ils apportaient l'hommage du peuple au descendant de Napoléon, contre les notables menteurs et assassins. Avaient-ils lu la littérature sociale du prince ? C'est douteux. Étaient-ils soumis à la propagande des agents électoraux de Persigny ? C'est probable. Mais ils n'avaient guère besoin de mentors pour estimer qu'il était souhaitable d'éviter le retour à la guerre civile — dont ils étaient les éternelles victimes —, par le recours à l'homme providentiel qui leur promettait le maintien de la république, la mise au pas des burgraves, la reprise de l'économie et le redressement de la France, à la fois par la paix civile et le développement du crédit.

Que les gens du peuple fussent à Paris généralement hostiles à la violence ne fait pas de doute. Cela ne signifie pas qu'ils entraient d'un cœur léger dans un régime nouveau : sur 291 000 électeurs inscrits dans Paris, 132 000 seulement approuvaient le plébiscite, 80 000 le refusaient. Le reste s'abstenait, suivant sans doute en partie les consignes des légitimistes. Le *oui* n'obtenait pas la majorité dans de nombreux départements, en raison des abstentions assez nombreuses dans l'Ouest et dans le Midi. Les *non* constituaient les bastions du refus dans certaines régions de tradition républicaine : le Jura, la Bourgogne, le Sud, les franges du Massif central. Pourtant, on constatait la disparition, ou le recul, de l'opposition des rouges dans de nombreuses circonscriptions. La popularité de Napoléon, sa présence en province, au cours des voyages qu'il avait multipliés pendant toute l'année 1851, expliquaient largement son succès. Les suffrages favorables provenaient, à l'évidence, à la fois de la gauche déçue et de la droite ralliée. Paradoxalement, les amis de Monsieur Thiers, jeté en prison, puis exilé, votèrent quand même en partie pour le prince, en raison de la défense de l'ordre qu'il continuait à assumer, et qu'il était désormais le seul à maintenir. Le ralliement de Montalembert n'avait pas d'autre cause : pour ce monarchiste chrétien, personne ne pouvait être opposé au neveu de l'empereur. Louis-Philippe était mort, son fils Joinville irrecevable, et le principe de la *fusion* entre royalistes légitimistes et orléanistes venait d'échouer du fait de l'intransigeance de l'émigré de Frohsdorf, Henri V, qui tenait au drapeau blanc et au principe théocratique. Par une singulière répétition de 1871, les royalistes, déjà, cherchaient un roi. Ils se rallieraient plus tard à Thiers, ouvrant la route aux républicains modérés, comme ils s'étaient réunis, avec Montalembert, derrière le prince Louis Napoléon Bonaparte en décembre 1851. Faute de grives, on mange des merles.

Le ralliement des électeurs de droite dès la fin de décembre est réel (on insiste davantage, en général, sur le grignotage des voix de gauche), et civil plus que militaire : on peut remarquer qu'un tiers des marins a voté *non* et que l'armée a envoyé plus de 37 000 scrutins négatifs (et 3 600 abstentions) dont beaucoup émanent d'officiers. L'obsession du rendez-vous avec les rouges en mai 1852 explique sans doute ce ralliement. Elle se trouve amplifiée, confirmée par les analyses de presse et les déclarations des gouvernementaux : les troubles de province n'étaient que l'anticipation d'un mouvement beaucoup plus dur qui devait exploser six mois plus tard. « Nos rouges ont reçu, disait Mérimée, une raclée solide et les badauds quelques éclaboussures qui les obligeront à l'avenir à se tenir tranquilles chez eux... Il me semble que si l'on avait laissé grandir cet enfant, il en aurait fait de belles en 1852. » Telle était l'excuse que pouvaient se donner les électeurs royalistes : ils n'avaient pas confiance dans Louis Napoléon et ne voulaient pas de l'empire, mais qui d'autre garantirait l'ordre ?

Le département de la Seine fournissait le tiers des *non* de toute la France : on pouvait craindre que les passions ne fussent pas éteintes dans la capitale et pas davantage dans les grandes villes. L'interprétation des jacqueries du Midi renvoie dos à dos les historiens : Dansette remarque que dans les Basses-Alpes, dont les paysans avaient, en bandes, pris la fourche et le fusil de chasse, on ne comptait que 614 *non*. Où se terraient les partisans de la Marianne ? Étaient-ils tous sous les verrous ? Le scrutin secret, établi sur ordre du prince, ne les garantissait-il pas suffisamment, dans le climat de répression et de terreur blanche qui régnait dans les provinces ? « Il est manifeste, écrit Dansette, que des républicains avancés votèrent *oui* pour apaiser les autorités. Mais beaucoup d'autres avaient déjà abandonné Ledru-Rollin au profit de Louis Napoléon le 10 décembre 1848. » Le mouvement de désaffection va s'amplifier, mais alors, pourquoi la prise d'armes, dont Maurice Agulhon pense qu'elle fut « l'originalité de la période » ? Pouvait-on encourager le peuple à la révolte, au nom de la défense d'une Constitution hâtive, qui avait fait la preuve de son inefficacité ? En fait, la conjonction d'une force populaire mobilisable sous le drapeau rouge, avec une foi laïque, encadrée par des bourgeois libéraux qui placent dans les libertés démocratiques le but de l'évolution politique de la France, se retrouvera vingt-cinq ans plus tard, au début de la IIIe République. Les troubles des provinces en 1851 ne sont qu'une ébauche. Les hommes agissent sans organisation, sans mots d'ordre communs. Les élites manquent à leur devoir et Ledru-Rollin n'est pas Gambetta. Il reste que les notables libéraux, dont Adrien Dansette est le porte-parole attardé, estimaient que « l'échec de la révolution de février n'était qu'un temps d'arrêt dans la marche victorieuse de la démocratie libérale. Une dictature conservatrice, au siècle de la liberté, tel apparaissait le Second Empire, un anachronisme ».

Thiers constatant, plus tard, la faillite et la division des familles de la droite (orléanistes, légitimistes et bonapartistes après l'Empire) estimera qu'une république dure à l'égard des classes douloureuses, méfiante et vigilante dans la défense de l'ordre social, aurait pu être le régime d'avenir instauré par les burgraves dès 1850, s'ils n'avaient été hantés par le démon de la restauration, s'ils avaient fait confiance à l'institution démocratique au lieu de rogner le suffrage universel. Faute de l'avoir compris à temps, Thiers se retrouvait à Mazas avec Cavaignac, un général viscéralement républicain. Quant au profiteur de ces divisions et de ces erreurs de jugement, il avait laissé son demi-frère Morny convertir son opération césarienne, irréprochable, de dictature pacifique en une aventure sanglante dont on avait exagéré les effets, au lieu de les atténuer. Morny n'avait nullement modéré le général Magnan le 4 décembre. Il l'avait mis en situation d'opposer la troupe à la foule, en prenant le risque de la confrontation. Il avait amplifié les troubles de province, en mobilisant des centaines de milliers de soldats dans les trente-deux départements mis en état de siège. Il avait ainsi amplement justifié — du point de vue de la droite — le coup d'État : le concert d'éloges qui suivit la répression ne permet pas d'en douter. Mais il avait retiré à Louis Napoléon une de ses cartes : le ralliement de la gauche républicaine et de la classe ouvrière. Les noyaux durs de votes négatifs, en décembre 1851, auguraient mal de la suite : les républicains auraient tout loisir de récupérer, de canaliser, d'organiser l'opposition des gens du peuple des villes, que les rigueurs de la répression, dès le début de 1852, devaient éloigner du pouvoir.

La répression fut en effet féroce et aveugle : non, certes, pour les 218 députés arrêtés le 2 décembre à la mairie du 10e arrondissement et dont certains devaient faire une belle carrière sous l'empire. Ces royalistes, ces républicains modérés avaient été vite libérés. Pour certains, la prison leur fournissait un alibi : ils n'avaient pas trempé, comme on aurait pu le craindre, dans le coup de force. « Les geôliers leur ouvrirent courtoisement les portes », note, non sans malice, le légitimiste Pierre de La Gorce. D'autres jouaient l'indignation : pourquoi accepter d'être libérés, quand on arrêtait les gens du peuple ? Comment accepter une grâce d'un dictateur ? Les gardiens les poussèrent dehors sans ménagements. Ils étaient satisfaits à l'entrée comme à la sortie de Mazas, ils n'avaient cédé qu'à la force. Tel était le cas de Crémieux, qui déplorait d'avoir été arrêté *après* le 2 décembre et qui devait être libéré le 14.

On n'eut pas la même indulgence pour les

véritables adversaires du prince : les généraux avaient été mis en forteresse. Les représentants montagnards et les plus en vue des orléanistes étaient non seulement gardés avec soin, mais recherchés quand ils avaient échappé à l'arrestation. On désigna pour Cayenne, sans autre forme de procès, cinq députés de gauche. Louis Napoléon intervint sans doute pour qu'ils fussent exilés : seul Miot fut effectivement déporté, mais en Algérie. Soixante-six anciens Montagnards, baptisés socialistes, furent expulsés, dont Hugo, Schœlcher et Charras. Beaucoup avaient pris les devants. Dix-huit autres parlementaires, dont Thiers, Rémusat et Girardin, étaient « momentanément éloignés ». Libération symbolique, celle du général Cavaignac. Comment garder en cellule l'ardent restaurateur de l'ordre ?

Les arrestations préventives, dans la nuit du coup d'État, n'avaient porté que sur une centaine de spécialistes des combats de rue : la police avait saisi à leur domicile des hommes fichés, qui s'étaient signalés dans les « journées » de 1848 et 1849 — ou des membres des sociétés secrètes. L'essentiel des arrestations tenait aux trois jours de troubles : ceux qui n'avaient pas été fusillés sur place (dont on ignore le nombre exact) avaient été surpris collant des affiches, lacérant celles de Morny, transportant des armes ou de la poudre. Deux mille cent trente-trois personnes au total, que devaient rejoindre les suspects arrêtés à la fin des combats : soit 4 000 Parisiens sous les verrous, quatre fois plus que de combattants.

Des colonnes mobiles de gendarmes furent constituées en province, où le chiffre des arrestations fut plus considérable. Dans l'Allier, le Gers et la

Drôme, les gendarmes cernèrent les villages considérés comme rebelles pour arrêter les suspects. La répression à Clamecy fut sévère. Les révoltés du Var et des Basses-Alpes avaient réussi à gagner, à pied, le comté de Nice pour se cacher dans les grottes et échapper aux poursuites. Les chefs purent ainsi s'enfuir jusqu'en Savoie, où ils avaient des amitiés. Mais les paysans voulaient rentrer dans leurs fermes. Ils furent surpris sur la route par les gendarmes à cheval et conduits dans les casernes et les forts de Toulon. Plus de 22 000 personnes furent ainsi arrêtées en province. Les journaux professionnels de gendarmerie qui s'autocensurent depuis le coup d'État ne permettent pas d'établir les circonstances exactes des captures, mais les récits antérieurs donnent à penser que la guérilla des villageois contre les gendarmes avait des racines lointaines et qu'ils étaient heureux, grâce au renfort de la troupe, de prendre leur revanche.

Depuis le début des années quarante, les campagnes étaient agitées de troubles de la disette, qui rendaient les soulèvements constants dans certaines régions rurales, sans doute surpeuplées : ainsi du Cher, ou du Loiret. Louis-Philippe, devant la recrudescence des tumultes et les prises d'armes villageoises, avait dû recruter 191 brigades nouvelles de gendarmerie, dont 132 à cheval. C'était la première tranche d'un programme biennal de mise en place de 574 brigades rurales, pour répondre à la demande des conseils généraux qui considéraient les augmentations d'effectifs comme insuffisantes. Dans la Sarthe, la disette endémique sévissait comme au temps de Colbert, et l'occupation du terrain par la troupe était nécessaire. L'Indre, autour de Châteauroux, était une autre zone sensible, et le Cher autour de Saint-Amand-Montrond. On se trompe sur les troubles ruraux de 1851 si on les attribue seulement à l'action des Mariannes. On tombe dans le piège de Morny, qui dénonçait partout le complot des anarchistes et des socialistes. Les meurtres de meuniers ou de boulangers rétablissaient les liens entre ces émeutes et l'ancienne histoire rurale. C'était sans doute une faute de considérer tous les prisonniers comme des agitateurs politiques. Ces meneurs ruraux exprimaient une colère spontanée, incompressible, dont le futur empereur gardera longtemps le souvenir, accordant au circuit du grain, de la farine et du pain la plus vigilante attention tout au long de son règne.

Dans l'immédiat, les commissaires de police, les juges d'instruction, les militaires se répartissent au hasard les dossiers parisiens, élargissent souvent les prévenus faute de charges ou sur recommandations. Les supposés coupables sont expédiés en correctionnelle ou devant les cours martiales. Beaucoup de prisonniers de Bicêtre ou du fort d'Ivry ne peuvent être accusés d'un crime précis, mais ils sont fichés comme agitateurs : ceux-là sont quelquefois expulsés. Mais le décret du 8 décembre signé par Morny fait aux juges un devoir de les déporter. Un grand nombre traversent Paris de nuit, les mains liées, et sont entassés dans les wagons du chemin de fer de l'Ouest, à destination du Havre. On les transporte ensuite à Brest où ils attendent leur départ pour le bagne de Cayenne. Louis Napoléon intervient pour adoucir leur peine : ils sont en général dirigés sur l'Algérie ou chassés de France. Rares sont ceux qui embarquent pour la Guyane.

Comment juger la masse des détenus de province ? Les commissions mixtes comprenaient à la fois le préfet, le procureur général du département et l'autorité militaire, qui confrontaient leurs renseignements. A partir du 3 février, deux mois après les événements, elles se réunirent pour juger les coupables, trier les détenus selon la gravité de leurs charges. Les séances se tenaient à huis clos dans les préfectures, sans témoins et sans avocats. Les peines furent lourdes : 2 804 prévenus allèrent en prison, 1 545 furent expulsés, près de 10 000 transportés en Algérie, 239 à Cayenne. Les autres furent libérés ou renvoyés devant d'autres juridictions, pour des crimes précis. Les navires à voile firent le va-et-vient entre Marseille, Sète et Toulon, Bône et Alger, pour transporter les condamnés, pendant tout le mois de mars. Ils venaient de la Nièvre, des Pyrénées-Orientales, et surtout du Sud-Est et du Languedoc. On se débarrassa ainsi des indésirables.

En avril, les déportations continuent, frappant l'opinion publique dans les ports, suscitant une vive surprise en Algérie. Louis Napoléon dépêcha trois commissaires dans les départements les plus touchés pour atténuer les peines. Le général Canrobert et le colonel Espinasse furent chargés de distribuer des grâces. Espinasse prétendit dans son rapport que sa mission était fort impopulaire et que les autorités estimaient à 60 000 personnes, dans le seul département de l'Hérault, les affiliés aux Mariannes. Canrobert libéra les détenus avec une égale parcimonie dans le Sud-Ouest. Seul le conseiller d'État Quentin-Bauchart, dépêché dans le Sud-Est, fit preuve d'une réelle indulgence, en accord avec les vœux des populations qui estimaient la répression excessive. Louis Napoléon lui-même s'employa à accorder des grâces collectives aux prisonniers qui signaient un acte de soumission. Au début de 1853, on comptait seulement 150 déportés politiques à Cayenne et 6 000 proscrits, en général réfugiés en Savoie, à Bruxelles ou à Londres, où ils constituaient des quartiers français.

Pendant plusieurs mois, des milliers d'hommes ignorèrent s'ils seraient déportés dans le bagne mortel de Cayenne, détenus dans les camps de travail algériens, jetés dans les cachots de la métropole ou expulsés à l'étranger sans indication de durée. Chaque village, chaque quartier urbain avait ainsi ses détenus et ses déportés, dont les communautés de résistance reconstituées se chargeraient de perpétuer le souvenir. Les graciés, de retour au pays, n'auraient de cesse que de reprendre des activités clandestines. Pour maintenir le calme, le prince ne pouvait compter que sur les gendarmes et sur la reprise de l'activité économique. Ni l'opinion ralliée, ni les partisans de l'empire n'espéraient de lui, au début de 1852, la moindre indulgence. Seul son sentiment de culpabilité et probablement sa sagesse politique l'incitaient au pardon. On s'attendait à ce que le nouveau régime fût fort différent d'une république libérale. L'échec relatif du coup d'État, qui l'apparentait aux régimes du passé, rendait dérisoires les vœux de retour aux lois. On y reviendrait, certes, mais dans un esprit de surveillance et de suspicion : l'appareil politique qui restait à mettre en place n'aurait d'autre fin que d'assurer le respect de l'ordre social — objectif essentiel — ainsi que du régime politique, qui n'avait d'autre justification, précisément, que le maintien de cet ordre.

Chapitre 2

L'appareil de l'État

Louis Napoléon avait promis le retour à la légalité républicaine. Les juristes qui l'entouraient rêvaient qu'elle fût garantie par la toute-puissance de l'État, dans la tradition napoléonienne : une « France régénérée par la révolution de 1789 et organisée par l'Empereur ».

« — Prenez possession, Prince, de ce pouvoir qui vous est si glorieusement conféré », disait l'avocat Baroche, au nom de la commission consultative constituée aux lendemains du coup d'État pour conseiller Louis Napoléon et préparer l'avenir... « Rétablissez en France, poursuivait-il, le principe d'autorité trop ébranlé depuis soixante ans par nos continuelles agitations. »

Inévitablement, la supercherie du coup d'État devait éclater aux yeux de tous. Il serait chaque jour plus clair que la prétendue république restaurée était un nouvel empire sans l'Empereur. Mais les juristes estimaient le pouvoir présidentiel nécessaire pour la restauration de l'État, présentée comme le plus grand des biens. Que ce pouvoir fût exercé par un président ou par un empereur, éventuellement par un roi, importait peu : l'essentiel était qu'il fût dominant, et que le législatif ne l'empêchât pas d'agir.

Le principe d'autorité s'opposait à l'émiettement de la souveraineté : concentrée en une seule main, elle pouvait chasser des instances inférieures les tyranneaux majoritaires des villes, cantons, départements, qui détenaient d'une élection leur parcelle d'autorité, tiraient l'État à hue et à dia, répandaient partout l'anarchie. Seule l'autorité suprême devait bénéficier de la sanction populaire. S'il était inévitable que d'autres représentants du peuple fussent élus, ils ne devaient pas intervenir dans les rouages de l'État, sinon comme témoins, conseillers, à la limite contrôleurs. Ils ne pouvaient en aucun cas être des acteurs, sous peine de gripper la machine et de la rendre inefficace.

Au nom du principe d'autorité, la future Constitution devait ruser avec le suffrage universel pour déléguer tous les pouvoirs au centre, éliminer ou masquer les micro-pouvoirs périphériques et les neutraliser. Le principe hiérarchique n'était compatible avec la souveraineté qu'au sommet. Tout détenteur d'autorité ne pouvait l'exercer qu'au nom du souverain. Les contre-pouvoirs devaient être brisés. Ainsi l'exigeaient non seulement les juristes partisans d'un renforcement de l'État historique, celui de Napoléon Ier hérité de Richelieu, mais les partisans de la défense de l'ordre social et les esprits soucieux de mettre en place rapidement, sans entraves d'aucune sorte, le nouveau régime économique.

Selon Louis Napoléon, le principe hiérarchique n'était pas limité à l'État et à la politique, il devait déborder sur la société tout entière. Il n'est nullement à ses yeux archaïque ni tyrannique, mais conforme à l'exigence moderne d'efficacité dans l'action. Le parlementarisme a fait la preuve de son impuissance non seulement à servir le progrès, mais à maintenir l'ordre. Seul le principe d'autorité regarde l'avenir. « Marchez à la tête des idées de votre siècle, conseillait jadis le prisonnier de Ham à Louis-Philippe, ces idées vous suivent et vous soutiennent. Marchez à leur suite, elles vous entraînent. Marchez contre elles, elles vous renversent. » Seul un régime fort peut répondre à l'attente de ceux qui veulent lancer la révolution du crédit et des chemins de fer, bouleverser les villes, percer les isthmes et les montagnes : devant l'immensité de la tâche, quel est le poids des fragiles défenseurs des libertés et du contrôle parlementaire ?

Sur l'organisation sociale dont rêve le prince, les écrits de Ham ont donné quelque lumière. Dans *L'Extinction du paupérisme,* il avait montré l'exemple de l'organisation de ses rêves dans les colonies agricoles qu'il voulait instaurer sur les terres incultes : les ouvriers associés seraient propriétaires ou locataires de ces terres vierges. Mais ils accepteraient de se soumettre à la discipline militaire. Vision sociale symbolique : le principe d'autorité pouvait seul arbitrer les conflits, neutraliser les antagonismes en donnant à chacun sa *juste* place.

Les juristes rédacteurs de la Constitution, Rouher, Troplong et Meynard affirmaient, dans l'article premier, que l'édifice restait fondé sur les principes de 1789, mais le texte, troussé en vingt-quatre heures par Rouher sous la surveillance de Persigny et sur l'inspiration directe du prince, établissait au sommet de l'État la suprématie et l'indépendance du pouvoir exécutif. Tyrannie ? Césarisme ? On peut apprécier aussi le caractère de « démocratie moderne » de ce texte : Louis Napoléon, une fois élu, restera dix ans au pouvoir. Aucun roi en Europe ne disposera de l'étendue de ses attributions présidentielles : le maître de l'Élysée commande aux armées, il déclare la guerre et signe la paix, conclut les traités d'alliance mais aussi les accords commerciaux qui font partie de son domaine réservé. Il nomme à tous les emplois, la justice se rend en son nom et il dispose du droit de grâce. Il peut déclarer l'état de siège, en en référant au Sénat. Les ministres dépendent de lui, et sont soustraits au contrôle parlementaire. Le président a seul l'initiative des lois. Il les propose et les sanctionne. Il ajourne, proroge et dissout à son gré le Parlement. S'il dissout l'Assemblée, il a six mois pour décréter de nouvelles élections. Responsable devant le peuple français, il peut le consulter à tout moment, par voie de plébiscite. Il est indispensable que le peuple vote pour approuver la Constitution et pour désigner le futur président.

Ainsi se trouve interrompue brutalement la lente évolution qui rapprochait le système politique français du régime parlementaire britannique. Le principe dynastique n'était pas invoqué par Louis Napoléon. Il se défendait au contraire de tenir son pouvoir d'un régime passé.

— Aucune personnification du génie populaire dans un seul, lui disait jadis George Sand, ne prouvera le droit d'un seul.

— Je ne suis pas assez fou, répondait-il, pour avoir la prétention de fonder une dynastie sur un sol jonché de tous les débris des dynasties passées.

L'exilé de Frohsdorf, Henri V, ne voulait tenir son pouvoir que de Dieu et de l'ancien principe monarchique. Louis Napoléon n'invoquait pas son oncle. Il voulait proposer au peuple un pouvoir personnel qui répondît en même temps à ses désirs et à la nécessité des choses. Seul ce type de pouvoir garantissait, selon lui, l'ordre social et l'avenir industriel.

Telle quelle, la Constitution qui établissait la primauté de l'exécutif n'était pas sans prévoir d'autres pouvoirs : le Sénat constituait un corps de pensionnés du régime nommés à vie ou membres de droit (les maréchaux, amiraux et cardinaux), il veillait au respect de la Constitution et pouvait, dans ses séances toutes secrètes, annuler les votes de la basse assemblée s'il estimait les textes contraires « à la religion, à la morale, la liberté des cultes, la liberté individuelle, l'égalité des citoyens, l'inviolabilité de la propriété, l'inamovibilité de la magistrature ». Il avait pour tâche, par les sénatus-consultes, de fixer le sens concret des articles de la Constitution, faisant ainsi jurisprudence, et de rédiger de nouveaux textes dans les matières non prévues.

Les députés du Corps législatif étaient élus tous les six ans au suffrage universel, au scrutin uninominal à raison d'un représentant pour 35 000 électeurs dans des circonscriptions façonnées par le ministre de l'Intérieur. Cette tradition du charcutage électoral était déjà établie sous le précédent régime et survivrait à l'empire, avec les « mares arrondissementières ». Les notables se réjouissaient du retour à ce scrutin dans des unités territoriales restreintes où leur influence était reconnue. Toute indemnité parlementaire était supprimée, ce qui constituait une prime aux candidats riches. L'abolition du scrutin de liste enlevait leur terrain de manœuvres aux partis de gauche. Ainsi diminué, le Corps législatif, réduit à 260 députés, gardait une prérogative essentielle, le vote des lois et du budget : il n'existait pas de procédure exceptionnelle pour faire passer en bloc devant le Parlement un train de mesures décidées par le gouvernement, et priver ainsi les représentants de la nation du droit de contrôler ou de refuser.

Il est vrai que la procédure limitait l'intervention des députés. Pas de tribune pour l'orateur. Le travail de contrôle s'effectuait dans les commissions de sept membres chargés d'examiner les projets. L'amendement était soumis aux conseillers d'État, seuls représentants du gouvernement dans l'Assemblée. Pour être inscrits dans la loi les amendements devaient être acceptés par les délégués du Conseil d'État. Les amendements qu'ils avaient refusés étaient déclarés nuls et non avenus. Le seul recours des membres de la commission était de faire rejeter l'article du projet de loi qu'ils contestaient en séance publique. On votait alors, sans pouvoir d'amender, sur le rejet ou l'acceptation en bloc du texte ministériel. Le gouvernement gardait ainsi les moyens de dominer les débats, qu'aucun compte rendu ne faisait connaître à l'opinion.

Il est clair que le vote du budget et des impôts faisait des députés les adversaires naturels des conseillers d'État chargés de promouvoir la politique du gouvernement. Ce corps restait l'instance suprême de la justice administrative, mais il recevait en outre une mission politique : préparer, sous la direction du gouvernement, les lois et décrets. Le vice-président du Conseil participait aux travaux du conseil des ministres. Les conseillers étaient directement nommés par le président de la République et révocables par lui. Il en avait désigné 40 en janvier, dont le quart appartenait à l'ancien Conseil. Trois d'entre eux avaient protesté contre le coup d'État. Pour la plupart orléanistes, les conseillers pouvaient être aussi légitimistes, exceptionnellement bonapartistes comme Magne et Michel Chevalier, qui siégeaient ensemble, bien que d'opinions très opposées en matière économique, à la section des Travaux publics et du Commerce. On exigeait seulement des conseillers le sens de l'État, la compétence et la soumission aux volontés du pouvoir. Mais ils avaient cent moyens de rédiger les lois, en prétextant de leur nécessaire conformité avec les règles administratives, dans le sens qu'ils estimaient souhaitable. Les conseillers étaient à la fois l'instrument et le contrôle réel du pouvoir sous des formes feutrées que la Constitution, dans son abstraction, n'avait pas prévues.

Assurait-elle la continuation du régime républicain ? Il était clair qu'elle faisait le lit de l'empire. Sans doute, depuis janvier 1852, le nom de République subsistait sur les papiers à lettres officiels, mais on appelait Louis Napoléon le « Prince-Président » et on lui donnait du monseigneur. On chantait à Notre-Dame *Salvum fac Ludovicum Napoleonem* et l'aigle prenait déjà sa place au sommet des hampes. On grattait la façade des édifices publics pour faire disparaître les trois mots « liberté, égalité, fraternité ». Le 16 février, un décret remplaçait la célébration de l'anniversaire de la République par celle de l'anniversaire de la naissance du premier empereur, le 15 août. Les clubs étaient supprimés, les associations ouvrières, soupçonnées de mener un combat politique, dissoutes.

Pour s'assurer du bon fonctionnement du régime, et mettre en place les institutions, il était essentiel de rendre les oppositions impuissantes. Morny faisait merveille : il avait donné ordre de suspendre « tout journal dont la polémique pouvait porter atteinte à la tranquillité ». L'autorisation du préfet était nécessaire à la publication. La surveillance des cafés était aussi de leur ressort. Ils avaient le pouvoir de fermer les salles soupçonnées d'accueillir des réunions politiques ; d'ordonner des visites domiciliaires et de saisir le courrier des particuliers à la poste. Le ministre de la Police, Maupas, groupait entre ses mains, par une innovation qui ne devait pas durer longtemps, la police et la gendarmerie (soustraite au ministère de la Guerre), la garde nationale et la garde républicaine. La garde nationale ne pouvait se réunir que sur réquisition de l'autorité civile. Elle n'existerait plus que dans les villes où elle serait nécessaire à l'ordre public. Toutes les réunions étaient interdites, même celles des amis du pouvoir. Ainsi, les républicains auraient le plus grand mal à préparer les prochaines élections.

Quant aux orléanistes, on comptait les démasquer par une mesure spectaculaire : à son avènement, Louis-Philippe avait doté les princes, ses fils, de vastes domaines dont le rapport était fort élevé (300 millions d'immeubles). Un décret du 22 janvier interdit à la famille des Orléans de posséder des biens en France et les contraignit à vendre.

L'APPAREIL DE L'ÉTAT

Un autre décret déclara nulle la donation de 1830, « faite en fraude des droits de l'État » et restituait les biens « au domaine de l'État ». Du produit de la vente, Louis Napoléon annonçait, avec démagogie, qu'il donnerait 10 millions aux sociétés de secours mutuels, autant aux logements ouvriers, 10 autres aux institutions nouvelles de crédit et 5 à une caisse de retraite pour les curés les moins dotés.

Cette mesure provoqua une réaction violente dans le haut personnel de l'État et dans la société. Montalembert prit aussitôt ses distances avec le pouvoir, protestant contre la spoliation de la propriété. « C'est le premier vol de l'aigle », disait-on dans les salons orléanistes. Au Conseil d'État, l'opposition fut vive et le projet ne passa qu'à une voix de majorité. Quatre ministres donnèrent leur démission, en raison de leurs liens antérieurs avec la famille royale d'Orléans : le prince dut ainsi se passer des services de Morny, Rouher, Fould et Magne. Le Corse Abbatucci, ami de la famille impériale, prit les Sceaux et Persigny fut heureux de remplacer à l'Intérieur l'orléaniste mal repenti Morny, rendu aux affaires, aux salons et au Jockey-Club.

Fort mal jugée par la presse et l'opinion des notables, cette mesure permettait à Louis Napoléon de mesurer la fidélité de ses amis, anciens et nouveaux, et d'aborder la période de mise en place des institutions avec une image purifiée : les mesures prises pour le maintien de l'ordre apparaissaient trop souvent comme autant de moyens destinés à asseoir le pouvoir personnel. Le prince voulait, par un acte spectaculaire, indiquer qu'il comptait exercer ce pouvoir dans l'intérêt de tous, et en particulier à l'avantage des plus défavorisés. Argument utile en période pré-électorale, et résolument moderne dans son esprit : une seule mesure, prise au détriment d'une seule famille, tenait lieu de politique sociale et déployait devant les masses le mythe d'un régime égalitaire. Louis Napoléon maîtrisait déjà l'utilisation médiatique des symboles.

Cela ne l'empêchait nullement — mais le persuadait au contraire — de prendre le contrôle du principal moyen de communication de l'époque, la presse. Il n'est pas question de s'en passer, mais de l'asservir. Certains journaux sont simplement supprimés, dès avant le coup d'État, pour des raisons invoquées de sécurité publique. C'est le cas de *L'Événement*, le journal des fils Hugo. Le travail de la police était simple. Il suffisait de classer les principaux journaux en trois grandes tendances, d'après la position qu'ils avaient prise à l'automne de 1851 ; certains soutenaient le prince dans sa demande de révision de la Constitution, mais désapprouvaient tout changement à la loi électorale de 1851 : ceux-ci étaient royalistes, légitimistes ou orléanistes. *L'Union*, *L'Assemblée nationale* et surtout *Le Journal des Débats* représentaient cette tendance, favorable à Thiers et à l'ancien comité orléaniste de la rue de Poitiers, tout à fait hostile, sans vouloir l'avouer, à la politique présidentielle.

La deuxième tendance était encore plus engagée dans l'opposition : elle souhaitait à la fois l'abrogation de la loi scélérate votée en 1850 contre les journaux et le maintien de la Constitution. Ses rédacteurs républicains pouvaient être modérés dans *Le National* ou *La République*, vifs et emportés dans *Le Siècle*. Ils étaient surveillés de très près par la censure. Seuls les journaux bonapartistes, *Le Constitutionnel* que le docteur Véron avait cédé à la maîtresse de Morny et *Le Pays*, tenaient la route sans risque. Dans *La Presse*, Girardin multipliait les insolences et s'indignait « du vide et de l'irréflexion » de la presse politique parisienne, prise par le formalisme abstrait des « grands mots » et des analyses de juristes, sourde aux désirs du peuple et aux grands mouvements de l'opinion : « Si Louis Napoléon doit être réélu, écrivait-il, je ne comprendrais pas qu'on hésitât un seul moment entre M. Louis Napoléon Bonaparte rééligible et réélu et M. Louis Napoléon Bonaparte réélu quoique non rééligible. » Girardin, hostile au coup d'État, devait être arrêté et « éloigné ». Il ne reparaîtrait dans Paris qu'en mars 1852, peut-être à la suite d'un accord avec Morny.

Il avait été facile de décourager, en décembre 1851, les journaux d'opposition qui s'étaient largement exprimés. Nombreux avaient été les journalistes victimes de la police : on n'avait pas osé garder longtemps à Mazas le très illustre Adolphe Guéroult de *La République*, mais son journal était supprimé, ainsi que *Le National* et plusieurs autres feuilles républicaines. En province on avait sévi sans faiblesse : les rédacteurs de *L'Émancipation de Toulouse*, les républicains Duportal et Cazeneuve, étaient déportés en Algérie. La presse républicaine régionale disparaissait complètement, ainsi qu'une partie des feuilles royalistes légitimistes. La presse parisienne était réduite à onze journaux. Même *Le Siècle* devait cesser de paraître du 3 au 19 décembre. Girardin avait donné à *La Presse* la consigne de fermer les ateliers, pour encourager à la grève générale. *Le Journal des Débats* n'acceptait pas le coup de force et son directeur, Bertin, définissait sa nouvelle tactique : silence, mais non acceptation. Dans la chronique littéraire s'exprimeraient les critiques et les oppositions.

Le pouvoir avait-il décidé de supprimer la presse pour ne pas être contredit dans l'opinion ? Louis Napoléon pensait, au contraire, qu'il devait s'appuyer sur les journaux, les prendre en main, en créer d'autres, qui lui fussent favorables, contrôler ceux de l'opposition en payant à la rédaction des journalistes de bonne volonté. Il n'avait nul besoin d'intervenir au *Pays* où La Guéronnière avait fait, dès le début des événements, acte d'allégeance : « La Constitution a disparu, écrivait-il, il nous reste deux grandes choses, la République et le suffrage universel. » Veuillot, le patron du très papiste *Univers*, n'était pas moins ardent à flétrir la jacquerie de décembre, « l'insolence des menaces qui s'étaient adressées à l'autorité, à la propriété ». Les curés, lecteurs de *L'Univers*, étaient du côté des châteaux. Ils pensaient avec Montalembert (avant la confiscation des biens des Orléans) que Louis Napoléon avait du bon : « La liberté de l'enseignement garantie, le pape rétabli par les armées françaises, l'Église remise en possession de ses conciles, de ses synodes... et voyant graduellement s'accroître le nombre de ses collèges et de ses communautés, de ses œuvres de salut et de charité. » Que demandait de plus le peuple de Dieu ?

Si la presse catholique soutient sans faiblir l'homme du 2 décembre, il laisse Morny implanter d'autres journaux, entièrement dévoués, comme *Le Public*, vendu un sou à partir du 14 décembre 1851 « avec le patronage et le concours de plusieurs ex-représentants, banquiers, fabricants, propriétaires, chefs d'atelier, etc. », et qui veut être l'organe « de la France entière et réconciliée ». Il est clair que les capitalistes favorables à l'empire trouvent une sécurité dans l'achat des journaux qui leur donnent des armes sur le nouveau pouvoir. Les difficultés financières avaient contraint Morny à se débarrasser du *Constitutionnel* : un acquéreur se présenta immédiatement, le banquier Mirès, qui avait compris l'importance de la presse dans les affaires. Mirès a gagné six millions à la Bourse pendant l'année 1851. Il a commencé par prendre au *Pays* une part majoritaire. Il offre 4 000 francs pour chaque action du *Constitutionnel* : excellente affaire pour Morny, qui s'en débarrasse. Mirès aurait en fait payé beaucoup plus, comme le suggèrent des feuilles d'opposition : rien n'est trop cher pour tenir une bonne place dans le marché de l'opinion. Morny aurait personnellement touché 500 000 francs pour la cession de sa cogérance, et le docteur Véron 680 000 francs d'indemnités.

L'exemple de Mirès est caractéristique : les journaux officieux sont subventionnés, moins par les fonds secrets du ministre de l'Intérieur (qui n'achète que de petites feuilles ou corrompt individuellement les rédacteurs) que par l'intermédiaire des financiers ou entrepreneurs ayant intérêt à dire du bien du régime, à soutenir des campagnes politiques, pour obtenir des avantages ou des informations qui valent de l'or. La collusion de la presse et du pouvoir est ainsi assurée : elle a devant elle une longue carrière.

Il est vrai que Morny se heurte aux rédacteurs têtus des petits organes, qui ne mettent pavillon bas que pour mieux rebondir. La censure doit étendre sa vigilance aux feuilles littéraires, aux chroniques théâtrales, en un temps où l'opinion politique se fait dans les salles bondées des théâtres parisiens. Les auteurs de vaudevilles et de mélodrames n'hésitent pas à brocarder les politiques, en créant des personnages qui affichent leurs travers. Les feuilletons des journaux sont un autre moyen d'influence : le docteur Véron accroît considérablement son tirage en offrant ses colonnes aux feuilletons du socialiste Eugène Sue.

Les procureurs comprennent parfaitement la nocivité en profondeur de ces publications. C'est moins par l'information que par la fiction qu'on agit sur les mentalités : quand on interdit la publication dans *Le Siècle* de *La Famille Jouffroy* d'Eugène Sue, c'est avec des attendus qui sont l'indice d'une conscience lucide : l'auteur, expose le procureur, « semble s'être donné pour but réel de stimuler l'envie et la haine des basses classes contre les classes élevées de la société en abaissant et diffamant systématiquement ce qui est en haut pour exalter et aduler ce qui est en bas ». Les feuilletons font alors plus pour le succès d'un journal que les articles politiques qui assomment les lecteurs. On se dispute à prix d'or les meilleurs feuilletonnistes, qui sont des romanciers : ceux-ci gagnent plus d'argent en publiant intégralement leurs œuvres dans les journaux que dans le circuit, encore limité, du livre.

Mais la défense de la morale sociale peut entraîner loin les procureurs, à censurer les Goncourt, par exemple : ils sont poursuivis pour avoir inséré dans un article du petit journal légitimiste *Le Paris* quelques vers licencieux racontant l'histoire d'un ancien modèle devenu, grâce à la courtisanerie, marchande de tableaux. On saisit ce prétexte pour accabler *Le Paris*, dont la ligne était loin de plaire. Alexandre Dumas tenait les Goncourt au courant des noirs desseins du surveillant de la presse au ministère de la Police, Latour-Dumoulin. Le directeur Villedeuil, un honnête homme fort riche qui tenait bureau comme on tient salon dans un décor de velours noir auréolé de crépines d'argent, engagea Murger, Sandeau, Goslan et Karr — dont « la tête rasée de forçat » faisait merveille dans la salle de rédaction —, tous récupérés d'un brûlot contestataire, *Le Corsaire*, coulé par le pouvoir. Le fonctionnaire suggéra aux Goncourt de se laisser condamner et de déposer un recours en grâce : le régime avait besoin, disaient-ils, de « deux bassesses de plus ».

Ils découvrent alors la faune judiciaire : le juge d'instruction Braux qui les interroge « comme si nous avions étouffé notre mère dans des gilets de flanelle », le président Legonidec qui, le soir, quitte son hôtel de la rue de Courcelles pour aller « chercher des amants » dans la plaine Monceau, ou encore (pour compléter cette galerie à la Daumier) le juge Lacaussade « qui ressemblait à Lemenil prenant un bain de pieds dans *Le Chapeau de paille d'Italie* », le célèbre vaudeville de Labiche qui faisait, depuis 1851, la joie du boulevard. Le substitut Hiver reconnaissait que l'article incriminé ne tombait pas sous le coup de la loi, mais qu'il devait néanmoins poursuivre « sur les ordres réitérés du ministère de la Police ». Comment la justice peut-elle être aux ordres de la police ? Le maître censeur, Latour-Dumoulin, reçoit les coupables : il ne leur en veut pas personnellement mais ajoute « avec patelinage » : « Je suis tout disposé à vous voir écrire dans le journal... (mais) il ne faut pas faire de critique. »

Villedeuil, le patron, s'offre une calèche jaune d'or pour se rendre à l'audience, vêtu d'un « carrick sombre à cinq collets ». Il utilise le prétoire pour sa publicité, pose devant son photographe sur les marches du palais. Un procès de presse est une aubaine, il peut rendre célèbre. Les Goncourt s'asseyent sur le banc des accusés, entre deux gendarmes. Ils sont acquittés « avec blâme ». Ils avaient contribué à corrompre la société.

Tel est le singulier pouvoir que la réglementation de la presse conférait au ministère de la Police, qui avait toute autorité sur les tribunaux. Le gouvernement s'était donné un arsenal de moyens infaillibles pour briser les journaux qui lui déplaisaient. L'autorisation préalable s'accompagnait d'un cautionnement de 24 000 à 50 000 francs pour Paris et Lyon, 15 000 francs au moins pour la province. Le droit d'entrée était élevé, et la ponction fiscale lourde ; les droits de timbre étaient augmentés, les frais de poste rétablis. Le ministre de l'Intérieur et les préfets frappaient les feuilles indociles d'avertissements : au troisième, le journal était suspendu pendant deux mois. Le pouvoir, sous réserve de la signature du prince-président, supprimait tout organe menaçant la sécurité publique. Le compte rendu des affaires de presse était interdit, ce qui privait le journaliste d'un droit de réponse. Les tribunaux correctionnels comprenaient des magistrats de toutes opinions, dont on avait des raisons de se méfier. Aussi fut-il prévu de déférer les procès de presse à des chambres choisies par roulement sur approbation du ministre, ce qui permettait de confier les dossiers à des magistrats soucieux de leur carrière.

Les journalistes retournèrent à l'école, apprirent les délices du style allusif et l'ironie au troisième degré. On se passait dans les rédactions les exemples d'avertissements bouffons distribués par les préfets : celui des Côtes-du-Nord avait averti *Le Journal de Loudéac* qui avait ouvert dans ses colonnes une polémique contre les engrais industriels : c'était « porter l'indécision dans l'esprit des acheteurs ». Les suspensions n'étaient pas fréquentes, mais les avertissements nombreux : en quatorze mois, le ministre de la Police Maupas et ses préfets notifièrent 91 avertissements et prononcèrent trois suspensions à deux mois, concernant des journaux de province ; on n'osait pas attaquer de front les grands organes parisiens qui avaient survécu.

Une presse d'opinion réussit en effet à survivre, au prix de la plus extrême vigilance de ses directeurs, qui vivaient entourés d'avocats. Les tirages étaient maigres mais les journaux, diffusés en cabinets de lecture et dans les bistrots, touchaient un vaste public, même quand ils n'étaient vendus comme *Le Siècle* qu'à 21 000 exemplaires en 1853. Ce journal républicain était alors en tête de la presse d'opposition... Il était lu dans les cafés, les cabarets et les halls de gare. Pourtant, son directeur Havin était d'une prudence de serpent et ses rédacteurs plus libéraux que vraiment républicains. Mais son anticléricalisme, sa verve frondeuse plaisaient. Ses romans feuilletons, disent les Goncourt, « faisaient les délices des épiciers et des marchands de vin ». Seul de tous les journaux de gauche il avait survécu, défendu par Morny qui considérait que l'opinion républicaine avait besoin d'un exutoire. Il reste que Taxile Delord, le féministe Louis Jourdan et Edmond Texier devaient, pour survivre, tremper leur plume dans la vaseline. Plus libre de ton, plus vif dans ses attaques était *La Presse* d'Émile de Girardin dont le pugnace directeur (qui jadis avait mortellement blessé en duel Armand Carrel) inspirait au pouvoir une salutaire réserve. On savait le créateur de la presse à bon marché capable de tous les éclats. Girardin était assez riche pour payer 130 000 francs l'*Histoire de ma vie*, de George Sand. Les libéraux, lecteurs du protestant Nefftzer, bon connaisseur des affaires allemandes, recherchaient les articles d'un autre protestant, Peyrat, fort anticlérical, et du Polonais Charles Edmond. Les patrons alsaciens du textile n'étaient sans doute pas étrangers à l'opulence et à la liberté de ton de Girardin.

Curieusement, la censure laissait passer la prose anticléricale au *Journal des Débats* où sévissait Delescluzes dont le voltairianisme était, au dire des Goncourt, « jeune, ardent et militant ». Renan, Littré et Jules Janin assuraient le prestige du *Journal*, qui gardait sa préférence pour un régime parlementaire équilibré. Cette optique dominait en province des journaux de qualité, tenus par les orléanistes : *Le Sémaphore* de Marseille, *L'Écho du Nord*, *Le Courrier de Nantes* et *Le Nouvelliste de Rouen*, soutenu par le filateur et député Pouyer-Quertier. A droite, *L'Univers* de Veuillot était la seule feuille catholique capable de gêner le gouvernement, même si l'ardeur pro-papiste de son principal rédacteur donnait des frissons aux évêques libéraux comme Sibourg et Dupanloup. Surveillés, traqués, accablés de charges et traînés en justice, les journaux de l'opposition maintenaient leurs ventes, même si elles accusaient, au début de l'empire, un certain tassement. Ils avaient pour concurrents trois organes solides, dont les tirages n'étaient jamais inférieurs à 20 000 exemplaires, chiffre important pour l'époque. Ils caracolaient autour du journal officiel, *Le Moniteur*, qui s'attachait une collaboration littéraire de prix et de poids : Sainte-Beuve était engagé pour y écrire ses *Lundis* à raison de 200 francs l'article. Il y rejoignait ses amis Gautier, About, Murger, Mérimée, Houssaye et Feuillet. Pourquoi ce ralliement du critique ? Sainte-Beuve, dont les besoins d'argent étaient légendaires (autant que l'appétit sexuel), se disait partisan d'un régime d'ordre et de progrès, saint-simonien en quelque sorte. Il avait quitté *Le Constitutionnel*, le plus important de la presse ralliée, qui publiait George Sand et Alexandre Dumas en feuilleton, ainsi que les violents articles de Granier de Cassagnac, aussi prompt au duel qu'un Girardin. Delamarre, un banquier qui interrogeait avec des gens de bonne compagnie les tables tournantes, dirigeait *La Patrie* qui s'adressait à un public plus populaire que *Le Constitutionnel*, n'hésitant pas à mettre « à la une » les crimes sanglants et les accidents de chemins de fer. Quant au *Pays*, fondé en décembre 1852, il confiait sa rubrique de critique littéraire à Barbey d'Aurevilly qui attaquait violemment les vieilles gloires orléanistes élues à l'Académie française.

Le prince-président avait-il vraiment voulu juguler la presse ? Il avait, certes, fait disparaître les feuilles républicaines. Mais, si la justice contraignait les rédactions à la plus grande vigilance, la presse d'opposition restait en place, attendant des jours meilleurs : le césarisme vainqueur avait admis sa présence, comme utile contre-pouvoir dont il entendait, le cas échéant, se servir.

Il le fallait bien, puisque le pouvoir avait dissous à l'acide tous les corps intermédiaires, Parlement, Université, Justice. L'indépendance des universitaires, en majorité favorables aux idées républicaines ou libérales, était considérée par le ministre Fortoul comme une dangereuse anomalie. Il stipula que les professeurs de l'enseignement supérieur eux-mêmes seraient nommés et révocables. Ils furent tenus de produire à l'avance le plan de leurs cours. Les professeurs de lycée devaient remplir, au jour le jour, un carnet des exercices faits en classe. On voulait s'assurer qu'ils ne répandaient pas les « doctrines dangereuses ». A l'époque où le pape Pie IX assurait que l'« enseignement philosophique faisait boire à la jeunesse du fiel de dragon dans le calice de Babylone », on trouvait abusif que l'École normale supérieure ne résistât pas mieux à l'attirance des jeunes élèves pour l'histoire et la philosophie. Ces disciplines furent rayées des concours de l'agrégation. Fortoul, ancien professeur de droit à Aix, allait jusqu'à recommander d'interdire aux professeurs le port de la barbe, considéré comme l'indice d'un esprit fort. Il tint à nommer lui-même les membres du conseil supérieur de l'Université, qui décidait de toutes les réformes et des règles de fonctionnement du grand corps.

La Justice était l'objet d'égales attentions. Les magistrats avaient accepté de figurer dans les commissions de répression, aux côtés des préfets : c'était, déjà, déchoir. Ils accepteraient l'abaissement de l'âge de la retraite, qui permettait au pouvoir de nommer aux emplois laissés vacants par les vieillards orléanistes de jeunes magistrats dévoués, désireux de faire preuve de l'esprit en cour, à la fois « autoritaire et répressif ». Comme les professeurs, les juges étaient tenus au serment, imposé à l'ensemble des fonctionnaires : « obéissance à la Constitution et fidélité au président ». Dans les cérémonies publiques, tous les fonctionnaires devaient porter un uniforme qui les liait symboliquement à l'État. Les secrétaires de mairie ou de préfecture, les maires et leurs adjoints devaient revêtir l'habit bleu brodé, à gilet blanc, coiffer le chapeau à plumes noires et se présenter ceints d'une épée. Leur chef, le préfet, arborait un rutilant uniforme : il était, par excellence, l'agent du pouvoir qui nommait et révoquait ses employés. Les préfets pouvaient supprimer les journaux, arrêter les particuliers, décider de toutes les affaires locales. Ils personnifiaient, dans les départements, le pouvoir impérial. Naturellement, le ministre avait peuplé le corps préfectoral de fidèles du régime, ne conservant de l'ancien personnel que des hommes habiles à tourner leur veste.

Restait le Parlement : les députés devaient être élus dès le 29 février 1852 et Morny souhaitait dégager un nouveau profil de parlementaire, remplacer les avocats bavards et des journalistes exaltés par des hommes riches, inconnus à Paris, industriels ou grands propriétaires dotés d'un sens aigu des affaires et de la responsabilité sociale. On eut du mal à dresser la liste des candidats agréés : il n'y avait pas foule, dans les gentilhommières de l'Ouest, pour prêter serment au prince-président, pas plus que dans les usines des protestants libéraux du textile. Qui voulait perdre son temps dans une assemblée de muets dont on avait même supprimé la tribune, que l'on menait à la clochette, qui ne rencontrait pas les ministres et dont les discours ne seraient pas publiés ? Quel serait le respect de l'électorat pour des parlementaires aussi manifestement inutiles, dont le rôle se limitait à approuver une politique qu'ils n'avaient nullement contribué à mettre en œuvre ? Hormis Montalembert, toujours jaloux de surveiller les avancées du pouvoir dans le domaine de l'enseignement et de l'administration des cultes, aucun des grands ténors de l'ancien Parlement n'était en piste. Ils s'abstinrent par mépris.

Persigny avait surveillé au plus près la préparation du scrutin, ordonnant aux préfets d'empêcher la parution des journaux et l'impression des professions de foi. Les candidats officiels étaient quelquefois seuls à solliciter les électeurs. Sur 261 élus, on dénombrait 256 officiels. Trois républicains refusèrent de prêter serment (dont Cavaignac), ainsi que deux légitimistes.

Le 29 mars, les nouveaux élus étaient réunis dans la salle des Maréchaux, au palais des Tuileries, en même temps que les sénateurs. Le prince siégeait sur un fauteuil drapé, dressé comme un trône. Seuls les ministres avaient droit à des chaises, et les conseillers d'État à des pliants : les députés écoutèrent, debout, la harangue princière. La société, dit le président, était une pyramide qu'il avait replacée sur sa base. Il n'avait aucune intention de modifier la récente Constitution, sauf si les menées des partis le contraignaient de demander au peuple « un nouveau titre ». Les « législateurs muets » (Berryer) entrèrent le 30 mars dans un Palais-Bourbon rénové et découvrirent, au pied du bureau du président, le banc de leurs futurs interlocuteurs, non les ministres, mais les conseillers d'État. Un conseil général, devait dire Montalembert.

Le président Billault, ce Nantais élu dans l'Ariège, était un homme du pouvoir. Il sentait dans la masse de ces nouveaux élus, tous amis de leurs préfets, comme un frémissement de fronde. Parqués en troupeau docile, ils n'entendirent pas sans surprise l'ancien orléaniste Billault faire sèchement le procès, à la première séance, du régime parlementaire. Pouvait-il avoir changé à ce point ? On les consultait sur des babioles, la refonte des monnaies de cuivre, les octrois des villes. Ces hommes « pratiques » se demandaient pourquoi ils avaient abandonné leurs affaires pour tenir ce rôle négligeable. Le marquis de Mortemart ou le duc d'Uzès étaient dans leur province comme au Jockey-Club des hommes respectés. Ils estimaient peu convenable d'avoir à siéger aux côtés du docteur Véron, cogestionnaire douteux du *Constitutionnel*, ou de Granier de Cassagnac, bretteur et journaliste sans retenue dont les discours fanatiques les indisposaient fort. Déjà certains financiers et économistes cherchent à persuader leurs collègues qu'ils sont élus du peuple, tenus par le régime représentatif de contrôler le budget de l'État. Chasseloup-Laubat, ancien ministre de Louis-Philippe, et le duc d'Albufera entourent de soins Montalembert, le seul orateur de l'Assemblée. Il est clair que l'assemblée des muets se prépare à jouer son rôle et ne recule pas devant l'affrontement avec les distingués conseillers d'État.

Si autoritaire soit-il, le régime devra compter un jour sur l'opposition, et peut-être la révolte, des gens qu'il a lui-même désignés et promus. Le régime parlementaire a jeté ses premières pierres en Angleterre quand les bourgeois de Londres ont décidé, alors qu'ils payaient presque seuls l'impôt, de contrôler les finances du roi. Par la bouche de Montalembert, les muets du sérail exprimeront le même désir : pas plus qu'on ne peut supprimer la liberté de la presse en préservant les journaux, on ne peut dissoudre le régime parlementaire dont la finalité première est de contrôler les finances de l'exécutif en laissant élire une Chambre. Louis Napoléon devait le comprendre très vite : le jour où les républicains, par tactique, accepteraient de prêter serment, un contre-pouvoir dangereux s'installerait. De celui-là aussi, comptait-il se servir un jour ?

L'heure était, en 1852, au renforcement du régime autoritaire. Il fallait faire vite : les troubles ruraux de décembre risquaient d'être bientôt oubliés, et l'opinion ne serait plus sensible qu'à la perte des libertés. Déjà les commerçants de Clamecy avaient fermé boutique, en signe de deuil, pour protester contre l'exécution des condamnés. On traitait de bourreaux les juges et l'on maudissait la guillotine. On signalait partout des actes d'insolence et de provocation : les mineurs de Commentry, qui arboraient des cravates rouges, les paysans de l'Allier, qui insultaient le général de Saint-Arnaud, en villégiature à Vichy. On parlait de nouveau dans le Midi des arbres de la liberté. Les gendarmes devaient repartir en campagne. On ne pouvait, tous les six mois, organiser une nouvelle opération de police à l'échelle de la nation. Pour frapper les imaginations, le prince résolut de rechercher le contact populaire. Il préparerait ainsi le rétablissement de l'empire, que les conseillers généraux, désignés par le pouvoir, appelaient de leurs vœux.

Louis Napoléon dispose, dans les villes, de relais naturels, les militaires et les anciens soldats de la Révolution et de l'Empire qu'il couvre d'honneurs. On organise une copie de la « distribution des aigles » au Champ-de-Mars. Le tableau peint par David avait été exposé, à l'instigation de Louis-Philippe, dans la galerie de Versailles et le menu peuple des promeneurs du dimanche, dont se moquait Alfred de Musset, avait intégré cette scène, au même titre que les Adieux de Fontainebleau, à la légende impériale. Au même endroit, le Champ-de-Mars, Louis Napoléon remit les enseignes aux délégués des régiments venus d'Algérie et de toutes les garnisons françaises, aux turcos et aux zouaves, déjà populaires, comme aux chasseurs de Vincennes et aux hussards de Lunéville. Ainsi renouait-il avec la tradition militaire, arborant lui-même un costume de général auquel il n'avait nullement droit. Ses talents de cavalier, la beauté de ses chevaux anglais faisaient oublier qu'il n'avait jamais servi que dans l'armée suisse. Autre cérémonie, à Notre-Dame, un service funèbre pour commémorer, le 5 mai, la mort du grand Napoléon. En uniforme, tous les corps de l'État. En civil, tous les partisans, ceux que la légende faisait pleurer, qui savaient par cœur les chansons de Béranger. Le futur empire répondait à une attente populaire : la foule massée sur le parvis en était la preuve. Quand Girardin se permit, dans *La Presse*, un article hostile au rétablissement de l'empire, il reçut un avertissement : l'histoire était en marche.

Encore fallait-il prendre le pouls du vieux pays et le rassurer : le prince avait l'expérience de ces contacts, ayant accompli, en 1850, de longs déplacements en province. Il choisit d'emprunter l'itinéraire le plus difficile, dans les régions à haut risque du Centre. Il gagnerait Lyon, capitale de la révolte, pour descendre vers la vallée du Rhône où son oncle eût été lynché en 1815 s'il n'avait, au retour de l'île d'Elbe, pris la route des Alpes. Tombant sur Marseille la rebelle, il traverserait l'Hérault aux innombrables Mariannes, s'arrêterait à Toulouse où même les briques roses étaient républicaines. Il entendait parcourir le Sud-Ouest rebelle et séjourner longuement à Bordeaux. Ce serait ensuite un jeu de retrouver la Loire en traversant les placides Charentes.

Jadis, la reine Catherine de Médicis avait conseillé à son fils Charles IX d'accomplir un tour de France pour réconcilier autour de la personne visible du roi les Français divisés. Le prince négligea le Nord et le Nord-Est, dont il connaissait les opinions favorables, pour se consacrer à la France rebelle ou réticente du sud de la Loire. « Mon voyage, dit-il, est une interrogation », une sorte de plébiscite sans vote dont il fallait soigner la mise en scène. Les préfets seraient jugés à l'aune du succès, à leur capacité de rassembler foules et notables, de diriger le flux des affidés, les brigades du service d'ordre et les claques de stipendiés. On entendait que la presse régionale fît largement écho aux étapes du voyage et les journalistes devaient être aidés, soignés, pris en charge par de subtils moyens de pression. Persigny l'organisateur demanda franchement au préfet du Cher de faire crier « Vive l'empereur ! » dès les premières étapes. Aussitôt, la machine administrative se mit en marche : on obtint des compagnies des trains spéciaux pour transporter les admirateurs du prince. On rechercha dans les villages les anciens soldats qui paraîtraient en uniforme, la poitrine sobrement décorée de la « croix des braves ». Préventivement, les individus fichés qui avaient été laissés en liberté furent arrêtés par les gendarmes. Le prince-président devait être acclamé, pas hué. Suprême calcul : le prince fit publier dans *Le Moniteur* une note recommandant aux municipalités d'être économes de leurs écus et de réserver les fonds disponibles aux indigents qui devaient être aussi de la fête.

Le 14 septembre, tout était prêt : le prince prit place dans son luxueux wagon du P.O.-Midi au « débarcadère » d'Austerlitz. La locomotive Crampton entraîna le convoi décoré de drapeaux tricolores vers Bourges, première étape du voyage officiel. La garnison cria « Vive l'empereur ! » à l'instigation de son général, de Noue. Serait-il hué à Nevers ? Les mariniers de l'Yonne et les bûcherons de Clamecy l'acclamèrent. Les préfets zélés avaient réussi à éviter toute manifestation hostile dans Lapalisse la rouge, et même à Roanne où la population devait pourtant élire, deux semaines plus tard, un conseil municipal si violemment hostile qu'il fut dissous. La ville-test approchait : comment le prince serait-il reçu à Lyon ?

Saint-Arnaud et Persigny le poussaient à annoncer le rétablissement de l'empire. Ils avaient préparé un discours dans ce sens. De fait, en voyant les foules nombreuses se presser dans les bals, les expositions, assister à la revue place Bellecour et aux feux d'artifice, Louis Napoléon n'avait pas été sourd aux cris de « Vive l'empereur ! » dont il savait fort bien qu'ils étaient suggérés par son entourage. Il crut bon de s'en expliquer, après avoir fait l'éloge de Napoléon Ier qui avait gardé de l'ancien régime et de la révolution ce qu'ils avaient de bon. « Le cri de Vive l'empereur ! dit-il, est un souvenir qui touche mon cœur bien plus qu'un espoir qui flatte mon orgueil. » Pourquoi ne pas se contenter du titre plus modeste de président ? Il fut applaudi par les notables, acclamé par le peuple qui avait repris à son compte, sans que la claque eût à intervenir, les cris de « Vive l'empereur ! » Jouant les modestes à Lyon, il affecta à Marseille d'être simplement un chrétien. La traversée du Dauphiné et de la vallée du Rhône avait été triomphale. Avignon avait fait au prince un accueil vibrant. La découverte d'une machine infernale sur la route d'Aix incita les Marseillais les plus sceptiques à assister aux réceptions officielles des chefs arabes venus d'Algérie, paradant sous leurs burnous immaculés. Inaugurant la nouvelle cathédrale, le prince lut un discours qui pouvait passer pour un modèle d'hypocrisie : « Mon gouvernement, dit-il, soutient la religion, non comme un instrument politique, non pour plaire à un parti, mais uniquement par conviction et par amour du bien qu'elle inspire. »

Pourrait-il tenir ce pieux discours à Béziers la rouge et Bédarieux la rebelle ? A Montpellier, on entendit le cri hostile de « Vive l'amnistie ! ». Le chapeau du préfet tremblait. Le prince choisit de répondre : « L'amnistie est dans mon cœur autant que sur vos lèvres. Tâchez de vous en rendre dignes par votre sagesse. » La crânerie peut servir une cause autant que l'humilité. La traversée du Midi fut une promenade sous les fleurs où l'on pouvait lire, sur les banderoles des arcs de triomphe : « A Napoléon, sauveur de la propriété », ou encore, en latin : « Ave, Caesar Imperator ! » Le prince ne manquait pas, à chaque étape, de distribuer promesses et crédits au clergé. Il proposait même d'achever partout les cathédrales, après des siècles d'incurie. S'il n'était pas le restaurateur de la foi, il serait celui des bâtiments religieux. Il s'inquiétait auprès des évêques de l'état de l'enseignement libre et faisait prendre note des promesses à son entourage. Il se comportait manifestement en candidat.

Le préfet de Toulouse fut-il bien inspiré, dans la ville des capitouls, de rappeler que Charlemagne et Saint-Louis y avaient régné ? Ce n'est pas dans la capitale de Raymond VI, mais à Bordeaux que le prince devait, pour la première fois, évoquer sérieusement l'empire. Son discours fut immédiatement télégraphié à Paris : c'était un discours-cadre annonçant non seulement le nouveau régime, mais les axes principaux de sa politique.

« L'Empire, c'est la paix. » La formule fit le tour du monde. « C'est la paix, avait ajouté le prince, car la France la désire et lorsque la France est satisfaite, le monde est tranquille. »

Quelle nation la France aurait-elle pu inquiéter, avec son armée de vieux soldats et sa faible marine ? L'essentiel était d'écarter la légende noire du Napoléon mangeur d'hommes et perturbateur de l'équilibre européen. L'accession à l'empire supposait l'entrée du nouveau régime dans le concert des nations : c'était d'abord à l'Angleterre que s'adressait le discours du Bonaparte. « La gloire, disait-il, se lègue bien à titre d'héritage, mais non la guerre. »

La paix est aussi intérieure : Louis Napoléon, songeant aux formules du Premier Consul (« ni bonnet rouge, ni talon rouge »), pense que le moment est venu de rétablir le consensus civique entre les Français : cette idée de réconciliation est chère aux bourgeois, qui haïssent les troubles et l'insécurité. Que le futur empereur se donne pour tâche de « conquérir à la conciliation les partis dissidents » les comble d'aise : le prince n'a pas écarté les « partis ». Il souhaite seulement qu'ils coexistent dans l'organisation politique de l'empire, qu'ils admettent, plutôt qu'un divorce ou un procès, une « conciliation ». Quoi de plus prometteur ? Si la paix civile revient, pourquoi ne pas concevoir l'évolution de l'empire vers plus de liberté ? Le premier des biens est la sécurité : il faut la rétablir d'abord, et « ramener dans le grand fleuve populaire les dérivations hostiles qui vont se perdre, sans profit pour personne ».

Tel est l'espoir unanimiste de la pensée politique autoritaire : le rassemblement politique suppose, à l'évidence, que les utopistes ne détournent pas du fleuve des éléments croissants de la population, jusqu'à établir les conditions d'une véritable guerre civile en France, la « guerre de classes » annoncée par les marxistes en Grande-Bretagne. Pour dissiper ce cauchemar, le prince veut « conquérir à la religion, à la morale, à l'aisance, cette partie encore nombreuse de la population qui, au milieu d'un pays de foi et de croyance, connaît à peine les préceptes du Christ ; qui, au sein de la terre la plus fertile du monde, peut à peine jouir des produits de première nécessité ». Il serait vain de construire de nouvelles églises, de restaurer les cathédrales et d'ouvrir des écoles libres pour un peuple affamé, logé dans des taudis, soumis à l'angoisse du chômage. Seul le développement industriel peut résoudre la contradiction : les églises ne sont pas faites pour donner aux pauvres, selon le vœu du Premier ministre de Louis-Philippe Casimir Périer, « de la patience et de la résignation ». On ne prie pas le ventre vide, on ne dépose pas des sentiments de haine aux pieds du Seigneur : le retour à la religion des « classes dangereuses » doit être la conséquence naturelle de leur émancipation, de leur heureuse intégration au monde du travail. C'est le devoir de l'État que de faciliter, d'accélérer cette intégration du monde ouvrier à la société.

Par quel miracle ? A Bordeaux, le futur empereur fait tinter l'or d'Amérique. De là sont partis pour la Californie des Français pressés de faire fortune. Le métal commence à couler à flots, promettant à la planète un nouveau cycle de bonheur économique, une période de crédit facile et bon marché, de hausse continue des prix. Il est temps d'ouvrir grandes les fenêtres dans les hôtels bourgeois des personnages de Balzac, et de raser les baraques sordides du docteur Guépin à Nantes, de Villermé à Lille : il y a « des ruines à relever, des faux dieux à abattre, des vérités à faire triompher ». A moi Pereire, Mirès et tous les enfants de Saint-Simon : « Nous avons d'immenses territoires incultes à défricher, des routes à ouvrir, des ports à creuser, des rivières à rendre navigables, des canaux à terminer, notre réseau de chemins de fer à compléter. » C'est le langage des pionniers de l'Ouest américain, comme si la France avait à conquérir une nouvelle frontière. L'industrie doit fournir à tous du travail et du profit. La paix civile n'est pas le retour au morne silence d'un régime qui n'a pour valeurs que la plus-value de la rente. Les Français ne sont plus des rentiers ni des héritiers, mais des défricheurs. S'ils se réconcilient, c'est pour partir ensemble sur les immenses chantiers de leur Eldorado.

Se limitent-ils au territoire national ? Nullement : les saint-simoniens conçoivent le monde *un*, entièrement ouvert aux organisateurs. A quoi bon avoir financé la conquête de l'Algérie, la besogneuse installation des colons pauvres, le coûteux entretien de l'armée, sinon pour intégrer aux échanges internationaux ce vaste territoire qui doit être d'abord peuplé d'Arabes associés aux Français dans le développement ? « Nous avons, dit Louis Napoléon, en face de Marseille, un vaste royaume à assimiler à la France. » Il faut produire de nouvelles richesses, favoriser les échanges. Au-delà de l'Atlantique, un nouveau monde industriel se constitue. Les « grands ports de l'Ouest » doivent « s'en rapprocher ». Pour ces vastes « conquêtes » de la future France industrielle, l'ordre et la discipline sont nécessaires. Pour toucher son public, le candidat parle le langage du passé. « Vous tous qui voulez, comme moi, le bien de notre nation, vous êtes mes soldats. » Dans l'armée industrielle, un pour tous, tous pour un.

Ainsi, le futur empereur convie au rassemblement autour du drapeau, pour la conquête du futur, les vieilles classes de la nation, associées à la jeunesse pionnière : comment concilier le passé et l'avenir, autrement que dans un régime autoritaire ? L'amalgame est-il possible, l'union durable ? Napoléon, au cours de son long périple dans la France divisée, s'est attaché successivement par ses promesses et ses discours la classe militaire, les propriétaires grands et petits, les prêtres. Il a rassuré largement le vieux pays, qui lui a dressé des arcs de triomphe. Au terme du voyage, devant l'océan, il envoie son message messianique qui s'adresse aux pionniers, comme s'il voulait faire de la jeune banque la nouvelle jeune garde impériale, et des « capacités » de Saint-Simon, jeunes ingénieurs et techniciens, les colonnes d'assaut de l'industrialisation. Ce puissant mouvement suppose la révolution du crédit, la création de nouvelles banques, la mobilisation d'une épargne populaire. Comment la France de la rente et l'appareil des banques traditionnelles pourront-ils soutenir longtemps une politique d'expansion qui, par la hausse des prix, pèsera sur les revenus fixes des valeurs, et probablement sur la monnaie ? Le franc Germinal, étonnamment stable, va-t-il sombrer dans la tourmente ? On a connu, sous Louis-Philippe, une « railway mania » qui a laissé de mauvais souvenirs aux notaires et aux agents de change. L'industrialisation précipitée ne promet-elle pas au pays de nouveaux désordres ? Le discours de Bordeaux inquiète et désoriente tous ceux qui attendent seulement du futur empereur le rétablissement musclé de la paix sociale, la pérennité de la rente, et la navigation tranquille du franc Napoléon.

Pour l'heure, les grands propriétaires ruraux confirment leur soutien. Ils sont la fortune du pays et ils en tiennent la société. Arno Mayer, historien américain, a montré l'importance des anciennes noblesses reconstituées et enrichies dans l'évolution politique et sociale de l'Europe du XIXe siècle : l'industrialisation n'a pas brisé les couches géologiques de la fortune, elle les a seulement courbées, plissées, exhaussées : en Angleterre même, les cotonniers de Manchester ne font pas la loi. Les grands seigneurs ont accaparé les terres, modernisé les cultures, réalisé de formidables bénéfices dans la rente foncière. Certains ducs possèdent plus de 160 000 hectares. Le duc de Sutherland ne voit pas le soleil se coucher sur ses terres, qui couvrent 405 000 hectares. Ils ont, sur leurs domaines, des mines de charbon et de fer, ils achètent les immeubles urbains et constituent à Londres la *gentry* qui entoure la souveraine. L'élite du monde des affaires est éclipsée, subordonnée, et les 2 200 000 ouvriers agricoles constituent pour les landlords un soutien électoral puissant. Schumpeter, l'économiste américain, évoque « la symbiose active des deux couches sociales », celle des landlords et celle des industriels : les premiers s'appuient sur les « auxiliaires féodaux » qui vivent à Londres et occupent les postes de l'État, les cadres de l'armée et de la marine, le Parlement et le gouvernement. Ils peuvent, en partageant le pouvoir, imposer une politique commune qui est longtemps protectionniste. La Grande-Bretagne se convertit au libre-échange, sous l'influence des manchestériens, peu de temps avant la France.

S'il est vrai que les petits propriétaires sont très nombreux dans ce pays, l'essentiel des cultures commercialisables est entre les mains des grands et moyens producteurs : les céréaliers et les betteraviers du nord de la Loire, les éleveurs de l'Ouest, plus tard les viticulteurs du Midi pratiquent une agriculture et un élevage capitalistes qui entendent peser sur les décisions de l'État : pour cette raison, les grands propriétaires ont accepté de figurer au

Corps législatif, afin de surveiller leurs intérêts et d'éviter toute dérive, en particulier des tarifs douaniers. Ces landlords français possèdent aussi des mines : Anzin est leur domaine réservé. Sont-ils en rivalité avec la bourgeoisie ? Nullement : « La vieille noblesse terrienne et les nouveaux magnats n'ont jamais recherché l'affrontement. » Les fils de nobles passent les concours administratifs, se présentent à Saint-Cyr et à l'École navale pour être admis, à mérite égal avec les bourgeois, parmi les hauts cadres de l'État. Leur carrière est facilitée par leurs relations parisiennes et par les mariages heureux avec des héritières de la haute banque qui leur offrent les moyens de « tenir leur rang ». Aussi les nobles sont-ils férus de leurs titres et répugnent-ils à tout nouvel anoblissement. Ils ont intégré la première noblesse d'empire, mais n'en souhaitent pas une seconde.

Il reste que les hauts commis de l'entourage présidentiel sont loin d'être des gens de qualité : de ce point de vue, le prince inquiète. Des bruits circulent sur sa bâtardise, que l'on rapproche de celle de Morny, et de Walewski. L'État serait-il livré aux enfants naturels ? Persigny a dû choisir un nom plus convenable que le sien, Baroche, Fould et Rouher sont des rustres, qu'il importe de marier au plus vite si l'on veut les associer à la bonne société, celle qui regrette que les Broglie, les Pasquier, les Decazes et les Nouailles ne soient plus rien dans l'État. Comment cette fortune assise, qui engage à son service les talents de la politique (Thiers, administrateur des mines d'Anzin), peut-elle supporter sans frémir le discours aventuré de Bordeaux, qui semble promettre au vieux pays le sort de l'Amérique ?

La peur sociale affecte d'abord les maîtres de la terre et les maîtres de forges. On passe sur les « rêveries » de l'empereur futur, si l'on peut contrôler aussi étroitement sa politique que jadis, grâce à Thiers et Guizot, celle de Louis-Philippe. Louis Napoléon connaît fort bien ces vieilles élites qui lui ont si longtemps fermé leurs portes. Il sait qu'il ne peut pas en attendre plus que ce qu'ils consentent à donner, par peur des « classes souffrantes ». A ces élites anciennes, l'auteur du discours de Bordeaux doit demander « d'abattre les faux dieux ». Comment leur imposer les lois nouvelles, celles qui rendront possible l'expansion, sinon par la dictature ? Que le duc d'Uzès ne s'étonne pas d'être à la fois sourd et muet au Corps législatif : non seulement on ne souhaite pas qu'il parle, mais on considère qu'il ne doit rien entendre. La politique que médite l'empereur ne peut être la sienne.

C'est du moins l'espoir de ceux qui attendent une reprise rapide des affaires grâce à de nouveaux moyens d'investissement : Arlès Dufour, qui attend tout des chemins de fer et des canaux pour développer Lyon, Mirès, qui dispute à Enfantin le désir de construire le port moderne et la ville de Marseille, les Dolfuss et les Koechlin qui, par Mulhouse, veulent constituer avec la Suisse et l'Allemagne rhénane un espace économique dynamique, la chambre de commerce de Lille, attentive au développement de la sidérurgie belge, tous ces hommes d'entreprise comprennent à la manière de Michel Chevalier et des frères Pereire le message de Bordeaux : le prince est de leur côté. Quand il sera l'empereur, il donnera le signal du bond en avant.

Les habitants d'Angoulême, de La Rochelle, de Rochefort et de Tours n'ont pas de vues aussi hardies : pourtant, dans les provinces françaises de l'époque, la petite industrie, fort répandue, occupe des milliers de bras en Touraine comme en Saintonge. Dans le Tarn-et-Garonne, on ne compte pas les tuileries, briquetteries, les minoteries, les filatures, les fabriques de toiles, d'étoffes de soie, de papiers et de cartons, de chaudrons et de tamis, de poteries, les faïenceries, amidonneries, teintureries, distilleries d'eau-de-vie, ateliers de chandelles et de cierges... On pourrait énumérer, pour chaque département, des activités aussi différenciées, qui s'adressent à un marché régional. Les industriels français produisent surtout des biens de consommation et travaillent souvent dans de simples ateliers, à l'exception du textile, où la main-d'œuvre est, dans certains secteurs, plus concentrée. On compte au moins autant de patrons que d'ouvriers, et d'innombrables petits commerçants : ces millions de Français ne souhaitent pas l'expansion à tout prix ni l'ouverture des frontières. Ils saluent dans Louis Napoléon uniquement le restaurateur de la paix sociale ; ce sont eux qui lui dressent des arcs de triomphe tout au long de son parcours.

Son arrivée dans la capitale est parfaitement organisée : les cloches sonnent, les canons tirent, le prince s'avance derrière une double haie de soldats qui crient « Vive l'empereur ! ». Les corps constitués l'attendent gare d'Austerlitz, où le tapis rouge est déroulé. Il est reçu au son des musiques militaires place de la Bastille, où le président du conseil municipal de Paris l'accueille en souhaitant que son pouvoir « s'affermisse ». Les boulevards ont été décorés d'arcs de triomphe. Ils sont noirs de monde, sans que l'on sache si la foule ne se compose pas surtout de badauds attirés par le spectacle, ni si les brigades d'acclamation ne sont pas payées par la préfecture de police.

Il n'importe : le voyage en province peut à bon droit apparaître dans la presse officielle comme triomphal : Louis Napoléon a réussi son opération promotionnelle. L'empire est sur toutes les lèvres. Ceux qui y sont les moins favorables considèrent qu'ils ne peuvent s'y opposer.

Le prince tient son prétexte, le vœu unanime des populations, manifesté à la fois au cours du voyage officiel et dans les vœux des conseils généraux. Il convoque le Sénat pour le 4 novembre. Cette assemblée d'affidés et de pensionnés ne peut rien lui refuser, elle n'est pas l'émanation d'un suffrage populaire. Dix sénateurs établissent un projet de Constitution rétablissant l'empire. Deux jours plus tard, le rapport est prêt. Trois jours plus tard, le sénatus-consulte est rédigé. Le rapporteur Troplong déploie des prodiges de science juridique pour expliquer que « la République est virtuellement dans l'Empire à cause du caractère contractuel de l'institution et de la délégation expresse du pouvoir par le peuple ». La mystification est complète. Il est vrai que le prince-président a tiré son autorité d'un scrutin. Mais le sénatus-consulte prévoit la dignité impériale pour l'empereur *et sa descendance*. Même si l'on s'attend à une nouvelle sanction populaire pour fonder le nouveau régime, il est clair que la future filiation des Bonaparte occupera le trône par raison dynastique, et sans demander un nouvel aval au suffrage. La contradiction saute aux yeux. Elle n'empêche pas 86 sénateurs sur 87 de voter le texte. Curieusement, le quatre-vingt-septième est l'ancien précepteur du prince : on commente généralement son vote d'abstention en indiquant que ce vieillard répugnait à rétablir un régime monarchique. Il fut le seul à éprouver ce scrupule.

Le seul qui pût contester ce singulier adoubement du prince par les sénateurs, ses obligés, était le monarque légitime qui revendiquait le trône. De Jersey, Hugo exprimait dans la violence l'indignation des républicains en disant : « Tout citoyen digne de ce nom n'a qu'une chose à faire, charger son fusil et attendre. » L'émigré de Frohsdorf n'incita pas au crime les tyrannoctones. Il rappela à ses partisans, les légitimistes, le devoir de fidélité. « Le nouvel empire qu'on vous propose, dit-il dans un manifeste (dont les exemplaires étaient dans l'Ouest recherchés par la police), ne saurait être la monarchie tempérée et durable... On se trompe et on vous trompe. » Au Corps législatif, les gentilshommes dignes déposèrent leur écharpe. Ils recommandèrent de s'abstenir au plébiscite. Comment auraient-ils pu faire voter contre ? Les évêques, conseillers tout-puissants de la clientèle royaliste, célébraient alors avec emphase « l'homme de la droite de Dieu ».

Plus de deux millions de Français s'abstinrent. Mais les *oui* avaient gagné 400 000 voix par rapport au scrutin qui avait suivi le 2 décembre : 253 000 électeurs seulement votèrent contre et 7 800 000 Français approuvèrent l'instauration du nouveau régime. L'empire pouvait se flatter d'un baptême démocratique. « Mon règne, disait Louis Napoléon à Saint-Cloud le soir des résultats, n'a pas pour origine, comme tant d'autres, la violence et la ruse. » Une fois encore, il s'excusait et plaidait comme si le « vœu unanime de la nation », très régulièrement confirmé par les urnes, était impuissant à dissoudre la tache noire du 2 décembre.

Napoléon III trouve aussitôt sur sa route les restes de la famille Bonaparte. Puisque l'Empire est héréditaire, mais l'empereur célibataire, il est urgent de régler la succession, d'établir un ordre, une règle, en choisissant les moins indignes sur le catalogue des ayants droit : on décide d'inclure dans la « famille impériale » 21 personnes, le prince Jérôme et ses descendants directs (le prince Napoléon, dit Plon Plon, et sa sœur Mathilde), les descendants du mariage autorisé de Louis. En raison de la loi salique, le seul héritier parmi ces illustres personnages était le prince Jérôme-Napoléon, homme de gauche et député à la législative proche de la Montagne, qui se présentait aux cérémonies officielles en bourgeois. Les autres Bonaparte constituaient la « famille civile », un deuxième cercle formé des héritiers des sœurs de Napoléon Ier : les Bacciochi et les Murat. Les querelles entre ces Bonaparte étaient inexpiables. La tradition impériale voulait qu'ils fussent dotés de pensions. Louis Napoléon avait toujours, comme son demi-frère Morny, manqué d'argent. Les frais de réception à la présidence étaient fort élevés : un seul bal coûtait au moins 6 000 francs or. Pour ses campagnes, pour son prestige et son action politique le prince avait emprunté, à l'ambassadeur d'Espagne, au duc de Brunswick, à Miss Howard, sa maîtresse de Londres qui ne le quittait plus. La reine Mathilde avait dû engager ses diamants. Il était essentiel qu'il fût remis à flot, pour pouvoir faire face à ses impériaux devoirs : le Sénat proposait mesquinement une « liste civile » de 12 millions. L'empereur en obtint 25.

S'il voulait échapper aux Bonaparte et assurer l'avenir dynastique du régime, il était urgent qu'il se marie. Les Britanniques, qui avaient reconnu l'Empire (après le roi des Deux-Siciles, la Suisse, le Piémont, les princes allemands et le roi des Belges), se réjouissaient que ce Bonaparte dût son trône à l'élection et non à l'hérédité, ce qui eût remis en question les accords du congrès de Vienne (qui avaient exclu à perpétuité les Bonaparte du trône de France). En dépit de cette reconnaissance, Louis Napoléon ne parvint pas à prendre femme dans les familles régnantes. Le roi de Prusse était aussi réservé que l'empereur d'Autriche. Quant au tsar, il s'était résigné à reconnaître l'empereur, mais sans le saluer du titre de « frère » comme il était d'usage (« on subit son frère, on choisit ses amis », avait répondu l'empereur des Français). Malgré les savantes intrigues de Mathilde, pour qui le tsar avait de l'inclination, l'élevage princier d'Europe centrale était fermé au prince : la princesse Wasa lui préfère Auguste-Albert de Saxe ; Victoria refuse la main de sa nièce, la princesse Adélaïde de Hohenlohe. Louis Napoléon désirait-il vraiment se marier comme Louis-Philippe ? Sa liaison marquée avec Miss Howard, qu'il avait installée au palais de Saint-Cloud, ses escapades avec les plus belles femmes de Paris lui faisaient dans la République la réputation de ce que l'on nommait en langage populaire un « lapin ». Les péripéties de ses intrigues éveillaient la curiosité publique.

Le dénouement fut remarquable. Une inconnue

espagnole d'une éclatante beauté fut l'élue. On le fit savoir : elle était de bonne famille, mais non princière. Son père était mort dans la Grande Armée. Sa mère ne la quittait pas dans ses voyages en Europe. Elle était pure, vierge, chrétienne. Rothschild, qui possédait des intérêts miniers en Espagne, était de ses amis parisiens, comme l'écrivain Prosper Mérimée. Louis Napoléon en était follement amoureux, mais n'avait pu rien obtenir de l'altière Espagnole. Pouvait-on imaginer un plus populaire roman d'amour ? La fiancée n'avait ni couronne ni richesse, elle prendrait, dans le cœur des foules, la place de Joséphine.

L'affaire fut rondement menée. Des bribes d'information filtraient dans les potins des journaux, pour donner corps à la romance : l'empereur avait offert à Eugénie des brillants montés en forme de trèfle : elle avait admiré, en se promenant avec lui dans la campagne, un trèfle d'une extraordinaire dimension, aux feuilles couvertes de rosée. Le prince s'était baissé pour le cueillir, et l'avait confié au joaillier. La princesse aimait les violettes : elle en recevait un magnifique bouquet chaque matin. Il était attentionné comme un sous-lieutenant, généreux comme un chevalier : un récit qui gagnait les chaumières. La piété de la future impératrice faisait le reste, dans les presbytères.

Un détail précipita l'opération : Eugénie, le 12 janvier 1853, entra au bras de James de Rothschild au bal des Tuileries. Le banquier la conduisit aux banquettes d'honneur, celles des femmes de ministres. L'une d'elles s'étonna. Le rouge vint aux joues d'Eugénie, des larmes de colère dans les yeux de sa mère. L'empereur s'avança à leur rencontre, et les plaça dans la famille impériale. Le mariage était fait.

Le 22 janvier, il annonçait officiellement sa décision aux corps de l'État dans la salle du trône ; discours révélateur, repris par l'ensemble de la presse, qui donnait toute son efficace au calcul médiatique : « Ce n'est pas, disait-il, en vieillissant son blason et en cherchant à s'introduire à tout prix dans la famille des rois qu'on se fait accepter. » Il faut au contraire prendre « franchement la position de parvenu, titre glorieux lorsqu'on parvient par le libre suffrage d'un grand peuple ». Louis Napoléon ne doit son trône qu'aux Français et l'impératrice ne doit son mariage qu'à l'amour qu'il lui porte. C'est à la fois flatter le peuple, le seul en Europe à jouir d'un souverain qu'il ait librement choisi, et conquérir de nouveau ses suffrages en lui présentant la plus belle des souveraines : « J'ai préféré une femme que j'aime », dit le prince, simplement.

Le « peuple » répondit en foule à l'appel. Point n'était besoin de claque pour grossir, le 30 janvier, la masse rassemblée sur le parvis de Notre-Dame, le long des quais, sur les parapets des ponts. Eugénie avait eu l'heureuse inspiration de refuser la parure de diamants de 600 000 francs que la Ville de Paris voulait lui offrir : on avait fondé, avec la somme, un « asile » pour l'éducation des jeunes filles pauvres. Elle n'en portait pas moins, autour du cou, une parure d'un très grand prix. Après la noce, commentaient aimablement les Espagnoles ses amies, les perles sont autant de larmes.

Napoléon III et sa femme n'entendaient pas les malveillants. Ils répondaient aux vivats dans la voiture du sacre de 1804. Le soleil était au rendez-vous. La nouvelle cour brillait de tous ses uniformes dorés, de chapeaux à aigrettes blanches, de ses carrosses attelés des plus magnifiques chevaux. L'empire n'était sans doute pas une démocratie, mais il était un spectacle. Louis Napoléon, en politique avisé, avait parfaitement réussi son mariage, qui à la fois assurait sa descendance, donnait un sens au principe d'hérédité et popularisait par la cérémonie un régime qui, malgré les discours lénifiants, annonçait que la France entendait reprendre sa place et son rang dans l'Europe des rois. Dans son discours aux corps constitués, Louis Napoléon avait dit qu'il se proposait de présenter son épouse « au peuple et à l'armée ». Les orléanistes grincheux, comme Adolphe Thiers, se demandaient sans doute dans combien de temps le nouvel empereur s'attacherait à démentir l'éclatante formule du discours de Bordeaux : « L'Empire, c'est la paix. »

Chapitre 3

Le chemin de fer

Louis Napoléon comprend parfaitement que les guerres du futur seront gagnées par la logistique. Il est vain de provoquer l'Europe si l'on ne peut aligner que des fourgons attelés ou des navires à voile : la Prusse s'équipe de voies ferrées et de canons lourds produits par Krupp ; l'Autriche étudie ses liaisons ferroviaires avec l'Italie du Nord, qu'elle domine ; la marine anglaise construit les premiers navires cuirassés. Le classement des nations, dans un avenir proche, aura pour principe leur avance industrielle. Louis Napoléon reconstitue les formations d'élite, dotées de splendides uniformes ; mais cette armée n'est pas que de parade. Son rôle ne se limite pas à la défense de l'ordre intérieur : pour faire respecter le pays à l'extérieur, elle doit bénéficier des avancées de la production industrielle. Si le prince pousse le Paris-Strasbourg et le P.L.M., c'est que le train met les soldats français à quelques heures du Rhin ou de Gênes. Plus n'est besoin, grâce à l'industrie, de franchir le col du Grand-Saint-Bernard : le tunnel de Fréjus rend périmées les traversées héroïques.

Le régime joue donc sa sécurité et ses ambitions de politique extérieure sur le progrès rapide de l'industrie et des grands travaux. Pour cette raison, Louis Napoléon modifie la Constitution de 1852 en s'attribuant des pouvoirs exorbitants dans deux domaines particuliers, les traités de commerce et les travaux publics. Fidèle à la pensée saint-simonienne, il estime que seule l'ouverture des frontières peut contraindre l'industrie à sortir de l'archaïsme pour investir dans les procédés modernes d'usinage, qui donnent la maîtrise des marchés extérieurs. Il sait que le Corps législatif est dominé par les gentilshommes de province et des bourgeois manufacturiers attachés à la protection douanière. Il se réserve d'agir souverainement pour imposer, par un volontarisme d'État, la nécessaire conversion.

Le second point est budgétaire : les travaux du chemin de fer se déroulent avec une sage lenteur, parce que les compagnies ne disposent pas des fonds nécessaires et qu'elles s'en remettent aux prudences de la banque traditionnelle. Dans ce domaine aussi, l'État doit faire preuve d'initiative.

Les cartes à réunir pour réussir la révolution industrielle sont connues : l'Angleterre en a fait l'expérience. Premier as du carré, la mobilisation des capitaux. L'argent dort en paix dans les bas de laine, exprimé en pièces d'or, les napoléons (les Français sont le premier peuple thésaurisateur), et en rentes diverses. Les Pereire et les jeunes banquiers prétendent le mobiliser en proposant « le suffrage universel des capitaux ». L'initiative de l'État doit se borner à mettre en place une législation permettant aux nouveaux établissements de crédit de travailler à la grande œuvre. La France n'est pas, sur ce point, désavantagée.

Le second as est la main-d'œuvre, disponible à bon marché pour les emplois de manœuvres, à hauts salaires pour les techniciens formés. Les obstacles sont doubles : le retard français oblige les compagnies à faire venir en France du personnel anglais, seul capable d'initier les indigènes aux techniques de chemin de fer et des machines à vapeur. Les instances de formation existent, de l'École polytechnique aux Arts et Métiers. Il faut les développer. Les besoins en main-d'œuvre risquent de s'accroître : déjà des Allemands, des Belges, des Italiens sont employés sur les chantiers. La solution réside dans la desserte ferroviaire des campagnes qui permettra de mobiliser la main-d'œuvre rurale excédentaire dans les villages. La construction des lignes est donc une priorité ; mais les travaux exigent un appel immédiat à l'embauche ; partout on manque de bras.

Troisième atout : la capacité d'invention ; de ce point de vue, Louis Napoléon se rassure. Les premiers coups de pioche du palais de l'Industrie sont donnés aux Champs-Élysées. Il songe déjà à l'Exposition universelle de 1855. Les inventeurs, chercheurs et savants français sont encore les premiers du monde. Les grands établissements travaillent d'arrache-pied, chez Schneider au Creusot, chez de Wendel en Lorraine, au progrès sidérurgique. La France peut, dans ce domaine, égaler et peut-être dépasser la Grande-Bretagne et la Prusse rhénane.

Le dernier as du carré est le plus aléatoire : il implique la liaison commode et rentable de l'énergie (la houille) et de la matière première essentielle, le fer. L'alimentation en minerai des forges allemandes bénéficie de la voie royale du Rhin qui permet toutes les importations par péniches. La Grande-Bretagne a développé, avant les chemins de fer, son réseau de canaux. La France n'a pas cet avantage. Le charbon est rare, les mines dispersées. Tout l'Ouest importe la houille anglaise, facturée cher dans les ports normands et bretons. Le fer lui-même n'est pas d'une exploitation aisée : celui de Lorraine est impropre, seuls les petits gisements du pourtour du Massif central sont exploitables. Mais les canaux sont archaïques et incomplets. Le chemin de fer est, là encore, la clé de la constitution des ensembles sidérurgiques français. Une politique volontariste s'impose : à n'importe quel prix, l'État doit réaliser l'étoile ferroviaire que les ingénieurs du ministère des Travaux publics tiennent dans leurs cartons.

Dernière exigence, le marché : la France dispose d'un grand nombre de villes, bien réparties sur le territoire mais reliées par des réseaux de transport archaïques ; en outre, la circulation intérieure y est difficile en raison des anciens quartiers aux rues sinueuses, plus importants encore à Marseille et à Lyon que dans la capitale. L'existence d'octrois aux portes des villes gêne le commerce et ralentit les services. Un vaste chantier de modernisation urbaine doit s'ouvrir, si l'on veut accueillir la main-d'œuvre nécessaire au lancement des industries.

Le Corps législatif, déjà amoindri par la précédente Constitution, fait les frais de la volonté conquérante de l'Empereur. Il exige que lui soient réservés les dossiers des « travaux d'utilité publique et toutes les entreprises d'intérêt général ». Il pourra, en ce domaine, légiférer par décret. Le contrôle législatif n'est certes pas aboli, mais le vote du budget est modifié, pour obtenir la suppression d'un examen tatillon. Croit-on calmer l'angoisse des députés en leur proposant, pour leurs frais, un traitement mensuel de 2 500 francs ? L'Empereur est le maître des grands travaux, mais les membres du Corps législatif redoublent de vigilance. Ils attendent, parfois avec impatience, les premiers faux pas. Impuissants, mais non aveugles.

Ils sont rapidement débordés par la réussite la plus incontestable du règne, les chemins de fer. Non qu'ils fussent inconnus auparavant : le lancement du réseau français a été largement entrepris sous Louis-Philippe et la loi de 1842 a fixé le tracé des grandes lignes à construire en priorité. L'État, déjà conscient de ses devoirs, avait décidé de prendre en charge la construction des voies, la percée des tunnels et le lancement des ouvrages d'art. Les compagnies devaient assumer les dépenses de la pose des rails et de toutes les constructions et tous les aménagements du réseau, y compris les gares. La lenteur relative des réalisations tenait au fait que l'État n'avait pas choisi en priorité les chemins de fer contre les canaux, et maintenait en faveur de ces derniers un important volume d'investissements. Toutefois, la réussite des deux premières lignes installées, le Paris-Orléans et le Paris-Rouen, avait déchaîné une première spéculation, rendue possible par l'appel de l'État au crédit. Depuis 1845, la priorité de l'investissement était donnée aux chemins de fer, dont les fonctionnaires des Travaux publics avaient défini les lignes : les responsables de la politique impériale avaient devant eux un chemin tout tracé ; ils n'innovaient pas.

En revanche, ils se trouvaient face à un impérieux devoir de restauration : la crise économique, ouverte en France dès 1847, s'était aggravée en 1848. Les actions s'effondrèrent, les compagnies furent victimes de grèves répétées et d'une diminution impressionnante du trafic, les installations étaient fréquemment sabotées. Isaac Pereire vit brûler les ponts d'Asnières et de Chatou. Le gouvernement provisoire proposa le rachat des réseaux aux compagnies. Les saint-simoniens trépignaient d'impatience. Comment le seul recours aux ressources du budget pourrait-il permettre de réaliser l'« isthme français », de courir la chance historique que la France n'avait pas connue depuis Saint Louis, celle d'être un intermédiaire obligé entre la mer du Nord et la Méditerranée ? La construction du Paris-Nord, prolongée au sud vers Lyon et Marseille, donnait accès à l'Eldorado oriental : la France serait le Far West permettant de joindre en un temps record la plaque tournante de Constantinople où Michel Chevalier voyait un Chicago de l'Orient. De Marseille, l'expansion pourrait aussi gagner, par Alger, l'Afrique du Nord, débouché naturel de l'industrie française. Comment accepter le long retard imposé par la politique, alors que les ports sont sous-développés, qu'il n'existe pas de compagnie française de paquebots, et que l'ingénieur Bourdon travaille au Creusot à construire des bateaux à vapeur destinés au Rhône navigable, entre Lyon et Avignon, au lieu d'armer une flotte de gros navires marchands qui pourraient sillonner la Méditerranée ? Les vapeurs commencent à peine à naviguer sur les lignes de l'Orient et d'Alger. L'aménagement du Havre permet de recevoir les gros transatlantiques, mais les steamers américains, qui se présentent dans nos ports à partir de 1850, sont encore des bateaux à roues, larges et lents. L'arrière-port de Rouen se plaint que les retards des travaux d'endiguement de la Seine entravent la remontée du trafic fluvial jusqu'à la capitale.

Le réseau ferroviaire existe, cependant : dès 1849, le Nord joint Paris à Lille, Calais et Dunkerque ; un embranchement permet d'atteindre Saint-Quentin et Maubeuge. A côté du Paris-Rouen et des lignes de Versailles et de Saint-Germain, le P.O.-Midi joint Orléans à Vierzon, devenu dépôt important et croisement essentiel : une ligne gagne Châteauroux vers le Sud-Ouest, une autre Bourges et la métallurgie du Centre, en direction de Nevers et Montluçon. La jonction avec Bordeaux n'est pas encore pleinement réalisée. Quant au Paris-Lyon, il n'est construit que jusqu'à Tonnerre, puis de Dijon à Chalon-sur-Saône. Vers Châlons-sur-Marne, la ligne de Strasbourg n'a guère progressé, mais la capitale alsacienne est déjà reliée à la région industrielle de Mulhouse et de Bâle. Avignon-Marseille est un tronçon isolé des lignes du Languedoc. Le chemin de fer n'a pas franchi le Rhône.

Malgré la baisse des actions, les travaux se sont poursuivis après l'élection de Louis Napoléon à la présidence, conformément aux plans des cartons du ministère. Il est vrai que les financiers du prince, Henri Passy et Achille Fould, ne répondaient guère aux vœux du saint-simonien Prosper Enfantin, qui demandait « une reprise héroïque et gigantesque des travaux publics ».

La presse organisa en vain une campagne pour exiger des investissements. Le banquier Mirès, pressé de prendre le pouvoir économique dans la région de Marseille, déchaînait les plumitifs de son *Journal des chemins de fer* et Paulin Talabot multipliait les articles dans *La Revue des Deux Mondes*. Les ministres, surtout préoccupés par le retour à l'équilibre du budget, critiquaient la mégalomanie des constructeurs de gares monumentales et réduisaient les crédits. Ils restaient sourds aux propos d'Isaac Pereire et de Talabot qui demandaient à cor et à cri l'introduction sur le marché boursier de petites obligations de 500 francs, à l'anglaise, au lieu des bons de 1 000 francs. A leurs yeux, l'élargissement du public boursier semblait la panacée. Enfantin s'était réjoui de voir le prince rompre avec les Thiers et les Berryer qui avaient des amitiés dans l'ancienne banque. Si l'on obtenait de l'État qu'il garantisse les petites obligations, on donnerait un second souffle aux sociétés de chemin de fer. Louis Girard a montré que ces idées étaient dans l'air dès 1849. L'intervention de l'État était également justifiée aux yeux de James de Rothschild : ce serait la nécessaire « réparation » aux dommages subis par les actionnaires du fait de la révolution. Tel était l'avis exprimé par le duc de Mouchy, administrateur de la Compagnie du Nord et président du Paris-Orléans. Rothschild avait recours à ce noble illustre, propriétaire de milliers d'hectares de blé autour de son château de la plaine de France, pour plaider devant le milieu parlementaire la cause de la garantie de l'État.

Cette garantie intervient avec trop de modération

pour être efficace. C'est que les ministres des Finances s'inquiètent : les groupes se disputent les parcours toutes griffes dehors : Paulin Talabot et les Pereire, encore liés à James de Rothschild, se disputent le Paris-Lyon-Avignon. Le saint-simonien Talabot, polytechnicien, était de ces jeunes ingénieurs lecteurs du *Globe* qui, dans les années trente, voulaient réaliser l'« isthme français ». Représentant aussi bien les mines de la Grande-Combe dans le Gard que la métallurgie du Creusot, de Fourchambault, d'Alès et de Saint-Étienne, il avait réalisé le Marseille-Avignon et entendait poursuivre le « chemin » jusqu'à la gare des Brotteaux. De Lyon, il rejoindrait la Compagnie d'Orléans par une liaison avec Vierzon.

Pereire, son concurrent, voulait racheter à l'État le réseau Paris-Tonnerre, et le prolonger jusqu'à Avignon. Qui l'emporterait ? Le pouvoir n'avait pas tranché et le « père » Enfantin déplorait dans la presse cette irrésolution. En 1850, on n'avait pu construire que 150 kilomètres de lignes. Le retard du chemin de fer français n'était pas seulement imputable à la révolution de 1848. Il se prolongeait sous le régime du prince-président. Après le 2 décembre, il n'avait plus d'excuses : rien ne l'empêchait désormais de poursuivre un programme de salut public dans les transports. Toute la presse financière l'attendait.

L'heureux dénouement du coup d'État avait immédiatement rétabli la confiance à la Bourse. L'abaissement du taux d'escompte de la Banque de France de 5 à 3 % provoquait le démarrage instantané de l'économie, encouragé par l'euphorie boursière : le 3 %, qui avait atteint 56 francs, gagnait dix points. Les valeurs de chemin de fer remontaient de 30 %. Tous les boursiers jouaient à la hausse. Le nouveau régime profitait du renversement de la conjoncture mondiale : l'arrivée rapide et massive de l'or de Californie, puis d'Australie, multipliait les signes monétaires et encourageait un mouvement de longue durée à la hausse des prix. La masse d'or passerait en vingt ans de 500 millions à cinq milliards immédiatement disponibles. Le total de la masse monétaire, y compris les billets et les dépôts, monterait de 3 900 000 en 1845 à 8 600 000 en 1870. La balance commerciale en équilibre accroîtrait les rentrées de numéraire de 250 millions en moyenne tous les ans. L'encaisse métallique de la France atteindrait le milliard. Rien n'empêchait plus l'ancien État-gendarme de Louis-Philippe de devenir une sorte d'État-providence qui fournirait aux investisseurs les moyens qu'ils demandaient. Le pouvoir, conformément au programme annoncé par Louis Napoléon à Bordeaux, devait être, selon le mot du ministre de l'Intérieur Persigny, « une succession de miracles ». L'empereur aurait certes du mérite à réussir ce que le prince-président n'avait pas même sérieusement tenté, mais il aurait été l'objet d'un blâme universel s'il n'eût profité d'une conjoncture exceptionnellement favorable pour réaliser, ayant aboli tous les blocages politiques, le programme d'expansion qu'il s'était lui-même fixé.

Une véritable mystique des chemins de fer, nouvelle conquête du monde, se développa alors dans la presse gouvernementale. Michel Chevalier, qui souhaitait comme Olinde Rodrigues que les nouveaux employés du rail fussent admis à la participation aux bénéfices, mesurait la révolution ferroviaire à l'aune de la paix des peuples : quand les ports de la Méditerranée deviendraient les têtes de pont — reliées par les chemins de fer — des lignes de navigation à vapeur, un nouveau système politique rapprocherait les peuples de l'ancien continent, pour n'en faire qu'un seul ensemble, aussi puissant que les États-Unis d'Amérique. Révolution politique, et pas seulement industrielle : « Il deviendra facile, ajoutait Michel Chevalier, de gouverner la majeure partie des continents qui abordent la Méditerranée avec la même unité, la même instantanéité qui subsiste aujourd'hui en France » : le chemin de fer et le télégraphe sont les deux instruments de la paix des peuples. Le sévère Arago embouchait lui aussi la trompette de la vitesse et du progrès. « Les riches oisifs dont Paris fourmille, disait-il, partiront le matin de bonne heure pour aller voir appareiller notre escadre à Toulon, déjeuneront à Marseille, visiteront les établissements thermaux des Pyrénées, reviendront à Paris pour ne pas manquer le bal de l'Opéra. » A-t-on jamais connu des voyageurs aussi pressés ? Qu'importe : le mythe du progrès s'exprime, sans être contrarié par les esprits chagrins. Il affirme que le rail doit favoriser la communion des peuples et la mise en commun des idées fortes de la civilisation judéo-chrétienne de Méditerranée. Ainsi pensent Mirès, les Pereire et Paulin Talabot. Proudhon, le Jurassien grognon, frappe en vain le sol à coups de sabot : « Cette opinion est ridicule : ce qui fait circuler les idées, comme on dit, ce ne sont pas les voitures, ce sont les écrivains, c'est la discussion publique, la presse libre... En 1855 la longueur des chemins de fer exploités en France a été triplée. Nous ne voyons pas que, depuis cette date, la moindre idée circule. »

Peu importe : dès 1852, le futur empereur décide de faire vite. Il donne au groupe Talabot et aux maîtres de forge du Massif central le trajet Lyon-Avignon. Le Paris-Lyon est fondu en une seule société qui regroupe une brochette des entrepreneurs les plus riches d'Europe. Enfin l'État accorde sa garantie à l'Orléans pour une exploitation à 99 ans, ce qui permet de réduire les frais des obligations. On organise la fusion des lignes du Centre et de Paris-Orléans, permettant de lancer de nouvelles lignes vers Roanne, Clermont, Limoges et La Rochelle. La Compagnie de l'Est, en réalisant la liaison Paris-Strasbourg, avait donné au prince l'occasion de célébrer la « fête de l'industrie », le 17 juillet 1852. On souhaitait d'autres réalisations aussi spectaculaires dans un avenir proche : le réseau du Nord était relié aux voies belges, celui de l'Est organisait le branchement de la ligne Strasbourg-Bâle, sur les chemins de la Bavière. Mais, dans la jungle des concessions, les groupes rivaux parviendraient-ils à s'entendre ?

On attendait avec impatience la grande liaison Paris-Méditerranée. La rivalité de Talabot et des Pereire désavantagés par le partage allait-elle la retarder indéfiniment ? La brouille subite entre James de Rothschild et les Pereire permit d'avancer : les capitaux du baron se reportèrent sur le groupe Talabot. Louis Napoléon, utilisant son pouvoir de légiférer par décrets en matière de travaux publics, décida le 10 juin 1852 de trancher au profit de Talabot : Isaac Pereire était débouté. Un seul groupe au lieu d'un syndicat comprenant toutes les banques réaliserait la liaison Lyon-

Marseille-Toulon. En choisissant les plus forts, le prince-président donnait au groupe Talabot la possibilité de négocier plus tard la ligne Paris-Lyon et d'unifier entièrement le réseau ; Morny, intéressé de près aux affaires de chemins de fer, justifiait devant le Corps législatif la politique impériale : la préférence donnée aux groupes les plus puissants allait dans le sens de l'intérêt général qui exigeait l'accélération des travaux et la baisse des tarifs.

Les Pereire devraient-ils se contenter des miettes ? Ils n'avaient pas encore réussi à se concilier la faveur de l'Empereur ni celle de Morny, favorable à Talabot et gros actionnaire du Lyon-Avignon. Isaac Pereire voulait prendre sa revanche. Les frères avaient été éliminés du réseau de l'Ouest en 1851 ; leurs conquêtes dans cette direction ne dépassaient pas Versailles ou Saint-Germain. Ils furent plus heureux avec la ligne du Midi, entre Bordeaux et Sète, mais le cadeau était loin d'être juteux. La haute banque, assise sur les nouveaux groupes industriels du Creusot et de Saint-Étienne, avait obtenu d'un régime qu'elle n'avait nullement contribué à installer la plus belle part de la manne ferroviaire. Dans le jeu du raccordement des petites compagnies comme dans l'acquisition des grands itinéraires, les Pereire, et leur allié Mirès, étaient perdants, alors qu'ils avaient pourtant tout fait pour la réussite de l'Empire. En s'alliant aux Anglais, aux ingénieurs saint-simoniens proches de Talabot et aux maîtres de forges, Rothschild et ses partenaires de la haute banque avaient montré qu'ils pouvaient réaliser la « révolution » des chemins de fer sans toucher au crédit ni à la Bourse, sans enfreindre leurs habitudes de placement ni compromettre la monnaie. James, qui ne cachait pas son amitié pour le général Changarnier, n'avait pas estimé nécessaire de se rallier au nouveau régime pour emporter les meilleures affaires : le poids de son capital et son expérience lui suffisaient.

Les Mallet et les Rothschild, les Hottinguer et les d'Eichtal, ayant profité de la hausse pour investir et réaliser de fructueux bénéfices, attendaient la baisse de la Bourse, résultat traditionnel du balancement du marché. Que diraient les nouveaux princes du régime, Persigny et Morny, quand la baisse escomptée entraînerait le fameux « assainissement », qui serait obtenu au prix de nombreuses faillites, provoquant la colère de nombre de petits porteurs ? On constatait déjà la difficulté, pour les nouvelles entreprises, d'assurer le placement des titres. L'épargne ne se libérait plus, le marché arrivait à saturation. Danger ! « Le balancement classique du crédit, remarque Louis Girard, c'était le régime aux mains de la Bourse. Il fallait placer la Bourse aux mains du régime. »

Le milieu politique était acquis à cette révolution considérable qui conditionnait, croyait-on, l'avenir du règne.

Les Pereire se proposaient depuis de longs mois d'élargir le crédit, ayant tiré les conclusions de leurs échecs devant la haute banque. Isaac Pereire lança l'idée d'un « Crédit mobilier », doté d'une ambition sociale et nationale. Persigny prit la balle au bond. Empêcher à tout prix la « régularisation » du marché, qui arrêterait net le mouvement d'industrialisation, était son objectif principal. Morny, à l'affût de bénéfices fructueux, fut facilement acquis à l'idée, ainsi que le duc de Mouchy et le financier Mirès, détenteur d'un groupe de presse efficace. Le Crédit mobilier disposerait des innombrables comptes courants des Français, il émettrait des obligations pour petits porteurs et réaliserait ainsi le rêve du régime : assurer la promotion sociale en associant au capital des couches de plus en plus nombreuses de la population. Le profit était pratiquement sans limite, puisqu'une valeur commune, l'omnium, serait donnée à toutes les actions de la firme, qui investirait dans de nombreuses sociétés. Elle aurait ainsi le pouvoir d'obtenir des fusions, et d'émettre sans cesse des titres nouveaux. Cette formule, d'inspiration saint-simonienne, permettait de fonder des entreprises en lançant des obligations sur un marché progressivement élargi. Le 18 novembre 1852, les Pereire obtinrent l'autorisation d'ouvrir le Crédit mobilier : le début d'une aventure. On célébrait chez les saint-simoniens la mort des « Burgraves de la Bourse » ; le plébiscite des petits porteurs était lancé peu avant celui qui transformait la république en empire : au 31 décembre, le succès serait manifeste, les titres du Crédit mobilier étaient au zénith.

Grâce au développement rapide du chemin de fer, l'attente de la haute banque allait être déçue. Alors que la baisse attendue s'annonçait, la reprise des grands travaux, encouragée par le crédit massif des Pereire, entraîna l'économie à la hausse, secondée par l'afflux des métaux précieux : la régulation du marché était manquée. On avait besoin de rails, de locomotives, de fer et de houille. Les usines accroissaient leurs cadences, le réseau en chantier mobilisait toutes les énergies. Plus que jamais, la France avait besoin d'argent, d'autant que le chemin de fer n'était pas le seul investissement indispensable : on veillait aussi, pour des raisons à la fois politiques et commerciales, à la mise en place du réseau de télégraphe électrique. Persigny voulait être en contact instantané avec tous ses préfets. Les présidents de chambre de commerce exigeaient une information rapide sur les flux, la Bourse elle-même rêvait d'être reliée à l'étranger. On installa rapidement des lignes le long des voies ferrées. Déjà 500 kilomètres étaient en place en 1850, plus de 2 000 l'année suivante. Une ligne sous-marine gagnait l'Angleterre. Un décret de Morny débloqua cinq millions en 1852 pour réaliser les liaisons principales et les raccorder aux réseaux espagnol, italien et suisse. Le télégraphe, instrument de centralisation, mais aussi de contacts internationaux, bénéficiait d'une absolue priorité.

Tout restait à faire dans les liaisons urbaines : la mise en place des lignes de banlieue, les raccordements par voie de ceinture entre les gares, le remodelage moderne des tissus urbains. Le Crédit mobilier venait à point pour réaliser le deuxième grand œuvre de l'Empire à ses débuts : les capitaux offerts en abondance seraient immédiatement absorbés par la réalisation des projets de l'Empereur et du nouveau préfet de la Seine, Haussmann. Il n'était pas question, dans cette optique, d'admettre l'« abstention financière » des banquiers traditionnels. On était prêt à prendre des risques pour moderniser immédiatement la capitale. Les raisons politiques (abattre les vieux quartiers de la révolution) et stratégiques (permettre aux troupes de répression de se porter rapidement, par les grandes artères, vers les lieux menacés) passaient derrière l'exigence d'une vraie capitale, aux quartiers aérés, aux liaisons rapides, capable d'attirer et d'accueillir l'élite du monde international des affaires. Aussi l'Empereur était-il décidé à user de son pouvoir discrétionnaire pour aider rapidement Haussmann à mettre en œuvre un projet cohérent, dont les grandes lignes étaient héritées des vues du préfet Rambuteau, sous le régime précédent.

La nomination d'Haussmann était un choix du pouvoir. Persigny déplorait la mollesse de son prédécesseur Berger, à qui Napoléon avait demandé de mettre en construction le boulevard Sébastopol et la rue des Écoles, d'achever la rue de Rivoli, de reconstruire les Halles et de tracer le nouveau bois de Boulogne. Berger reculait devant le lancement d'un emprunt à long terme, dont les crédits officiels ne fourniraient que les annuités. Il redoutait, comme les banquiers, le « retour des vaches maigres » qui pouvait entraîner la chute du régime. Colère de Persigny : « L'empire n'est pas une passerelle, c'est un pont vers une société moderne. » Dénonçant les « dévouements équivoques », il pousse à la nomination d'Haussmann, qui ne partage pas les scrupules de son prédécesseur.

Le Crédit mobilier des Pereire profitait-il de l'opération ? En partie seulement. L'essentiel du financement vient du détournement, au profit de Paris, des fonds du Crédit foncier, avec l'emprunt de 60 millions qui en rapportera 75 en 1855 : éclatant démenti aux financiers pessimistes. Mais les Pereire, constituant la société des immeubles Rivoli, réalisent une belle opération avec la construction des magasins et de l'hôtel du Louvre, et celle de huit gros immeubles à toit de zinc, ballonnés comme des dirigeables.

L'équipe d'Haussmann mène tout de front. L'expropriation et la démolition immédiate des vieux immeubles permettent d'entreprendre la première tranche des travaux, la réalisation de la « grande croisée » de Paris ; Strasbourg-Sébastopol, plus tard prolongés par Saint-Michel, du nord au sud, et rue de Rivoli d'ouest en est. C'est l'étape indispensable d'un vaste programme prévoyant la percée de 90 kilomètres de voies nouvelles. Les quartiers anciens sinueux doivent être éliminés au profit des lignes droites, qui ont seules la faveur du préfet car elles garantissent l'hygiène, la paix sociale et la mobilité de la population. Dans cet esprit, Haussmann obtient, dans la perspective du boulevard Henri-IV, où l'on construit une monumentale caserne pour la garde républicaine, la jetée en biais du pont Sully. Les préoccupations esthétiques ne sont pas étrangères aux percées : il s'agit en l'occurrence de mettre en regard la colonne de Juillet et le Panthéon. Nombre de ponts, où se pressent voitures et fiacres, dans d'indescriptibles embarras, doivent être revus pour permettre le franchissement rapide de la Seine. « Le Parisien, écrit alors Nérée Desarbres, aime essentiellement la voiture. Il en a fait une des choses indispensables de sa vie et ne peut pas plus s'en passer que de pain et de spectacle. » Haussmann fait en sorte que l'on puisse circuler dans Paris. Son dessein, géométrique, est, de ce point de vue, résolument moderne. Plus que Londres, c'est New York que l'Empereur veut peut-être surpasser. Il attend des « trois réseaux » d'Haussmann la création d'une ville du XXe siècle.

Haussmann s'entoure d'une équipe de choix : les meilleurs architectes sont à son service. Eugène Deschamps, conservateur du Plan de Paris, engage les prix de Rome, Van Cleemputte et Lesueur, qui remodèlent l'Hôtel de Ville. Le préfet reste sourd aux critiques, même venues de gens du pouvoir. Il regrette que l'épouse du ministre Baroche le traite d'« Attila de l'expropriation ». Plus de 4 000 immeubles sont détruits en sept ans. Maisons de pauvres ? Nullement. Les hôtels de la chaussée d'Antin appartenaient à de riches banquiers. Lorsqu'on élimine les logements modestes on construit, sur le modèle de la caserne prolétarienne de la rue Rochechouart, des cités ouvrières fermées la nuit, surveillées par d'étranges gardiens appointés par la préfecture. Les monuments officiels sont l'objet de soins prioritaires : le nouveau Louvre, relié aux Tuileries, les Halles de fonte plantées par Baltard, les mairies, l'Hôtel-Dieu, les casernes, collèges et prisons : on aménage alors la Santé, étoile à cinq branches à la lisière de Montparnasse.

L'eau fait l'objet des immenses travaux de l'ingénieur Belgrand : les 2 000 bornes publiques ne suffisent pas à l'Empereur, qui rêve du système londonien de réseau de distribution à domicile par tuyaux en fonte. Belgrand décide de forer des puits artésiens, à Passy comme à Grenelle. Haussmann veut capter les sources pour l'eau potable. Celle de la Seine et de l'Ourcq doit être utilisée uniquement pour les fontaines ornementales et pour le nettoyage des rues. Belgrand décide de capter et d'amener, par aqueduc, les eaux de Champagne. Une usine construite à Trilbardou traite les eaux de la Marne. L'ensemble du bassin de la Seine est ainsi mis à contribution ; un aqueduc fournit en eau de source le réservoir de Ménilmontant ; les sources de la Vanne alimenteront les quartiers du sud.

Les égouts représentent un autre chapitre de l'assainissement : deux grands collecteurs sont construits le long de la Seine pour recueillir les eaux usées et polluées des égouts secondaires. On profite des grands chantiers pour lancer un programme de 560 kilomètres, qui s'ajouteront aux 120 kilomètres en service. La visite des grands collecteurs devient une des illustrations du règne.

La construction des parcs, due à l'ingénieur Alphand, devait changer l'image de Paris. Deux bois, ceux de Boulogne et de Vincennes, étaient aménagés, mais aussi les parcs Monceau, des Buttes-Chaumont et de Montsouris, ainsi que deux jardins, dix-neuf squares, sans compter les très nombreuses plantations d'arbres le long des grandes percées ; avenues Foch, Daumesnil, de la Reine-Hortense, boulevard de l'Empereur. Pour la seule avenue de l'Impératrice — qui conduisait les attelages élégants au champ de courses de Longchamp, Alphand fit planter 4 000 arbres. Plus de 100 000 égayaient les rues de Paris : on privilégiait le marronnier, le platane, le tilleul et l'orme, à la croissance rapide, on apportait les arbres déjà formés sur des chariots. Les espèces exotiques n'étaient pas négligées, orme du Caucase, vernis du Japon, catalpa et paulownia. On vit apparaître sur les trottoirs les plaques de fonte ajourées qui protégeaient les arbres. Les plantations portaient sur près de 3 000 hectares.

Les églises firent l'objet d'un soin particulier. On n'oubliait ni les Russes, qui avaient leur édifice rue Daru, ni les juifs, qui assistaient désormais aux offices dans la synagogue de la rue des Victoires, ni les protestants qui avaient un nouveau temple rue de Grenelle ; mais les catholiques étaient les mieux servis : les quartiers ouvriers d'abord, qui voyaient s'élever les voûtes métalliques et les maçonneries de style gothique ou Renaissance à Ménilmontant (Notre-Dame de la Croix), à Clignancourt, à la Chapelle (Saint-Bernard), à Belleville (Saint-Jean-Baptiste) ou à Montrouge (Saint-Pierre). Les quartiers anciens bénéficiaient de la manne des crédits : Saint-François-Xavier aux Invalides, Notre-Dame-des-Champs à Montparnasse, la Trinité non loin des Grands Boulevards, Saint-Martin des Marais. Baltard lui-même, ce moderniste, élevait Saint-Augustin, dans un style éclectique qui faisait alors fureur. Davioud construisait face à face les deux théâtres du Châtelet et de la Cité, pour répondre au goût du public qui préférait encore le spectacle à la messe. Si la construction des églises était censée ramener à la religion les populations transplantées des quartiers périphériques, le Cirque d'Hiver, la Gaîté-Lyrique, plus tard l'Opéra étaient destinés à fournir à tous des fauteuils pour la fête. Même les voyageurs du chemin de fer étaient comblés : Hittorff avait construit la gare du Nord comme une sorte de temple grec, façade de pierre avec colonnades et statues, cachant la verrière à l'armature de fonte, comme si le matériau noble pouvait faire oublier l'ignominie des poutrelles métalliques. Les places publiques étaient aménagées avec emphase, comme la fontaine de Saint-Michel, dont les dragons surveillaient la Seine. L'éclairage au gaz devait à la fois renforcer la sécurité et donner aux étrangers l'impression d'une ville de lumière. Quant aux riches des nouveaux quartiers de l'Ouest, bordant le boulevard Malesherbes et jouxtant le parc Monceau, on construisait pour eux des salles de bains et des ascenseurs : des pionniers du confort.

Les percées d'Haussmann mettaient donc en jeu

les techniques de pointe : le grand hôtel du Louvre, construit par les Pereire, était le plus vaste et le plus moderne d'Europe. D'innombrables professions s'attelaient à la grande œuvre de rénovation. Ainsi Paris devenait-il la vitrine de l'art et des sciences. Il se visitait comme une exposition permanente.

Les crédits étaient à la hauteur des ambitions : la reconstruction des immeubles entraînait de telles charges de services que les sommes prévues étaient toujours dépassées : l'opération rue de Rivoli coûta 105 millions au lieu de 82. Sans le Crédit foncier et le Crédit mobilier, le programme d'Haussmann n'aurait pas pu trouver son terme. La réunion des palais des Tuileries et du Louvre coûta 25 millions et mobilisa plus de 3 000 ouvriers. Paris était un immense chantier, attirant 200 000 travailleurs du bâtiment logés dans des baraquements, nourris dans des cantines collectives. Le spectacle était le même à Marseille, où Mirès participait au plan de reconstruction de Fremy, à Lyon où Vaïsse transformait la ville. Même à Rouen, ou à Saint-Nazaire, le régime affirmait sa puissance constructive : une double percée rouennaise était conçue par le plan Verdel, les rues Thiers et Jeanne-d'Arc devaient se border de maisons de brique et de pierre, de style Louis XIII, abritant des ménages bourgeois. Comme à Paris, les servitudes d'étage et d'alignement étaient strictes et l'on plantait des parcs peuplés de hêtres pourpres, de séquoias et de cèdres bleus de l'Atlas. A l'imitation de la capitale, les villes françaises se prenaient d'un goût irrésistible pour la ligne droite. Préfectures et mairies remplaçaient les immeubles historiques. Les casernes aérées abritaient les gendarmes et les militaires, les prisons attendaient les délinquants de la nouvelle immigration urbaine, ceux qui restaient parqués aux faubourgs, dans la boue de ces zones suburbaines que le roman d'Audiberti *Carnage* évoque avec force.

L'immobilier n'était pas un domaine à la mesure des Pereire. Ils rêvaient de revenir au chemin de fer, constatant les vastes lacunes qui existaient encore sur l'espace français. Magne, ministre des Travaux publics, voulait poursuivre le programme et encourageait le Crédit mobilier à opérer les fusions de petites compagnies qui permettraient de réaliser d'autres tracés dans les provinces. Il s'opposait toutefois à la concentration des grandes compagnies, pour éviter le monopole, et préférait la concurrence à l'anglaise. Dans cet esprit, l'idée se fit corps de tracer de Paris au Midi un « Grand Central », qui entrerait directement en concurrence avec le chemin de fer Paris-Lyon-Marseille. On voulait réunir, dans un commun sillon d'écoulement, toute la houille du Massif central, qui produisait alors plus de 20 millions de quintaux, contre 10 millions seulement dans la région de Valenciennes. Les voies de débouché des houillères étaient archaïques, discontinues. Blanzy, Le Creusot et Commentry ne disposaient que de canaux ; Aubin et Decazeville devaient être dégagés, Brassac pourrait produire beaucoup plus s'il disposait d'une ligne de chemin de fer. On envisageait une ligne de Clermont à Toulouse par Montauban, avec des transversales sur Bordeaux et sur Lyon. La descente sur Decazeville permettrait de rejoindre les lignes du Midi.

Le Crédit mobilier fut chargé de l'opération. Il finança d'abord une compagnie des chemins de

Rhône-et-Loire, présidée par le duc de Mouchy et lancée à grand fracas par Morny, qui passait alors pour réussir tout ce qu'il entreprenait. Les houillères et la sidérurgie soutenaient le projet, et les capitaux anglais s'y étaient investis. Morny obtint de l'Empereur la constitution de ce Grand Central de France qui portait sur plus de 900 kilomètres. Pour les Pereire, la fortune était-elle au rendez-vous ?

Une fois de plus, ils furent déçus : l'affaire attira l'antipathie immédiate des grands groupes qui remarquèrent la perplexité du pouvoir dans la négociation des accords et les précautions prises, comme si l'on redoutait l'échec. Pourtant, 80 000 actions d'un capital de 90 millions furent aussitôt placées en Angleterre et 100 000 en France par les soins du Crédit mobilier, qui s'en réserva 24 000. La souscription fut un succès très parisien, à en juger par le nombre des vedettes du théâtre et de la danse qui achetèrent des titres : les danseuses de l'Opéra suivirent l'exemple de la vedette de *La Dame aux camélias*, la célébrissime Eugénie Doche. *Le Journal des chemins de fer* de Mirès soutenait l'opération, comme l'ensemble des journaux officiels. Mais le Conseil d'État ne consentit pas à la fusion du Grand Central et de Rhône-et-Loire. La Compagnie d'Orléans voulait barrer aux Pereire le chemin de Bordeaux. Une rumeur vint bientôt à bout de l'optimisme de façade, on parla de « tripotages ». Quand Morny sentit que les accusations risquaient de l'atteindre, il travailla à la « fusion » du réseau discrédité avec la Compagnie d'Orléans. Ce sabordage lui rapporta un beau paquet d'actions.

Dès lors, les lignes qui restaient à construire

n'avaient pas un attrait suffisant pour susciter d'intenses rivalités. Le ministre Magne utilisa le Crédit mobilier pour aider les petites sociétés à lutter contre les grandes. Son but était d'éviter le monopole, et de faire financer par les compagnies les plus riches les parcours les plus ingrats, telles les lignes de Bretagne ou du Jura. C'est ainsi que les Pereire intervinrent dans le réseau pyrénéen, qui donnait accès à l'Espagne, firent sonner haut et clair leurs titres de propriété de la gare Saint-Lazare pour s'infiltrer dans la « fusion normande » et les lignes de l'Ouest. Ils imaginaient un Paris-Mulhouse qui comblait d'aise la bourgeoisie protestante et les maîtres de forges francs-comtois. Ils se taillaient une place honorable dans l'Est, Émile Pereire entrant au conseil de la compagnie. Dans le Nord, ils se payaient le luxe de battre Rothschild sur son terrain, en enlevant le « chemin des Ardennes » qui pouvait donner accès au riche bassin houiller que l'on venait de découvrir près de Douai, et qui concurrencerait le charbon belge de Mons et de Charleroi. Le ministre Magne souriait d'aise : en plaçant les compagnies les plus puissantes en état permanent de concurrence, en aidant les Pereire à vibrionner en tête des lourds convois de Paris-Lyon, de Strasbourg, du Nord et de l'Orléans, il avait obtenu la prise en charge des réseaux les plus pauvres et fait tomber le prix du kilomètre construit de 199 000 francs en 1848 à 21 000 en 1853 : le Corps législatif, si peu consulté, n'aurait rien pu trouver à redire aux comptes du ministre des Travaux publics.

Le chemin de fer véhiculait des centaines de milliers de voyageurs. Des wagons fermés, carrossés, souples, ouatés et satinés abritaient les compartiments de première classe où l'on donnait aux dames, l'hiver, des bouillottes pour les pieds. Les tarifs étaient uniformes pour toute la France et l'indicateur des chemins de fer devenait le guide indispensable des représentants de commerce. La vitesse de 80 kilomètres à l'heure atteinte par les trains rapides était alors considérée comme un terrifiant record : par rapide ou express (ouverts aux seuls voyageurs de première classe) les Parisiens atteignaient Marseille en 16 heures 15 minutes. Seuls les trains directs avaient des deuxièmes classes, et les omnibus des troisièmes à bancs de bois. Les accidents étaient fréquents, et l'opinion considérait l'État comme responsable, pour ne pas avoir imposé aux compagnies des règles de sécurité draconiennes. On leur reprochait d'escamoter, dans les journaux qu'elles contrôlaient, le récit des drames, propre à affoler le public de plus en plus nombreux qui se pressait aux portes des gares. Déjà 4 000 personnes avaient perdu la vie, en 1853, depuis les débuts des chemins de fer. On mourait sur les lignes françaises cinq fois plus qu'en Angleterre et vingt et une fois plus qu'en Prusse. Le brouillard cachait les signaux, les aiguillages gelaient, les essieux cassaient, tout comme les freins. Sur la ligne de Lyon, en 1855, un express télescopa un convoi de wagons à bestiaux. Vingt-six ouvriers agricoles, accompagnant les animaux, furent broyés. On déplorait aussi le grand nombre d'attentats dans les trains, les viols, les vols et même les assassinats. Dans les nouveaux « compartiments », personne ne pouvait secourir les femmes seules ou les bourgeois cossus. Un major de l'armée russe avait été détroussé et assommé dans le train de Belfort, sans que la police pût mettre la main sur le coupable. On exigeait que la gendarmerie exerçât un service de surveillance à l'arrivée de chaque train, dans toutes les gares : un lourd service pour les brigades.

Le chemin de fer entrait dans la vie française : des milliers d'employés prenaient le service, dans les gares, dépôts, ateliers, bureaux des compagnies. Des quartiers nouveaux, liés aux « débarcadères », s'établissaient loin des villes, comme aux Aubrais ou à Auxerre, quand les municipalités avaient refusé l'implantation du rail sur leur territoire ; le plus souvent, ils étaient accolés aux anciennes cités. Le personnel des chemins de fer n'avait pas bonne réputation : les « roulants » regagnaient leurs logis à des heures indues, laissant leurs familles à la responsabilité des épouses. Si l'on en croit Henri Vincenot, les familles se voyaient entre elles, se mariaient entre elles, et fréquentaient peu le reste de la ville. Les compagnies favorisaient l'esprit de caste en attribuant aux employés revêtus d'uniformes des avantages spéciaux : coopératives, jardins. Ils étaient ainsi l'armée innombrable des bénéficiaires du nouveau régime industriel. Fallait-il créditer l'Empereur de la promotion de ces « nouvelles couches sociales », comme dirait, un peu plus tard, Léon Gambetta ? Le chemin de fer touchait bien d'autres Français que les employés des compagnies : les voyageurs, fort nombreux et dont beaucoup, vêtus de blouses et coiffés de casquettes, s'entassaient sur les banquettes de bois.

L'ensemble des secteurs productifs s'habituait au transport ferroviaire : un train de bière partait chaque jour de Strasbourg pour Paris, doublant la consommation ; le transport des vins fit plus que décupler ; 95 millions de litres de lait, 37 millions d'hectolitres de céréales étaient chargés sur les convois. On utilisait les trains de marchandises pour ravitailler la sidérurgie en houille et en coke : le réseau du Nord en transportait déjà un million de tonnes par an en 1857. Ce trafic serait triplé dix ans plus tard. Celui du Paris-Lyon-Méditerranée atteindrait trois millions de tonnes, celui de l'Est approcherait les deux millions. Les chemins de fer étaient, par définition, le meilleur client de la sidérurgie et des houillères. Ils étaient aussi l'instrument obligé de l'expansion de la grande industrie.

Ainsi, le calcul de Napoléon III et de ses inspirateurs saint-simoniens se révélait exact : pas de développement sans voies ferrées. L'exemple anglais aurait, du reste, rendu la vue aux aveugles. Beaucoup d'industriels l'avaient suivi, développant la recherche, suscitant l'innovation technologique, engageant au besoin des techniciens anglais. Les forges géantes de Schneider au Creusot étaient alors un modèle. L'installation des vastes usines Cail à Paris symbolisait l'invasion de l'industrie lourde, celle qui produisait des biens d'équipement.

La dispersion sur le territoire des mines de houille constituait un obstacle au développement. L'empire ne pouvait rien contre ce handicap qui condamnait la production française à la médiocrité : le nombre des mines s'accroissait mais les chiffres de production étaient loin de satisfaire aux besoins : 4 900 000 tonnes en 1852 pour une consommation de 7 900 000 ; 7 400 000 tonnes trois ans plus tard pour 12 000 000 ; 8 300 000 tonnes en 1860 (soit un doublement de l'extraction) pour 14 millions : à la fin de l'Empire, le même écart subsistait : les besoins croissaient plus vite que la production. On comptait 71 bassins, répartis sur 44 départements !

La compagnie la plus ancienne était celle d'Anzin, dépassée par les découvertes effectuées de 1845 à 1847 dans le Pas-de-Calais, autour de Valenciennes. La compagnie de Fresne-Midi devait progresser rapidement, grâce à l'emploi de puissantes machines à vapeur. La houille du Gard, abondante, était répartie entre la compagnie de Paulin Talabot et celle de Mirès. Les mines du Massif central alimentaient Le Creusot, et les forges de Montluçon fonctionnaient grâce au charbon de Commentry. Les de Wendel attendaient beaucoup de la prospection du bassin de Sarrebrück, qui entrerait en activité après 1860. Les mines de Decazeville et de Carmaux souffraient d'une grave insuffisance des transports. Decazeville végétait. Carmaux fut sauvé par le chemin de fer de Toulouse. L'État avait tout fait pour désenclaver les houillères, mais il restait victime de la géographie, qui le contraignait à importer du charbon anglais, belge ou allemand.

La faiblesse des ressources en fer constituait un autre obstacle au développement. On avait décuplé la production de rails, grâce à la mise en activité du moindre gisement. Cependant, la production restait insuffisante. On devait aussi importer des rails. La production de fer restait stationnaire, entre 3 et 4 millions de tonnes par an. Le minerai venait de la Meurthe et de la Moselle, de l'Ardèche, du Massif central, du Jura... Les besoins du chemin de fer avaient contraint les maîtres de forges à la concentration.

L'abandon des forges à bois, les progrès rapides du coke, l'introduction du convertisseur Bessemer qui permettait la fabrication peu coûteuse de l'acier avaient facilité les regroupements : la sidérurgie de Wendel importait le charbon de la Sarre et de Belgique. Au Creusot comme à Hayange, à Saint-Chamond comme à Terrenoire, le procédé Bessemer permettait des miracles. Les fours Martin avaient permis des progrès sensibles dans la décarburation de la fonte. Cette modernisation supposait de lourds investissements dont seuls les grands groupes étaient capables. L'aide des pouvoirs publics leur était indispensable. Il leur était impossible de négliger le Corps législatif : un Charles de Wendel serait constamment réélu au Parlement, tout comme Schneider. Rambourg, patron des Forges de Châtillon et de Commentry, siégerait à côté du filateur normand Pouyer-Quertier.

La concentration ouvrière était inévitable dans les usines sidérurgiques : si les 2 000 ouvriers employés à Marseille sont répartis dans 35 fonderies dispersées, Jean-François Cail fonde à Paris trois établissements dont le plus spectaculaire, celui de Grenelle, construit des « ponts en fer ». Mais les locomotives sortent aussi du quai de Billy (l'usine sera incendiée en 1865) et de la rue de Chabrol, près de la gare du Nord. Éclectique, Cail a fondé en Indre-et-Loire une exploitation de sucre de betterave utilisant, sur 600 hectares, les détenus de la colonie pénitentiaire de Mettray. Les patrons aiment à différencier leurs entreprises : Ernest Féray, petit-fils d'Oberkampf, a établi à Essonnes une fonderie, mais aussi une filature et une papeterie. Les chantiers de construction navale ne limitent pas leur production à la marine : au Havre, la maison Mazeline se lance dans la construction des frégates cuirassées, mais d'autres fonderies sortent, comme à Rouen, des locomotives. En revanche, on travaille aussi pour la marine de guerre dans la Nièvre, à Guérigny. La dispersion géographique est telle que la plus importante fabrique de baïonnettes regroupe des centaines de forgerons à Yssingeaux, dans la Haute-Loire... Les marteaux-pilons ne sont guère concentrés que dans la vallée du Gier où plusieurs firmes travaillent pour la marine et les chemins de fer. Les grandes forges de Terrenoire y occupent 1 800 ouvriers venus de Saint-Étienne, initiés aux techniques Bessemer. La firme Marrel est capable de sortir des arbres géants de 30 tonnes pour les frégates cuirassées. Si Le Creusot s'est fait une spécialité de grosses machines, 50 locomotives sortent aussi tous les ans des forges d'Oullins, dans la banlieue lyonnaise. Parfois, la dispersion des entreprises s'accompagne de la concentration dans une vallée : dans les Ardennes, sur le cours de la Meuse, dix fabriques approvisionnent l'immense marché des petits clous, appelés semences. On y moule aussi les fers à repasser en fonte. On forge et on moule pratiquement à travers toute la France. Proudhon raconte que les forges d'Audincourt, dans le Jura, rassemblent 4 000 ouvriers. Dans la Haute-Loire, au Pont-Salomon, le maître de forges Dorian, futur député, occupe 600 forgerons à la fabrication des faucilles et des faux. Vingt-deux mille Auvergnats trempent l'acier des couteaux à Thiers et à Maringues, ils sont 5 000 ouvriers à Nogent, dans la Haute-Marne. Quinze cents autres sortent des kilomètres d'aiguilles à coudre à Laigle, dans l'Orne.

La première des industries, le textile, n'est pas moins dispersée que la métallurgie : toutes les catégories d'ouvriers s'y retrouvent, des salariés de grandes usines au semi-rural, et même au façonnier à domicile. Des villages entiers des Cévennes et du Beaujolais vivent de la soie et, en Normandie, du coton. La mode, capricieuse, détermine la production : on bénit les crinolines qui exigent à la fois un imposant métrage de fils d'acier et quatre fois plus de tissu pour les robes. L'introduction des machines autorise, en Alsace, la concentration des filatures : certaines sont immenses, comme celle de Pouyer-Quertier à Petit-Quevilly, baptisée la Foudre. Les filatures du Nord, très nombreuses, sont encore peu concentrées. En revanche, les broches à filer la laine se rassemblent dans quelques établissements familiaux : Paturle Lupin au Cateau, la Filature des Treize Apôtres à Fourmies : des maisons familiales et catholiques. Halden, à Reims, ouvre une immense usine à filer la laine, rejoint par Villeminot-Huard, aux très modernes installations. Dans le Nord, le Nord-Est (le drap de Sedan), l'Est et la Normandie, l'activité textile est dominante : on compte 30 000 ouvriers dans le drap d'Elbeuf. Ils travaillent encore à bras. Les ateliers sont plus vastes à Lodève, dans le Languedoc, où l'on tisse du drap pour la troupe, mais comment rivaliser avec les usines de Châteauroux ? Les 10 000 ouvriers de Mazamet se répartissent en une centaine d'usines qui exportent toutes sortes d'articles (même des cadis bretons) jusqu'à Paris et à Londres. Les ouvriers, fort mal payés, travaillent là aussi à bras ! Les bas de soie de Nîmes doivent céder les marchés aux produits anglais moins chers, mais les soyeux vendent des gants qui s'exportent. Il en est de même des lacets et des feutres de Saint-Chamond.

La spéculation industrielle ne porte pas sur les biens d'équipement, mais la plupart du temps sur les industries de consommation, très modérément concentrées : il en est ainsi des sucrières du Puy-de-Dôme (Morny est un sucrier) ou de la chocolaterie Menier qui n'occupe à Noisiel, en Seine-et-Marne, que 300 personnes, choyées par leur direction, logées et nourries comme coqs en pâte. Les 300 fromagers de Roquefort exportent jusqu'en Chine et l'orfèvrerie Christofle donne déjà de l'ouvrage à 1 400 salariés. On retrouve les noms déjà célèbres de Saint-Gobain pour les glaces ou de Japy qui, pour l'heure, utilise la majorité de ses 5 500 ouvriers à l'horlogerie, sans négliger pour autant les petits ateliers de serrurerie, de casseroles, de pompes et de moulins à café. Certains de ces patrons de l'industrie de consommation ont du génie : si l'Alsacien Zuber poursuit à Mulhouse ses fabrications traditionnelles de papiers imprimés haut de gamme, le Parisien Leroy occupe rue La Fayette 300 personnes à produire du papier à 25 centimes le rouleau : de quoi tapisser sans trop de frais les nouveaux logements ouvriers et ouvrir un immense marché aux locataires, qui décorent eux-mêmes leurs chambres.

Qu'on ne s'étonne pas si le nombre des ouvriers plafonne pendant le Second Empire. La coexistence de plusieurs systèmes de production décourage la statistique. On constate néanmoins, parmi les 4 700 000 travailleurs de l'industrie, que le nombre des patrons de petits ateliers fond en vingt ans comme neige au soleil (de 1 600 000 à 800 000) et que celui de leurs ouvriers fléchit en même temps, passant de 3 millions à 2 300 000. Il faut tenir compte, pense Duveau, de l'engagement des milliers d'hommes dans les chemins de fer et les constructions urbaines. Il faut aussi remarquer que les ateliers ferment dans certaines régions (l'Ouest surtout, mais aussi le Centre et le Midi) et se multiplient ailleurs. Un habitant du Nord sur deux vit de l'industrie. Des villes nouvelles se sont créées tout autour du Massif central et dans le Nord-Est. Paris gagne 200 000 ouvriers en vingt ans : 39 000 patrons (au lieu de 100 000 au début de l'Empire) y donnent de l'ouvrage à 550 000 hommes, femmes et enfants (contre 342 000 en 1847). Les grands établissements, à Paris comme dans les zones industrielles modernes du Nord et de l'Est, ont fortement progressé. La révolution des chemins de fer en est la cause : elle a rassemblé la main-d'œuvre dans les villes où le salaire était plus élevé, les distractions plus alléchantes, les espoirs d'avenir manifestes. Lille a doublé, Rouen embauche constamment : on aperçoit des burnous de travailleurs arabes dans les rues de la ville. Bordeaux s'est accru de moitié, comme Montluçon. On peut parler d'un boom démographique à Marseille ou à Saint-Étienne, d'une explosion lyonnaise. Les industriels du Centre et de l'Est ont créé des villes-cités, entièrement ouvrières ou minières. La France s'est peuplée de villes moyennes : ce mouvement de population est à mettre entièrement à l'actif (si limité soit-il, quand on le compare à l'exode vers l'industrie, des campagnes anglaises) du régime impérial, soucieux de développer d'abord les industries.

En se réservant les affaires de travaux publics et de tarifs douaniers, Napoléon III s'était donné les moyens d'accélérer le cours des réalisations. Suivant la politique ferroviaire de la monarchie de Juillet, il se bornait à précipiter la mise en œuvre de cette politique en dégageant les sommes nécessaires, obtenues grâce à l'emprunt et non au budget. Il pouvait ainsi estimer le contrôle du Corps législatif inutile, puisqu'il n'affectait les dépenses de travaux publics qu'aux chantiers dont il se désintéressait : les routes et les canaux.

Il avait appuyé le ministre Magne, quand celui-ci, devant la pénurie de rails, avait suggéré des accords particuliers avec la Grande-Bretagne pour abaisser les tarifs d'importation : Pereire avait négocié l'entrée immédiate de 21 000 tonnes de rails anglais bénéficiant de tarifs douaniers très réduits. Les nécessités du chemin de fer poussaient ainsi à l'établissement d'un régime douanier libéral avec l'Angleterre, et le recours à la signature de l'Empereur permettait de tourner l'hostilité des députés protectionnistes du Corps législatif.

Les importations restaient elles-mêmes conditionnées par les capacités portuaires : or si on construisait des quais et des bassins, les entrepôts étaient négligés. En dépit des efforts de Talabot, les docks de Marseille restèrent au point mort jusqu'à l'entrée en scène de Mirès, en 1855. A Paris, les « docks Napoléon » ne parvenaient pas à s'installer, comme si les décideurs du ministère des Travaux publics, ces ingénieurs, brillants polytechniciens, dont Napoléon III avait appris à se méfier, n'avaient pas réalisé l'importance de l'expansion de la triade anglaise, reposant sur les chemins de fer, les docks et les ports-cargos à vapeur. Marseille est le seul port à disposer d'une flotte d'une soixantaine de navires, exploités par l'active compagnie des Messageries. Quand Behic constitue en 1856 les Forges et Chantiers de la Méditerranée, il comble un désir d'expansion qui poussait les Marseillais vers les ports de l'Océan, très en retard dans leur ouverture sur l'Amérique : il est vrai que les trains n'entrent en gare, à Cherbourg et Saint-Nazaire, qu'à partir de 1858.

Les effets de la politique volontariste de l'Empereur ne sont donc pas immédiats, même si la construction des chemins de fer est rapide : l'intervention des Pereire sera nécessaire pour associer les compagnies maritimes à la mise en chantier de grands vapeurs, et pour rattraper ainsi le retard français. « Les fautes sont souvent moins chères que le temps perdu », disait alors Eugène Schneider. Il semble donc que les mirobolants banquiers saint-simoniens aient dû attendre, l'arme au pied, que les réticences des administrations soient levées. Elles étaient d'autant plus redoutables que les directeurs des Travaux publics, des routes et des voies navigables, étaient réduits à la portion congrue. Franqueville le déplorait, mais Napoléon se souvenait que ce remarquable directeur des routes et canaux avait jadis voté pour Cavaignac.

Délibérément, les voies de circulation traditionnelles étaient sacrifiées. Si l'Empire reprenait à son compte le programme des chemins de fer de la monarchie de Juillet, il oubliait le reste, bien que les voies d'eau du Nord fussent surchargées de péniches livrant à Paris, par le canal de Saint-Quentin et l'Oise, les charbons belges et ceux des nouvelles houillères du Nord. Pourtant, le crédit privé était loin d'être épuisé. L'argent ne demandait qu'à s'investir dans de nouvelles sociétés, alors que les actions de chemin de fer ne rapportaient jamais moins de 10 % et parfois 16 ou 18 %. Les Pereire regrettaient que « l'Empire s'arrête à l'Océan », que l'expansion outre-Atlantique ne poursuive, grâce aux navires à vapeur, l'œuvre du chemin de fer européen.

Si l'on se bornait, sur le continent, à établir les liaisons ferroviaires avec les nations « latines » de la Méditerranée et avec l'Europe du Nord-Ouest (Belgique, Luxembourg, Allemagne, Angleterre), il était essentiel d'apporter un appui financier au développement de ces pays. Ainsi les épargnants français seraient intéressés par les Pereire et autres banquiers au démarrage du Piémont de Cavour : tout naturellement, ils penseraient bientôt que l'unification de l'Italie ouvrait aux capitaux un marché plus vaste, plus alléchant. Ils se montreraient aussi partisans d'une pénétration du capital français en Espagne et dans les Balkans. De la sorte, l'opinion financière risquait de pousser à l'entente avec la Porte, de même qu'à la recherche d'une pacification politique de l'Espagne sous la houlette d'un pouvoir royal ami de la France. Napoléon III avait *aussi* des raisons de concevoir sa politique étrangère en termes économiques. Le développement rapide des houillères belges et de la sidérurgie allemande de la Ruhr l'incitait au contraire à la défense des intérêts français : l'union douanière des États allemands fonctionnait déjà, et l'on pouvait mesurer ses effets en Europe centrale. L'éveil du dynamisme industriel allemand pouvait donner à penser aux Français qu'ils ne pourraient pas l'équilibrer sans disposer des capacités énergétiques de la rive gauche du Rhin et des mines de la Sarre, essentielles au développement de la sidérurgie lorraine. Les de Wendel n'étaient sans doute pas des conseillers moins écoutés que les Schneider. Ils rassembleraient, en 1864, l'ensemble de leurs collègues dans le Comité des Forges, dont l'influence sur la presse et les gouvernements n'en était qu'à ses débuts. On pouvait cependant mesurer la mise en place des lignes de force qui ne manqueraient pas d'orienter les réflexions des hommes au pouvoir pendant la seconde moitié du siècle.

« Le système qui consiste à réaliser le crédit par la confiance, disaient, au Corps législatif, les députés de la commission du budget, et à ramener la prospérité par l'espoir, a bien réussi. Mais... l'illusion peut-elle se prolonger ? » Les critiques du Corps législatif avaient commencé avant même le rétablissement de l'Empire. Si faibles que fussent les pouvoirs des députés, ces agriculteurs, ces industriels, ces rentiers entendaient œuvrer pour le bien de l'État, défendre le budget et le franc germinal. Ils haïssaient les hauts fonctionnaires du Conseil d'État qui, en séance, les traitaient avec un mépris poli. A peine élus sur les listes officielles, le plus souvent, ils rêvaient de s'émanciper.

Le vote du budget leur en offrait l'occasion : nul ne savait comment la procédure parlementaire se mettrait en place. Le groupe des « indépendants », constitué autour de Montalembert, gardait comme lui la nostalgie du régime représentatif et du pouvoir de contrôle de la Chambre. Le Conseil d'État n'avait accepté que très peu d'amendements à la loi budgétaire. Les opposants, comme le marquis de Chasseloup-Laubat, étaient bien loin de vouloir bloquer le fonctionnement de l'État. Ils laissèrent passer la loi de finances, mais formulèrent de vives critiques : était-il raisonnable de prévoir une somme considérable pour les « dépenses secrètes » ? Pourquoi entreprendre au Louvre de si coûteux travaux ? Pourquoi distribuer aux préfets des traitements trop élevés ? Chasseloup-Laubat faisait observer que la monarchie était plus économe des deniers publics. « En matière de budget, disait le royaliste Kerdrel, le Conseil d'État est tout. Que devrait-il être ? Rien ! » Cette parodie de Sieyès rappelait opportunément qu'un Parlement élu avait le pouvoir de contrôler les finances de l'État. Il est « absurde et révoltant », disait Montalembert, qu'un droit d'amendement réel ne soit pas reconnu à la Chambre pour améliorer le budget. Cette « poignée d'hommes honnêtes qu'on a fait venir du fond de leur province » méritait un meilleur sort. On assistait à « l'anéantissement de tout contrôle ». Cette situation était grosse d'un avenir incertain. Un jour, une opposition résolue se rassemblerait dans cette assemblée. Tels sont les « dangers de la toute-puissance, les éblouissements de la dictature ».

Les députés cependant poursuivent leurs critiques, déplorent la création du ministère de la Police, doté d'un corps important d'inspecteurs. Ils revendiquent le vote des traités de commerce et s'opposent à tout privilège de l'exécutif dans ce domaine névralgique. L'Empereur est fort étonné de cette résistance imprévue, qui se confirme après l'installation du nouveau régime. Les députés peuvent-ils remettre en question le « pacte fondamental » qui confie à l'Empereur seul le soin d'assurer le salut dans l'ordre ? Les députés veulent aussi défendre les libertés publiques et s'inquiètent du double mensonge : si l'empire devait être une dictature césarienne, comment pourraient-ils s'y opposer ? S'il se lançait, contrairement au discours de Bordeaux, dans une aventure guerrière, ils ne pourraient que suivre.

Cette double inquiétude s'avivait devant le spectacle de la mise en place du régime : l'ancien prince-président s'aventurait sans vergogne dans la restauration d'une monarchie. Ses familiers investissaient l'État : Fould attendait les Finances, Persigny tenait les préfets. A la Cour, on nommait un « grand aumônier », un « grand maréchal du Palais », en la personne de Vaillant, qui avait guerroyé pendant le Premier Empire et passait pour le fidèle des fidèles. Un Bassano, dont le père avait été l'un des tout proches collaborateurs du grand Napoléon, devenait « grand chambellan », le bouillant Fleury, grand amateur de chevaux anglais, « premier écuyer ». Le vieux Magnan recevait le titre ronflant de « grand veneur ». L'Impératrice recevait un cortège de dames de cour, et les membres de la famille impériale étaient eux aussi dotés d'une maison. On poudrait les cochers, on décorait les voitures de couronnes. Nommerait-on de nouveaux nobles d'Empire ?

Les députés faisaient les comptes : la Cour accroissait considérablement les charges du budget. La défense de l'ordre exigeait-elle la reconstruction d'un théâtre oublié ? Que penserait l'étranger de cette mascarade ? Certes, l'Empereur s'était entouré d'hommes honnêtes, rompus aux affaires publiques, comme Baroche, président du Conseil d'État, l'Auvergnat Rouher et l'habile Magne, ministres à part entière. Il était cependant prévisible que non seulement le Corps législatif, mais aussi le docile Conseil d'État prendraient à cœur la défense des intérêts publics, en s'opposant à la valse des dépenses inutiles comme à l'organisation, en dehors du budget, du raz de marée des grands emprunts. Le placide Sénat avait osé protester contre la dévolution au domaine personnel de l'Empereur des traités de commerce. Il stipula que le budget, même s'il devait être voté ministère par ministère, continuerait à être présenté au Corps législatif par chapitres et articles pour qu'un contrôle efficace fût possible. Dès 1853 le Corps législatif reprenait sa guérilla, contraignant Baroche à retirer certains projets de loi, comme la peine de mort pour les tyrannochtones. Un petit groupe de « budgétaires » (Gouin, Lequien, Flavigny) se fit une spécialité d'éplucher les comptes et d'obtenir des économies, lassant la patience des conseillers. La confiscation des biens de la famille d'Orléans risquait de transformer cette opposition sournoise en tempête parlementaire. Déjà Montalembert jetait feu et flammes, dressant un constat de l'élimination des libertés, comparant le césarisme français au régime parlementaire britannique. Baroche explosait de colère. Les députés suivraient-ils le chef orléaniste ? Le gouvernement multiplia les pressions : par 184 voix seulement contre 51 opposants résolus les députés acceptèrent de lever l'immunité parlementaire de Montalembert, poursuivi pour insulte à la Constitution et sabotage de l'ordre impérial. Même si le gouvernement devait plus tard renoncer aux poursuites, le décor était planté : le chemin de fer impérial aurait désormais, dans le Corps législatif, des contrôleurs vigilants, d'autant plus inquiets qu'ils avaient appris par les journaux, le 27 mars 1854, que Napoléon III venait de déclarer la guerre au tsar de Russie. Ainsi, l'Empire n'était pas la paix.

Chapitre 4

L'Empire, c'est la guerre !

Au début du Second Empire, la conception de la guerre reste ancienne : comme au temps de Frédéric de Prusse, ceux qui se lancent dans une entreprise guerrière estiment qu'elle doit rapporter, elle doit permettre de créer des espaces d'investissements et de développement, assurer la tranquillité marchande du vainqueur, en faisant la preuve de sa supériorité. Ainsi comprise, elle peut se réduire à une expédition navale : dès le règne de Louis-Philippe, ont été créées en France les troupes de marine embarquées : ces « marsouins » (ainsi étaient-ils surnommés par les marins qui considéraient ces mangeurs de soupe et de pain de munition comme aussi voraces, aussi parasites que les petits cétacés du même nom) sont chargés d'opérations de débarquement limitées, qui feront « respecter le pavillon » sur toutes les mers. Les États industriels et marchands doivent aussi faire face à des guerres coloniales, destinées à maintenir l'occupation de comptoirs côtiers ou d'États de colonisation et de peuplement. Il devient alors nécessaire de former des armées indigènes encadrées d'officiers européens : l'armée anglaise des Indes fournit ici un modèle imité par les Français, qui constituent en Algérie, depuis Bugeaud, une « armée d'Afrique » utilisant le recrutement local pour former les escadrons de spahis, les bataillons de zouaves ou de « turcos » (des tirailleurs algériens). La colonie étant utilisée par le ministère de la Justice pour les déportations, l'armée crée des unités spéciales, les bataillons disciplinaires, pour pacifier en construisant, sous le chaud soleil, des routes de pierres.

Napoléon III dispose en 1853 de ces éléments hérités du passé, ainsi que d'une flotte assez nombreuse, sinon moderne. Les ports militaires de Cherbourg et de Brest étant en rénovation, la base principale d'intervention est Toulon, où se concentre l'essentiel des escadres. L'Empire n'est en rien responsable de la création des troupes spéciales ni du développement de la marine à vapeur : le régime d'Orléans a conçu, à partir de 1844, l'application de la vapeur à la marine de guerre et la rénovation de la flotte. La presse illustrée a popularisé les lourds navires à roues, puis à hélices, recouverts de plaques blindées avant d'être construits entièrement en acier. L'ingénieur Dupuy de Lôme avait ainsi dessiné les plans du plus puissant navire de l'escadre, le cuirassé *Napoléon* qui, grâce à ses machines, pouvait affronter les vents contraires. Le géant, entrepris dès 1848, avait été lancé en 1852. Il était le navire amiral d'une flotte que l'on souhaitait entièrement à vapeur.

L'Empereur n'a inventé ni les marsouins ni le *Napoléon*, pas plus qu'il n'a imaginé l'étoile ferroviaire sortie des cartons des ingénieurs orléanistes. En lançant l'escadre de Toulon et l'armée d'Afrique dans la guerre de Crimée, il n'a pas le sentiment d'innover : l'expédition dans le sud de la Russie est liée à la question d'Orient et peut se comparer à une intervention en Syrie ou en Égypte. Elle n'implique pas la conception originale d'un nouveau type de guerre, et relève du genre, fort pratiqué pendant la première moitié du siècle, de l'intervention coloniale. Les Anglais sont passés maîtres dans ces démonstrations navales : ils ont l'art de montrer leur force, d'occuper le moins possible de territoires et de signer des accords pour rembarquer ensuite, très vite, sans s'engager dans des guerres territoriales de longue durée. Il s'agit seulement de préserver des « intérêts nationaux » : on entend par là des comptoirs commerciaux, mais aussi des églises ou des temples, des œuvres missionnaires, des écoles. Car la pénétration économique s'accompagne désormais d'une présence religieuse et culturelle : ainsi l'exige l'hypocrisie manchestérienne. Les pasteurs doivent convaincre les indigènes de se nourrir et de se vêtir, pour préparer la voie aux cotonniers et aux sucriers. Ainsi progresse la « civilisation ». La présence en Méditerranée orientale des cadres musulmans de l'Empire turc freine ce mouvement, qui se heurte parfois à une volonté de résistance appuyée sur le réveil intégriste de la foi chez les lecteurs du Coran.

Ces bouffées d'intolérance (les communautés musulmanes jugent intolérable la présence des Européens prosélytes) justifient les expéditions destinées à rétablir la paix, expéditions que l'Empire turc vacillant, mal armé, n'a pas les moyens de contrarier. Les affrontements entre chrétiens de différentes obédiences sont plus rares, sauf par communautés indigènes interposées, comme les druzes et les maronites au Liban, les Français soutenant les maronites catholiques contre les druzes musulmans, amis des Anglais. Il ne viendrait à l'idée d'aucun *catholique* de faire la guerre pour empêcher les *orthodoxes* de dominer Jérusalem et les Lieux saints. C'est pourtant une querelle de ce genre qui est à l'origine de la guerre de Crimée.

Guerre sainte ? Conflit de prestige, plutôt, parfaitement conforme aux querelles antérieures de la question d'Orient, qui remonte aux croisades : les chevaliers envoyés par Rome ont été les premiers à disputer le sable du désert syrien au sultan Saladin, à imposer aux Turcs une présence chrétienne permanente. Si ceux-ci ont finalement noyé dans les dunes les États des croisés, ils ont dû accepter la présence, non seulement des Français catholiques, mais des Anglais protestants et bientôt (avec la russification des terres de la Russie du Sud) des Russes orthodoxes. Les derniers sont les plus menaçants, car leur forte population musulmane les conduit à imposer la croix aux islamistes et à affronter sans cesse les Turcs iconoclastes en une guerre de frontières subcaucasienne. Le tsar ne peut reculer devant le sultan : cette affaire de prestige est, pour le maître de « toutes les Russies », vitale.

Il est donc présent, d'un bon pied, sur la place de Jérusalem et le moindre manquement des musulmans aux usages est le prétexte rêvé d'une intervention des troupes russes dans le Sud. Une flotte nombreuse se presse le long des quais d'Odessa, dans le port militaire de Sébastopol. Elle a constamment les yeux fixés sur les détroits.

La querelle n'est pas nouvelle et les Anglais, qui dominent la région comme le reste du monde, s'emploient à l'empêcher de dégénérer en une véritable guerre. Ils n'ont aucun intérêt à laisser le tsar écraser l'armée turque. Le maintien de la fiction d'un « empire ottoman » indépendant leur permet de verrouiller à bon compte le débouché de la mer Noire en Méditerranée, de garder le contrôle de la route des Indes et de rester maîtres de la vaste zone d'influence de Méditerranée orientale, où ils occupent, notamment en Égypte, à Malte, à Chypre, des positions solides. Ils n'ont aucune envie d'apercevoir le pavillon du tsar sur les navires ancrés à Alexandrie. Jamais le tsar ne s'est risqué à forcer les détroits, sûr d'avance de l'implacable riposte de la Royal Navy. Le *statu quo* militaire et naval porte un nom : la neutralisation de l'espace méditerranéen au profit de l'Angleterre.

Il reste que la question d'Orient, aussi archaïque que les templiers ou les chevaliers de Malte, garde une saveur politique, un zeste d'agressivité dans les palmeraies de Palestine. Elle dégénère quand les puissances en prennent prétexte pour la transformer en affrontement impérialiste, en lutte sournoise visant à déséquilibrer la prédominance anglaise, et à obliger les Français à reléguer au musée des espoirs déçus leur présence catholique et marchande en Syrie.

Querelle de moines : les pénitents français, les pèlerins autrichiens et espagnols se rendent au tombeau de la Vierge à Jérusalem, mais aussi dans l'église de la Nativité à Bethléem. Leurs moines entretiennent les églises, ils ont construit des couvents et luttent contre les orthodoxes grecs, également présents sur le terrain, qui grignotent les tombeaux et les lieux de culte, en demandant la protection du tsar. L'étoile d'argent de Bethléem, qui rappelle la naissance de Jésus, leur est insupportable car elle est le signe de la présence romaine. En 1740, la France a signé avec la Porte un traité fixant le *statu quo*, pour éviter tout empiétement nouveau des Grecs et protéger les lieux de pèlerinage, particulièrement l'église du Saint-Sépulcre. Mais ceux-ci poursuivent leur avance sournoise et font disparaître l'étoile d'argent. En 1850, les Français se réveillent et demandent des garanties, qui leur sont accordées. Les Turcs donnent aux Russes, qui protestent, les mêmes avantages. L'ambassadeur de France doit se contenter d'une cote mal taillée. On dit que les Russes arment des unités dans le sud. Le prince n'est pas prêt à l'affrontement et son ministre Drouyn de Lhuys reçoit l'ordre de rechercher une conciliation.

Il reste que Français et Russes se sont déjà affrontés, alors que, depuis cent ans, la question d'Orient se réduisait aux bastonnades de moines querelleurs. Tsar mystique et slavophile, Nicolas Ier considérait la religion orthodoxe, dont il était le grand maître comme le seul lien solide entre les peuples bigarrés et remuants de son empire. Il n'entendait pas perdre la face. La France, qui entretenait une division à Rome, considérait la protection des intérêts catholiques comme un devoir international, payé, sur le plan de la politique intérieure, par l'adhésion sans faille de l'Église à tout régime protecteur de l'ordre. Napoléon III ne pouvait faillir aux promesses du prince-président et restait sans réticence l'épée de Rome. La France n'était-elle pas, de toutes les nations catholiques, la seule puissance navale et militaire capable d'intervenir en Orient ou en Europe pour la gloire de l'Église ? Cette mission, héritée du passé, trouvait une efficace justification dans la fondation de l'empire, qui exigeait l'adhésion sans réserve des catholiques français. Napoléon III avait donc les mêmes raisons que le tsar de ne pas reculer, même si Jérusalem était loin. Il ne pouvait manquer de défendre les intérêts religieux.

En même temps qu'il concentrait navires à vapeur et canons en mer Noire, le tsar avait en vain tenté de faire admettre au cabinet britannique un accord pour la succession de l'« Homme malade ». Il présentait comme imminent l'écroulement de l'Empire turc et ne pouvait admettre la présence en Méditerranée orientale des Français. Il était le seul à pouvoir s'établir à Constantinople, non comme « propriétaire », mais comme « dépositaire ». N'avait-il pas fait ses preuves, comme restaurateur de l'ordre en Europe, lors de la crise de 1848 qui l'avait obligé à voler au secours de Vienne et de Berlin ? Il proposait, en somme, le même service : assurer l'ordre après l'écroulement générateur de troubles et de guerres du vieil Empire. Les Anglais avaient répondu par une fin de non-recevoir : ils feraient tout pour prolonger la survie de l'« Homme malade ».

L'Europe comprend qu'on est entré dans une crise internationale quand le tsar, déçu, envoie en mission extraordinaire à Constantinople l'amiral prince Menchikov, un homme de guerre qui vient de passer en revue la flotte de la mer Noire, et a concentré un corps d'armée en Bessarabie. Il est entouré d'un cortège d'officiers, particulièrement du vice-amiral Khornilov, qui commande la flotte de la mer Noire. La rumeur selon laquelle les marchands russes réunissent d'immenses approvisionnements aux bouches du Danube suffit à faire baisser la Bourse de Paris. Napoléon III donne à la flotte d'intervention de Toulon l'ordre d'appareiller pour la Grèce. La marine anglaise, plus calmement, ne dépasse pas Malte. Drouyn de Lhuys rappelle, à Londres, la convention de 1841 qui s'oppose à toute agression de l'Empire turc. Les Anglais sont-ils disposés à la faire respecter ? Ils trouvent la hâte des Français suspecte, et leur presse ne manque pas d'attaquer l'Empereur, expliquant que la Grande-Bretagne n'a pas à réparer les erreurs de la France en Turquie, ni à partager son intransigeance : Londres n'est pas le défenseur des intérêts du Saint-Siège. Aussi l'ambassadeur Stratford de Redcliffe rejoint-il son poste en grande hâte, pour sonder les intentions des Turcs : il faut que l'Angleterre sache ce qui se prépare au juste dans le Bosphore.

Depuis le 23 mars 1853, la flotte française a appareillé. Une démonstration n'est pas la guerre. Napoléon III ne l'estime possible qu'à une seule condition : qu'elle soit une intervention conjointe des puissances, française et britannique à tout le moins. Déjà se profile l'idée d'un consensus international des nations pacifiques contre les agressions, une idée britannique, reprise par les Tuileries. Sir Stratford, qui avait quarante ans d'expérience des affaires turques et une grande autorité sur le sultan, avertit tout de suite Londres que la querelle religieuse était un prétexte et que les Russes voulaient en finir avec la fiction de l'indépendance de la Turquie. De fait, Menchikov signa avec le sultan, très facilement, un arrangement sur les Lieux saints qui garantissait le *statu quo*, mais il exigea sous forme d'ultimatum un autre traité qui autoriserait le tsar à intervenir à tout moment pour la défense des orthodoxes : or les Grecs, protégés du tsar, étaient plus de onze millions dans l'Empire. Que dirait l'Angleterre si une puissance réclamait un semblable protectorat sur les catholiques d'Irlande ? Les Turcs refusèrent, et les diplomates russes fermèrent leur ambassade. On était au bord de la guerre. Une action internationale pouvait-elle résoudre cette moderne crise de nationalités (et non plus des impérialismes) ? L'Angleterre le souhaitait. Mais le gouvernement devait lutter contre une opinion publique déchaînée, qui condamnait l'agression russe et recommandait l'entente cordiale avec la France. Le gouvernement avait été applaudi aux Communes quand il avait souligné la parfaite entente avec Paris : désormais, les deux marines avaient pour instruction de s'avancer jusqu'à la baie de Besika, à l'entrée des Dardanelles. « L'Empereur ne peut ni ne veut reculer » disait Nesselrode, le ministre russe des Affaires étrangères. La question religieuse devenait une affaire de nationalités : les Grecs de Turquie attendaient avec impatience l'engagement définitif de leur protecteur dans la guerre. A l'usage interne, le tsar faisait lire dans toutes les églises de Russie un manifeste où il posait au protecteur de la foi orthodoxe. Le 3 juillet, les troupes russes franchirent le Pont, pour « saisir un gage ». C'était la première atteinte à la paix. Dans les mosquées turques, les prédicateurs réveillaient le fanatisme, appelaient aux armes, les ulémas exigeaient la proclamation de la guerre sainte.

Omer Pacha, le général en chef, lançait à son tour un ultimatum aux Russes. Ils avaient quinze jours pour évacuer les territoires danubiens. L'« Homme malade » relevait le défi de l'histoire.

Clarendon et Napoléon III pouvaient-ils intervenir dans cette étrange guerre de religions ? L'hiver glacé calma les ardeurs guerrières. Le général turc d'origine croate, Omer Pacha, se bornait à la défensive et ses soldats dressaient le long du Prout leurs tentes vertes, la couleur du prophète. Les Occidentaux, réunis à Vienne, imaginaient une double note de conciliation, envoyée simultanément à Pétersbourg et à Constantinople. On se réjouissait de l'inertie des Russes, qui prétendaient repousser seulement une agression. Pourtant, l'attaque de la flotte turque à Sinope, fin novembre, donna un coup de fouet aux courants belliqueux. Ce désastre apparaissait comme une lâcheté, alors que les Turcs envisageaient peut-être de ravitailler les mouvements de résistance antirusse des tribus musulmanes du Caucase. Le très catholique ministre français des Affaires étrangères Drouyn de Lhuys proposait alors aux Anglais de faire entrer une escadre commune en mer Noire pour assurer la sécurité des Turcs. A Londres, où Palmerston l'impérialiste prenait une autorité croissante, cette initiative fut bien accueillie et l'on vit des officiers français monter à bord des frégates de la Navy, pour assurer la liaison des commandements de la « flotte combinée ». Les ordres étaient de tenir la flotte russe enfermée dans Sébastopol.

Le principe d'une intervention internationale commençait à se matérialiser : deux pavillons étaient déjà associés au maintien de la paix en mer

Noire. Les Russes exigèrent en vain que les alliés interdisent pareillement aux Turcs de sortir de leurs ports : « La Russie, dit Napoléon III, chasse les Turcs des principautés, nous, nous chassons les Russes de la mer Noire. » On ne pouvait s'entendre : la parole était au canon.

Les Turcs avaient fait savoir aux envoyés des puissances, réunis à Vienne, qu'ils étaient disposés à confirmer tous les accords, et même à réformer leur administration, pourvu que les Russes évacuassent les provinces danubiennes. Le comte Orlov avait été envoyé par le tsar pour tenter de gagner à sa cause l'Autriche et la Prusse : en vain. Vienne et Berlin exigeaient que Nicolas respecte l'intégrité de l'Empire ottoman. Napoléon III, tentant un suprême effort, avait écrit au tsar pour lui proposer un armistice et une conférence de paix. La proposition avait été repoussée ; l'escadre française de l'Océan était passée aussitôt en Méditerranée et deux classes de réservistes avaient été appelées, cependant qu'un emprunt de guerre de 250 millions était superbement couvert : l'opinion française suivait, d'autant qu'en cette période de carnaval, les bals et les fêtes dissuadaient le public de s'attarder sur la tragédie de Sinope. Seuls les esprits chagrins regrettaient que le Corps législatif ne fût pas convoqué. Il se réunit le 2 mars, pour entendre l'Empereur déclarer que s'il était prêt à faire la guerre, c'était pour mieux assurer la paix. A Londres, l'économiste-député Cobden n'était pas plus entendu quand il suggérait la modération. Palmerston portait des toasts aux « marines réunies » et levait des soldats en Irlande et en Écosse. Quant au tsar, il lançait les popes sur les places publiques pour qu'ils expliquent aux foules que la guerre était sainte contre les « profanateurs des saints lieux ». La guerre fut déclarée par la France et la Grande-Bretagne, sans que se manifeste dans les deux pays l'ombre d'une opposition. En France, l'Empereur avait décidé seul, dans le secret de son cabinet.

Ainsi s'affirmait paradoxalement le modernisme de sa politique. A la considérer d'un point de vue critique, elle impliquait un étrange retour en arrière : comme jadis les rois, l'Empereur était vraiment le maître unique de la guerre et de la paix ; ses ministres mêmes n'étaient pas informés de ses négociations secrètes, sauf lorsqu'il jugeait bon de les rendre publiques. On n'avait associé le Parlement à la décision qu'après coup, parce que l'on avait besoin du soutien de l'opinion politique pour la levée des troupes et le vote des subsides. Encore cette guerre était-elle couverte, pour l'essentiel, par l'emprunt. Par des méthodes radicalement différentes, la France et l'Angleterre parvenaient au même résultat : accord des institutions et soutien de l'opinion à l'entreprise.

Il est vrai qu'en France, l'absence d'une presse libre empêchait les voix contraires de se faire entendre. Il est frappant de constater que les Goncourt, si hostiles à l'Empire à cette époque, n'on pas noté dans leur journal une seule remarque critique. Comme si la guerre était l'affaire de l'Empereur, et que le pays n'était pas concerné par une entreprise aussi lointaine. Les partisans du régime n'avaient qu'une crainte : le risque de déconvenues financières. Évoquant plaisamment la prière quotidienne de leur cousin de Villedeuil, un notable de province, les Goncourt définissaient un état d'esprit sans doute courant dans cette classe sociale. « Faites que l'Empereur reste pour que mes rentes augmentent, faites que la hausse se soutienne sur les charbons d'Anzin. » En mars 1854, qui pouvait imaginer la tragédie de Sébastopol ?

Le rappel des classes et les discours patriotiques n'étaient pas pour déplaire au peuple des campagnes que le frisson tricolore touchait facilement. A voir Napoléon recruter des volontaires pour les unités d'élite, reconvertir l'armée d'Afrique en corps expéditionnaire, multiplier à Paris les revues où paradaient les unités nouvelles, qui pouvait croire que le régime se tiendrait à l'écart des conflits ? Il est vrai qu'il ne disposait pas encore d'un outil militaire bien rodé, capable d'intervenir contre les premières armées d'Europe. Mais la reprise en main des hommes et du matériel était activement en cours : le maréchal Vaillant, installé dans l'hôtel de Brienne, est un ministre actif qui fait le compte exact des régiments et des recrues. Il est déçu : il ne peut fournir à Saint-Arnaud, commandant en chef de l'armée d'Orient, que des unités incomplètes. La France ne disposait pas alors d'une armée organisée pour faire la guerre en temps de paix. Quelques divisions permanentes manœuvraient dans les camps militaires (Sathonay, Châlons) ou dans les casernes des grandes villes. Dans cette armée populaire, le bourgeois était rare : il se faisait remplacer quand il avait tiré au conseil de révision un « mauvais numéro ». Il versait alors à une caisse de l'argent qui permettait d'engager ou de réengager des « remplaçants » ou des « vétérans ». Scandale que cette armée où l'on ne pouvait lever un régiment sur pied de guerre qu'en prélevant des hommes sur quatre autres unités. Sur le papier, l'Empereur avait cent régiments d'infanterie. Il ne pouvait, en fait, en aligner que 25, dotés d'un fusil modèle 1842, lourd et lent. Il est vrai que l'on comptait sur « l'allant » des troupes d'Afrique, turcos, zouaves, Légion étrangère, et sur les chasseurs à pied qui avaient impressionné le prince par la précision de leur tir en manœuvre : il avait porté de 12 à 20 leurs bataillons passepoilés de jonquille, plumetés de vert. Peu de canons dans cette armée, une cavalerie mal rodée et n'appréciant guère des officiers d'état-major formés à la hâte, sans rigueur.

Comment l'armée pouvait-elle être du jour au lendemain adaptée à des tâches de guerre, alors qu'elle n'était employée jusque-là qu'au maintien de l'ordre, ou dans les opérations de pacification algériennes ? On s'aperçut au moment d'embarquer de la faiblesse des effectifs. A la hâte, on décida de lever deux classes. On mesura, au rassemblement des hommes, les défaillances de l'équipement. Incurie des chefs ? Faiblesse des budgets ? Napoléon s'indignait : quelle perte de prestige pour la France si les journalistes spécialisés d'outre-Manche, qui rendaient compte de toutes les opérations militaires, soulignaient l'infériorité manifeste des combattants français par rapport aux anglais ?

Le budget de la guerre n'avait pas subi, depuis 1848, de hausse sensible, mais il restait important dans les comptes de la nation : au moins 30 %, soit 371 millions par an pour l'armée et plus de 100 millions pour la marine. Si l'investissement, dans l'armement, était croissant pour les arsenaux et usines métallurgiques consacrés à la modernisation des unités, le même effort n'était pas consenti en faveur de l'armée de terre. Pour manœuvrer et montrer ses nouveaux matériels, l'état-major ne disposait pas encore de camp approprié : Mourmelon ne serait inauguré que le 30 août 1858. Ces matériels n'avaient pas encore suivi les progrès de la fabrication industrielle : ils étaient toujours réalisés dans les arsenaux d'État, avec des méthodes artisanales. On fondait à Douai ou à Toulouse des canons de bronze et les machines n'interviendraient dans la fabrication des fusils qu'après 1860 : le modèle de fusil Delvigne, adopté en 1842, avait encore l'âme lisse : il ne serait rayé qu'en 1857. Ces armes se chargaient toujours à la baguette et exigeaient du fantassin qu'il charge debout, sous le tir de l'ennemi. Les canons aussi se chargeaient par la bouche : même si Napoléon avait uniformisé les pièces, il ne disposait pas encore des nouveaux canons d'acier coulé, réalisés en Prusse. L'armée française ne brillerait en Orient que par l'éclat de ses uniformes africains et la qualité de ses musiques. Il est vrai qu'elle était commandée par des officiers de qualité, dont la hiérarchie était solidement établie par l'ordonnance de 1836, qui permettait de distinguer au premier coup d'œil, sans même compter étoiles et galons, l'officier supérieur qui portait la moustache et la mouche en royale, l'officier ordinaire et l'homme de troupe qui n'avaient droit qu'à la simple moustache : distinction subtile, qui étalait publiquement l'abîme social séparant la troupe de ses chefs. Il était plus infranchissable encore dans la marine, qui avait dû cependant engager sur les vapeurs du personnel nouveau, venu des régions du Centre, notamment des mécaniciens et chauffeurs. Elle était loin d'être convertie à la vapeur : on craignait trop les incendies des coques, qui restaient de bois, et, si l'on consentait à équiper certains grands voiliers de moteurs, c'était à titre d'auxiliaire. Le *Napoléon*, rival de l'*Agamemnon* britannique, pouvait être exhibé, mais il restait un prototype. L'engagement français en Orient n'aurait pas pour effet d'étaler devant l'opinion mondiale la supériorité des matériels.

L'armée impériale pouvait surprendre, au combat, par la valeur affirmée des troupes d'Afrique, constamment entraînées et bien tenues en main par leurs officiers. Le premier régiment des zouaves du colonel Collineau se composait surtout de Français, comme les deux autres unités aux ordres des colonels de Polhès et Saurin. Mais les tirailleurs algériens de Rose étaient des troupes indigènes et les Espagnols, Belges et Allemands s'étaient enrôlés dans les deux régiments de Légion étrangère. Quatre unités de chasseurs d'Afrique obéissaient aux ordres du général de division Morris. Ces troupes étaient, par leur mordant, leur expérience des combats et des coups de main, l'espoir et l'orgueil du corps expéditionnaire. Suffiraient-elles pour établir, dans cette expédition internationale, le prestige de la France par une supériorité affirmée dans les combats ?

Qui songeait à combattre ? La guerre se bornait, à ses débuts, à des opérations navales en mer Noire et dans la Baltique, comme si les alliés, en affichant leur force, pouvaient fléchir le tsar. A l'évidence, il fallait affronter l'armée russe rassemblée dans le Sud, loin au-delà du Prout. Comment l'atteindre ? On rassembla d'abord, du côté français, trois divisions de 10 000 hommes chacune, confiées aux généraux Canrobert et Bosquet ainsi qu'au prince

Napoléon. La cavalerie, d'abord limitée à une brigade, finit par constituer une division. Deux unités supplémentaires d'infanterie furent embarquées, dans le plus grand désordre.

La marine prétendait se charger de l'infanterie, mais elle manquait de navires : on dut dégarnir la flotte de l'Océan pour assurer les transports, utiliser la flotte marchande pour charger les chevaux et les canons. Le chef d'état-major, le général de Martimprey, était un officier expérimenté mais il ne pouvait que regretter les lacunes des parcs d'artillerie confiés au colonel Lebœuf. Il enrageait de constater l'encombrement des quais de Marseille, l'absence de vapeurs et de réserves de charbon à Toulon. Pour rejoindre les 18 000 Anglais déjà massés à Malte, Canrobert décida d'embarquer d'urgence un bataillon de chasseurs sur un bâtiment du commerce et une frégate à vapeur, assistée d'un steamer. Il put ainsi assurer la présence d'un petit millier de Français. Saint-Arnaud, à Toulon, avait essayé quatre bateaux avant d'en trouver un qui pût affronter le voyage. « Le ministre, disait-il, rejette la faute sur le destin, les vents, la mer et le charbon. » Il manquait aussi de biscuits, de souliers, de canons et d'affûts de canons. Le débarquement dans la ville turque de Gallipoli fut humiliant pour les Français : les grenadiers de la garde anglais, les highlanders, s'alignaient devant eux dans une tenue superbe, avec un équipement flambant neuf. On avait affrété à la hâte des vapeurs pour tirer la flotte de la mer Ionienne, où elle était victime des calmes ou des vents contraires. Six frégates à vapeur remorquaient les lourds transports. Déjà, des hommes étaient morts du choléra pendant la traversée.

Saint-Arnaud constata que les Anglais, malgré leur supériorité logistique, n'étaient pas plus rapides à débarquer. Leur chef, Lord Raglan, était un vieux gentilhomme qui avait été blessé dans les campagnes de l'Empire. Il n'arriva à Malte qu'à la fin d'avril et ses 25 000 hommes fraternisèrent alors avec les trois divisions françaises enfin à pied d'œuvre. Les alliés avaient ensemble pris pied à Gallipoli. Le général de Martimprey pouvait donner à l'empereur d'heureuses nouvelles : l'entente franco-britannique semblait possible ; avec les alliés turcs, les contingents alliés formaient vraiment une armée internationale.

La troupe manquait de vivres : les quais de Marseille n'étaient pas achevés, pas plus que la voie ferroviaire Lyon-Méditerranée, et le blé manquait cette année-là en Europe. Les marchands turcs, et les grecs moins encore, ne se montraient pas coopératifs. Les vapeurs demandaient dix jours, les voiliers un mois, pour atteindre Gallipoli depuis Marseille. Déjà l'état-major voulait quitter la presqu'île turque, et poursuivre l'armée russe vers le Danube. Qui fournirait les transports ? Les deux plus fortes marines du monde étalaient leur impuissance devant les Orientaux.

Pouvait-on compter sur l'allié turc ? Les Français avaient conservé un bon souvenir de Constantinople. Le colonel Clerc, du 2e zouaves, avait aperçu, dans des « voitures dorées » trente « sultanes » accompagnées d'eunuques noirs. Elles lui parurent « fort belles, fort jeunes », si provocantes qu'il crut bon de les décrire par lettre au maréchal de Castellane. Il avait visité Sainte-Sophie « en laissant ses bottes à la porte du temple ». Sa division avait été passée en revue par le sultan. Plus tard, l'armée s'était regroupée à Varna, au sud du Danube. Une immense flotte avait transféré les divisions alliées de Gallipoli à Varna, avec l'aide des vapeurs, qui servaient de remorqueurs. Clerc s'étonnait du grand nombre de corps de couleur dans l'armée anglaise, qui comptait des Égyptiens, des Indiens et des Turcs. L'idée du débarquement à Varna était simple : contraindre les Russes à abandonner les provinces de Moldavie et de Valachie, les chasser de Silistrie, puis au-delà du Prout, mettre le siège devant Odessa. Ce plan supposait la traversée de la désertique et paludéenne Dobroudja. L'état des troupes turques semblait fournir au commandement le renfort de 45 000 hommes fanatisés, bien dirigés par Omer Pacha qui avait l'expérience de la guerre contre les Russes. Faute d'artillerie et de logistique, Saint-Arnaud hésitait à se lancer dans l'offensive quand ses officiers d'état-major, Martimprey et le colonel Trochu, l'avertirent que les Russes repassaient le Danube, qu'ils évacuaient les provinces pour regagner leurs bases en Bessarabie. Le tsar avait cédé devant la menace autrichienne. Rien ne s'opposait plus à la conclusion de la paix, puisque Nicolas avait abandonné son gage. Les soldats attendaient l'armistice, sans avoir combattu : quelle drôle de guerre !

Ni le Caucase ni l'Ukraine n'étaient des proies faciles. Pourtant les Anglais voulaient rentabiliser à toute force l'expédition et éviter de perdre la face en se fixant un objectif spectaculaire ! Napoléon III avait rencontré le duc de Newcastle, ministre de la Guerre, et Lord Palmerston soutenait leur projet commun de débarquement en Crimée, pour détruire Sébastopol. L'élimination de l'unique base navale des Russes en mer Noire, la destruction de leur flotte, rendrait aux alliés les mains libres en Méditerranée orientale. Cette opération, écrivait le *Times*, « doit indemniser de tous les frais de la guerre actuelle ». Guerre mercantile, autant que politique : il faut « libérer » la mer Noire.

On se préparait à cette nouvelle expédition navale quand Saint-Arnaud prit brusquement le parti d'avancer en suivant la côte, et lança ses divisions sur la Dobroudja. Fâcheuse initiative : le choléra qui venait de France décima d'abord les régiments de zouaves, puis toute l'armée aventurée dans le désert de marais sans eau potable. Des milliers de cavaliers turcs servaient d'éclaireurs ; ces irréguliers pleins de fougue, les Bachi-Bouzouks, avaient été convertis par Saint-Arnaud, qui les encadrait et les nourrissait, en « spahis d'Orient ». Ils s'étaient présentés spontanément quand le sultan avait déclaré la guerre sainte et venaient de tout l'Empire, même du Kurdistan, guidés par la musique aigrelette de leur nouba arabe. Le général Yusuf, un spécialiste de l'armée d'Afrique, avait reçu l'ordre d'encadrer ces cavaliers aux costumes disparates pour en faire huit régiments auxquels les « crieurs-interprètes » lançaient des ordres en plusieurs langues. Le choléra les débanda plus sûrement que les Runes. Au cours de sa retraite vers les ports du Sud, l'armée devait retrouver leurs corps par milliers dans les marigots. Les pertes étaient sévères : plus de 5 000 hommes étaient morts. Saint-Arnaud lui même était atteint.

Dernière catastrophe : le feu avait pris dans les entrepôts géants de Varna. Les magasins d'huile et d'alcool brûlaient avec furie, et le vent attisait l'incendie qui risquait de gagner une poudrière.

L'héroïsme des pompiers et des marins empêcha le drame, mais l'armée se trouvait sans réserves, à le veille de partir pour la Crimée. Les trois flottes réunies, avec plus de 500 navires, réussirent parfaitement le débarquement d'Eupatoria, sans être contrariées par les Russes. Les chalands et les canots, tous drapeaux déployés, débarquèrent au son des musiques militaires plus de 50 000 hommes qui organisèrent aussitôt des bivouacs sur la plage. On avança ensuite sur la rivière Alma, où l'armée russe était alignée, pour couper la route de Sébastopol.

Bataille classique, à l'ancienne, réglée dans la journée. « Le 22ᵉ de ligne se signalera aujourd'hui, hurlait un capitaine, ou vous êtes tous des clampins. » Rude langage, qui rappelait les campagnes du grand Napoléon. Cette flotte moderne, tirée par des navires à vapeur, avait conduit à la bataille une armée vieille d'un demi-siècle aux pantalons rouges, aux shakos ornés de pompons, aux canons de bronze. Les zouaves s'illustrèrent dans un corps à corps furieux, les Anglais subirent le feu meurtrier de l'artillerie russe. Bosquet interpellait ses « turcos » en arabe : « Êtes-vous des chacals ou des lions ? » Les zouaves, grisés par la victoire que, faute de cavalerie, on ne put transformer en triomphe, pillèrent, sur la route de Sébastopol, le château du prince Bibikoff. Saint-Arnaud devait mourir peu après la bataille, à bord du *Berthollet*. Sa dépouille, accompagnée du premier bulletin de victoire de l'Empire, serait inhumée aux Invalides dans un grand concours de foule. Le régime renouait ainsi la gloire militaire, même si l'Empereur n'était personnellement pour rien dans la victoire. Les pertes de l'Alma étaient sévères, mais sans commune mesure avec celles des grandes batailles de l'Empire : on ne déplorait, chez les Français, que 300 morts. Le choléra avait fait mieux.

Sébastopol, où l'artillerie russe était puissante, imposait un autre style de guerre, exigeait le rassemblement d'un matériel de siège moderne, entièrement transporté par mer : les Russes ayant coulé d'énormes vaisseaux à l'entrée du port, il devenait impossible de prendre la place par l'action combinée de la flotte et de l'armée. Force était de s'engager dans une guerre longue, coûteuse et technicienne, et d'agir sur l'opinion publique pour la rendre, à Paris et à Londres, tolérable. A l'entrée de l'hiver, un formidable effort de logistique devait être consenti par les flottes pour acheminer, en quelques mois, 600 000 tonnes de matériel et 42 000 chevaux, et faire traverser la mer dans les deux sens, pendant toute la durée du conflit, à 300 000 hommes. Jamais un tel effort militaire n'avait été consenti par les nations industrielles. Il supposait la mobilisation totale des moyens maritimes, et la levée en France de 140 000 nouveaux soldats. Le conflit devait légitimer la militarisation du régime, la création du corps d'élite de la garde impériale, expédiée aussitôt en Crimée. Les pertes éprouvées dans les premières batailles justifiaient ces renforts : les Anglais ont perdu leur cavalerie légère à la charge folle de Balaklava. Ils auraient ensuite été rejetés à la mer lors de la puissante offensive lancée par les Russes au plateau d'Inkermann s'ils n'avaient été dégagés par des renforts dépêchés au pas de charge par le général français Bosquet. Comme il se révélait impossible de forcer les retranchements de l'ingénieur russe Todleben, ni d'empêcher le camp retranché de garder ses liaisons avec l'armée de Menchikov qui n'avait cessé de tenir campagne, il fallait renoncer à anéantir les 341 canons de Sébastopol avec seulement 120 pièces. Le carnage d'Inkermann montrait ce que la puissance du feu pouvait réaliser sur un champ de bataille aux dimensions réduites : c'était la répétition des grandes batailles de la Première Guerre mondiale. Les zouaves qui bondissaient « comme des panthères » dans les trous d'obus, les charges suicidaires de la cavalerie anglaise pouvaient interdire aux Russes toute opération offensive, mais non permettre de s'emparer d'un camp retranché aussi formidablement défendu, dont la population était excitée à la résistance par le fanatisme des popes, et confortée dans son patriotisme par la présence, à la tête des troupes, des deux frères du tsar, les grands-ducs Michel et Nicolas. Les Russes apprirent à leurs dépens que toute sortie était impossible, en raison de la précision des nouvelles carabines anglaises qui leur tuèrent ou blessèrent plus de 10 000 hommes en trois jours de combats. A Sébastopol, il fallait attendre.

Napoléon III n'était pas patient. Il n'aimait pas la guerre et voulait en finir. Les Anglais perdaient la face. Le seul recours des alliés était l'envoi rapide et massif de renforts, pour en finir avec le siège. Tout le prestige de l'Occident était accroché aux murs de la tour de Malakoff, aux sinistres Grand et Petit-Redan, à la Batterie des Casernes et à la Batterie de la Pointe, lieux qui, pendant des mois, auraient les honneurs des colonnes de journaux. Canrobert, qui ne peut plus s'entendre avec Lord Raglan, quitte son commandement. Deux officiers supérieurs, Niel et Pélissier sont bientôt sur place. Le premier est un spécialiste des sièges, le second est nommé général en chef. Les soldats le surnommaient « tête de fer blanc ».

L'hiver est atroce sur le plateau de Chersonèse délavé par la pluie, ravagé par la tempête qui jette plusieurs navires sur les rochers. On envoie des bateaux de lainages qui arriveront trop tard, des poêles en fonte qui n'ont pas de combustible, des médicaments qui ne peuvent sauver les soldats accablés par la dysenterie, les maladies de poitrine, bientôt le scorbut et le typhus. On évacue 6 000 hommes vers Constantinople où se dévouent, dans les hôpitaux de fortune, les sœurs de Saint-Vincent-de-Paul. Les chefs se découragent, imitant souvent le prince Napoléon qui rentre en France. Après la période des tempêtes, qui inondent les tranchées et contraignent les hommes à survivre dans une boue humide, ceux-ci trouvent dans les baraques des Grecs et des Levantins de quoi soutenir l'hiver : ils sont affublés de peaux de mouton, de demi-bottes prises aux cadavres russes, de capotes à capuchons baptisées « criméennes ». Bosquet, Clerc, Canrobert sont appréciés de la troupe dont ils partagent les épreuves, célébrant dans les popotes la Sainte-Barbe et les fêtes de fin d'année.

L'opinion se déchaîne en France et en Angleterre, exigeant la fin de la guerre. Les journaux anglais ont largement rendu publiques les conditions atroces des combats, la vie très dure des soldats. A cette époque, les Goncourt prennent les zouaves comme têtes de Turcs : « Avec ces nouvelles troupes il n'y a plus de stratégie, plus de génie militaire, plus de capitaines. Une bataille devient immense lutte à mains plates. Et la guerre s'en retourne droit à la barbarie, avec ces soldats qui n'arborent plus même à la baïonnette, qui assomment avec la crosse du fusil. » Ils rapportent qu'une mère dit à sa couturière : « Faites-moi une robe noire, j'ai trois fils en Crimée. » Quand finira le sinistre drame ? On sait désormais quelle hécatombe frappe les soldats français. La presse censurée ne peut le cacher. Les Marseillais voient revenir les cercueils, et les blessés rapatriés parlent. On apprend que 400 soldats envoyés en renfort sont morts au large de la Sardaigne, dans le naufrage de la *Sémillante*. En Angleterre, le Parlement exige une commission d'enquête, renvoie Gladstone, appelle Palmerston qui prend les mesures nécessaires, engage des étrangers dans l'armée (Allemands, Suisses et Italiens), fait construire un chemin de fer reliant Balaklava au camp anglais pour assurer l'approvisionnement de la troupe. D'immenses moyens sont déployés pour l'assistance aux soldats. L'opinion ne supporte pas leur sort atroce : ils deviennent bientôt les mieux nourris, les mieux soignés, les mieux logés. Une action humanitaire qui aboutit à des résultats tangibles : il n'est plus possible désormais, en Angleterre, de traiter les militaires comme des esclaves.

En France au contraire, où font rage le choléra et la disette, la censure interdit toute polémique et le Corps législatif reste muet. Les seules mesures prises sont l'envoi en renfort de trois divisions, avec une partie de la nouvelle garde impériale. Le caractère militaire du régime se renforce : le corps des cent gardes, constitué en 1854, donne au palais l'éclat d'un corps d'élite, qui parade constamment à cheval dans Paris. La garde impériale, reconstituée en mai 1854, comprend la gendarmerie d'élite, aussitôt envoyée en Crimée avec ses trois bataillons en huit compagnies. Deux régiments de grenadiers participeront également aux combats, comme deux régiments de voltigeurs composés avec les compagnies des unités de ligne, un bataillon de chasseurs, formé des meilleurs éléments de l'armée, et même un nouveau régiment de zouaves. Une cavalerie nombreuse et rutilante, une artillerie à six batteries prennent elles aussi le chemin de Marseille. L'Empereur a décidé d'en finir : ses meilleurs soldats prennent la mer.

Un emprunt de 500 millions est couvert allégrement et les impôts rentrent en abondance. L'initiative individuelle, caritative, relaie celle de l'État : les dons affluent pour la Crimée, ainsi que les engagements de médecins, d'aumôniers, de sœurs de charité. L'Assemblée reste calme et la presse muette : la guerre a renforcé l'Empire autoritaire.

Le général Pélissier dispose désormais de deux corps d'armée (de Salles et Bosquet) à quatre et cinq divisions d'infanterie. Mac Mahon commande l'une d'elles. La garde et deux autres divisions d'infanterie sont en réserve, avec la cavalerie lourde des dragons et des cuirassiers. On compte 120 000 combattants et d'importants moyens dans l'artillerie et le génie, répartis par divisions. Tandis que cette force attend le printemps et la reprise des combats, les diplomates s'activent à Vienne, pour trouver un terrain d'entente : les négociations ne cessent pas, pendant tout l'hiver, avec l'Autriche comme intermédiaire.

Des discussions de Vienne, deux principes très modernes émergent avec force : le premier est la position de l'Angleterre, qui fait du concert des puissances civilisées le gage de la paix en Europe. De ce point de vue, le soutien aux Turcs est essentiel. Il est du devoir des États, de l'Autriche comme de l'Angleterre, mais aussi de la Prusse, de ne pas abandonner les Turcs. Le seul pays qui maintienne la thèse de la neutralité est taxé d'égoïsme rétrograde : « Qu'avons-nous à faire contre le Turc, écrivait le roi Frédéric-Guillaume à la reine Victoria. Que celui-ci tombe ou reste debout, qu'importe aux industrieux habitants des bords du Rhin. » Il s'attirait aussitôt cette réponse cinglante : « Votre lettre peut avoir un bon sens pratique et se comprendrait dans la bouche d'un roi de Saxe ou de Hanovre. Mais jusqu'ici j'avais regardé la Prusse comme une des cinq grandes puissances garantes des traités... Si votre exemple trouve des imitateurs, la civilisation européenne devient un jouet qu'on jette au vent, le droit n'a plus de champion et l'opprimé n'a plus d'arbitre à qui en appeler. » L'engagement de l'Angleterre dans la guerre de Crimée se réclame ainsi de la défense du droit international des peuples comme des nations opprimées. L'abstention de la Prusse, dans cette optique, est sévèrement jugée.

Le deuxième principe est la liberté des mers, affirmée dans le programme des « quatre points » soutenus par l'Autriche, qui suppose l'éviction des russes des provinces danubiennes, la liberté de navigation sur le Danube, l'indépendance de l'Empire ottoman et la liberté d'accès de la mer Noire aux navires turcs ; enfin la renonciation des Russes à tout protectorat sur les sujets chrétiens de Turquie (les 11 millions de Grecs). L'Autriche a signé sur cette base, le 2 décembre, un traité avec la Grande-Bretagne et la France. Il autorise les gouvernements à exiger des Russes le désarmement sur la mer Noire.

Quel tsar accepterait cette renonciation aux exigences fondamentales de l'impérialisme russe ? La mort de Nicolas, remplacé, le 2 mars, par Alexandre II, ne facilite pas la négociation. Différentes formules d'accord sont repoussées par les Russes, et François-Joseph commence à se détourner d'une alliance avec des partenaires aussi intransigeants : il comprend que le but des Franco-Anglais est de neutraliser militairement la mer Noire, pour avoir les mains libres en Méditerranée. Il ne peut s'associer jusqu'à la guerre à une politique qui n'est pas la sienne.

D'autant que le royaume de Piémont entre dans la ligue des droits des nations et prétend contribuer à son tour à la protection de l'Empire turc. Comment les Anglais, qui cherchent partout des soldats, refuseraient-ils le concours de 15 000 Sardes bien armés et bien équipés ? Le caractère politique de la guerre se renforce avec cette intrusion de Cavour. Le droit des nations est un thème cher aux Italiens. Leur insertion dans le conflit international est une manière de poser publiquement la revendication unitaire de l'Italie. Le gouvernement français accueille chaleureusement ce concours qui cause au ministre des Affaires étrangères Drouyn de Lhuys un problème de conscience : ardent catholique, peut-il soutenir une politique qui éloigne la France de l'Autriche (alors que seul le rapprochement de Paris et de Vienne peut mettre fin au conflit russe et rétablir l'équilibre en Europe) et cautionner, servir, une politique qui introduit dans la coalition des braves gens un allié « révolutionnaire » ?

Napoléon III, en se rendant lui-même en Crimée, prétend prendre la tête de la coalition humanitaire et de l'Europe des nations. Est-ce conforme à l'entente cordiale qu'il a souscrite au cours de ses premières conversations avec le cabinet britannique ? Au début de la crise, il envoie le premier sa flotte, l'Amirauté est en retrait, le gouvernement anglais critique. Le climat se réchauffe après l'agression des Russes en mer Noire : tous les membres du gouvernement anglais expriment leur désir d'une entente avec la France. On entend, dans le concert, le « fifre de Palmerston » qui pousse à l'intervention. Cet homme intraitable, un des fondateurs de l'impérialisme britannique, est, en fait, ministre de l'Intérieur et n'a pas en charge la question d'Orient. Mais son influence est si forte sur le milieu politique que son « ami » Bonaparte se montre fort attentif à ses suggestions. Il est impensable, pour l'auteur du discours de Bordeaux, d'entrer en guerre sans l'Angleterre. Ni même de faire cavalier seul, de prendre des initiatives qui ne seraient pas suivies. Palmerston pousse le raffinement jusqu'à faire présenter par l'Empereur des Français les idées qu'il veut défendre. C'est après une rencontre entre Napoléon III et Lord Newcastle, duc et pair, secrétaire d'État à la Guerre, que le plan de campagne visant à la prise de Sébastopol (seul objectif convenable pour l'Amirauté) est soumis au conseil royal. Le duc-ministre explique que Napoléon III a été consulté. Il s'agit donc d'un projet anglais que Palmerston s'emploie à soutenir devant le gouvernement, le Parlement, dans la presse. Quand il tient enfin la victoire, le duc de Newcastle envoie des instructions interdisant aux Anglais d'appliquer l'opération de terre ferme, sur les bords du Danube, que le général de Saint-Arnaud médite. Il est parfaitement clair que les Anglais imposent la « descente sur la Crimée ». Napoléon III s'exécute.

Au tournant de la guerre, quand il faut opter pour la paix à Vienne ou pour le renforcement du siège, l'Empereur veut reprendre l'initiative, se rendre sur place, sans doute pour aviser. Ne dit-on pas qu'il passerait par Vienne et s'embarquerait à Trieste ? Qu'il veut réaliser autour de lui, sur le champ de bataille, l'unité de commandement ? On dépêche Lord Clarendon, le ministre des Affaires étrangères, sur le continent. Il est envoyé par Palmerston, à qui le Bonaparte a fait part de ses projets par lettre. Lord Clarendon multiplie les arguments contre le voyage : il faut quatre mois pour acheminer les renforts grâce auxquels les alliés emporteront la décision, et permettre à l'Empereur de donner « le dernier coup de main ». Le voyage en Crimée est donc prématuré.

Pour l'empêcher, le royaume déploie ses grâces : l'Empereur et sa femme sont invités à Londres, choyés, adulés, promenés au Crystal Palace, à la City. La reine danse avec le Bonaparte dans la salle de Waterloo et le décore de l'ordre de la Jarretière. L'oncle frappe-t-il de sa botte, aux Invalides, son cercueil de porphyre ? On présente à l'Empereur, après le *God Save the Queen*, les blessés de Crimée et le noble Lord Cardigan, héros de la charge de la brigade légère, idole discrète des clubs de la *gentry*. Après la fête, les affaires : au Conseil des ministres, Lord Palmerston prend position à fond contre le voyage en Crimée. La cause est entendue. Les Français ne répliquent pas. Ceux qui entourent l'Empereur, comme le maréchal

Vaillant, sont hostiles à son départ. Peut-il renoncer si facilement, sans se donner l'apparence d'un chef d'État soumis aux décisions de la toute-puissante Angleterre ?

Un attentat manqué contre sa personne le tire d'embarras. Ces opérations sont généralement montées à Londres, au sein des cellules terroristes italiennes. On arrête et on guillotine prestement ce Pianori qui a tiré sur l'Empereur aux Champs-Élysées. Napoléon tient son prétexte. Il laisse dire à Persigny que sa personne est trop précieuse, trop indispensable au maintien de l'ordre intérieur pour que l'on coure le moindre risque. Montalembert ne s'y trompe pas : sur la route de Crimée, l'Empereur aurait pu faire la paix à Vienne, et nouer l'alliance avec l'Autriche. Au Corps législatif, il lance un avertissement, en évoquant l'entrée dans la coalition des troupes sardes, avec l'accord de l'Angleterre : « Le gouvernement français s'engagerait, dit-il, dans une voie périlleuse, s'il devenait l'allié ou l'instrument de la révolution. » Cette mise en garde aurait pu provenir du Vatican : il n'échappait à personne que Cavour fondait les plus grands espoirs sur la participation italienne aux combats. Les futurs héros sardes de Crimée lui préparaient un fauteuil doré à la conférence de la paix. Et l'on parlerait, après les Turcs, des Italiens.

Jamais une guerre n'avait affirmé plus cyniquement son modernisme. C'est pour l'Italie que les Piémontais mouraient dans les tranchées de Crimée. Ainsi l'exigeait la logique des forces européennes : ils travaillaient à l'affermissement du trône le plus vétuste, le moins légitime d'Europe pour enfoncer dans la brèche ouverte par la coalition humanitaire le coin de l'unité italienne.

D'abord, finir la guerre : la décision pouvait être coûteuse en hommes, elle devait être rapide, puisqu'on avait renoncé à la paix de Vienne. Les Russes se renforçaient au « Mamelon vert », crénelaient les « ouvrages blancs » devant la tour formidable de Malakoff. Trois jours de bombardement des 500 pièces de l'armée alliée n'eurent pas raison de leur résistance. Les directives de l'empereur des Français pleuvaient sur l'état-major : prendre ses distances, encercler complètement la position, manœuvrer... Niel, *missi dominici*, menaçait Pélissier qui n'avait pas l'humeur aux concessions : « Le siège, rien que le siège », telle était sa pensée. Sourd aux messages impériaux, il préparait l'assaut final, avec méthode.

Il sert ainsi les vues du cabinet anglais, hostile à toute aventure. On a donné aux Français tous les moyens matériels, transporté sur des navires britanniques tous les renforts exigés. L'Angleterre poursuit sa guerre pour Sébastopol et n'entend pas s'en détourner. Les vues de l'Empereur sur Odessa lui sont étrangères. Le 7 juin, l'assaut est donné aux redoutes extérieures, après un intense bombardement : le Mamelon vert, pris par les turcos, les zouaves et les lignards, est repris, puis de nouveau conquis. Cinq mille quatre cents Français sont hors de combat. Le général de Lavarande, le colonel Brancion sont morts, l'épée à la main. Les Anglais ont perdu 700 hommes. On crie de joie dans les bivouacs, malgré les pertes : pour une fois, le sacrifice des morts annonce la victoire. Il manque les pages de gloire de Malakoff, où s'illustre général depuis peu débarqué d'Afrique, Mac-Mahon.

Les Anglais décident d'attaquer un jour de victoire, le 18 juin, anniversaire de Waterloo. Les Français l'acceptent, pour affirmer leur réconciliation avec les anciens ennemis. Jour de défaite : plus de 5 000 soldats hors de combat dans les lignes alliées, les batteries russes ont massacré les assaillants, victimes d'un cafouillage dans les ordres de départ. Deux généraux de division sont tués : Mayran et Brunet. Pélissier transmet la dépêche publiée par *Le Moniteur* du 22 juin : « L'attaque du 18 juin n'a pas réussi. »

En France, où sont rapatriés les blessés par milliers, c'est la stupeur. L'équilibre européen doit-il être payé d'un tel prix ? Les députés sont de nouveau sollicités d'accepter un nouvel emprunt de 750 millions, une levée de 140 000 hommes de la classe 1855 à partir du 1er janvier 1856. Pas de protestations : « J'ai confiance que nous arriverons à une paix honorable », dit l'Empereur aux parlementaires. Quand finira-t-il, demandent les chansonniers des boulevards, sa « guerre de Troie » ?

Napoléon III veut remplacer Pélissier par Niel : « Tous les généraux d'Afrique, dit-il à son entourage, sont de même calibre... la guerre qu'ils ont faite en Algérie ne les rend pas aptes aux grandes opérations militaires. » Pélissier reste en place, grâce au maréchal-ministre Vaillant. De nouveau, le choléra décime les soldats : 1 600 décès pendant l'été, dont le général en chef anglais, Lord Raglan. On rapatrie sur le *Caradoc* le corps de l'ancien aide de camp de Wellington à Waterloo, amputé du bras droit le jour de la bataille. Cependant, les travaux de sape du génie progressent. Pélissier n'attend plus que les renforts pour donner de nouveau l'assaut. Les Russes aussi souffrent du choléra. Todleben passe pour mort, les matelots ont défilé devant le corps de l'amiral Nakkimof, lui baisant la main selon la coutume. La ville sainte, louée par les Moscovites, conserve un courage fanatique, mais toutes les maisons encore épargnées abritent des blessés. Les Français peuvent croire que la prochaine attaque sera la dernière, après neuf mois de siège.

Les Russes voulurent-ils forcer le destin ? Une attaque massive sur le pont de Traktir fut repoussée au prix de pertes sévères, particulièrement dans le contingent piémontais qui recevait bravement le baptême du feu. Le prince Gortchakov, commandant en chef, avait dû obéir aux ordres du tsar qui réclamait, comme Napoléon III, une guerre en rase campagne. L'échec de cette journée du 16 août laissait les adversaires face à face, dans les tranchées.

Quand les sapeurs arrivent à 25 mètres de Malakoff, chacun comprend que l'heure va sonner. Les officiers ajustent leurs montres. Devant Malakoff, Mac-Mahon a pris le commandement. Depuis trois jours, les Russes ont perdu 7 500 hommes dans un bombardement infernal. Les Français et les Anglais attaquent le 8 septembre, à midi, sur toute la ligne. Mais le premier effort, qui donne le signal à tous les autres, est devant Malakoff. Il est convenu que les Anglais partiront quand le drapeau tricolore flottera sur la tour.

Il y flotte bientôt, au prix de sacrifices considérables, et Mac-Mahon parvient à défendre la position, alors que les uniformes écarlates des Anglais jonchent le sol du Grand-Redan. La plupart des redoutes emportées sont prises, reprises. Les Russes veulent faire sauter les mines : « Nos funérailles, clament-ils, se feront dans le ciel. » Le général de Morolles est tué, les généraux Bourbaki, Bisson, Mellinet, de Pontèves sont blessés, comme de La Motterouge et même Bosquet, à qui ses officiers promettaient dans cette journée le « bâton ». La garde impériale, tenue en réserve, doit participer à l'assaut, pour sauver la position conquise.

Quand le général de Martimprey aperçoit enfin dans sa lunette les baïonnettes des Russes s'engageant sur un pont de bateaux, il avertit Pélissier que le prince Gortchakov abandonne la ville. La retraite des Russes consacre la victoire des alliés : Pélissier, par télégraphe, apprend qu'il est nommé maréchal de France. Il doit son succès au général de Mac-Mahon. Les canons d'Hyde Park et de la tour de Londres célèbrent la victoire en même temps que celui des Invalides, où la reine Victoria se recueillait quelques jours plus tôt devant le tombeau de Napoléon pendant que l'orgue de l'église Saint-Louis jouait le *God Save the Queen*. Sur le tombeau de l'Empereur, les souverains anglais attendaient la victoire forcée par les zouaves de Mac-Mahon, sur les bords de la mer Noire. Ainsi pourraient-ils reprendre, au prix d'un petit froissement d'amour-propre, leur domination sur les détroits, interdire aux Russes tout accès à la Méditerranée orientale où les Français ne seraient que tolérés. Tel était la note à payer par Napoléon III pour se faire admettre lui-même et établir la France à son avantage, comme une déesse de gare assise, la tête couronnée de tours, dans le « concert des grandes nations ».

Que faire après la victoire ? Il n'est pas question

d'entrer en Russie avec une armée de 200 000 hommes très éloignée de ses bases. Les Anglais, satisfaits de la destruction du port militaire russe, s'installent sur place en attendant les bateaux du retour. Napoléon III n'est pas satisfait, il veut aller plus loin, obtenir un vrai gage, la Crimée ou les ports maritimes. Les alliés ont perdu près de 20 000 hommes à Sébastopol dans la journée du 8 septembre. Ce sacrifice exige une paix sûre, définitive. Une conférence rassemble à Paris les responsables militaires alliés, y compris le général sarde La Marmora. On renonce à conquérir la Crimée, on se borne à imaginer la conquête de Simferopol qui permettrait de faire croire que l'on possède toute la presqu'île. La gloire de Sébastopol est inutile, si le tsar ne consent pas à signer la paix, alors que rien ne l'y oblige, sinon la lassitude des soldats.

La presse et le gouvernement anglais multiplient les déclarations bellicistes, pour contraindre le tsar à céder. En France, la population rurale est lasse de l'effort de guerre. Les levées d'hommes ont porté surtout sur les campagnes, et l'on apprend peu à peu que 10 000 hommes ont été tués à l'ennemi, que 10 000 encore sont morts de leurs blessures dans les hôpitaux, et que plus de 75 000 ont été emportés par le typhus et le choléra, en raison de la négligence et de la défaillance des services sanitaires. Les Anglais sont très loin d'avoir éprouvé des pertes semblables. La responsabilité des cadres de l'armée est écrasante.

Aucune polémique ne vient cependant inquiéter le gouvernement à un moment où l'attention des Parisiens est captée par les cours satisfaisants de la Bourse et les fêtes de l'Exposition universelle. Seul le journal de gauche *Le Siècle* regrette que, sous la pression de l'Autriche, puis de la Prusse, le tsar admette enfin de traiter sur la base de la neutralisation de la mer Noire. Pour le journal républicain, qui approuvait une guerre contre le Russe autocrate, on n'avait pas parlé de la Pologne ni de l'Italie, Napoléon III trahissait les nationalités.

La paix, signée le 30 mars 1856, consacrait l'intégrité de l'empire ottoman, qui maintenait sa suzeraineté sur les provinces autonomes de Moldavie et Valachie, et recevait, en prime, une bande de territoire bessarabien. Une paix sans surprise, qui consignait les quatre points de Vienne et s'attachait à ménager le Russe. A lire le traité, on ne pouvait pas distinguer le vainqueur du vaincu, tant les formules employées ménageaient la susceptibilité du tsar. Le seul qui affichât sa déception était Cavour. Il avait pourtant posé la question italienne, vivement soutenu par Lord Clarendon. Walewski, le ministre français, avait évoqué vaguement le problème italien. Le nom de l'Italie ne figurait pas dans le traité.

Pourquoi Napoléon III, qui n'avait jusque-là eu de cesse de multiplier les amabilités envers le tsar, était-il parti en guerre ? L'avantage direct qui en résultait était, sans doute, le renforcement de l'appareil militaire en France. L'expérience de la Crimée avait sanctionné un système de guerre : la marine à voile, les canons lisses et les charges de cavalerie avaient vécu, la courtoisie chevaleresque aussi ; les combats étaient meurtriers, fanatiques, sans concession. Les carabines anglaises ne faisaient pas de quartier, pas plus que les mortiers russes. De vastes programmes d'armement résultèrent des années de Crimée. On n'oubliait pas le spectacle du vapeur *Napoléon*, remorquant en 1853 le trois-ponts *Ville de Paris* à travers les détroits, pas plus que les « batteries flottantes » françaises *(Dévastation, Lave, Tonnante)* qui avaient réduit, en 1855, la forteresse de Kinburn, aux bouches du Dniepr. En 1858 la frégate blindée *La Gloire* serait mise en chantier par Dupuy de Lôme, avec 5 frégates *cuirassées*. Un autre programme, de 17 frégates, humiliait gravement l'amirauté britannique. Les canons rayés en acier promettaient de doter la flotte française naissante d'une puissance de feu redoutable. La France construisait enfin la flotte de ses ambitions.

La décision fut prise, en 1857, de fabriquer des fusils à canons rayés et d'étudier le chargement par la culasse : dix ans de mise au point seraient nécessaires pour doter l'armée française du chassepot. Il était aussi un enfant de Crimée. L'Empereur voulait étendre la rayure aux canons, et mettre en chantier les pièces d'acier. L'industrie française était sur ce point en retard. Mais la volonté de rénovation n'était pas douteuse. Napoléon III imaginait déjà, à suivre les progrès de l'armée prussienne, un système de recrutement vraiment national pour une armée qui, en Crimée, avait cruellement manqué d'hommes. Sans avoir lui-même livré bataille, il se faisait fort de hausser la France au rang de première puissance militaire en Europe. De ce point de vue, la guerre avait comblé ses vues et lui avait permis d'obtenir tous les crédits nécessaires, sans la moindre contestation. Il participait ainsi au mouvement général de réarmement de l'Europe, qui préludait aux dures guerres nationales.

Il affirmait, précisément, que le droit des

nations justifiait seul le recours à la guerre. Ralliant le point de vue anglais, il était entré en guerre pour imposer au tsar agresseur des Turcs le respect du droit. Cet impérialisme à visage humaniste n'osait encore introduire franchement le droit des nations à exister, à se détacher des empires. Nul n'avait plaint les Grecs de Turquie, ni consenti un véritable effort en faveur des Polonais et des Italiens. Mais des symptômes annonçaient que ces revendications seraient bientôt celles de la France, ce qui distinguait sa politique de la simple recherche de l'équilibre européen défendu par le Foreign Office.

Pour l'empereur des Français, la guerre n'était qu'un expédient pour rétablir un nouvel équilibre, qui admît l'existence de tous les peuples. Cette conception commençait à inquiéter les Anglais, même s'ils pouvaient encourager, pour balancer le pouvoir orgueilleux de Vienne, l'indépendantisme piémontais. Le droit des nations promettait les révolutions et l'aventure. Comme tel, il était odieux à la City de Londres. D'après Napoléon III, des guerres seraient sans doute nécessaires pour que ce droit fût reconnu. Il les souhaitait courtes et sans esprit de conquête. Il n'avait nullement recherché le long affrontement sanglant de Crimée. La résistance des Russes l'avait surpris. Il n'avait pas plus évité les morts nombreux de cette guerre que les victimes civiles du coup d'État du 2 décembre. Il avait cependant utilisé les uns et les autres pour asseoir sont règne. La France était-elle vouée à la fois à l'Immaculée Conception et à la dynastie napoléonienne ? « Une dynastie, avait dit l'Empereur, n'a de chances de stabilité que si elle reste fidèle à son origine, en s'occupant uniquement des intérêts populaires pour lesquels elle a été créée. » Pour accomplir ce pieux dessein, il devait, à l'évidence, bénéficier du concours de l'Église.

Deuxième partie

LE RÊVE DYNASTIQUE

Chapitre 5

Rome et la France

Le prince-président était devenu empereur au prix d'une double mystification. Il avait promis la paix : non seulement il avait fait une guerre cruelle, mais il dotait son pays d'une armée et d'une marine renforcées, qui le lançaient dans la course aux nationalités. Il avait promis la paix civile et la concorde républicaine : il fondait un empire dynastique dont la référence populaire se bornait à un seul plébiscite comme si, tel le Léviathan de Hobbes, il pouvait se contenter, ainsi que ses descendants, du consensus populaire affirmé une fois pour toutes.

Il reste que la racine de ce pouvoir était civile, non théocratique. L'Empereur devait son trône à la volonté populaire : Dieu et le pape venaient de surcroît, comme d'utiles ornements. C'est par volonté politique, non par nécessité, que Napoléon faisait à l'Église sa place dans l'État. Il n'en avait nulle obligation. Il aurait pu se contenter, comme Louis-Philippe, d'organiser un régime de liberté religieuse, tolérant et neutre. Mais César, qui avait franchi le Rubicon, avait ceint la couronne : il aimait l'odeur de l'encens et considérait la religion comme le partenaire nécessaire de l'Empire. Auguste, à Rome, était *pontifex maximus*. Le tsar nommait les patriarches, la reine Victoria avait son Église. Si Napoléon III voulait associer la religion à son pouvoir politique, il devait s'associer au pape, pour que la France fût de nouveau reconnue comme la « fille aînée de l'Église ». Comme l'Autriche et l'Espagne, elle avait besoin du pape pour bénéficier de l'estampille permanente, consacrée, qui permettait aux nations d'entrer dans le « concert » européen des « bons » trônes, les seuls qui résistent aux révolutions.

Napoléon III était tout prêt à reconnaître le pouvoir spirituel du pape, qui intronisait les évêques et fixait la doctrine catholique. Pie IX entendait aussi qu'il protégeât son pouvoir temporel, ses biens en Italie et à Rome, dont il entendait rester maître. Ce « Louis XIV de la papauté », comme disait Montalembert, prétendait faire des évêques au-delà des montagnes (d'où le terme : ultramontain) des ministres soumis à la politique vaticane. Au lieu de soutenir en tout les intérêts de leur pays, et d'être sottement « gallicans », les évêques devaient imposer à l'État impérial, s'ils en avaient le poids, une politique favorable aux intérêts de Rome. Le pape ne tenait dans Rome (où le républicain Mazzini avait des partisans fanatiques) que par la protection d'une division française et surveillait de près les liens de l'ancien carbonaro Bonaparte avec les Piémontais indépendantistes, qui voulaient chasser d'Italie ceux qui s'opposaient le plus directement à l'unité, les soldats autrichiens présents à Venise et dans le Centre. Napoléon savait qu'il trouverait devant lui le pape s'il soutenait la politique « révolutionnaire » des nationalités que la gauche républicaine exigeait à grands cris. Il avait cependant l'intention de bouleverser l'Europe en soutenant ce principe.

Napoléon III avait commencé à ébranler l'équilibre social français par l'industrialisation précipitée : les nombreuses faillites prévisibles d'artisans et de petits industriels, le départ vers les villes des plus solides paysans pour renforcer l'armée des manœuvres du rail et des bâtisseurs d'immeubles, l'abandon des villages les plus défavorisés par la population pauvre, tout menaçait l'espace français d'une crise en profondeur, que les profits de la Bourse et des affaires rendraient indécente. L'Empereur était donc sincère quand il tendait la main au clergé, non seulement pour qu'il lui assure une majorité aux élections, mais pour qu'il parte à la reconquête des foules mouvantes et déchristianisées, à l'intention desquelles il était tout prêt à construire à la hâte des églises de fonte. Il avait enfin besoin du clergé pour maintenir la hiérarchie sociale par sa double fonction : l'enseignement qui permettait de dégager des élites bien pensantes, et l'assistance, qui contribuait à éviter les drames sociaux. Enfin, l'influence des Pères n'était pas inutile à la politique de présence française à l'étranger : leurs missions permettaient, en Afrique comme en Asie, d'adoucir la brutalité d'une présence militaire et marchande le plus souvent mal reçue. On pouvait compter sur le clergé régulier pour humaniser la colonisation et rendre supportable la domination des Européens.

Cette alliance nécessaire de l'Empire et de la société chrétienne n'était pas sans ambiguïté. D'une part, la politique officielle devait contribuer à la moralisation souhaitée par le clergé, suivant une tradition séculaire : les patrons catholiques de l'Ouest ou du Nord n'étaient pas moins ardents et actifs que les protestants d'Alsace dans leur œuvre d'assistance aux travailleurs. Ces vues paternalistes, et même associatives, étaient certes bien reçues par l'auteur de *L'Extinction du paupérisme*. Il avait besoin de soutenir, et d'être soutenu, par ces catholiques progressistes qui luttaient contre le scandale de la misère, générateur de révolutions. Il ne manquait de répéter qu'il entendait gouverner dans l'intérêt du peuple, et non des seuls privilégiés.

Mais, d'autre part, les représentants du « peuple de Dieu » étaient à la Chambre des propriétaires, souvent nobles, détenteurs de biens fonciers, ou industriels qui utilisaient une main-d'œuvre à bon marché et luttaient contre la hausse des tarifs : comment concilier une politique sociale généreuse avec l'obstination réactionnaire de ces petits et moyens représentants des campagnes, qui prétendaient que le progrès les ruinerait, et avec eux leur clientèle de salariés, si l'État se mêlait de les contraindre à une politique de libéralités sociales ? La peur des « partageux » et les récents troubles révolutionnaires avaient permis à l'Empire de récupérer l'immense clientèle de tous ceux, petits et grands, qui redoutaient les atteintes à la propriété et exigeaient la stabilité des biens. L'essor industriel menaçait leurs intérêts. Que la peur sociale s'atténue, ils risquaient de basculer dans l'opposition, peut-être encouragés par les prêtres, qui déploraient aussi le départ de leurs paroissiens vers les cités du diable.

Dans les villes sans églises, les parents travaillaient toute la journée, abandonnant leurs enfants dans les quartiers sans air, livrés de bonne heure à la débauche, embrigadés dans les ateliers où la mixité faisait courir les pires dangers à la vertu des femmes et des filles. Sans prêtres et sans foi, ces émigrés de l'intérieur, qui avaient oublié le cimetière de leurs ancêtres, étaient les enfants perdus de l'Église. Tout régime qui les abandonnerait à leur sort serait maudit. La première exigence qui s'imposa à l'Empereur était susceptible de lui attirer les faveurs de tous les catholiques, progressistes ou réactionnaires : c'était la moralité publique.

Les historiens qui décrivent la « fête impériale » ne l'inscrivent pas assez nettement dans la continuité du régime. L'Empire est, à ses débuts, un régime austère et ennuyeux. Le désir de rétablir, au besoin par la force, l'apparence de la vertu s'affirme hautement et dans tous les domaines. La danse et les bals populaires étaient curieusement la première cible de la rectification. Sous la monarchie de Juillet, la liberté des mœurs régnait dans ces bals parisiens où l'on avait inventé les figures libres du cancan, qui permettaient à chacun d'improviser à sa manière, et d'affirmer sa personnalité. Les saint-simoniens, toujours ardents à prôner l'égalité des sexes, avaient imaginé au quadrille des figures étranges, où les femmes changeaient à leur guise de cavaliers. Les « chahuts » et leurs danses indécentes se substituaient au sage quadrille. Les « anarchistes » donnaient des bals costumés où, coiffés du bonnet rouge, ils dansaient la Carmagnole. On lançait dans les théâtres, à l'occasion des carnavals, des « galops » échevelés jusque dans le foyer de l'Opéra. On osait acclimater à Paris les danses rapprochées venues de l'Est, où les corps se touchaient : la valse, la polka, la mazurka. Les bals masqués aux lestes déguisements faisaient fureur sous la très sage monarchie de Juillet : « Quand le peuple s'amuse, disait le préfet Delessert, il ne conspire pas. » La plus large tolérance autorisait ces débordements. Un professeur de danse avait lancé un bal populaire très fréquenté sur les Champs-Élyssés : ce Mabille avait fait fortune, de même que Philippe Musard, surnommé « Napoléon-Musard », qui n'avait pas son pareil pour déchaîner la foule des caliquots, des clercs de notaire et des métallos des Batignolles. A ces fêtes populaires, toutes les classes participaient. On comptait 110 bals dans Paris, 273 en banlieue, comme le rapporte François Gasnault dans *Guinguettes et Lorettes*. Neuf millions de danseurs se pressaient chaque année dans les bals parisiens.

La révolution de 1848 avait arrêté ces débordements. La crise économique avait ruiné de nombreuses salles : les étudiants désertaient la Grande Chaumière et les petits bourgeois le bal Chicard. Des esprits austères condamnaient la frivolité, l'immoralité de la danse. On dénonçait l'orgie de la Tour de Nesle : un carnaval qui s'était terminé, rue Mouffetard, par le viol collectif de très jeunes filles. On s'affligeait des « polkamaniaques » et des cancanneurs sordides, des prostituées célèbres qui faisaient carrière au bal Mabille, comme la reine Pomaré. Mogador et Rose Pompon avaient-elles assez défrayé la chronique et conduit tant d'honnêtes cousettes à la débauche ? « L'été de 1848, écrit Gasnault, fut le moins dansant du siècle. » La révolution avait condamné Musard. L'ordre moral de 1850 allait-il lui ouvrir une seconde carrière ? La mode était à la « moralisation des loisirs populaires » et le coup d'État avait incité le préfet de police à fermer des salles considérées comme suspectes. Seuls les très grands établissements avaient échappé à la fermeture.

L'Empire affirma, à ses débuts, la volonté bien arrêtée de moraliser les bals et d'empêcher le peuple de danser à sa guise. Une campagne de pamphlets, sans doute inspirée en haut lieu, s'en prit aux « danses modernes », la valse et la polka, considérées comme lascives. La seule danse tolérée était le quadrille, que l'Empereur et l'Impératrice dansaient aux Tuileries. Les bals étaient, écrivait un moraliste à gages, « un marché aux vanités, un vivier pour les souteneurs ». On devait en préserver la jeunesse. On plaignait « l'orpheline sans fortune, jetée sans secours dans l'enfer parisien », on dénonçait « l'invasion prostitutionnelle ». Le quadrille « national » revint à l'honneur dans les bals surveillés. On nomma Strauss, lié à l'Impératrice, « chef des bals de la Cour impériale », chargé de moraliser le bal de l'Opéra. Isaac Strauss remplissait sa mission, mais ne remplissait pas la salle. Les danseurs n'étaient guère nombreux à se lancer dans un quadrille intitulé en 1856 « Retour de Crimée ». Veuillot stigmatisait « les airs les plus abjects et les plus obscènes vociférations » du bal étudiant de la Chaumière, où la « vie de bohème » n'était plus à la mode. Les bals amusants devenaient crapuleux et n'étaient plus fréquentés que par la pègre des banlieues, ou les écrivains, comme les Goncourt, à la recherche d'émotions fortes.

Cette moralisation allait-elle jusqu'à supprimer la prostitution ? Nullement. Elle était au contraire choyée, réglementée, infiltrée par la police. Le bordel, lieu de rencontre entre gens de bonne compagnie, avait chez les bourgeois de chaleureux défenseurs. Ne contribuait-il pas à l'ordre social, en sauvant les ménages et en permettant aux médecins de lutter contre l'un des fléaux du siècle, la syphilis ? Depuis le bordel huppé de la Farcy, un « petit paradis, disent les Goncourt, dont les attachés d'ambassade parlent comme d'un rêve des mille et une nuits », jusqu'aux bouges de la Cité où les filles « raclent de la brique avec des morceaux de bois pour se farder » la gamme est vaste. Les bourgeois y échangent des calembours, selon la mode de l'époque. Pourquoi les filles n'aiment-elles pas le gothique, cher au cœur de Viollet-le-Duc ? « Parce qu'elles n'aiment pas les vits trop gothiques »... On connaît un Pompéi pour voyageurs de commerce, le « Priapeion de la rue Joubert » dont la décoration est soignée. Peut-on exhiber ses décorations au bordel ? Les bourgeois en discutent. Beaucoup sont d'avis de ne pas se gêner. Ne sont-ils pas dans des lieux convenables, très bien fréquentés ? Les officiers de l'École militaire rencontrent des putains du quartier, qui fument la cigarette. Rien ne touche davantage le public que les pièces de théâtre sur la prostitution : le sort malheureux de la *Dame aux Camélias* où s'exhibe la Doche, l'actrice aux dix-sept amants, émeut inlassablement les spectateurs, et les *Filles de marbre*, sordide mélodrame de deux obscurs folliculaires sur les méfaits de la haute prostitution, leur rapporte 35 000 francs. Les bordels sont des lieux de rendez-vous ou de rencontres pour les écrivains : Sainte-Beuve y croise Baudelaire. Il proteste contre les persécutions policières dont les filles sont victimes et demande qu'on les défende « en honnête homme » au Corps législatif. Le prince Napoléon n'a-t-il pas attrapé la vérole chez une putain non fichée, qui ne subissait pas de surveillance médicale ? Le médecin Ricord le soigne au mercure, comme beaucoup de gens de la haute société. On dit d'un jeune homme qui part pour l'Italie : « Paris était trop humide, il ne pouvait absorber assez de mercure. » Combien prennent des capsules au baume de copahu, pour guérir de la chaude-pisse ? On n'a pas fermé Mabille, où racolent les putains. L'une d'elles, engagée comme domestique à vingt francs par mois par un bourgeois, découvre, quand son maître a abusé d'elle, qu'elle peut gagner la même somme tous les soirs. Les prostituées rencontrent aussi leurs clients dans les théâtres des boulevards, et les actrices désargentées ne sont pas les moins ardentes. L'historien Taine se rend régulièrement dans les bordels, fiché, comme les autres consommateurs, par la police. Un certain Félix, employé aux mœurs, tient pour le préfet Boitelle le registre « des putains et des pédérastes de Paris ». Le régime n'aime pas la danse, mais il tolère la prostitution. Le combat pour les bonnes mœurs est ainsi, d'entrée de jeu, entaché d'hypocrisie.

La vertu imposée aux gens de lettres implique la censure : une surveillance active traque les feuilletons licencieux dans les journaux, et les comédies dénudées des boulevards. Dès le mois de décembre 1852, les Goncourt sont inculpés pour outrage aux bonnes mœurs à la suite d'un « Voyage du numéro 43 de la rue Saint-Georges au numéro 1 de la rue Laffitte ». Quand Baudelaire publie en 1855 dans *La Revue des Deux Mondes* dix-huit poèmes intitulés « Les Fleurs du Mal », la direction croit nécessaire d'ajouter un avertissement au lecteur. En 1857, *Le Figaro* attaque violemment le recueil, mis en vente à 1 300 exemplaires. Le parquet le fait saisir et engage des poursuites contre l'auteur, condamné à 300 francs d'amende malgré la plaidoirie de Chaix d'Est-Ange. Six poèmes sont interdits à la publication. L'amende est réduite l'année suivante à 50 francs et le ministre de l'Instruction publique lui accorde une indemnité pour un autre ouvrage, mais le mal est fait : le Tout-Paris s'est emparé de l'affaire.

La même mésaventure touche Flaubert pour *Madame Bovary*, d'abord publié en feuilleton dans *La Revue de Paris*, en 1856. Quand le roman sort en librairie l'année suivante, il est l'objet d'un procès et d'une interdiction. Le public est-il indigné par une mesure aussi étrange ? Il semble qu'il considère le roman comme une sorte de déviation moderne de la littérature, assez méprisable. Un « vieillard sceptique » se plaint aux Goncourt que sa femme lise *Madame Bovary* au lieu de Corneille et Molière. Le romancier n'est guère défendu que par les esprits libres, qui ne sont pas légion. On lui reproche d'avoir croqué, avec Emma, le portrait d'une bourgeoise de province rendant aimable, désirable, l'adultère, et de mettre ainsi en péril la famille, pilier de la société.

Tout indique que la censure des bonnes mœurs développe au contraire dans Paris les plus vicieuses habitudes, particulièrement chez les bourgeois. Quant aux gens de lettres, l'éloge de la sexualité déchaînée est pour eux une réaction salubre, dont ils se flattent. Les travers de la société parisienne sont exhibés par les Goncourt avec une indéniable délectation. Eux-mêmes se disputent les faveurs de la même maîtresse, une sage femme au grand cœur qui partage sa semaine équitablement. Ils rapportent une anecdote qui décrit le prince Demidof, premier mari de la princesse Mathilde : il ne peut user de sa maîtresse que si elle est couverte au préalable par « un gros chien de Terre-Neuve ». Ils citent aussi le mot provocateur attribué à Baudelaire entrant en retard dans un salon : « Pardon, je viens de gamahucher ma mère. » Ils célèbrent le culte de l'Aphrodite Pandemos qui, chez Platon, représente la beauté charnelle et populaire, en la personne de l'extravagante Anna Deslions : « Ces filles, disent-ils, ne sont pas déplaisantes, elles tranchent sur la monotonie, la correction, elles mettent un peu de folie dans le monde. Elles sont le caprice lâché, nu, libre et vainqueur, à travers un monde de notaires et des joies d'avoué. » On rêve des folies de l'Angleterre, où l'on fouette les petites filles en les perçant d'épingles. Certains collectionneurs vendent des livres pornographiques reliés en peaux de femmes. Les médecins voyageant en Afrique prélèvent la peau sur les cadavres, après les massacres. On vend même des poupées gonflables, « des femmes avec la peau qui enfonce et qui revient en place » pour la somme coquette de 15 000 francs. Les japonaiseries en albums font fortune, de même que les photographies de femmes nues. Des aigrefins font chanter les femmes du monde qui ont l'imprudence de poser ainsi devant des photographes célèbres. Tout le monde n'a pas la pudeur du grand Jules Michelet qui, dans ses bals costumés, accueille des femmes déguisées en Pologne ou en Hongrie. Les bals de Banville sont célèbres pour leur liberté orgiaque. La mode est à l'outrance sexuelle, à la débauche, à l'infernal. Le régime, bon juge, sait que le public ne partage pas ces débordements et préfère une hypocrite pudeur. A Strasbourg, un ours du zoo, choyé des promeneurs, fait les délices des enfants. Tel le gorille de Brassens, il a la puberté agressive et se précipite avec une indécence remarquée sur les belles visiteuses. On décide de le châtrer. La Faculté l'endort au chloroforme. L'ours se réveille et poursuit ses bourreaux dans l'hôpital. Récit symbolique pour les Goncourt, qui clouent l'hypocrisie au pilori.

Les provocations se multiplient dans les milieux d'opposition. Les femmes découvrent, avec George Sand, que la révolte et le succès d'Emma Bovary ne sont pas loin d'exprimer un sentiment de distance par rapport à l'ordre imposé. Flaubert reçoit couramment une lesbienne, la Laugier, qui court Paris à la recherche de bonnes fortunes. Les récits de débauches homosexuelles sont fréquents dans les archives de la police, sous la rubrique des crimes. A l'évidence, l'ordre moral n'a pas réussi à imposer ses valeurs aux milieux intellectuel et artistique. Il a au contraire poussé les créateurs à l'outrance, qui passe pour de bon ton. Les Goncourt s'indignent à peine d'entendre Gautier raconter d'horribles obscénités à la princesse Mathilde. La décence imposée en est la cause.

La Cour, à cet égard, donne le ton. L'Impératrice passe pour un modèle de vertu, et ses réceptions pour des monuments d'ennui. Le chroniqueur Hüber raconte qu'au château de Fontainebleau les convives doivent subir, après le dîner dans la galerie Henri II, des musiques militaires bruyantes. Un général manœuvre, pour le bal, un orgue de Barbarie parce que l'Empereur ne veut pas engager de musiciens. « Ils racontent, dit-il, ce qu'ils ont vu et ce qu'ils n'ont pas vu. » Des récits de ce genre sont à proscrire : ils seraient repris par les journalistes et donneraient une mauvaise image du palais.

Les seules distractions admises sont les tables tournantes et les magnétiseurs, dont l'Empereur raffole. L'un d'eux, en 1854, lui prédit la guerre. L'Impératrice donne, certes, des bals costumés, mais dans la plus absolue décence. C'est une joie de voir les dames du monde impérial déguisées en bergères ou en marquises danser raides le quadrille, avec des partenaires habillés en Turcs ou en Grecs.

Si l'Empereur commet déjà des infidélités, c'est avec discrétion, dans le salon du rez-de-chaussée de Compiègne où le complice, Bacciochi, lui présente des femmes au « pas de biches ». L'allure habituelle du couple impérial est, jusqu'en 1856, guindée, bourgeoise, convenable. La bigoterie d'Eugénie n'est pas partagée par son impérial époux qui convoque au palais le curé du fort de Ham, où il fut jadis prisonnier. Il lui fait donner les « noix dorées », le chapeau de cardinal, en lui disant : « Votre Grandeur voit à présent où cela mène de sortir de prison. »

Le pape accepte d'être le parrain du prince impérial, né le 16 mars 1856. Au baptême, le 14 juin, il se fait représenter par un légat. C'est pour l'Empereur une mince compensation. Il n'avait pu obtenir de Pie IX un sacre comparable à celui de Napoléon Ier. Le souverain pontife exigeait l'abolition des articles organiques, imposés par l'oncle après le Concordat de 1801, pour tenir l'Église de France en main. On avait pourtant repris, à cette occasion, les fastes du mariage et convoqué Paris à la cérémonie. Si le trône avait été distribué, selon le mot du futur précepteur du prince impérial Augustin Filon, « comme un prix de beauté », le baptême, évoqué par Zola dans *Son Excellence Eugène Rougon*, rassembla une foule immense au pont d'Arcole et sur les quais. On se pressait aux fenêtres des maisons, on voyait des hommes jusque sur les toits. Les « trains de plaisir » avaient acheminé les visiteurs de province, on parlait de 300 000 étrangers dans les hôtels parisiens. Les administrations, les écoles avaient donné congé. Les collégiens reçurent en cadeau 120 000 médailles commémoratives. Le cortège avait coûté 200 000 francs et les dentelles de la robe du bambin, avec la layette, approchaient les 100 000 francs. Il est vrai que l'Impératrice avait alloué 50 000 francs en secours aux parents des enfants légitimes, nés le même jour que le petit prince, et dont l'Empereur et l'Impératrice voulaient être le parrain et la marraine. Sur les médailles distribuées, l'Empereur et l'Impératrice figurent ensemble, le petit prince au verso.

« Ils ont l'air bien bon, ils sont là-dessus, l'un contre l'autre, comme de braves gens... On dirait deux têtes sur le même traversin. » Ainsi Madame Charbonnel voit-elle, dans Zola, le couple impérial. L'écrivain rappelle que l'Impératrice se consacre à sa maison d'éducation de jeunes filles pauvres du faubourg Saint-Antoine. Elle a refusé 80 000 francs recueillis dans une collecte populaire pour offrir un cadeau à l'héritier. Cet argent sera versé à l'apprentissage des jeunes orphelins. Dans son carrosse à quatre lanternes traîné par huit chevaux, le petit prince repose sur les genoux de la « gouvernante des enfants de France ». Les vivats éclatent. Le peuple est satisfait. Rien ne le flatte plus que les grandes fêtes religieuses où la richesse s'étale. Pour que cette cérémonie soit réussie, la Cour n'a-t-elle pas fait travailler toutes les cousettes, tous les artisans des métiers d'art de Paris ?

Rien ne trouble alors l'image idyllique du bonheur impérial. On dit l'Empereur sérieux dans ses devoirs. Il fait ses pâques et se montre aux offices. L'Impératrice, qui a pris chez Rachel des leçons de maintien, apparaît aux duègnes de l'ancienne cour comme « une femme charmante et comme il faut ». Qu'elle ait réuni autour d'elle de jeunes beautés qui donnent à la Cour cette fraîcheur sensible dans le tableau de Winterhalter ne l'empêche pas de faire face à ses devoirs. Prosper Mérimée, son ami intime, est un anticlérical forcené, comme Sainte-Beuve, le prince Jérôme et l'architecte Viollet-le-Duc (qui disait de la Sainte-Chapelle, qu'on lui demandait de restaurer : « Il faut un perroquet, c'est une cage ! »). Elle a pourtant la foi profonde, extravertie, des Andalouses. Pendant les quatre concerts de musique religieuse du Vendredi saint, elle paraît à la chapelle des Tuileries en voile de dentelle noire. Elle s'abîme devant les autels et ne manque aucune occasion de faire ses dévotions.

Cette pratique religieuse est courante dans les familles bourgeoises, à Paris comme en province. L'Impératrice n'est pas un modèle, elle se conforme seulement à un usage social dominant. La petite cousine des Goncourt prend la religion au sérieux autant que la mode. « Elle ne manquerait pas une messe : c'est une élégance. Elle a un confesseur comme elle a Madame Carpentier comme modiste. » La foi est sans doute plus sincère en province. A Paris, elle est liée à la mondanité. La jeune femme veut absolument faire baptiser ses enfants, quand elle aura le bonheur d'en avoir, par l'abbé Carron. Elle lui enverra « deux cents francs et une boîte de dragées ». Pas de foi sans belle paroisse, avec son nom gravé à son banc, sur une plaque de cuivre. Le confessionnal est vulgaire : il faut être reçue « dans une pièce que les confesseurs connus ont pour leurs clientes aristocratiques ». Le fin du fin est d'obtenir le privilège de quêter dans une paroisse chic. « C'est sa robe qui prie : elle va aux prédicateurs en vogue », en crinoline.

Tout n'est pas que vanité dans la religion, les Goncourt en conviennent. Ces bourgeois rentés, qui possèdent de nombreuses fermes en province, trouvent « bonnes » les cérémonies du mariage, de la naissance et de la mort. Sans doute sont-elles inutiles aux écrivains libres penseurs. Mais « l'extrême onction, pour le plus grand nombre, pour les femmes surtout, pour les misérables qui crèveraient sans elle comme des chiens, c'est de la consolation et c'est une lueur de magnifique décor final, un scintillement de bougies, l'apothéose qui attend ». On ne saurait mieux définir la foi sous l'Empereur. Même distance par rapport aux bonnes œuvres. Nos libertins ont ce mot atroce, devant le caritatisme officiel : « Dans Eugénie, il y a comme un onanisme de la piété. Le catholicisme me paraît compromis par les intelligences et les cœurs raffinés... il ne me semble pur et inattaquable que dans les pauvres d'esprits. » Pourtant, cette foi populaire sent l'ail et le bleu. Les frères se rendent dans une église de fonte du nouveau boulevard de Sébastopol. « Le prédicateur avait un tel accent auvergnat qu'il nous a été impossible de saisir un mot de son français. Nous avons dû tomber sur la paroisse des porteurs d'eau, sous l'invocation du Christ-Charabia. » Le prédicateur de Notre-Dame est plus convenable. Mais sa langue est « très basse, très ampoulée et très vulgaire, appelant les gens au Paradis avec le boniment du saltimbanque qui appelle la foule ». On évoque au prêche l'Immaculée Conception que le pape, après consultation des évêques mais sans concile, vient de proclamer, le 8 décembre 1854. « Cette divinisation catholique de la femme, disent les Goncourt, est sortie d'une espèce d'hystérie mystique de la papauté. » Elle rencontre pourtant dans les foules d'étonnants succès et ranime le courage des missionnaires.

La France est-elle devenue terre de mission ? Il faut croire que le pouvoir impérial estime la cohésion sociale compromise puisqu'il fait appel à l'Église, au début du règne, de façon pressante. Sans doute a-t-il besoin de se concilier politiquement les prêtres, mais son inquiétude est d'abord sociale : d'après l'idée alors la plus répandue, conforme à l'analyse de Napoléon Ier au début du siècle, la pratique religieuse est le seul vrai rempart contre la révolution ; elle seule peut désarmer la haine de la « lutte de classes » que veulent reprendre les modernes révolutionnaires, les agitateurs « anarchistes » qui sont beaucoup plus extrêmes que les républicains. Les travaux de Gabriel Le Bras *(Études de sociologie religieuse)* permettent de mesurer l'ampleur de la déchristianisation. La première conséquence de cette évolution sociale est le dépérissement démographique : moins de familles nombreuses. La famille bourgeoise donne l'exemple du contrôle des naissances, contrairement aux vœux et aux interdits du clergé.

Le progrès relatif de la population ne s'explique que par l'accroissement de la longévité et par l'immigration des travailleurs étrangers. Depuis 1840, les Français ont de moins en moins d'enfants, alors que les Anglais et les Allemands restent très féconds. Sous Louis-Philippe, le malthusianisme officiel a encouragé les familles démunies à limiter les naissances. Il est d'une certaine manière secondé par les usages religieux puisque, deux mois par an, les mariages ne peuvent se conclure : en mai, mois de la Vierge Marie, et en novembre, le mois des morts. La mortalité infantile, qui reste considérable, explique aussi la dimension restreinte des familles, même quand elles restent, comme dans l'Ouest ou le Nord, relativement nombreuses. Cette persistance est-elle liée à l'influence des prêtres ? Dans beaucoup de provinces déchristianisées du Midi, les familles résistent mieux à la dépopulation. Pour rendre compte de l'amenuisement des familles, il faut penser surtout à la hausse du niveau de vie et des moyens d'existence, qui placent l'argent et l'enrichissement au centre des valeurs. Si on limite le nombre des enfants, c'est pour ne pas partager. Le malthusianisme semble lié à la propriété davantage qu'à la misère. Comme l'écrivait Maxime Leroy, « la table du pauvre est maigre, mais le lit de la misère est fécond ».

Les familles restreintes attestent le recul de

l'influence religieuse, particulièrement dans les couches moyennes et supérieures de la géologie sociale. Le grand nombre des enfants naturels et la vitalité des familles ouvrières n'a pas forcément pour cause le respect des interdits. Les parents souhaitent des enfants nombreux qui travailleront très jeunes dans les manufactures et enrichiront le budget du foyer. Duveau établit que « c'est l'ouvrier le mieux payé qui montre le plus de répugnance à avoir une nombreuse famille » et le plus prolifique est celui qui travaille dans les grandes usines, où l'emploi pour ses enfants est garanti.

Contrairement aux opinions émises par la presse catholique, les ouvriers de fabrique ne sont pas les plus déchristianisés. Soit qu'ils conservent des mœurs patriarcales près des campagnes proches, soit qu'ils apportent dans les villes leurs habitudes cultuelles, et les transfèrent dans leurs nouvelles paroisses. Paris, Marseille ne sont pas des régions déchristianisées, en revanche l'Orléanais, cher à Mgr Dupanloup, est pour partie une terre de mission bien que sa population urbaine habite des bourgs ruraux. Dans les campagnes « rouges » du Midi, les familles sont moins nombreuses que dans les filatures du Nord ou dans les quartiers industriels de Marseille. Il est vrai cependant qu'en tentant de contrôler le travail des enfants, et progressivement de l'interdire, l'action du patronat social et celle de l'État se combinent pour réduire aussi les familles nombreuses dans le milieu des fabriques et pour contribuer au malthusianisme général contre lequel le régime n'a nullement décidé d'engager la lutte par une politique nataliste. La dépopulation française n'est pas encore perçue comme un danger.

Ainsi, le rôle social de l'Église est double :

atténuer, par les œuvres, la misère ouvrière, et permettre aux meilleurs de gravir, grâce à l'éducation, la hiérarchie sociale. Mais aussi assurer, par le maintien des interdits sexuels, la croissance normale de la population que le bien-être a tendance à restreindre. L'Empereur comprend parfaitement que l'aide au clergé s'impose : il la dispense sans compter. Les prêtres et les religieux ont toute liberté de prêche ; les évêques peuvent correspondre, si tel est leur désir, avec le pape, tenir des conciles provinciaux et publier des ouvrages pour la propagation de la foi. Le budget des cultes est relevé jusqu'à offrir au clergé deux fois plus de moyens qu'à l'enseignement public. Le curé J.-M. Vianney, le curé d'Ars, est présenté comme un modèle et visité, en 1858, par plus de 100 000 fidèles qui veulent le voir de près, lui parler, obtenir sa bénédiction. Il a construit partout des chapelles, élevé ou restauré des croix aux carrefours, créé des pèlerinages. On souligne aussi qu'il a obtenu la fermeture des cabarets licencieux, la suppression des bals et empêché ses fidèles de travailler le dimanche. Cet agent de moralisation publique est alors honoré comme un saint par les représentants du régime, préfets et maires.

Partout, les sœurs de la Providence et les frères de la Doctrine chrétienne se chargeaient de l'enseignement primaire des garçons et des filles. Plus de 40 000 églises, en cours de restauration, accueillaient les fidèles, 10 000 de plus qu'en 1830. L'archevêque de Bordeaux, Mgr Donnet, concevait la construction d'édifices comme un devoir prioritaire : il devait en ouvrir plus de 300 dans sa circonscription. Il était imité par les évêques des pieux diocèses de Nantes ou de Poitiers (Mgr Pie) dont les fidèles montraient une grande générosité. L'archevêque de Toulouse, Mgr d'Astros, devait en revanche lutter contre l'irreligion, comme Mgr Dupanloup à Orléans. Ils étaient grandement aidés par le gouvernement qui faisait fermer les cabarets à l'heure des offices et surveillait les colporteurs présentés comme les agents de propagation des ouvrages licencieux, des almanachs obscènes et des libelles révolutionnaires. Le ministre de l'Intérieur dressa une liste exhaustive des productions douteuses. Les colporteurs ne devaient vendre que les livres ou journaux estampillés par le préfet. Les évêques apprécièrent hautement cette initiative, ainsi que l'attribution de pensions aux prêtres âgés ou infirmes, même si cette mesure était financée par la confiscation des biens des Orléans. L'Empereur avait rendu au culte le Panthéon et ouvert, dans Paris même, de nombreuses églises. Viollet-le-Duc restaurait la Sainte-Chapelle et reprenait le chantier de Notre-Dame. Hyppolite Firmin, peintre bien-pensant, décorait les murs intérieurs de Saint-Germain-des-Prés. L'Empereur avait pour les pauvres les attentions les plus touchantes : des prêtres « des dernières prières » se tiendraient dans les cimetières, en permanence, à disposition des convois pour bénir les corps de ceux qui seraient ensevelis dans les fosses communes. Ainsi contribuait-il à « faire le bien ».

Comment le clergé pouvait-il refuser de l'encenser ? Il était le bienfaiteur de l'Église, et certains évêques n'hésitaient pas à saluer en lui le nouveau Charlemagne. D'autres attendaient qu'il mette un terme à l'impérialisme de l'Université d'État et qu'il impose à tous le mariage religieux. On viendrait ainsi plus facilement à bout des maux de la société, qui ne pouvait guérir des plaies du modernisme que par le retour des fidèles dans le giron de l'Église. L'État était-il prêt à cette spectaculaire conversion, qui contrasterait fort avec la méfiance mesquine de la monarchie de Juillet, lorsque les protestants faisaient la loi ?

On aurait pu le croire, à voir les gendarmes en service commandé, sabre au clair, dans les cérémonies de la Fête-Dieu et dans les processions. L'État se mettait *visuellement, symboliquement*, au service de l'Église. Il n'avait jamais trop d'attentions pour elle. Les préfets trempaient leur plume dans le miel pour écrire aux évêques et discouraient, impavides, aux distributions de prix de vertu dans les institutions religieuses. On rêvait d'une société où l'Église eût la charge de conduire au Paradis les dévoués sujets de l'Empereur, tous acharnés à « faire le bien ».

Il fallut déchanter : les influences hostiles au désarmement de l'État devant l'Église étaient nombreuses auprès de l'Empereur. Persigny se montrait le plus ardent : le ministre de l'Intérieur redoutait en effet que les évêques en vinssent à diriger, par le biais de la presse catholique et des associations charitables, les élections en France. Il faisait surveiller de près la Société de Saint-Vincent-de-Paul. Il n'avait aucun intérêt à mécontenter, en leur imposant le repos dominical, les cabaretiers, bistrotiers et commerçants divers, qui gagnaient toute leur semaine en travaillant le dimanche.

Les juristes du Sénat, du Conseil d'État, et les magistrats étaient attachés à maintenir l'indépendance de l'Église de France à l'égard du Saint-Siège (on appelait cette tendance, depuis les rois de France, le « gallicanisme »). Ils estimaient insupportable que les « ultramontains » voulussent engager la reconquête de la société civile par les moyens les plus sectaires : comment imaginer une condamnation du seul mariage civil, comme si les Français n'avaient pas le droit de se passer d'une religion ? C'est pourtant ce qu'exigeait une pétition des catholiques de Marseille. Comment ne pas protester contre les dons et les legs des fidèles sans héritiers, accaparés par les congrégations d'enseignants ou de propagandistes de la foi, qui se multipliaient sur le territoire à une inquiétante cadence ? Ces juristes obtinrent que l'État conservât son indépendance et refusât de se mettre à ce point au service de l'Église. Ils approuvèrent la loi de 1854 qui limitait les pouvoirs des conseils départementaux et du conseil supérieur de l'Université, en leur substituant, dans le cadre de seize rectorats, des « conseils académiques » où les universitaires se retrouvaient majoritairement entre eux. En vain 39 députés protestèrent-ils contre cette renonciation à la loi Falloux : le Corps législatif, dans sa majorité, approuva le gouvernement. Il était clair que la volonté impériale de sauver la société par le recours à la religion trouvait ainsi ses limites.

L'Empereur, qui ignorait sans doute tout de l'antique querelle entre gallicans et ultramontains, découvrait la permanence des traditions politiques au sein des institutions de l'État et reconnaissait leur bien-fondé. Il fut ainsi conduit à dissiper l'heureux brouillard de la lune de miel qui l'avait, à ses débuts, uni à l'Église : le regrettait-il ? Après tout, le pape avait refusé de se rendre à Paris pour le sacrer empereur ! Au reste, la division du parti catholique en fanatiques ultramontains — menés par *L'Univers*, le journal du polémiste Veuillot — et orléanistes libéraux — animés par Montalembert, Lacordaire et les évêques Sibour et Dupanloup — n'était pas pour le rassurer : certes, Veuillot, pleinement soutenu dans les presbytères par les curés pauvres, avait bruyamment approuvé l'Empire, mais il se définissait lui-même comme une sorte de moine-soldat du pape et pouvait tourner casaque à l'instant, si Napoléon III abandonnait la Curie romaine. Quant aux libéraux, ils avaient entrepris, à la Chambre, une guérilla parlementaire de mauvais augure. Le gouvernement avait soumis au Conseil d'État la bulle du pape sur l'Immaculée Conception, pour recueillir ses avis éclairés. Deux ans plus tard, en janvier 1857, Mgr Sibour, archevêque de Paris, était tué dans l'église Saint-Étienne-du-Mont par un prêtre déséquilibré. Il avait crié en frappant : « A bas les déesses », affirmant ainsi son hostilité au nouveau dogme venu de Rome. Sans doute avait-il été aussitôt condamné à mort et guillotiné, à la lueur des flambeaux, place de la Roquette, mais les amis de Veuillot ne pouvaient s'empêcher de penser que les évêques libéraux, accusés d'avoir accueilli l'Immaculée Conception du bout des lèvres avant de l'accepter finalement, étaient coupables d'entretenir dans la foule des fidèles un flottement criminel : les ligueurs de presbytères se permettaient de classer et de juger les évêques ! Qui remettrait ces intolérants dans le droit chemin ? Le pape refusait de les condamner, même s'il les incitait à la modération. Napoléon III regrettait qu'il voulût ainsi se préserver, en France, à toutes fins utiles, un parti de ligueurs toujours disponible, *perinde ac cadaver*, comme le corps des jésuites.

Plus subtile était l'influence des congrégations enseignantes et des œuvres de charité, qui suscitaient la méfiance de l'Empereur. Le père Lacordaire avait encouragé, depuis 1850, les établissements d'enseignement secondaire et le collège de Sorèze, dans le Tarn, aurait bientôt une réputation justifiée d'excellence : l'Église, qui n'avait pu emporter le bastion de la collation des grades dans l'enseignement supérieur, formait ses propres élites à l'École des Carmes, à la congrégation de l'Oratoire qui envoyait ses élèves doués prendre leurs grades à la Sorbonne, où subsistait une Faculté de théologie. On n'empêcherait pas l'Église de rechercher l'excellence, ni dans les sciences ni dans la sainteté. La société de Saint-Vincent-de-Paul, fondée en 1833 par Ozanam, multipliait les fondations pieuses et recueillait des fonds importants, en province comme à Paris. Adolphe Baudon, son président, était entouré de personnages qui gardaient les yeux fixés sur le monde politique et pouvaient, du jour au lendemain, livrer combat avec des armes efficaces, car la société groupait de très nombreux fidèles, presque des militants : le conseiller d'État Cornudet, le parlementaire Melun, le notable parisien Cochin formaient l'état-major dynamique d'une association qui inquiétait fort le pouvoir. Le parti de la charité avait ses égéries et ses saintes : Mme de Swetchine, une Russe de haute naissance, se conduisait dans le monde, mais aussi dans les quartiers pauvres, en sœur de charité. Jeanne Rendu, la petite sœur de Saint-Vincent-de-Paul du faubourg Saint-Marcel, eut, en 1856, l'enterrement d'une bienheureuse, conduite au cimetière du Montparnasse par une foule ardente. Les mêmes fidèles se pressaient, les yeux remplis de larmes, au convoi du père de Ravignan, le saint prédicateur de Notre-Dame. Le pouvoir pouvait redouter la religion : elle disposait d'une clientèle populaire plus chaleureuse que jamais.

Les évêques modérés, qui avaient la confiance de l'Empereur, ne souhaitaient pas moins que les ultramontains la reconquête de la société civile. Un Bonnechose, évêque de Carcassonne, pouvait affirmer : « Ce qu'on voudrait faire au profit de l'Église et au détriment de l'État religieux, se retournerait contre l'Église », il n'en était pas moins solidaire des revendications de ses collègues. Tous souhaitaient que les soldats fussent astreints aux devoirs religieux, que l'Université partageât la collation des grades, que les bonnes sœurs fussent admises dans les hôpitaux : en bref, qu'on renonçât à la laïcité sournoise du régime des Orléans pour construire franchement un État religieux, où l'on ne pourrait pas se marier uniquement à la mairie.

Un incident provoqua des nuages dans les rapports de l'Église et de l'État : l'évêque de Moulins, un aristocrate, Mgr de Dreux-Brézé, avait cru bon d'exiger des prêtres inamovibles de son diocèse leur démission en blanc. Il fut poursuivi pour abus de pouvoir. *L'Univers*, qui jetait feu et flammes, reçut un avertissement, ainsi que le journal de Montalembert, *Le Correspondant*. Aussitôt Veuillot prit ses distances, scrutant avec vigilance les correspondances italiennes de la presse officielle, qui critiquaient le pape : « Décidément, dit-il, Napoléon n'est qu'un Louis-Philippe perfectionné. » Était-ce la fin de l'état de grâce ? On pouvait le redouter.

Assurément, les conflits politiques l'emporteraient toujours sur la volonté de l'Empereur de s'appuyer sur l'Église comme puissance de pondération sociale. Non qu'il redoutât le développement d'une opposition vertébrée : depuis le début de l'Empire, le gouvernement tenait en main les moyens de juguler toute tentative d'opposition et même de critique. Il nommait les maires, les présidents des prud'hommes, les bureaux des conseils généraux et d'arrondissements. Le préfet maîtrisait la vie départementale, distribuait les subsides de l'État comme il l'entendait. Cette centralisation permettait à l'Empereur de développer son action sociale, afin d'éliminer les plus criantes injustices. Il concurrençait le caritatisme chrétien en ouvrant les salles d'asile et des crèches, sous l'égide de l'Impératrice. Les sociétés de secours mutuelles étaient créées dans les villes et dans les campagnes, avec 250 000 participants. Les cités ouvrières impériales sortaient de terre et l'assistance publique était organisée. L'Empereur souhaitait que l'on mît en place un service de soins médicaux à domicile et que l'assistance publique reçût des moyens suffisants. Il avait ouvert à Vincennes et au Vésinet deux asiles pour les « invalides de l'industrie ». Le budget de cette politique sociale dépassait souvent 6 millions par an, pris sur la liste civile. Cette préoccupation sociale indiquait que l'Empereur n'entendait pas laisser à l'Église le monopole des œuvres. Il n'hésita pas à fermer spectaculairement les bagnes de France, pour leur substituer la « transportation » à Cayenne et en Nouvelle-Calédonie. Il pensait ainsi faciliter l'« amendement » des criminels. Si l'on reprochait à l'Empire d'être autoritaire, il devait être aussi humanitaire.

Mais Napoléon III comptait essentiellement sur l'expansion pour faire taire, grâce à l'amélioration rapide de la condition matérielle des Français, les critiques de l'opposition. L'Empire devait être présenté comme le miracle quotidien qui rendait le pain moins cher et le blé plus cher, le train accessible à tous, la nourriture et les vêtements à bon marché. De fait, l'essor industriel et commercial était étonnant, aveuglant ; il atteignit presque 4 % de croissance par an de 1850 à 1855. Le bâtiment recevait un coup de fouet, comme les industries lourdes. Les progrès les plus spectaculaires étaient ceux de l'agriculture, grâce aux chemins de fer. La production s'accroissait de 40 % en six ans. Résultat encourageant pour l'Empereur, car la population des campagnes regroupait encore 72,7 % des Français et plus d'un travailleur sur deux était un agriculteur. Mais le monde rural restait à la merci des crises de subsistance dues aux mauvaises récoltes, aux inondations, à la redoutable épidémie de choléra. La courbe de production était en dents de scie, avec des creux redoutables, de brutales retombées en 1853 ou en 1856. La dépression due à la guerre de Crimée atteignit l'industrie, en 1854. Cette année-là, Flaubert racontait qu'il avait vu, exposé à la morgue de Rouen, le corps d'un malheureux qui s'était noyé en attachant ses deux enfants à sa ceinture. L'hiver de 1853-1854 avait multiplié les détresses. L'hiver 1857-1858 fut encore plus dur, particulièrement pour les ouvriers du Centre, mis au chômage par la crise mondiale. L'assistance officielle de l'État semblait débordée.

Le caritatisme privé, catholique ou protestant, ne suffisait pas à soulager les misères. La preuve était faite que le chemin de fer n'était pas le remède à tous les maux.

Les jacqueries menaçaient les campagnes, comme dans les dernières années du règne de Louis-Philippe. On attaquait les moulins et les boulangers, on frappait les gendarmes. L'Empereur réagit immédiatement. Il devait faire la preuve de l'efficacité du régime dans le maintien de l'ordre : les nouvelles brigades de gendarmes se portèrent sur les points chauds. Les maires reçurent un crédit de 10 millions pour aider les nécessiteux et prévenir les famines. Ils furent invités à collecter eux-mêmes plus de 12 millions pour acheter des vivres.

Le devoir de l'État s'affirmait : il lui revenait de conjurer lui-même la misère, sans se reposer sur les seules institutions charitables. Il devait peser de tout son poids sur les mécanismes de la distribution, et d'abord supprimer les entraves. Il fallait que le blé entre et sorte librement de France, pour que le prix du marché soit établi. Mais la crise est européenne, mondiale : partout les prix ont augmenté. Napoléon III dote Paris d'une « caisse de la boulangerie », autorisée à emprunter de quoi indemniser les boulangers qui vendent le pain à perte. En revanche, le prix sera maintenu légèrement au-dessus du cours, quand les beaux jours seront revenus, pour rembourser les avances de cette caisse : cet ingénieux système de compensation garantit à la fois le pain à bon marché dans les villes, et l'achat du blé au prix élevé du marché, donc le blé payé cher aux paysans. Producteurs et consommateurs sont également satisfaits : la famine est évitée.

L'expansion n'a pas aboli les crises, et l'intervention de l'État, sous une autre forme, était nécessaire pour combattre la misère. En 1854 la récolte fut mauvaise, la guerre de Crimée interrompit les achats de blé russe, l'oïdium attaqua les vignes du Midi. L'État ne pouvait relâcher son effort d'assistance lorsque la France impériale, moderne et entreprenante, recevait de plein fouet les quatre fléaux du Moyen Age : la guerre et ses victimes, l'épidémie de choléra qui tuait en quelques semaines 143 000 Français dans 70 départements, la disette due au blé cher, enfin l'inondation : après le Cher et l'Allier, la Loire envahissait Tours, Amboise, Orléans et Blois ; la Garonne dévastait le Sud-Ouest, le Rhône, les Brotteaux et la Guillotière : il coupait la ligne Paris-Marseille, transformait la Camargue en lac glacé. Les gendarmes se multipliaient pour éviter les désastres, l'Empereur lui-même donnait de sa personne, dirigeait les travaux, distribuait les secours. Les plus beaux jours de l'expansion économique étaient en même temps ceux des grandes catastrophes qui faisaient de l'assistance un devoir civique et pas seulement religieux. C'est pour ne pas sombrer dans le chaos que l'État faisait flèche de tout bois. « Je tiens à honneur, disait l'Empereur au Corps législatif, que, sous mon règne, les fleuves, comme la révolution, rentrent dans leur lit. »

Le contraste entre les calamités et la richesse étalée dans Paris était criant. Deux sources d'enrichissement défrayaient la chronique des scandales et alimentaient les commentaires acides. Le désir d'aller vite dans les travaux de la capitale avait poussé Haussmann à commencer la démolition des vieux quartiers. Il était ainsi conduit à accorder de fortes indemnisations, qu'il souhaitait fixer à l'amiable. Mais le recours à la justice rapportait gros, pour peu qu'on suivît l'exemple des propriétaires indélicats, qui haussaient leurs baux avant l'intervention de l'autorité. Les locataires obtinrent eux aussi des indemnités, monnayèrent leurs départs. On parlait de certains, qui avaient l'art de se reloger sur le parcours d'expropriations futures, et auxquels plusieurs déménagements assuraient une petite fortune. Le spectacle des démolitions attirait les foules du dimanche, attentives aussi aux nouveaux immeubles, sortis de terre plus vite que prévu en raison des très nombreuses équipes de maçons qui transformaient la capitale en camp retranché. On apercevait, sur les boulevards, d'étranges nouveaux riches : les propriétaires expropriés par le baron Haussmann. « Comment avez-vous fait fortune, demandait Maxime du Camp à l'un d'eux. — J'ai été exproprié. »

L'immoralité de cet enrichissement n'avait d'égale que la honteuse indécence des millionnaires de la Bourse qui avaient profité des informations glanées dans les ministères pour jouer à bon escient, à la hausse et à la baisse, dans cette période troublée où les crises venaient compromettre les graphiques en hausse de l'expansion. L'exemple venait de haut et, si l'on dénonçait seulement les imprudences, non les « comptes fantastiques » d'Haussmann, on murmurait déjà sur la fortune scandaleuse d'un Morny. Sa maîtresse, Fanny Le Hon, avait donné un million pour financer le coup d'État. Il avait obtenu du prince un crédit de 5 600 000 francs pour « les indemnités à accorder aux particuliers dont les propriétés avait souffert ». Morny figura sans doute parmi les bénéficiaires de cette heureuse disposition, ainsi que Fanny Le Hon. Les rapports confidentiels adressés par Persigny à l'Empereur faisaient état des activités boursières du « conte Hortensia ». Qu'il eût quitté le pouvoir après la saisie des biens des Orléans parlait en son honneur dans les milieux d'affaires orléanistes. Il y fut si bien reçu qu'il put aussitôt spéculer, grâce à sa connaissance des grandes affaires : n'avait-il pas été nommé vice-président de la Compagnie des Chemins de fer d'Orléans, avec 100 000 francs d'appointements ? Il fut, à leurs débuts, actionnaire de toutes les grandes entreprises, particulièrement du Crédit mobilier des Pereire. Il spéculait aussi, avec Fanny, sur l'immobilier parisien, achetant des immeubles aux Champs-Élysées.

Les Morny étaient nombreux dans Paris, où la Bourse attirait non seulement les agioteurs professionnels, mais la foule des petits porteurs cherchant fortune. Les journaux financiers s'arrachaient, le public se jetait goulûment sur les emprunts, émis au rythme de plus de deux par an. On vendait et rachetait en fonction de la conjoncture, des bruits, des rumeurs, des campagnes d'opinion lancées par les habiles qui disposaient, comme Pereire ou Mirès, de journaux à leur solde. Cet affairisme égayait la capitale, parcourue par les voitures neuves des nouveaux millionnaires qui s'affichaient au bois avec des dames du demi-monde. Cet étalage d'un argent vite gagné indignait les quartiers pauvres victimes des hausses du pain, des loyers, de tous les produits de consommation. Rien ne semblait plus immoral que l'argent ainsi étalé. L'Empire pouvait-il aussi moraliser le monde des affaires et de la Bourse, que les curés, lecteurs de Veuillot, tenaient pour l'officine du diable ?

A condamner les excès et les scandales, on risquait de jeter le doute sur les miracles que le régime voulait constamment réussir : Napoléon III tenait à la construction rapide du nouveau Paris et incitait Haussmann à prendre des risques financiers pour aller plus vite. La spéculation à la hausse sur les sociétés industrielles permettait de réaliser des fusions et de faire progresser la capitalisation. Nul ne souhaitait tuer la poule aux œufs d'or.

Le moralisme officiel avait ses justifications. L'expansion industrielle servait le progrès : l'expansion de 1855 avait étalé aux yeux du public des machines agricoles révolutionnaires, des produits entièrement nouveaux dans le domaine de la chimie, des lingots d'aluminium et surtout les piles et les lampes électriques qui illumineraient demain Paris. La mode était aux sciences exactes qui tenaient le haut du pavé intellectuel. Baudelaire s'en plaignait et raillait « l'idée du progrès, ce fanal obscur, invention du philosophisme actuel, breveté sans garantie de la Nature et de la Divinité. Cette lanterne moderne jette des ténèbres sur tous les objets de la connaissance : la liberté s'évanouit, le châtiment disparaît... Cette idée grotesque, qui a fleuri sur le terrain pourri de la fatuité moderne, a déchargé chacun de son devoir, délivré toute âme de sa responsabilité ». Quelle est la foi moderne ? Celle de la vapeur, du gaz et de l'électricité, celle de l'Exposition. L'homme moderne est « américanisé par ses philosophes zoocrates et industriels ». Le poète ne cesse de ridiculiser les philosophes de la vapeur et des allumettes chimiques ». Cette condamnation de la science au nom de la morale ira loin : ce n'est pas la connaissance vraie, celle de Pasteur et de Claude Bernard, que Baudelaire met en question, mais bien le culte d'une société matérialiste, inspirée par des principes qui permettent tous les excès. Il hait Auguste Comte qui, à la fin de sa vie, approuve le coup d'État au nom de l'histoire générale de l'humanité dont il est devenu le pape et le pontife, dans cette étrange religion de la Terre où la femme, se fécondant elle-même, parvient à une indépendance bienheureuse et rend caducs tous les systèmes de guerre : version positiviste de l'Immaculée Conception.

Le culte officiel du progrès n'a pas de ces déviations lyriques : Claude Bernard élimine la force vitale et considère l'organisme comme une machine dont il doit démonter les éléments pour en comprendre les lois. Il ne veut pas mêler la science à la philosophie, moins encore à la religion : elle a son domaine propre, expérimental. Ce fils de vigneron élevé par les jésuites croit en Dieu, mais aussi au progrès. Il est positiviste comme Pasteur, et disciple du vieux maître Comte, qui voyait dans l'extension de la science les bases d'un gouvernement rationnel de l'humanité. Un jour lointain, peut-être n'aurait-on plus besoin de voter pour le gouvernement des hommes. La société, ayant découvert ses lois, serait devenue pape et empereur. Pasteur, pas plus que Bernard, n'allait aussi loin : pour le fils du sergent-major des armées napoléoniennes, la science était rationnelle, non philosophique, elle avait pour but d'améliorer la vie des hommes, sans recherche de profit pour le savant. Il n'imaginait pas les applications industrielles de ses découvertes.

Ces réserves n'empêchaient pas le formidable essor du scientisme. Flammarion était chassé de l'Observatoire de Paris par l'austère Le Verrier :

un poète, disait-il, non un savant. Mais il éblouissait l'Empereur par sa description de la « pluralité des mondes habités » qui donnait le vertige. Quant au petit prince, il lirait plus tard les anticipations scientifiques de Jules Verne, qui donnaient aux méchants des moyens de ruiner le monde, si les bons n'y mettaient bon ordre. Les contemporains de Nadar, des photographes et des ballons ascensionnels, avaient le sentiment de vivre un nouvel âge de l'humanité, qui supposait le culte de la raison « positive », celle qui organise au mieux la société. Tout ce qui pouvait servir le progrès était donc béni. La « révolution des esprits » annoncée par Comte devait appuyer un pouvoir soucieux d'adapter les institutions et les lois aux faits. La « sociocratie » de Comte annonçait la fin de la démocratie. Les préfets, qui avaient enlevé des édifices publics, après le coup d'État, la maxime « liberté, égalité, fraternité », auraient été fidèles à la pensée du maître s'ils y avaient plutôt gravé : « ordre et progrès ». Le meilleur disciple de Comte, Émile Littré, serait sénateur de l'Empire. Quant aux épigones de Saint-Simon, ils peupleraient les conseils d'administration, comme Enfantin, et parfois le Conseil des ministres. Le culte du progrès tenait donc lieu de justificatif au moralisme officiel : qu'importe l'agiotage et la corruption politico-administrative qu'entraînent la construction de Paris ou la lancée des voies ferrées, le régime travaille pour le bien des hommes : que le clergé bénisse les locomotives et les bateaux à vapeur !

Mais que le régime se garde de toute collusion avec le monde de l'argent qui s'étale sur les boulevards au plus fort de la gêne populaire : ce contraste risque d'emporter l'Empire, s'il n'y prend pas garde. Le gouvernement intervient à sa manière pour tenter de modifier le climat. En 1856, afin d'assagir l'agiotage, il interdit toute émission de valeur nouvelle. Le préfet de police reçut des directives pour poursuivre les aigrefins qui recueillaient des fonds pour jouer en Bourse, en se prétendant bien introduits auprès des ministres. Le pouvoir avait d'autres moyens d'intervention : connaissant l'importance des théâtres dans la formation des mouvements d'opinion, il encourageait et félicitait deux auteurs qui vilipendaient les fripons du boursicotage : Ponsard avait écrit *La Bourse*, une comédie qui mettait en garde contre la cruauté des jeux d'argent et la corruption du milieu financier. Un magistrat, Oscar de Vallée, dénonçait dans *Les Manieurs d'argent* les pratiques en cours dans la coulisse. Pour bien montrer qu'il approuvait leur démarche, l'Empereur les félicita publiquement. Il semblait ainsi flétrir la collusion de l'argent et du monde politique et administratif. Il n'alla pas jusqu'à interdire à ses ministres l'accès aux conseils d'administration. Son compliment à Ponsard resta donc platonique.

Il justifiait pareillement les fêtes officielles qui se succédaient dans ces années de crise. Paris, depuis l'Empire, semblait en proie à la folie des bals, des défilés, des réceptions. L'Exposition universelle prolongeait les fêtes, à l'occasion des visites de souverains étrangers, dont la reine Victoria. Le choléra devait-il empêcher l'État de rendre ses devoirs ? Les fêtes empêchaient-elles l'Empereur de multiplier les secours aux nécessiteux ? Jamais les métiers de Paris n'avaient eu plus de commandes que depuis le début de l'Empire, comme si les fêtes faisaient partie d'un système de gouvernement, attentif aux retombées économiques de ses choix. *Le Moniteur* osait écrire que « la dépense d'un grand bal retombait comme une pluie d'or sur toutes les industries » : valsez, ministres, le peuple vous en saura gré. Point de bal qui n'ait pour effet l'enrichissement d'une bonne œuvre. Le caritatisme est l'alibi de l'exhibitionnisme politique et social. C'est en effet le propre des régimes d'ordre que de se donner en spectacle à leurs sujets. Les fêtes, même solennelles et tristes, sont le prix payé par le pouvoir pour leur bien-être et leur soumission.

Les parlementaires appréciaient-ils cette théorie sociocratique ? Admettaient-ils que la fièvre financière créative de millionnaires pût être la justification du nouveau régime d'ordre ? Les résultats de l'expansion, la hausse des dividendes et de la rente, la stabilité de la monnaie malgré la flambée brusque des prix (qui devaient retomber en 1858-1859) n'étaient pas de nature à inquiéter les esprits honnêtes, d'autant que l'Empereur, par la Caisse de la boulangerie, avait admis la hausse du prix des blés à la production. Le mouvement des denrées vers les villes, grâce aux chemins de fer, annonçait la prospérité des campagnes. Dans ces conditions, les notables, observateurs comblés de la paix sociale, n'avaient aucune raison de remettre en question le consensus des droites qui avait établi l'Empire, même si la grogne couvait encore au Corps législatif.

Elle n'allait pas loin : privés de publicité, les débats restaient confidentiels et les députés, pour la plupart propriétaires fonciers, n'avaient l'œil que sur les finances. Ils s'indignèrent, en 1853, que 82 projets aient été déposés pour autoriser les collectivités locales à emprunter ou à lever des impôts nouveaux. Napoléon III ne répondait pas autrement aux griefs que par des notes insérées dans *Le Moniteur* où il semblait donner raison aux députés, et conseiller la sagesse aux élus des collectivités. En 1854, le nombre de projets s'éleva à 145 ! Des articles furent alors suggérés et publiés dans la presse, pour expliquer que les ressources nouvelles étaient créatrices de prospérité et qu'elles ne devaient pas être systématiquement décriées.

Le choléra et les inondations firent le reste : qui aurait eu le cœur de refuser des crédits si nécessaires au rétablissement du bien-être public ? L'Empereur, et surtout Morny, ne manquaient pas d'apaiser les consciences en recevant un par un les députés, toujours désireux d'obtenir une ligne de chemin de fer ou des chemins vicinaux. Nommé président du Corps législatif, le plus grand agioteur du règne devait s'attacher individuellement tous les parlementaires, jusqu'à en faire ses obligés.

L'opposition relèverait-elle la tête à l'occasion des élections de 1857 ? Comment s'en prendre au trône, au plus fort de sa gloire, après la victoire de Crimée ? Les républicains étaient en exil à Bruxelles et à Londres où ils constituaient des sociétés secrètes, attentifs aux publications du patriarche de Guernesey, Victor Hugo, qui publiait en 1856 *Les Contemplations* et trois ans plus tard *La Légende des siècles*. Ils refusaient pour la plupart de rentrer en France. Barbès, libéré de sa prison de Belle-Ile, avait choisi de partir pour la Hollande, plutôt que d'accepter la grâce impériale. Muselés par la police, les républicains ne se reconnaissaient pas toujours dans les article du *Siècle* : le journal passait pour être manipulé par le gouvernement qui suggérait, afin de tenir en main les catholiques, quelque campagne anticléricale. « *Le Siècle* est sous la protection de la police, écrivait Veuillot, et *L'Univers* sous sa surveillance. » Les complots contre l'Empereur, qui se succédaient, étaient le plus souvent déjoués par les policiers, et servaient à renforcer le règne. Les obsèques des personnalités hostiles à l'Empire suscitaient des troubles. Mais l'armée avait pris en compte le convoi d'Arago, qui eut des funérailles officielles. Quant aux révoltes des « rouges » de province, la plus sérieuse fut celle des ardoisiers d'Angers, en 1855, qui se solda par une répression sans pitié, et par la condamnation aux assises de 84 accusés.

Grâce à son emprise sur le vieux pays catholique, le parti légitimiste aurait pu constituer une solide opposition. Mais Henri V, l'émigré de Frohsdorf, avait exigé de ses partisans qu'ils renoncent au serment de fidélité à l'Empire et qu'ils abandonnent leurs charges. La plupart obéirent, libérant ainsi quantité de fonctions et de mandats électifs que les bonapartistes occupèrent aussitôt. Quant aux orléanistes, ils n'avaient pas de candidat au trône et s'habituaient à l'idée qu'ils devaient se rapprocher du comte de Chambord, si celui-ci voulait consentir à admettre les principes de la société moderne. On rêvait.

Pourtant, tous ceux qui, à droite, considéraient l'Empire comme une mascarade indigne se réunissaient en groupes d'opposition qui ne débouchaient guère que sur une fronde discrète des « honnêtes gens ». A peine s'exprimaient-ils dans les colonnes du *Journal des Débats* où la plume vibrante, mais contenue, du jeune normalien Prévost-Paradol rejoignait les Sacy, les Janin et autres vieilles gloires de la critique littéraire dans leur opposition feutrée au régime. Les couloirs de l'Académie, où Montalembert, Berryer et Dupanloup avaient été rejoints par de Broglie et Falloux, étaient remplis de conspirateurs qui maniaient l'épigramme plus que le poignard. L'Empire pouvait dormir tranquille : la bonne société était aussi soumise que les classes dangereuses. Les élections de 1857 confirment cette soumission. Dans le canton rural et briard des Goncourt, « les paysans, disent-ils, vont voter, comme des veaux à l'abattoir... Il n'y a plus de religion politique, plus de conviction. La peur suffit à mener la France ». Montalembert est battu, les royalistes humiliés par les candidats officiels. Cinq républicains, élus dans Paris, provoquent une surprise indignée. Parmi eux Ollivier, qui vient du Midi, Ernest Picard et l'avocat Jules Favre. L'éloquence est de retour au Palais-Bourbon. A quelles fins ?

L'Empereur confirme son alliance avec l'Église : il se présente avec son épouse au pèlerinage de Sainte-Anne d'Auray, en Bretagne. Il restaure la cathédrale de Rennes, dont il fait archevêque le prélat. Il élève les tours de la cathédrale de Quimper. Il célèbre le peuple breton « monarchique, catholique et soldat ». La lune de miel se poursuit. Pourtant, à Plombières, le pieux pèlerin d'Auray vient de rencontrer le franc-maçon Cavour, ministre du Piémont : l'aventure italienne a commencé. Elle risque de mettre l'Empire en péril, en rompant l'alliance opportuniste du trône et de l'autel.

Chapitre 6

La fièvre italienne

La rencontre de Plombières, le 21 juillet 1858, passe pour avoir été préparée par l'intrigante comtesse de Castiglione, qui aurait avec efficacité plaidé pour l'Italie. L'histoire du Second Empire est ainsi égayée d'aventurières au grand cœur, poussées par la fièvre nationale à sacrifier leur vertu à la cause. Le personnage de Clorinde, dans Zola, a-t-il quelque réalité ? La belle comtesse qui pose à moitié nue devant un sculpteur, séduisant tour à tour deux ministres, le duc de Morny, l'Empereur lui-même, correspond certainement au type reçu par l'opinion de ces femmes de légende, à demi courtisanes, attirées par la gloire et l'argent. La vraie Castiglione se posait, il est vrai, en rivale de l'Impératrice et n'hésitait pas à défrayer la chronique, contrariant l'image de respectabilité que la Cour affichait. Nièce de Cavour, la comtesse avait accompagné à Paris le comte Vimercati, envoyé de Victor-Emmanuel II qui voulait construire autour de son royaume du Piémont l'unité italienne, en chassant l'armée autrichienne de la péninsule et en obtenant des Français l'évacuation de Rome. Fille du tuteur de l'Empereur, elle avait connu Louis Napoléon enfant dans la maison de la reine Hortense. Un soir de novembre 1855, cette jeune Florentine de dix-huit ans avait été reçue aux Tuileries, elle s'appelait alors Nicchia Oldoïni. L'Empereur avait été ébloui par sa beauté. Mariée à un écuyer du roi, elle était revenue triomphalement à Paris l'année suivante pour y mener grand train, plaidant dans le salon de Morny, dans celui de la princesse Mathilde, et dans l'alcôve de l'Empereur, la cause italienne. Telle est la légende romanesque, transformée par la propagande républicaine en banale histoire d'adultère.

En fait, l'attention de l'Empereur était depuis longtemps fixée sur Turin : les garnisons autrichiennes qui tenaient Venise, Milan, mais aussi Modène, Parme et Bologne, empêchaient l'évolution des États italiens vers l'unité que souhaitait Victor-Emmanuel. Cette occupation militaire et policière se donnait pour prétexte de préserver l'Italie de la révolution et de ces terroristes rouges qui, derrière Mazzini, avaient mis en péril jusqu'au siège de Saint-Pierre. Napoléon III protégeait Rome. Il estimait, cependant, qu'il avait en Italie une mission politique, au risque de susciter en France l'opposition des plus papistes des catholiques, les amis de Veuillot et de *L'Univers*, les évêques ultramontains. Ainsi, l'évolution de la péninsule risquait de troubler le fragile consensus qu'à force d'adresse et de fermeté, le nouveau Bonaparte avait établi dans son pays.

Il n'ignorait pas que l'évolution intérieure du Piémont poussait cet État à l'anticléricalisme agressif. Le jeune roi avait maintenu le régime constitutionnel accordé par son père en 1848 : avec lui, la très catholique dynastie de Savoie se trouvait engagée dans l'aventure libérale, attirant chez elle tous les révolutionnaires d'Italie et d'Europe : le Piémont avait entrepris contre Rome une lutte inexpiable pour abolir les juridictions ecclésiastiques et confisquer les biens de certains monastères. L'arrivée au pouvoir du comte de Cavour renforça cette tendance. Décidément, le Piémont avait choisi la rupture avec le pape. Il suivait une politique exactement contraire à celle de la France et rêvait d'un royaume laïque, où les droits de l'Église seraient consacrés par un concordat renégocié. Au pouvoir depuis 1852, Cavour était un homme d'ordre et de progrès, comme Napoléon III. Il avait assez voyagé en Angleterre et en France pour connaître les bienfaits du crédit, de l'agriculture savante et de l'industrialisation. Aussi avait-il fait fortune personnellement en spéculant sur les produits agricoles, et établi à la Cour et à la Chambre ses capacités d'économiste. Ennemi des troubles et des révolutions, il s'était forgé dans les capitales occidentales, grâce à une action méthodique sur la presse amie (en France *Le Siècle* et *Le Journal des Débats*), une image libérale et progressiste. La sécularisation des biens du clergé, obtenue de vive force, avait fait bon effet en Angleterre. La percée ferroviaire du mont Cenis promettait aux investisseurs français un avenir fructueux dans les lignes italiennes. Enfin, Cavour n'hésitait pas à utiliser les services des nobles italiens en voyage : c'est ainsi qu'il avait dépêché sa charmante nièce à

Paris, sachant bien que l'Empereur affichait une politique italienne officielle, favorable au pape, et menait une autre diplomatie secrète, qui ne demandait qu'à se développer. Il paraissait en effet absurde aux progressistes de la Cour (la princesse Mathilde, Morny, le prince Napoléon) qu'un État libéral, conduit par un ministre avisé, ne fût pas au-delà des Alpes un interlocuteur valable pour l'Empire français.

La France et l'Angleterre avaient rivalisé de grâces pour obtenir l'alliance piémontaise en Crimée, sans toutefois rien promettre à Cavour. Napoléon III lui avait cependant demandé, lors de son voyage à Paris, de lui préparer en secret un mémoire sur « ce qu'il pourrait faire pour le Piémont et l'Italie ». Cavour tenait sa victoire : il avait engagé le souverain français dans un processus de négociation. Il multiplia aussitôt les espions au palais, dans les coulisses de la conférence de la paix. Il avait enrôlé, écrivait-il au chevalier Cibario, « dans la file de la diplomatie la très belle comtesse, en l'invitant à coqueter et à séduire, s'il le faut, l'empereur ». Il avait reçu le docteur Conneau, ami personnel de Napoléon, qui venait de la part de son maître se proposer comme intermédiaire. Pourtant, Napoléon ne tenait pas, en faveur de l'Italie, le discours énergique de Lord Clarendon, qui avait flétri publiquement le régime pourri de Naples, la dureté de l'occupation autrichienne et la « domination sacerdotale » du pape sur ses États. Pourtant l'Angleterre, qui soupçonnait la France d'aider secrètement Cavour, avait changé de politique, et pressait le jeune empereur d'Autriche, François-Joseph, d'accorder des concessions aux provinces italiennes qu'il dominait. Cavour ne savait à quel saint se vouer, alors même que la presse française d'opposition publiait des articles en faveur de l'unité italienne, que la censure laissait paraître. Napoléon III prendrait-il enfin le parti de l'Italie ? On apprit alors, le 15 janvier 1858 au matin, que l'Empereur avait été victime d'un attentat. Le chef de l'opération s'appelait Orsini. La police française prétendait qu'il était aux ordres des terroristes mazziniens que Cavour, en dernier recours, songeait à utiliser pour susciter des troubles dans la péninsule. Ainsi tout était compromis : la France serait, plus que jamais, le soldat du pape et le garant de l'ordre en Italie.

L'enquête révéla qu'Orsini agissait en fait sans liens directs avec Mazzini, à qui les terroristes reprochaient sa tiédeur, sa prudence, son indifférence à la cause populaire. Le groupe venait de Londres où il avait conçu l'idée de provoquer, en tuant l'Empereur, la révolution à Paris. Napoléon III, selon les comploteurs, était une ganache soumise au clergé, Cavour et les libéraux n'avaient rien à en attendre. On saurait en Italie que la cause de l'unité passait aussi par la révolution. Mazzini serait ainsi contraint de prendre ses responsabilités.

Orsini était un de ces errants fichés par toutes les polices d'Europe. Il avait rencontré à Londres un comploteur français, Bernard, au Café suisse, et le Vénitien Charles de Rudio. Les trois hommes avaient fait fabriquer des bombes par Taylor, ingénieur anglais. Le matériel était livré par un garçon du Café suisse, Joseph Georgi, inconnu des services de police, qui avait franchi sans encombre la douane d'Ostende. Un autre complice, Zeghers, avait introduit les dangereux colis en France, où les terroristes avaient réservé une chambre à l'hôtel d'Albion, avant de s'installer rue du Mont-Thabor avec Rudio et deux hommes de main, Pieri et Gomez. Pieri avait été arrêté par la police, sur une information venue de Bruxelles. Mais ses complices étaient décidés à agir coûte que coûte. Le 14 janvier, l'Empereur et l'Impératrice se rendaient à l'Opéra pour entendre *Guillaume Tell*. Trois explosions retentirent : les bombes avaient fait 156 victimes. Les souverains parurent dans la salle : l'Empereur était sauf !

Par Pieri, les policiers parvinrent très vite à arrêter Rudio, puis Gomez, enfin Orsini lui-même, blessé dans l'attentat. Immédiatement, la presse officielle demanda des comptes aux gouvernements anglais et belge : jusqu'à quand protégeraient-ils des terroristes internationaux ? « L'assassinat érigé en doctrine, est-ce le droit d'asile ? » demandait le ministre Walewski. La police arrêta les membres des anciennes sociétés secrètes. Un décret du 27 janvier organisa l'état de siège sur l'ensemble du territoire. Le 1er février 1858, l'Empereur décidait de conférer la régence à son épouse et constituait un conseil privé où entraient le roi Jérôme, son fils et quelques hauts dignitaires.

Les bombes d'Orsini avaient dévoilé brutalement la fragilité du régime : la peur du pouvoir se traduisit par l'organisation de la terreur. On rechercha les suspects dans les villes et dans les campagnes du Midi en vertu de la loi de sûreté générale, votée le 27 février 1858. Quatre cent trente personnes furent déportées en Algérie. Sans jugement. « Il est temps que les bons se rassurent et que les méchants tremblent », dit le ministre de l'Intérieur, reprenant une formule déjà utilisée lors du coup d'État. Un général à poigne, d'Espinasse, fut chargé de surveiller la province et les frontières. « Que ceux qui ne conspirent pas se rassurent », annonça, insinuant, Morny au Corps législatif. Ollivier, le jeune élu républicain, lui répondit que cette loi était un scandale parce qu'elle permettait de frapper, non pas des coupables, mais tous ceux « dont le ton et les allures déplaisent ». On apprit que l'orateur était lui-même le fils d'un proscrit. Son père, prénommé Démosthène, avait été déporté à Cayenne. Seule l'intervention du prince Napoléon lui avait rendu la liberté, à condition qu'il partît pour Bruxelles. Le fils, en parlant contre la loi des suspects « par dévouement même, disait-il, envers le souverain », vengeait le silence forcé du père. Vingt-quatre refus seulement au Corps législatif : pour voter contre l'illégalité, l'obscur député républicain Henon avait joint sa voix à celle du marquis de Mortemart, du comte de Flavigny et du baron de Jouvenel. Au Sénat, le général de Mac-Mahon, qui connaissait bien le sort des déportés en Algérie, fut le seul à protester. Les déportés étaient, pour la plupart, d'anciens proscrits. La police s'était contentée de répéter la répression de 1852, en utilisant les mêmes listes. Par la voix d'Émile Ollivier, ce nouveau coup d'État était dénoncé dans l'enceinte des muets. L'attentat d'Orsini allait-il précipiter l'Empire, en dépit des apparences, non vers plus de rigueur, mais vers plus de faiblesse ?

Une autre voix se leva, au prétoire : celle de l'avocat d'Orsini, futur député républicain de Paris. Jules Favre se chargerait de donner au procès toute son ampleur politique. A quarante-neuf ans, le grand avocat était dans la plénitude de son talent.

Il voulait, dans sa plaidoirie, laisser « planer au-dessus de ce lamentable drame l'intérêt supérieur de ces deux nations (la France et l'Italie) ». Orsini était mêlé par son père à l'histoire de France. Ancien combattant de la Grande Armée, il était mort en 1831 dans une émeute. Orsini fils, carbonaro de la « vente » (le groupe, la section) la plus républicaine d'Italie n'avait eu de cesse de venger son père. Élu député à la Constituante romaine de 1848, c'est, devait dire Jules Favre, le suffrage universel qui l'avait fait entrer dans Rome. « Comment en est-il sorti ? Le canon de la France ! »

L'affaire était claire : Orsini vengeait Rome humiliée par Bonaparte. Il avait voulu tuer celui qui, en soutenant le pape, barrait à son pays la route de l'indépendance. La preuve ? Jules Favre la produisait au prétoire, dans un bel effet de manche : la lettre que, dans sa cellule, l'assassin avait écrite à l'Empereur : « J'adjure Votre Majesté de rendre à l'Italie l'indépendance que ses enfants ont perdue en 1849 par la faute même des Français... tant que l'Italie ne sera pas indépendante, la tranquillité de l'Europe et celle de Votre Majesté ne seront qu'une chimère. Que Votre Majesté ne repousse pas le vœu suprême d'un patriote sur les marches de l'échafaud. » Jules Favre ajouta, dans sa péroraison, que l'Empereur ne devait pas laisser l'Italie en proie aux « enfants du Nord qui l'étreignent ». Dans le silence passionné de la salle, il adjura l'Empereur de se souvenir : « Les racines de votre maison sont dans la souche révolutionnaire. » Avertissement politique ? Orsini fut exécuté comme un parricide, conduit à l'échafaud pieds nus et la tête voilée. Il cria, avant de mourir : « Vive l'Italie ! Vive la France ! » Cet appel à la liberté avait gagné sa patrie, et toute l'Europe. Avait-il été entendu par l'Empereur ? En France, la cause italienne devenait celle des républicains : quand Ollivier avait lancé le nom de Jules Favre pour remplacer Goudchaux qui avait refusé le serment, il n'avait rencontré aucune opposition. Le défenseur d'Orsini fut immédiatement élu. On pouvait se demander si la promesse d'un changement de la politique italienne de la France n'entrait pas avec lui au Corps législatif. Orsini était mort le 13 mars : à Cherbourg, le 8 août, l'Empereur déclarait à l'occasion de l'achèvement des travaux du port militaire : « Un gouvernement qui s'appuie sur la volonté des masses n'est l'esclave d'aucun parti. Il ne fait la guerre que lorsqu'il y est forcé, pour défendre l'honneur national ou les grands intérêts des peuples. » Ainsi donc Napoléon III était prêt à repartir en guerre, quelques mois après le congrès de Paris, pour aider l'Italie à recouvrer son unité. Au risque de perdre en France son meilleur soutien, celui des « masses » catholiques.

Plombières avait-il réussi ce miracle ? Par quel aveuglement l'Empereur, qui venait de durcir son régime, se précipitait-il dans les bras des républicains, tournait-il le dos aux amis du peuple qui lui avaient, avec d'autres, offert le trône ?

On avait pu croire que l'attentat éloignerait l'Empereur de l'Angleterre (un jury avait acquitté les complices anglais d'Orsini) et du Piémont, le rapprocherait de l'Autriche au nom de la « solidarité des couronnes ». En fait, le culte extraordinaire rendu par la jeunesse italienne à la mémoire d'Orsini, héros de l'indépendance, avait fait réfléchir l'ancien carbonaro. Était-il possible qu'un

Bonaparte fût la victime d'un patriote italien ? Le nom qu'il portait signifiait pour les peuples : libération, justice, indépendance. Pouvait-il être complice des geôliers de Mantoue, qui faisaient mourir les héros dans les cachots humides ? Laisserait-il dans l'histoire le souvenir d'un dictateur soutenu par la grâce de la Sainte Église pour écarter les lèvres de Pie IX du calice de la République impie ? Emporté par les démons de sa jeunesse, poursuivant à la chasse la Castiglione aux cheveux dénoués, il semblait avoir oublié, au bruit des bombes de l'Opéra, l'image du bonheur tranquille, du bon époux et de l'heureux papa, pour lâcher la bride, en sourdine, à l'aventurier révolutionnaire qui dormait en lui, son double, en quelque sorte. Orsini lui montrait le chemin de Damas : il était temps que l'Europe apprenne qu'un Bonaparte ne pouvait dormir sur la carte de 1815.

L'Empereur héritait du prince-président le pouvoir absolu de conduire souverainement la politique extérieure, dans le secret et sans contrôle. Tout régime autoritaire peut ainsi se lancer dans l'aventure politique et encourir la guerre, sans risque de sanction : il n'a pas à solliciter l'autorisation du Parlement, si ce n'est après coup, pour obtenir des crédits. A Plombières, déjà, Napoléon III et Cavour imaginèrent l'incident qui ouvrirait la porte de la guerre : une demande d'annexion au Piémont du duché de Modène, occupé par les Autrichiens. On ferait signer une pétition, qui obligerait le duc réactionnaire à solliciter la protection de Vienne. Le Piémont se tournerait vers la France. On envisageait, après une guerre courte, le partage de l'Italie. On ne toucherait ni au pape, ni au roi de Naples, que le tsar protégeait. On rassemblerait un État de l'Italie du Nord, avec la Lombardie, la Vénétie et les légations du pape. Pour neutraliser ce dernier, on lui offrirait le titre pompeux, sans contenu réel, de président de la Confédération italienne, car un deuxième État serait créé en Italie centrale, avec les provinces papales. L'Empereur demandait pour la France la Savoie, berceau de la famille royale de Piémont, et Nice, peuplée d'Italiens. Il proposait de marier le prince Jérôme Napoléon à Clotilde, la fille de Victor-Emmanuel. Cavour écrivait aussitôt à son maître pour le tenir au courant de la négociation qui devait rester secrète.

Il était essentiel aux desseins de l'Empereur, et plus encore à Cavour, de créer un climat belliciste, de mettre en difficulté l'Autriche et surtout le pape pour une campagne d'opinion. La presse, en France, était utilisable *ad libitum* : le prince disposait, par Morny, de plumes nombreuses et brillantes dans les journaux officieux, et parfois de complicités dans les journaux d'opposition. Que *La Presse*, qui avait été suspendue par le ministre Billault en décembre 1857 pour un appel de Peyrat au parti démocratique « à propos des élections qui ont eu lieu », se permette sans aucune sanction de critiquer, comme *Le Siècle*, l'occupation autrichienne en Lombardie attirait l'attention des lecteurs avertis. Plus frappante était la collaboration d'Edmond About au très officiel *Moniteur* : ses feuilletons, pendant des semaines, critiquèrent le gouvernement du pape dans ses États, en un style alerte, aéré, voltairien. L'auteur de *L'Homme à l'oreille cassée* était au faîte de sa gloire, disposait d'un château à Saverne, d'un hôtel à Paris, d'une chasse en Alsace et de cinq domestiques. S'il prenait le risque de publier ses feuilletons en un volume intitulé *La Question romaine*, l'Empereur a en avait lu les épreuves, « Fould y avait travaillé et Morny avait donné la fin ». Devant les protestations de la Curie, le livre fut saisi. About le publierait à Bruxelles.

La plus violente attaque contre le pape vient de *La Presse* et du *Siècle* : elle concerne l'affaire Mortera, ce jeune juif arraché à ses parents par les gendarmes du pape. En 1854 à Bologne, l'enfant, très malade, avait été baptisé clandestinement à l'initiative d'une servante qui voulait le sauver. Il guérit. Elle révéla son secret à un prêtre, qui alerta le gouvernement pontifical. L'enfant fut retiré à sa famille. Le pape reçut le père, l'autorisa à voir son fils, mais il devait rester au couvent. La presse dénonça à cette occasion le scandale d'un gouvernement théocratique, qui faisait passer le droit théologique avant les droits de l'homme. Veuillot, dans *L'Univers*, défendit le pape contre ceux qui voulaient faire de Mortera « l'oncle Tom de l'Église ». Chez ses parents, il pratiquait le culte juif. Les milieux israélites s'émurent. Sir Moses Montefiore alla voir le pape. L'avocat Crémieux écrivit à Napoléon III. L'enfant refuserait d'abjurer, il serait ordonné prêtre et mourrait chanoine. Le pape n'avait pas voulu revenir sur sa décision. Une note du *Moniteur* avait clos l'incident et démonté la campagne. Mais il était clair, désormais, que le pouvoir avait à l'égard de Rome une attitude des plus ambiguës. L'Empereur était-il résolu à la guerre ? Palmerston et Clarendon, en visite à Compiègne, repartirent affolés par ses propos. En novembre 1858, les journaux, décidément encouragés, sortirent une série d'articles pour préparer l'opinion. *La Presse* exprimait le vœu d'une action militaire contre l'Autriche, sans être blâmée. Et pour cause : l'article était signé Guéroult, un ami du prince Jérôme. *La Patrie* renchérissait. *Le Moniteur* tenait des propos lénifiants, mais le ton était donné : les Français ne pourraient être surpris d'apprendre que l'armée de l'Empereur volait au secours des Piémontais menacés.

Provoquer la réplique autrichienne était la tâche de Cavour. Il s'en acquittait de son mieux. Les sociétés patriotiques répandaient une agitation systématique dans tous les États italiens. On faisait savoir que le prince Jérôme avait eu d'étranges fiançailles à Turin : accompagné du général Niel, il avait visité les arsenaux, les défenses et jusqu'au site frontalier de la Doire Baltée. Les Italiens avaient fait un accueil enthousiaste à l'écrit inspiré par Napoléon, signé du nom d'un journaliste de la Cour, La Guéronnière, et intitulé : « L'Empereur Napoléon et l'Italie. » On avait déjà remarqué la « petite phrase » lancée par Napoléon III à l'ambassadeur Hubner, lors des vœux du corps diplomatique : « Je regrette que nos relations avec votre gouvernement ne soient plus aussi bonnes que par le passé. » On s'était alors perdu en conjectures, en interprétations, pour tenter d'éclairer les arcanes de la réflexion napoléonienne : brusquement, la lumière venait de La Guéronnière : la « théorie des nationalités » présente dans le *Mémorial de Sainte-Hélène* était réaffirmée avec éclat : « L'empereur Napoléon Ier a cru devoir conquérir les peuples pour les affranchir. Napoléon III veut les affranchir sans les conquérir. » D'où sa démarche prudente, ambiguë, progressive. A marcher à petits pas, peut-on éviter la guerre ? Il semble qu'on s'y résigne, et même qu'on la provoque. Dans l'optique des nationalités, la guerre n'est pas maudite : elle permet d'éviter les révolutions, qui sont le mal absolu, et de hâter la progression vers la solution désirée. Cette guerre doit être courte, peu coûteuse, et se présenter comme le combat du bon droit des peuples d'Europe.

La guerre qui approchait était inhabituelle : elle se réclamait du droit des peuples, et n'était pas conforme au droit des États. La France n'avait aucune raison objective d'attaquer l'Autriche. Elle savait que l'Angleterre était hostile, par principe, à un conflit mettant en cause l'équilibre des traités de 1815, et qu'elle était soutenue par la Prusse. Seule la Russie se frottait les mains des embarras que l'empire français risquait de causer aux nations signataires du traité de Paris.

Ce qui rendait la guerre possible, c'est que rien ne paraissait s'y opposer. A l'évidence Napoléon III avait les mains libres. Il pouvait à son aise sacrifier sa tranquillité intérieure à la poursuite de la « théorie des nationalités ». Pas la moindre opposition : les républicains étaient favorables à l'Italie et les catholiques libéraux n'aimaient pas le pape. Les autres restaient sur la réserve. Comment en seraient-ils sortis, alors que rien ne paraissait encore décidé ? L'Empereur parut au Corps législatif, dans un appareil royal, accompagné du prince Jérôme et de sa jeune épouse. Les députés écoutèrent médusés un discours ambigu, énigmatique : sans doute la « situation anormale de l'Italie » n'était-elle pas « un motif suffisant pour croire à la guerre ». Mais si la France voulait être « conciliante », elle serait « ferme ». Qu'en conclure ? Le prince était devenu empereur, et l'Empereur parlait comme un roi : « Lorsqu'on monte les degrés d'un trône, on s'élève... au-dessus de la région infime où se débattent les intérêts vulgaires et l'on a pour premiers mobiles comme pour derniers juges Dieu, sa conscience et la postérité. »

Que penser, sinon que l'Empereur déciderait seul, sans préavis, comme en 1854, de la guerre et de la paix. Morny, sentant le malaise de la Chambre, voulut rassurer. Dans l'Europe des chemins de fer et du télégraphe, l'opinion contenait les princes : « La guerre, dit-il, est le dernier recours. » On peut assurément « résoudre pacifiquement toutes les questions difficiles ». Mais la Bourse baissait, les financiers redoutaient le coût d'une aventure, les industriels et les négociants s'inquiétaient des lenteurs de la reprise, compromise par les bruits de guerre. Les catholiques craignaient pour le pape, et les bourgeois pour la rente. Les plus fâcheuses surprises pouvaient provenir de l'agitation italienne, dont l'opinion percevait mal qu'elle était largement suscitée par Cavour.

Dans ces conditions, les suggestions de réforme prodiguées aux Autrichiens par le gouvernement anglais risquaient de tomber à plat : les États italiens satellites de l'Autriche s'employaient en vain à dominer les mouvements indépendantistes approvisionnés en armes et en argent par le Piémont. Au réarmement sarde correspondait l'envoi de détachements autrichiens dans les régions frontalières. Napoléon III semblait alors soucieux de modérer son allié. Une note du *Moniteur* démentait tout bruit de campagne, expliquait que « l'examen des questions litigieuses était entré dans la voie diplomatique ». Fort mécontent, le prince

Jérôme, qui avait été nommé ministre de l'Algérie, abandonnait son poste. Pour empêcher tout retour en arrière, Cavour avait suggéré au roi d'écrire à Napoléon une lettre où il lui reprochait son abandon, affirmant que le Piémont se défendrait seul contre l'Autriche, non sans expliquer au monde qu'il avait été soutenu dans sa fière attitude par de « hauts encouragements ». Cavour avait aussitôt rappelé plusieurs classes.

Pas de mobilisation en France, mais une sorte d'inversion diplomatique, très révélatrice d'un désir d'intervention. L'Empereur s'était ingénié, dès la fin de la guerre de Crimée, à ménager le tsar et les Russes. Il avait voulu prendre Sébastopol, investir la Chersonèse : erreur ! En obligeant l'armée ennemie à capituler, il l'humiliait ! « Si tu veux battre ton chat, laisse une porte entrouverte », dit le proverbe chinois : les Anglais avaient parfaitement compris qu'il fallait prendre et détruire le port, mais laisser filer l'armée. Ils voulaient toucher le bénéfice de leur prudence : or les Français tiraient à leur place les marrons du feu, jouaient Saint-Pétersbourg contre Vienne et Berlin, préparant ainsi leur intervention en Italie. Le tsar devait neutraliser François II. Peut-être par la voie diplomatique l'Autriche serait-elle contrainte d'évacuer l'Italie, si elle était abandonnée à la fois par Saint-Pétersbourg et par Berlin. Aux propositions de paix anglaises, centrées sur Vienne, Napoléon III répondait donc par un projet de congrès européen, lancé par les Russes.

La venue de Cavour à Paris fit baisser la Bourse. On cite un mot qu'il eut avec James de Rothschild : « Jouons à la hausse, lui dit-il. Je donnerai ma démission, il y aura une hausse de 3 francs.

— Vous êtes trop modeste, répondit le baron. Vous valez bien 6 francs. » Qu'il parte donc, pour la tranquillité des affaires. Tous les banquiers n'imitent pas le pacifisme prudent de Rothschild. Les Pereire s'étaient précipités en Russie dès que Morny y était parti en ambassade extraordinaire, en 1856, avec son valet de chambre et son cuisinier. Parvenu à Pétersbourg avant Lord Granville, grâce à la vitesse de ses chevaux, il ouvrit la place aux Pereire qui signèrent avec des banquiers russes des accords de chemin de fer. Les Rothschild de Paris et de Vienne avaient déjà investi dans les lignes italiennes. Ils attendaient avec impatience les percées alpines, étant, comme Cavour lui-même, gens de progrès. Si le mont Cenis peut être percé plus vite que le Saint-Gothard ou le Brenner, qui s'en plaindra ? Que les Français ravissent Venise aux Autrichiens caressait les rêves secrets de Morny, de l'Empereur, et sans doute aussi de James de Rothschild.

Si la France ne mobilise pas, comment la guerre pourrait-elle éclater ? L'Autriche, dans l'Europe policée par l'Angleterre, ne peut avoir le front d'attaquer une petite nation : ce crime la rendrait aussi odieuse qu'hier la Russie écrasant une flotte turque. Les Piémontais ne peuvent être le David qui provoque Goliath sans être immédiatement écrasés. Tout dépend de Napoléon III. Sa responsabilité est totale. Si Cavour ne parvient pas à provoquer l'Autriche en favorisant la rébellion contre leurs princes du menu peuple de Parme, de Modène ou de Ferrare, l'armée impériale n'a aucune raison d'intervenir. D'où l'armement sarde, et l'envoi des régiments au Tessin. Les Autrichiens sont obligés de réagir, d'armer les places fortes du

« quadrilatère » lombard, d'acheminer des trains d'habits blancs vers l'Italie. A la tentative de paix anglaise, le ministre autrichien des Affaires étrangères répond qu'une mesure fort simple s'impose : le désarmement immédiat du Piémont, et peut-être un désarmement général de l'Europe « en sorte que le Piémont paraisse moins obéir à une sommation que subir la loi commune ». Un choix radical : ou bien une Europe neutralisée et les traités de 1815, ou la révision de ces traités et la course aux armes, avec la Russie, l'Autriche... et la Prusse. Car si la France s'engage en Italie, elle risque de provoquer contre elle, sur le Rhin, le rassemblement des peuples allemands, autrichiens et prussiens confondus. En imposant à l'Autriche l'unité italienne, la France impériale risque de favoriser, contre elle, la constitution de l'unité allemande.

Le cabinet anglais croit toucher au port quand Walewski accepte le principe général du désarmement si Cavour est admis à la table de la conférence. Le Premier ministre de Victor-Emmanuel n'aura plus aucune raison de ne pas faire rentrer dans les casernes des bersagliers garibaldiens. L'Empereur a-t-il renoncé à sa guerre ? S'il lâche la bride à Walewski, c'est pour ne pas faire figure d'agresseur, d'initiateur dans le déchaînement des futures guerres nationales en Europe. L'ampleur des responsabilités qu'il assume seul, sans consultation même de ses ministres, loin de le griser, le trouble. Dans cette situation, l'empereur d'Autriche aurait dû donner l'exemple de la maîtrise : en s'abstenant d'enchérir, il emportait la mise. Il jeta au contraire ses cartes, poussé par l'état-major. Si les Français voulaient la guerre, il fallait, à l'évidence, écraser le Piémont avant l'arrivée de leur armée. François-Joseph dépêcha à Turin le comte Ceschi de Santa Croce et le baron de Kellersberg porteurs d'un ultimatum : Cavour avait trois jours pour désarmer. Le Sarde savoura sa victoire en faisant reconduire à la frontière, à la fin du délai, les nobles officiers : toute la presse d'Europe pourrait condamner à loisir l'agression autrichienne. L'empereur d'Autriche avait abaissé sa garde le premier, déclarant la guerre au Piémont le 27 avril.

Dès lors, l'entrée en guerre des Français tourne à la manifestation politique. Plusieurs divisions partent pour la frontière, où l'on concentre cinq corps d'armée. Les photographes immortalisent le départ des grenadiers de la garde, qui sont acclamés dans les faubourgs où l'on chante *La Marseillaise* sans que la police intervienne. L'empire, note l'historien royaliste de La Gorce, vient de changer de clientèle. On applaudit les musiques militaires jusqu'à la gare de Lyon, on jette des fleurs aux soldats qui partent pour une guerre « révolutionnaire ». Qui fait reproche à l'Empereur d'avoir décidé seul ?

Il n'est pas certain que les députés (qui avaient jadis vivement approuvé l'envoi du corps expéditionnaire à Rome) auraient recueilli l'appui de l'opinion si l'on avait pu connaître les positions hostiles à la guerre d'une minorité d'entre eux. L'incertitude sur les buts de cette entreprise poussait les partisans de la politique romaine à une attitude hostile. On demandait au Corps législatif de voter un emprunt de 500 millions et une levée du contingent portée de 100 000 à 140 000 hommes. On avait besoin de lui. Morny, après Walewski, promettait une guerre « courte et limitée ». Les députés seraient-ils moins patriotes que le peuple de Paris ? Certains protestèrent cependant, regrettant qu'on les eût tenus à l'écart jusqu'au dernier moment, qu'ils n'aient pas été associés à la négociation préalable qui aurait sans doute pu éviter le drame. Ils craignaient pour le Saint Père. Le président du Conseil d'État (juriste gallican très hostile à l'excès de pouvoir du pape) jura que cette méfiance était presque offensante, et que le pape ne craignait rien. Un obscur député du Nord, Plichon, tint le langage des lecteurs de *L'Univers* : on était devant le fait accompli, les députés avaient connu l'ultimatum autrichien par les dépêches de l'étranger. La guerre serait-elle « politique, révolutionnaire... la consécration ou le désaveu de l'expédition de Rome » ? Les propos de Jules Favre, l'avocat républicain, ne pouvaient qu'inquiéter Plichon et ses amis : l'avocat de gauche souhaitait ardemment l'expulsion des Autrichiens et l'unité de l'Italie.

« On ne peut être révolutionnaire en Italie et conservateur en France et à Rome », disait Plichon l'obstiné. Il n'obtenait qu'un froncement de sourcils de Baroche : le député du Nord voulait-il couper le jarret de nos soldats ? Quand l'Empereur décida de partir lui-même pour l'Italie, une foule enthousiaste l'accompagna à la gare. Des enfants, rapporte La Gorce, « interpellaient l'empereur avec une familiarité ardente, se glissant sous les chevaux des cent gardes ». Formidable illusion : l'empereur du coup d'État était devenu l'espoir de la gauche révolutionnaire. L'empereur de la gare de Lyon semblait démentir le mythe du sauveur de l'ordre.

L'un et l'autre parti constataient qu'il se rendait en Italie pour y refaire la carte d'Europe.

La fin de la guerre serait aussi mystérieuse, aussi secrète dans sa négociation, que ses débuts. Il faut dire que les opérations n'ont pas donné aux Français l'occasion d'anéantir l'adversaire ni de le contraindre à la capitulation. Comme en Crimée, la victoire est incomplète et l'ennemi se retire en abandonnant les champs de bataille. Comme en Crimée, les victimes sont très nombreuses et la puissance accrue du feu transforme les rencontres en carnages. L'opinion internationale s'émeut. Des initiatives individuelles aboutiront à la création de la Croix-Rouge. L'opinion supporte l'idée de la guerre, mais répugne à la vue du sang.

Les Français ont envahi l'Italie du Nord en grand nombre : les préparatifs de ces mouvements, qui affectaient aussi bien les transports maritimes par Marseille et Toulon de divisions venues d'Alger que l'acheminement des unités de Paris sur Lyon où elles devaient franchir les Alpes, avaient débuté dès le mois de janvier ! Ce qui montre que l'intervention était préméditée. Le ministre Vaillant en traitait directement avec Castellane, qui commandait à Lyon et avait la confiance de l'Empereur. Le 28 avril, les quatre chefs de corps, Baraguay d'Hilliers, Mac-Mahon, Canrobert et Niel étaient à pied d'œuvre. Canrobert avait rencontré des difficultés dans le transbordement de ses troupes, qui avaient dû marcher de Saint-Jean-de-Maurienne à Suse, dépourvue de chemin de fer. Mais les Français avaient réussi à concentrer 100 000 hommes autour des places fortes d'Alexandrie et de Casale : avec les 50 000 Piémontais, ils disposaient d'effectifs supérieurs aux Autrichiens, mais ils manquaient cruellement de canons, de vivres, de médicaments, de voitures... Par chance, le général autrichien Gyulai, craignant d'être pris de flanc, avait renoncé à marcher sur Turin. La guerre n'avait pas commencé quand Napoléon III, le 12 mai, se fit acclamer dans Gênes. Pas de plan d'ensemble, pas de reconnaissance efficace. La division Forey avait la première accroché l'ennemi à Montebello, lieu de mémoire : elle l'avait dispersé en accusant de lourdes pertes. Selon Gyulai, l'artillerie française avait fait la preuve de son inefficacité au combat. Il attendait l'ennemi de confiance : ses canons et ses fusils étaient les meilleurs.

C'était compter sans les attaques furieuses de l'infanterie d'élite. Les zouaves, culbutant l'ennemi à Palestro, suscitèrent l'admiration de leurs alliés sardes en s'emparant à la baïonnette des batteries autrichiennes. L'armée faisait mouvement sur Novare, dans une marche de flanc risquée, programmée par un Napoléon qui chaussait les bottes du grand. On franchissait le Tessin pour surprendre Milan, où arrivaient des renforts pour Gyulai. Le choc était inévitable : à Magenta, près du fleuve, les grandes masses d'infanterie s'étaient rejointes. Mac-Mahon, dans les vignes et les mûriers, décida du sort de la bataille en arrivant à temps pour décider Gyulai à la retraite. L'Empereur pleurait ses morts : la Garde surtout avait souffert, des régiments entiers d'infanterie étaient décimés. Les Autrichiens laissaient 5 000 prisonniers. Mac-Mahon reçut ce jour-là le bâton, et le titre de duc de Magenta. Pour faire bonne mesure, sur la pressante instance d'Eugénie qui se piquait au jeu et estimait que l'Empereur devait seul recueillir la gloire de la journée, Regnaud de Saint-Jean-d'Angély était aussi fait maréchal. Comme en Crimée, les Français avaient compensé par leur courage l'inaptitude du commandement et l'infériorité du matériel.

La seconde bataille, à Solferino, ne serait pas davantage décisive : plus que jamais, Napoléon III était convaincu que la guerre n'avait de sens que si elle permettait la réunion rapide d'un congrès international. Les armées françaises et sardes devaient consentir un nouvel effort pour contraindre les Autrichiens à traiter. L'empereur français avait eu la satisfaction d'entrer dans Milan, renouant ainsi avec la tradition de la Renaissance, et même d'y faire une proclamation dans laquelle il demandait aux Italiens de s'unir et de s'armer. Pendant que les belles Milanaises recueillaient en carrosses les blessés français de la bataille de Melegnano, les Toscans chassaient le grand-duc de Florence, la révolte gagnait Parme, Modène et les Romagnes, qui étaient au pape. Le prince Jérôme Napoléon avait débarqué avec un corps d'armée pour maintenir l'ordre en Toscane. Napoléon III rassurait : le prince n'avait pas d'ambitions italiennes.

On signalait de Paris que la Prusse inquiète supporterait mal une nouvelle défaite autrichienne. Le temps de la campagne était compté. Elle risquait de se borner à un « duel au premier sang » avec l'Autriche, même si le sang avait déjà, de part et d'autre, été abondamment versé. Il le fut plus encore à Solferino où, sous les yeux des deux empereurs, plus de 250 000 hommes s'entre-tuèrent sinistrement. Le drapeau français flottait sur la tour de Solferino, qui rappelait, par les sacrifices exigés, celle de Malakoff. Dix mille Français,

13 000 Autrichiens et 4 000 Sardes furent tués ou blessés ce jour-là. Faute d'ambulances et de médecins en nombre suffisant, le champ de bataille devint un mouroir.

De Brescia vinrent les secours. Les médecins, les médicaments affluaient de toute l'Italie, ainsi que les aides bénévoles. Le prince Jérôme Napoléon, qui avait « libéré » l'Italie centrale, rejoignit avec ses 25 000 hommes le reste de l'armée où Canrobert et Niel, promu maréchal, se disputaient sur la stratégie de la bataille, l'un reprochant à l'autre de ne pas avoir transformé la victoire en déroute autrichienne. Une division de renforts arrivait de France ; on s'apprêtait à reprendre le combat contre François-Joseph retranché dans Vérone. Pourquoi ne pas lui enlever Venise ? Le 6 juillet, les unités restaurées, reconstituées, bien pourvues de munitions étaient prêtes à repartir quand tomba la nouvelle de l'armistice de Villafranca. Les empereurs avaient mis fin à *leur* guerre. Napoléon, craignant à la fois la Prusse et le typhus, avait envoyé, dans le plus grand secret, Fleury chez François-Joseph, directement, sans aucune médiation étrangère. Il se sentait aussi débordé par l'évolution intérieure de l'Italie, qui la poussait vers le Piémont. Il voulait rester le maître de la situation. A peine vainqueur, il craignait d'encourir en France les reproches de l'Église s'il laissait toucher aux États du pape.

Il n'en fut pas question : le seul bénéfice que tirait Cavour de l'entente des deux empereurs était apparemment la cession à la France de la Lombardie, qu'elle donnait aussitôt au roi de Piémont-Sardaigne. Napoléon apprit qu'en Angleterre Palmerston, très favorable à l'Italie, exerçait désormais le pouvoir. Il sut qu'il devrait faire face aux ambitions déchaînées de Cavour, que l'entente directe des deux empereurs avait fort irrité. Acclamé à Milan, Napoléon III avait été fraîchement reçu à Turin, où Cavour, de rage, avait démissionné. Le sort des « provinces abandonnées » d'Italie centrale n'était pas réglé.

La presse de gauche, en France, déplorait l'arrêt prématuré de la campagne, qui laissait l'Italie inachevée, l'unité à peine ébauchée au Nord. Mais la presse catholique respirait et Paris faisait un triomphe aux soldats revenus d'Italie, au cours du grand défilé du 15 août. Dans sa générosité, l'Empereur proclamait l'amnistie générale des détenus politiques. D'un coup, il fermait la porte de la guerre extérieure et de la guerre sociale. Il laissait aux Italiens la tâche de régler leurs problèmes. Il avait réussi à ne pas rompre avec le pape, en se réconciliant, par toutes sortes de bons procédés, avec l'empereur d'Autriche. Il ne voulait pas aller plus loin dans la contradiction.

Pourtant, les Italiens, menés par Cavour, l'y contraindraient : Ricasoli agitait Florence, et Farini Modène, d'où les souverains étaient partis. Les Sardes administraient Parme et les troupes royales occupaient la Romagne, même si les Suisses du pape avaient repris Pérouse, en Ombrie. Rien n'était réglé par le départ de Napoléon III. Il avait choisi d'évacuer le théâtre où était programmée la suite du drame.

Arese, l'ami de l'exil, fut dépêché auprès de l'Empereur pour lui expliquer l'ampleur du mouvement démocratique en Italie : les Toscans, Parmesans et Romagnols avaient voté la déchéance des dynasties, élu des assemblées, envoyé des délégués à Turin pour demander leur rattachement au Piémont. Pouvait-on rester sourd à ces vœux populaires ? Le clergé français se chargea de le rappeler à l'ordre. Mgr Pie, l'ultramontain de Poitiers, publia une lettre à son clergé où il dénonçait la spoliation opérée en Romagne. En vain la censure impériale empêchait-elle la publication de cette lettre : Mgr Donnet, cardinal archevêque de Bordeaux, célébrant l'anniversaire du discours de l'Empereur : « l'Empire c'est la paix », faisait ironiquement remarquer que la guerre portait à leur comble les angoisses du monde catholique. L'Empereur répondit qu'« une nouvelle ère de gloire s'ouvrirait pour l'Église si tout le monde était persuadé que le pouvoir temporel du Saint Père n'est pas opposé à la liberté et à l'indépendance de l'Italie ». Il rappelait que le pape tenait dans Rome grâce aux troupes françaises qui devraient cependant être rapatriées « un jour prochain ». Ce ferme langage ne l'empêchait pas de repousser les délégués italiens qui se pressaient aux Tuileries : il ne bougerait pas des clauses de Villafranca. Il concéderait Parme au Piémont, mais sûrement pas la Toscane ni les autres territoires. Cependant, les Toscans constituaient avec leurs voisins une armée de 25 000 hommes. Le bruit courait que Garibaldi en prendrait la tête, et que Mazzini envisageait de tenter une révolution en Italie centrale. Aussi accueillit-on avec soulagement, à Paris, la nomination d'un « gouverneur général » sarde à Florence. En retrait dans l'affaire italienne, Napoléon III risquait d'être débordé par le cabinet anglais qui accueillait les émissaires italiens à bras ouverts et se réjouissait de l'italianophilie de l'opinion : ne voyait-on pas des portraits de Garibaldi dans les vitrines des magasins de Londres ? Sir Russel, le chef du Foreign Office, n'hésitait pas à donner son adhésion à un royaume d'Italie du Nord, et même à contester les droits du pape sur la Romagne et les Marches : qu'avait-il besoin d'un temporel ?

Napoléon III prit alors position dans une publication fracassante, toujours attribuée à La Guéronnière, *Le Pape et le Congrès*, où il affirmait que le souverain pontife avait besoin d'un pouvoir temporel, mais qu'il devait être limité : « Plus le territoire sera petit, plus le souverain sera grand. » Le pape devait se contenter de la ville de Rome et de ses environs immédiats, sans contrarier l'unité italienne. Pour Lord Russel, le Vatican devait lui suffire : les points de vue étaient voisins et l'Empereur avait repris l'initiative, aux dépens de son alliance avec les catholiques français.

Leur réaction fut immédiate et violente : suivant *Le Journal de Rome* qui affirmait que la brochure « était un véritable hommage à la révolution », les ultramontains dénonçaient à l'envi, derrière *L'Univers*, les méfaits de « Julien l'Apostat ». L'ensemble du monde catholique s'indignait, même le libéral Dupanloup qui protestait depuis Orléans. Seul *Le Siècle*, à gauche, approuvait sans réserve la nouvelle doctrine. Les rapports des préfets étaient perplexes : la clientèle politique de l'Empire ne risquait-elle pas de se détourner de lui ? Le remplacement du sage Walewski, protecteur du pape, par Thouvenel au Quai d'Orsay n'était pas pour rassurer les députés : Keller, de Cuverville et Anatole Lemercier demandaient audience à l'Empereur, qui refusa de les recevoir. Ils publiaient aussitôt une « lettre collective » de protestation. Les plus libéraux, Falloux, Cochin, Albert de Broglie, étaient les plus ardents à soutenir le droit international et celui des États. Même le protestant Guizot critiquait cruellement la nouvelle volte-face de l'Empereur. Mgr Pie condamnait en chaire la politique impériale. La fronde gagnait tout le clergé : l'Empereur répondit le 30 janvier 1860 en supprimant *L'Univers* : la vraie guerre était déclarée, celle qui mettait l'empire en question.

En Italie, Cavour avait repris le pouvoir : ferait-il aboutir le rêve napoléonien ? Fermement soutenu par les Anglais, il brusquait les élections en Italie centrale, encourageait Florence à proclamer emphatiquement, dans un luxe inouï de chars à l'antique et de défilés en costumes du Quattrocento, son entrée dans l'unité. Ses agents habituels (Arese, Nigra) et extraordinaires s'attachaient à rassurer Napoléon III, désormais suiveur dans l'affaire italienne. Inévitablement, les États du pape seraient remis en question, mais le vainqueur de Solferino ne voulait pas que ce fût par son fait. Il méditait d'obtenir en compensation Nice et la Savoie si le Piémont constituait le royaume d'Italie du Nord, une « nouvelle Prusse » à la frontière des Alpes. Cette revendication fut aussitôt admise par Cavour, qui dit au baron de Talleyrand, ministre de France : « Désormais nous sommes complices. » Les Français avaient touché leur salaire : ils devaient laisser faire.

Pour calmer les catholiques, la presse impériale détournait l'attention du public des affaires italiennes, évoquait les expéditions de Chine et du Levant, où la marine au pavillon tricolore sauvait les missionnaires et défendait les intérêts de la religion. La première intervention était franco-britannique.

Les Anglais estimaient insupportable que l'empereur de Chine les empêchât de ravitailler ses sujets en opium. Ils avaient pris pied par la force des canonnières à Hong Kong, Shanghai, et dans trois autres ports où se vendaient les cotonnades de Manchester. Les Français souhaitaient aussi se tailler une part de marché. Prenant prétexte de l'horrible assassinat du père Chapdelaine, ils avaient bombardé Canton avec les Anglais en 1857 et signé un traité le 27 juin 1858 qui leur ouvrait des ports. Ils rêvaient de remonter jusqu'à Pékin mais le fleuve était bien gardé et l'empereur, qui expliquait à ses sujets que la Chine n'était pas dans le monde mais au-dessus du monde, était décidé à une ferme résistance. La France avait envoyé les marsouins et les chasseurs, 8 000 hommes commandés par un ancien d'Afrique, Cousin-Montauban. Les Anglais n'avaient pas hésité à embarquer 12 000 hommes, espérant de grands bénéfices de l'ouverture de la Chine : pour eux, l'aventure était plus commerciale que religieuse.

Le général chinois qui avait dû rendre les forts avait été privé par édit impérial « de son aigrette à trois plumes de paon et de la bannière bleue mandchoue ». Qui empêcherait les Occidentaux, dont les batteries attelées de chevaux japonais remontaient vers Pékin, d'imposer leur loi au céleste empereur et de lui faire ainsi perdre la face ? Lord Elgin, le responsable anglais, voulait pousser rapidement l'affaire mais l'empereur de Chine délégua des ambassadeurs habiles qui retardèrent les alliés, pendant que les cavaliers tartares armés de lances prenaient en otages les négociateurs franco-anglais, leur faisant subir d'atroces tortures. Au pont de Palikao, Cousin-Montauban l'emporta facilement sur une grande masse de Chinois armés de fusils à mèche, de lances et de flèches. Pékin était à portée : on pouvait impunément mettre au pillage le palais d'Été où les marsouins entassèrent dans leurs sacs les bouddhas en or, les candélabres, les soieries précieuses. L'empereur s'était enfui vers le nord. On ne retrouva qu'une partie des otages : les Chinois devaient rendre leurs victimes allongées dans des cercueils d'apparat. Lord Elgin, en représailles, fit incendier le palais de l'empereur qui accepta enfin de traiter et de garantir « la libre propagande des missionnaires ». Le 25 octobre, les Français rouvraient l'ancienne cathédrale de Pékin, construite jadis par les Portugais, pour y entendre la messe. La vaste entreprise missionnaire lancée par Rome en Extrême-Orient trouvait en Chine, grâce à Napoléon III, une issue heureuse. Le pape lui en serait-il reconnaissant ?

En Chine, l'Empereur était intervenu aux côtés des Anglais, qui obtenaient l'essentiel du profit avec l'ouverture confirmée des ports chinois. Au Levant il devait agir seul, car les maronites, lointains descendants des convertis du moine Jean Maron, avaient été massacrés par les druzes musulmans, amis de l'Angleterre. Paisibles cultivateurs, les maronites avaient leurs églises, leurs couvents, leurs monastères-forteresses qui dataient des croisades. Les jésuites et les lazaristes enseignaient aux jeunes le français dans leurs collèges et se réclamaient du drapeau tricolore. Au Liban autonome, le sultan turc avait accordé une administration maronite au nord, druze au sud. En 1856, un édit de Constantinople avait étendu les privilèges des chrétiens. Le sultan n'était-il pas alors partenaire de l'empereur des Français dans la guerre contre les Russes ? Les maronites avaient désormais des droits égaux aux fidèles d'Allah. Khourchid, le pacha de Beyrouth, était l'ami des druzes et ne restait pas sourd aux protestations des musulmans. Les bachi-bouzouks, milice irrégulière de l'occupant turc, ne rêvaient que de se jeter sur les riches domaines des catholiques. Les assassinats commencèrent au printemps de 1860. En mai, 32 villages maronites étaient brûlés. La guerre civile faisait rage. Les muftis poussaient à la guerre sainte. Les druzes descendaient du Hauran pour participer à la curée. Indifférent, le pacha Khourchid laissait faire. Le collège français des jésuites de Zahlé était pillé, les religieux égorgés. Les Turcs étaient complices des massacres de Deir el-Kamar. Deux mille chrétiens seulement furent sauvés par des navires de guerre anglais et français, qui les recueillirent sur la plage et les embarquèrent dans des chaloupes.

Les Anglais prétendaient que les maronites avaient provoqué les druzes et que le sultan devait rétablir la paix civile. La presse anglaise partit en guerre contre les « papistes » du Levant. Pourtant Napoléon III, seul défenseur des catholiques, obtint du Foreign Office l'envoi d'une flotte et la nomination d'une commission européenne. On craignait le massacre des chrétiens de Damas. Il ne put être évité. Vingt mille catholiques se trouvaient exposés aux violences de cent trente mille musulmans. On attaqua aussi les missionnaires protestants, et les consulats furent violés. Les bachi-bouzouks étaient ivres de pillage. Ils voulaient chasser définitivement de Syrie les chrétiens, occidentaux et maronites.

Napoléon III avait obtenu d'être le mandataire de l'Europe au Levant : ses 6 000 soldats prétendaient aider le sultan à rétablir l'ordre. Celui-ci prit les devants, organisa lui-même, avec adresse, la répression des troubles. On prit d'énormes risques pour calmer l'Occident. Le ministre Fuad, à Damas, n'hésita pas à faire pendre 57 musulmans, et fusiller 111 autres pour meurtre de chrétien. Le gouverneur Achmet fut exécuté. A Beyrouth, les Français organisèrent eux-mêmes les secours aux victimes, lançant des colonnes dans la montagne pour décourager les druzes. Huit cents d'entre eux furent arrêtés, le pacha Khourchid et les officiers turcs condamnés au bagne.

La commission européenne décida que les deux pachas de Beyrouth et de Damas obéiraient à un gouverneur nommé par le sultan : selon ce statut du 9 juin 1861, le Levant ne devait plus être séparé en deux caïmacamies antagonistes, druze et maronite, mais relever d'une autorité unique. Le choix du sultan, dans un souci de conciliation, se porta sur un Arménien catholique, Daoud-Pacha. Les secours aux catholiques vinrent de France, répartis sur place par l'abbé Lavigerie. Le corps expéditionnaire français pouvait rembarquer : l'Empereur avait bien servi les intérêts de l'Église.

Il n'esquivait pas pour autant son impossible mission italienne : contenir les forces unitaires qu'il avait déchaînées pour obtenir le respect des droits temporels du pape, à tout le moins le maintien de Pie IX dans Rome. Tant que le drapeau français flotte sur le château Saint-Ange, et le drapeau autrichien sur la place Saint-Marc, Cavour est impuissant. Seul le royaume de Naples, où règnent des Bourbons mal protégés par le tsar, peut devenir une proie. Encore faut-il déchaîner les chemises rouges de Garibaldi.

C'est admettre que les forces révolutionnaires peuvent prendre le relais du sage Piémont pour la réalisation de l'unité. Peut-il en être de même à Rome ? Les Français, en ce cas, ne peuvent plus partir : comment justifier l'abandon de la ville sainte à une milice populaire ? Le pape n'hésite pas à créer un « ministère des armes » qu'il confie à un ancien officier de l'armée française d'Algérie, le noble belge Xavier de Mérode. Celui-ci propose le commandement d'une force papale à Lamoricière, l'ancienne idole des zouaves qu'il a connu proscrit à Bruxelles après le coup d'État. Lamoricière enrôle les vieilles bandes légitimistes de Vendée, qui débarquent à Civitavecchia. Le pape a demandé l'autorisation d'utiliser ses services à un Napoléon III plus que réticent. Comment ne pas frémir en voyant les Charette, les Chévigné et les Becdelièvre prendre le commandement d'une troupe de chouans, d'Irlandais, de Suisses et d'Autrichiens ? Les zouaves pontificaux vont-ils remplacer à Rome l'armée française ? Le pape s'y oppose, mais déjà un bataillon de chasseurs s'est embarqué pour la France. On programme l'évacuation complète pour août 1860. Le pape devra défendre lui-même les Marches et l'Ombrie. Déjà Lamoricière organise la défense d'Ancône, sur l'Adriatique. Les forces catholiques de Rome, Venise et Naples rêvent d'une nouvelle bataille de Lépante contre les francs-maçons de Turin. Ils n'ont plus confiance dans les Français. Un denier de Saint-Pierre particulièrement généreux est versé par les paroisses françaises. Les ultramontains ont eux aussi perdu confiance.

Garibaldi, avec la complicité de Cavour, se jette sur la proie la plus facile, le royaume des Deux-Siciles dont le jeune souverain ne pouvait compter sur aucun appui armé. Il savait que l'Angleterre était favorable à l'expédition des « Mille », partie de Gênes sur deux vapeurs affrétés. Garibaldi s'était gardé de débarquer sur la terre ferme, dont la population, très catholique, était hostile aux Sardes. Il avait choisi la Sicile, en révolte ouverte contre Naples. Cavour, par les agents de la Société nationale dirigée par son complice La Farina, s'efforçait de détourner Mazzini du champ d'action des Mille. Ceux-ci furent assez heureux pour s'emparer de Palerme. Haïssant Cavour, qui avait livré Nice aux Français, le « libérateur » ne s'étonnait pas de l'entendre désavouer l'expédition, sachant que sa victoire ne serait que trop bien accueillie à Turin. Ses « flibustiers » battaient les troupes royales sous l'œil amusé des officiers de l'escadre anglaise cependant que Cavour préparait une deuxième expédition pour prendre Naples, enlever la ville à la fois aux Bourbons et aux garibaldiens. Il savait que Napoléon III, sans approuver les Mille, avait refusé son appui au roi de Naples, arguant du principe de non-intervention, s'alignant, en somme, sur l'Angleterre.

Ferdinand II, dans ces conditions, est condamné. A Londres, Palmerston flétrit sans faiblesse l'incapacité des Bourbons. La route est libre : avec ses hussards rouges de Hongrie, vêtu du poncho et coiffé du sombrero mexicain, le libérateur s'avance, prend pied dans les Pouilles, rosse l'armée royale pendant que les Piémontais organisent la subversion dans l'armée, la marine, l'administration. Des Suisses, des Italiens se sont enrôlés dans les Mille, ainsi que des aristocrates anglais soucieux de contribuer à l'épopée antique. Quand le roi monte à bord d'un navire espagnol pour gagner Gaète, Garibaldi peut faire son entrée glorieuse dans la ville abandonnée. L'Europe médusée a laissé faire et Napoléon, pour une fois, n'y est pour rien.

Il avait en revanche, semble-t-il, approuvé l'intervention des troupes piémontaises en Ombrie et dans les Marches, décidée par Cavour pour empêcher Garibaldi de remonter vers le nord et d'attaquer Rome et Venise. Ainsi présentée, la thèse était solide : comment Napoléon III aurait-il empêché les Sardes de combattre les révolutionnaires qui, désormais, venaient du sud, et risquaient de répandre le désordre dans toute la péninsule ? « Fate presto », aurait dit l'Empereur à Chambéry aux envoyés du Piémont, sans avertir, naturellement, son ministre des Affaires étrangères Thouvenel. La diplomatie secrète était, plus que jamais, celle qu'affectionnait l'Empereur.

Cavour avait-il les mains totalement libres ? Il envoya, pour se justifier, un ultimatum au pape, le sommant de désarmer ses troupes : Lamoricière devrait-il se soumettre sans combattre ? Avec sept ou huit mille combattants, dont les seuls solides étaient les chouans venus de France et le « bataillon de Saint-Patrick » composé d'Irlandais, pouvait-il affronter l'armée moderne des Sardes ? Le cardinal Antonelli le laissa organiser sa défense autour d'Ancône. L'Empereur voyageait, de Chambéry à Marseille où il devait s'embarquer pour l'Algérie. Condamnerait-il l'insolence des Sardes ? Sur les instances de Thouvenel, il consentit à télégraphier à Turin : mais sa réprobation pouvait passer, aux yeux de Cavour, pour un consentement tacite.

Ainsi, la route était dégagée : les Français n'interviendraient pas, laissant les soldats du pape se faire tailler en pièces par les Sardes, qui occupaient facilement les provinces. La France avait bien « montré les dents », mais Cavour avait parfaitement perçu que ces dents étaient « artificielles ».

Le pape décora Lamoricière de l'ordre du Christ. Il n'avait plus de général, et plus d'armée. En France, les évêques multipliaient les cérémonies en l'honneur des soldats tués au combat. L'Angleterre proclamant par la bouche de son ambassadeur le droit des Italiens à renverser leur gouvernement, les puissances catholiques avaient en vain protesté. Cavour proclamait l'annexion des provinces papales. Victor-Emmanuel entra dans Naples où il nomma Garibaldi lieutenant général.

Les catholiques français pouvaient-ils admettre une situation qui menaçait le pape dans sa souveraineté ? L'Empereur décida, à son retour d'Algérie, de jeter du lest, d'accepter que la question italienne vînt devant les Chambres. Un décret du 24 novembre 1860 rétablit l'ancien droit d'adresse : le Sénat ou le Corps législatif pourraient, une fois par an, exprimer devant le souverain, en réponse au discours du trône, une « adresse » présentant les vœux du pays. Les débats des assemblées seraient sténographiés et rendus publics. Des ministres sans portefeuille, Baroche, Magne et Billault, représenteraient le pouvoir devant les députés. « Il faut dissoudre la Chambre, écrivait aussitôt le jeune Prévost-Paradol, elle ne correspond plus à la mission nouvelle qui lui est assignée. »

— J'espère que vous êtes content ! dit au républicain Émile Ollivier le président de la Chambre, Morny, qui passait pour l'inspirateur de la réforme.

— Si c'est une fin, lui répondait l'ancien ministre commissaire de la République à Marseille, vous êtes perdus, mais si c'est un commencement, vous êtes fondés.

Si l'on admettait la discussion au Parlement, pourquoi ne pas lui donner la parole immédiatement ? Au Sénat, où des gentilshommes légitimistes grassement pensionnés défendaient le pape, le prince Jérôme prononça un discours d'une extraordinaire violence, daubant sur « le malheur d'être un Bourbon », recommandant au pape de « revenir à la simplicité des apôtres » et de « céder Rome aux Piémontais qui en avaient vraiment le plus grand besoin ». Le duc d'Aumale, estimant sa famille insultée, publia un pamphlet contre les Bonaparte, trop tard saisi, qui était une défense du droit des nations et un rappel des bontés que jadis Louis-Philippe avait eues pour les Bonaparte spoliateurs.

La session ouverte le 4 février 1861 donnait au Corps législatif le droit de rédiger l'adresse. Un amendement en faveur du pouvoir temporel du pape recueillit 61 voix sur 139 au Sénat. La bataille fut plus ardente encore à la Chambre, où le jeune député Keller remporta un franc succès en attaquant la politique impériale, qui était celle d'Orsini et de la révolution. Le gouvernement venait de traduire devant le Conseil d'État Mgr Pie pour avoir dénoncé, sur l'affaire d'Ancône, l'Empereur « Ponce-Pilate ». Il ne pouvait tolérer que 91 députés de droite rejoignissent dans l'opposition les 5 républicains. Menaçant, le ministre de l'Intérieur Persigny promit aux factieux de leur retirer les bénéfices de la candidature officielle aux prochaines élections. Le pouvoir redoutait autant que l'opposition de nouvelles et dangereuses initiatives de Cavour, qui porteraient à son comble la fronde catholique en France. Ils avaient tort de s'inquiéter : le comte de Cavour mourut le 5 juin 1861.

Cette discussion de l'adresse révélait le profond changement des rapports entre le pouvoir et la représentation parlementaire : à peine l'empereur avait-il ouvert la porte à la discussion qu'un violent courant d'air s'engouffrait dans la salle du Corps législatif. Les ressources conjuguées de Morny et de Persigny n'étaient pas de trop pour défendre le régime soudain brocardé. « Saluons l'ancienne Chambre de 1857, écrivait Prévost-Paradol, car elle est bien morte, et nous ne la reverrons plus. » On touchait du doigt les menaces que l'excès du pouvoir personnel faisait peser sur le régime. L'Empereur avait conçu seul sa politique étrangère, faisant valser les ministres des Affaires étrangères. Le sage Thouvenel, succédant à Walewski qui avait lui-même remplacé le — trop — catholique Drouyn de Lhuys, avait lui-même considéré comme inconvenante l'entente secrète de Chambéry entre l'Empereur et les émissaires de Cavour. Pouvait-il à ce point négliger le droit des nations ? Il entrait tête baissée dans l'univers trouble, neuf en tout cas, de la « révolution » dénoncée par le jeune Keller. Le bouleversement de l'Italie n'avait pas seulement pour effet d'anéantir les traités de 1815 et d'éliminer, comme le disait Baroche, la prépondérance autrichienne dans la péninsule, ouvrant ainsi la porte à l'influence intellectuelle, financière, industrielle de la France. En donnant à l'État libéral et laïque du Piémont le pas sur tous les autres, elle introduisait en Italie un système politique résolument hostile à toute ingérence religieuse qui dépassait la France en intransigeance et constituait désormais un modèle. Le seul rempart contre ce raz de marée, vivement encouragé par l'Angleterre, était le pouvoir temporel du pape : tant qu'il resterait dans Rome, les francs-maçons de Turin n'auraient ni capitale, ni État, ni prépondérance en Europe. La chute du pape au contraire permettrait de construire aux portes de la France, disaient les catholiques, un État aussi maçonnique que la Prusse de Frédéric, libéral dans sa forme, autoritaire et déjà militaire dans son fond.

Contre la « foi révolutionnaire » des Italiens, Keller demandait que l'on revienne à la « foi catholique », défense de la vieille Europe et de la société traditionnelle. Favre et les républicains ne s'y trompaient pas : l'Empereur était logique dans ses pensées, il aidait l'Italie de Cavour à se libérer et méditait d'installer en France un régime qui lui fût comparable, inspiré des principes anglais. Certes, il n'était pas prêt à renoncer au privilège de l'exécutif et au secret de la politique étrangère. Il avait déclaré deux guerres avec une armée où les soldats de métier étaient les plus nombreux, dotée de crédits croissants et d'armes efficaces. Il avait gagné les batailles, souscrit aussitôt des accords de paix, entrepris des expéditions toujours aux côtés de l'Angleterre. Si elle ne l'avait pas rejoint contre l'Autriche, c'était au nom d'une doctrine périmée de l'équilibre européen. La modération des revendications françaises, qui se bornaient à Nice et à la Savoie, avait rassuré Lord Palmerston. La France, qui avait touché son salaire, avait fait œuvre utile en soutenant Cavour. Les Anglais se ralliaient à cette politique de progrès.

La restitution des droits du Parlement — qui n'allait pas jusqu'à l'instauration d'un régime parlementaire — était l'annonce d'un nouveau régime, libéral et confiant dans les ressources du pays en opinions très divergentes : il fallait permettre aux forces modernes, favorables à la politique italienne, de s'exprimer aussi au Parlement. Déjà Morny avait montré qu'il était soucieux de rallier Ollivier. Celui-ci avait laissé le président supprimer du compte rendu sténographique les mots « moi qui suis républicain ». Morny préférait qu'Ollivier se tînt en réserve pour assumer le rôle de leader à l'anglaise d'une opposition libérale intégrée au régime, et non sottement archaïque et républicaine. Le pouvoir venait de montrer qu'il souhaitait rallier, contre les évêques, au prix d'une politique anticléricale qui déjà s'amorçait, les forces neuves du pays.

Ni Mgr Pie ni Mgr Dupanloup n'acceptaient l'idée de l'origine démocratique du pouvoir. Pour eux, le pouvoir légitime ne pouvait venir que de Dieu, et non d'une sanction populaire : sinon le peuple romain eût été fondé à exiger le renoncement du pape au trône de saint Pierre. Tant que l'empereur Napoléon laissait ses régiments à Rome, le drapeau tricolore couvrait le principe théocratique et garantissait tous les trônes d'Europe. Si on amenait les couleurs, si on évacuait la Ville éternelle, Rome devenait la capitale d'un État démocratique et le pouvoir impérial restait conforme à l'idée que, depuis l'origine, s'en était fait l'Empereur : un pouvoir civil, de nature rousseauiste, fondé sur l'expression d'une majorité consensuelle. De la sorte, Napoléon III était fondé à penser qu'avec l'accord et parfois l'alliance de l'Angleterre, il façonnait une Europe nouvelle qui était bien celle de la révolution, puisque le principe en était démocratique. Il était conscient d'avoir obtenu jadis son pouvoir des forces les plus conservatrices de la société française, celles qui s'exprimaient par la voix du jeune Keller. Il était à présent contraint de changer de cheval de poste, et de se mettre en quête dans le pays d'une nouvelle majorité consensuelle, qui soutiendrait sa politique de progrès. Sans renoncer au trône ni aux privilèges de sa dynastie, il venait de rendre tout juste et combien timidement la parole aux députés, il entrait ainsi dans une logique des forces parlementaires, qui avait été, somme toute, celle de Louis-Philippe.

Chapitre 7

L'ordre du monde

Napoléon III n'entendait pas la liberté comme Ernest Picard ou Adolphe Thiers : il ne suffisait pas de décréter les libertés publiques pour que le peuple fût vraiment libre. L'ancien exilé se souvenait de son dénuement, de ses besoins continuels d'argent, de l'abandon, de la solitude, des visites faites dans les quartiers ouvriers de Manchester et de Liverpool. La liberté, pour un peuple, c'était de ne pas mourir de faim, d'avoir les moyens matériels d'échapper à la première des servitudes, celle de la misère. Seuls les miracles quotidiens de l'industrie et de l'agriculture modernes pouvaient permettre aux Français d'échapper aux atroces périodes de soudure des années de mauvaise récolte. Seuls les chemins de fer et les bateaux à vapeur pouvaient apporter aux jeunes nations d'Europe une solidarité continentale établissant pour les produits, grâce à la rapidité des échanges, des marchés mondiaux. L'enrichissement que prônait l'Empereur n'était pas individuel, comme celui que Guizot recommandait sous Louis-Philippe, mais national et collectif. On pouvait étonner par les réussites techniques, présenter le progrès dans les vitrines des expositions. On n'avait rien fait tant que l'abondance n'était pas institutionnalisée dans les lois de l'économie, comme le recommandait, avec les autres saint-simoniens, l'économiste Michel Chevalier, conseiller de l'Empereur.

L'unité de l'Italie, en définissant aux portes de la France un vaste marché national, constituait, de ce point de vue, un des miracles nécessaires. Le développement du « royaume arabe » que l'Empereur projetait en Algérie en était un autre. Point d'abondance sans libre essor du commerce mondial, sans conclusion immédiate d'accords commerciaux qui rendraient dérisoires, sur le terrain, les survivances des activités anciennes. Que les industriels du textile ou des activités traditionnelles fussent contraints de se convertir, de se mécaniser, de regarder au-delà des frontières n'était pas pour déplaire à l'Empereur, irrité par l'attitude protectionniste tatillonne des burgraves du Corps législatif. La pratique du secret diplomatique et l'utilisation de son privilège de signature des accords commerciaux lui avaient permis de lancer, comme un boulet, le traité libre-échangiste avec l'Angleterre dans la mare gelée des partisans du tarif. La réussite des chemins de fer, sanctionnée par la convention de 1859 qui reconnaissait six grandes compagnies, chargées de développer les lignes les moins productives, annonçait l'achèvement du réseau français, débouchant sur des ports en voie d'équipement, et sur des liaisons internationales efficaces : la France pouvait être considérée comme un espace intermédiaire entre l'Angleterre, l'Italie, l'Espagne et l'Afrique, dont l'avenir était radieux. Il lui manquait la liberté des échanges pour donner à son grand commerce le coup de fouet désirable.

Les grands pays du monde, les États-Unis et la Russie, pouvaient sans doute échapper à la concurrence mondiale, disposant chacun d'un vaste marché intérieur. Les nations européennes devaient se grouper en un marché ouvert et les patrons les plus progressistes, comme Eugène Schneider du Creusot, pensaient qu'en renouvelant leur équipement, en développant leurs recherches, ils n'avaient rien à craindre de la concurrence. Il était regrettable que les filateurs de coton et les maîtres de forges archaïques empêchent une évolution nécessaire. Depuis soixante-sept ans, la France vivait sous le régime des tarifs douaniers protecteurs. L'ambassadeur anglais Cowley le constatait en 1850 : « Rien n'est plus impopulaire en France, disait-il, que le nom de libre-échange. » Dix ans plus tard, l'Empereur en faisait son programme.

Il rencontra immédiatement des obstacles, jusque dans le personnel gouvernemental. Si Michel Chevalier avait réussi à convaincre Baroche et Rouher, le ministre Magne était hostile, de même que Bineau. Les mesures libérales prises dans les années de disette avaient suscité des inquiétudes. Pourtant, le Conseil d'État s'acheminait vers la réduction générale des droits de douane, à l'entrée, sur le territoire des produits dont l'économie française avait le plus urgent besoin : la houille, le fer, et même le bois. Pour répondre aux volontés de l'Empereur, Rouher s'était fait sa religion dans le secret, étudiant pieusement les différentes techniques industrielles, visitant les entreprises textiles en Angleterre comme en France. Il s'était ainsi préparé à affronter la fronde des députés du Corps législatif, qui accusaient par avance le gouvernement de faire périr les fabriques plutôt que ses principes.

On soupçonne une fois de plus l'Empereur de poursuivre un rêve éveillé. Les chambres de commerce du Nord et de Normandie protestent vivement, les députés font campagne. Rouher ne se trouble pas : « Le développement de l'activité commerciale, écrit-il, et des relations internationales prépare les progrès de la civilisation. » L'Empereur, pour brusquer l'évolution, fixe la date-butoir du 1er juillet 1861. L'opposition s'organise : au lobby agricole, où les grands minotiers comme Darblay mènent la danse, s'associe un syndicat industriel qui groupe Léon Talabot, des filateurs de coton, le drapier-banquier Seillière, Féray, industriel polyvalent d'Essonnes. L'enquête sur l'état de l'industrie, un moment interrompue par la guerre d'Italie, progresse. Les saint-simoniens et les manchestériens resserrent les liens que la politique extérieure de Napoléon III a distendus entre l'Angleterre et la France. Michel Chevalier se rend outre-Manche pour conférer avec Richard Cobden, qui a la confiance de Gladstone. Le théoricien anglais est ensuite présenté à Rouher et à Fould, puis à l'Empereur.

Le ministre des Finances et le directeur des douanes sont tenus à l'écart de la négociation point par point que Rouher, ministre des Travaux publics et du Commerce, mène en secret avec l'émissaire anglais. Mme Rouher est chargée du classement des dossiers ; des dames de la société, réputées pour leur discrétion, servent de rédactrices. Les accords prévus fixent le plafond des droits à 30 % pour Rouher, à 15 % pour Cobden. On discute beaucoup des principales exportations françaises, les vins et les eaux-de-vie. On prétend que l'accord, laborieusement acquis, est payé de la cession de Nice et de la Savoie et que l'Empereur, pour mener sa politique italienne, a sacrifié l'économie française. Les protectionnistes sont, en général, des patrons d'industrie catholiques et des grands propriétaires amis des évêques. Le dérapage des négociations commerciales sur le terrain politique, miné par les affaires d'Italie, devient menaçant. « C'est tout le parti conservateur qui est atteint dans ses intérêts », affirme le républicain Darimon.

On accuse Rouher d'être un agent anglais, payé par la Banque d'Angleterre. Les industriels réservent à la hâte des places dans les trains pour aller protester à Paris. Les filateurs et les maîtres de forges ne quittent plus l'hôtel du Louvre, attendant d'être reçus aux Tuileries. Léon Talabot, de la compagnie d'Anzin, appelle Thiers à la rescousse. Cette agitation est vaine : le traité est signé le 23 janvier 1860 et Palmerston s'en réjouit bruyamment à Londres. Au Corps législatif, le filateur normand Pouyer-Quertier prend la tête de l'opposition protectionniste et catholique. Cette fronde vigilante oblige le gouvernement à négocier fermement les conventions commerciales, bientôt étendues à la Prusse et aux autres États européens. Le libre-échange, parti d'Angleterre, avait réussi grâce à Napoléon III l'invasion de l'Europe.

Cette victoire ne suffisait pas à la gloire de l'Empereur. L'exemple de l'Angleterre lui donnait l'ambition de réussir l'insertion de la France dans les grands circuits mondiaux d'échange, et d'abord en Méditerranée. Les Anglais avaient réussi à se créer un marché privilégié aux Indes, ils partaient à la conquête de la Chine. Napoléon pensait que le terrain d'expansion de la France était en Afrique, peut-être en Extrême-Orient. Les cinq comptoirs français des Indes étaient trop enclavés pour se prêter à un développement. La conquête de territoires en mer de Chine et dans le Pacifique, due aux initiatives des marins et des missionnaires, avait abouti à quelques fixations notables. Mais les armateurs bordelais, en raison des droits de douane élevés, n'avaient guère encouragé la création de comptoirs en Extrême-Orient.

L'amiral Rigault de Genouilly était intervenu en Annam pour protester contre le massacre de prêtres français, en 1858. Au début de 1859, il avait pris Saigon qu'il devait retrouver intact après l'expédition de Chine, en 1861. Un traité est alors signé avec l'empereur d'Annam, élargi progressivement à la Cochinchine. De là les explorateurs cherchent, du Tonkin au Cambodge, l'accès à la Chine du Sud. Le gouvernement ne les soutient pas vraiment, bien que Chasseloup-Laubat, ministre de la Marine en 1860, soit un partisan déterminé de l'expansion dans le Pacifique.

Jusque-là, les Français n'y étaient intervenus que pour soutenir les missionnaires ou les marchands en difficulté. Ils avaient ainsi pris pied en Nouvelle-Calédonie, sans rencontrer d'opposition internationale, et dans les îles Marquises. A Tahiti, la concurrence anglaise était forte. En revanche, en Afrique, les commerçants de Marseille avaient établi des comptoirs recueillant le caoutchouc découvert au Gabon, l'huile de palme du golfe de Guinée (commercialisée par la firme Régis, de Marseille) et l'huile d'arachide du Sénégal. Un polytechnicien inspiré de l'armée française, Faidherbe, avait disputé le Sénégal aux Maures et aux musulmans du Soudan et du Fouta-Djalon, réalisant en Afrique la première colonie d'un seul tenant, et engageant des tirailleurs sénégalais dans une véritable armée de pacification.

La possession française la plus vaste, la seule qui fût peuplée d'Européens, était l'Algérie. Au retour de Crimée, l'armée y avait lancé la dernière opération de « pacification ». Le gouverneur Randon innovait : « Les villages, dit-il dans ses instructions, au lieu d'être détruits, seront occupés, des voies de communication seront ouvertes. » Ils furent néanmoins abondamment bombardés par les canons de Mac-Mahon. Malgré la résistance désespérée des Kabyles, le succès de l'expédition fut total : toutes les tribus demandèrent l'*amam*. En récompense, l'Empereur épingla sur la poitrine de Mac-Mahon sa propre médaille militaire. Dès 1858, Napoléon décida de changer de politique, de retirer l'Algérie à l'armée, puisqu'elle était pacifiée : il confia alors au prince Jérôme le ministère de l'Algérie et des Colonies qui supprimait le gouvernement général. Mac-Mahon reçut des pouvoirs uniquement militaires. Le général lui-même avait expliqué au prince Jérôme qu'il était essentiel, si l'on voulait maintenir la paix, de ne pas empiéter sur la propriété musulmane au profit des colons.

Après la campagne d'Italie, Napoléon supprima le ministère de l'Algérie, où les fonctionnaires civils brimaient plus que jamais les indigènes au profit des colons. Pélissier, puis Mac-Mahon, seront nommés gouverneur général de l'Algérie. L'Empereur était convaincu que la colonie, où les Européens étaient minoritaires, devait devenir un « royaume arabe » ; en lui assurant un développement rapide, la France pourrait établir des liens commerciaux et culturels profonds sur les deux rives de la Méditerranée : vue d'avenir, typiquement saint-simonienne. Non seulement, au cours de son voyage de 1860, il avait affiché son admiration pour la noblesse des chefs arabes, mais il pratiquait, depuis la guerre de Crimée, une politique d'entente avec le gouvernement turc et pensait que la France devait se tenir proche de l'Islam. Il s'opposait au refoulement des indigènes et à la spoliation des terres. Il rêvait d'introduire la propriété individuelle chez les Arabes. La violente révolte des Ouled Sidi Cheikh l'encouragea dans cette voie. Il avait pu constater dans les guerres de Crimée et d'Italie la bonne tenue des troupes algériennes et souhaitait poursuivre le recrutement indigène des « turcos ».

Mac-Mahon voulait voir « Européens et indigènes ne plus former qu'une nation ». Il était pour l'association, non pour l'assimilation qui lui semblait une chimère. Une série de grands travaux, pensait au contraire l'Empereur, devait permettre un essor économique rapide qui faciliterait la fusion des communautés. Il estimerait plus tard, après son triomphal voyage en Algérie de mai-juin 1865, que les Arabes, tout en gardant leurs lois et coutumes musulmanes, devaient être considérés comme Français. Ils auraient accès à tous les emplois civils et militaires. On lancerait dans leur pays un vaste programme de constructions, de routes, de chemins de fer, de barrages d'irrigation. Il fallait « gagner les sympathies des Arabes par des bienfaits positifs ». Alors, la gloire de la France « retentirait depuis Tunis jusqu'à l'Euphrate ». Elle assurerait aux commerçants et industriels une prépondérance « qui ne peut exciter la jalousie de personne puisqu'elle s'appuie non sur la conquête, mais sur l'amour de l'humanité et du progrès ».

La politique arabe menée en Algérie devait faire apparaître la France comme la protectrice des intérêts musulmans. La pacification du Levant s'était inspirée des mêmes principes : Napoléon III avait négocié avec les Turcs pour concevoir un statut qui établisse la pluralité des religions dans les institutions. Cette sollicitude pour des pays où les intérêts français étaient déjà présents voyait loin : un jour le canal de Suez serait ouvert, et la France devait, en Égypte, pratiquer une politique d'amitié et d'entente. Encore devait-elle ménager l'Angleterre dans cette région sensible de la route des Indes.

Le secret devait présider à l'entreprise du canal dont un Français, Ferdinand de Lesseps, avait eu l'initiative. Ce saint-simonien n'était pas polytechnicien mais diplomate. Lié par sa mère à la famille de l'Impératrice, il avait eu la chance de suivre son père, nommé consul en Égypte, puis d'être nommé lui-même consul au Caire, où Mehemet Ali lui avait confié l'éducation de son fils, le prince Saïd. Cette amitié précieuse devait lui permettre, plus tard, d'étudier de près un projet de canal auquel s'intéressait aussi le chancelier d'Autriche Metternich qui voulait importer directement d'Orient les produits que l'Angleterre réexportait en Allemagne et en Autriche, réalisant ainsi d'énormes profits. Le saint-simonien Enfantin avait constitué dès 1846 une société d'études du canal. Aux côtés des Français, des ingénieurs autrichiens et des banquiers anglais s'intéressaient à l'entreprise. L'Anglais Stevenson développait alors la thèse qu'un chemin de fer serait moins coûteux que le canal, et l'anglophile Abbas Pacha, qui avait succédé à son père Mehemet en 1849, partageait ces vues. Il avait signé un contrat avec les Anglais pour la ligne Alexandrie-Le Caire. Mais il avait été assassiné en 1854 et Saïd, l'ami de Lesseps, s'était assis sur le trône de vice-roi d'Égypte.

Le Français l'avait aussitôt convaincu de la nécessité d'entreprendre le canal, qui « faciliterait pour toujours le pèlerinage de La Mecque ». Le 30 novembre 1854, sans intervention du gouvernement français, Saïd signait un firman autorisant une compagnie privée dirigée par Lesseps à entreprendre les études, réunir le capital, diriger les travaux. Lesseps adressa une lettre à sa cousine Eugénie, lui demandant que l'Empereur décore Saïd de la Légion d'honneur. Lui-même avait expédié un courrier promettant, en termes vagues, le soutien de la France. L'affaire restait privée et n'engageait pas l'Empire. Enfantin et les saint-simoniens combattaient Lesseps au lieu de le soutenir, car ils étaient partisans d'un tracé différent du canal, par le Nil. Le grand vizir Rachid Pacha devait, à Constantinople, approuver le firman. Mais il était sous la coupe de l'ambassadeur anglais, sir Stratford de Redcliffe, qui obligea la Porte à éluder tout accord. Ainsi l'une des grandes idées du règne s'affirmait en dépit de l'opposition britannique, sans que le gouvernement français ose prendre officiellement position. Devant les difficultés rencontrées par Lesseps, Saïd prit la décision de financer lui-même le repérage et les études techniques. La compagnie, mise en place malgré toutes les oppositions, reçut des Égyptiens une concession en bonne et due forme. Une grande aventure commençait : Napoléon III n'y était officiellement pour rien.

Les Anglais se saisirent du prétexte selon lequel Saïd avait prévu d'attribuer aux travaux une main-d'œuvre fournie par la corvée pour dénoncer l'esclavagisme de l'entreprise. Dans l'entourage de Saïd, les oppositions se faisaient jour, suscitées par l'Angleterre où Palmerston confirmait son hostilité au projet. En 1858, Lesseps lançait en France, directement, sans intermédiaire bancaire, une souscription de deux cents millions qui fut couverte à raison de 200 000 actions pour la France et la moitié environ pour l'Égypte. Il fit entrer le prince Jérôme dans son conseil d'administration ainsi que deux banquiers, l'un américain et l'autre autrichien. En 1859, malgré l'opposition des Turcs, Port-Saïd était fondée, les travaux commencés, sans que Napoléon III se fût manifesté. Mais l'Angleterre restait résolument hostile, elle allait jusqu'à envisager la déposition de Saïd. Lesseps fut contraint de demander un rendez-vous à l'Empereur.

La guerre d'Italie rendait ce dernier circonspect, mais il n'était pas fâché de soutenir à Constantinople des intérêts français, pour obliger les Anglais à plus de compréhension. « La concession fait de M. de Lesseps le véritable pacha de l'Égypte », grondait Lord Russell, et la presse anglaise se rangeait violemment aux côtés de Palmerston. La présence des Français sur la route des Indes était intolérable. Constatant la réussite des premiers chantiers, l'ambassadeur Redcliffe envisagea, en désespoir de cause, le rachat des actions françaises. Un entrepreneur, Lavalley, avait construit et livré en Égypte une flotte de dragues géantes qui réduisaient le travail servile. Mort prématurément, Saïd fut remplacé par son père, Ismaïl : il soutiendrait constamment Lesseps contre l'offensive des Anglais et lui permettrait d'obtenir enfin du sultan le firman approuvant la concession.

Quand le canal fut inauguré, en 1869, l'Impératrice tint à patronner la cérémonie. Elle avait beaucoup aidé Lesseps, notamment en l'introduisant au Palais dans les moments décisifs, pour qu'il puisse y rencontrer discrètement l'Empereur. Elle lui avait permis de contrer la dernière manœuvre anglaise qui voulait lui substituer, à la présidence de la compagnie, le duc de Morny, spécialiste des grands sabordages financiers. L'Empereur avait soutenu l'opération sans la prendre en charge, il était intervenu auprès des Turcs sans action diplomatique officielle. Dans l'affaire de Suez, une des réussites du règne, il était plus discret que secret, il avait imité la cynique attitude des gouvernements anglais : ne pas couvrir une initiative privée avant d'être tout à fait sûr qu'elle est devenue une réussite, et, dans ce cas seulement, imposer la marque de la Couronne. Le 15 août 1869, encore sous le charme de son passage à Constantinople, Eugénie, à bord du yacht l'*Aigle*, recevait tous les rois d'Europe à Port-Saïd. Lesseps refusa le titre de duc de Suez.

La voie royale de Suez s'imposait avec une telle évidence que le projet de chemin de fer anglais paraissait soudain dérisoire. Pourtant, le transcontinental nord-sud, la voie du Caire au Cap, serait cinquante ans plus tard un des axes fondamentaux de l'Empire. La puissance insulaire avait manqué le rendez-vous du canal. Sans montrer le bout de son bicorne, Napoléon avait dépassé le rêve égyptien de son oncle, en utilisant le génie d'un Français d'une telle exubérante vitalité qu'il devait, quelques années plus tard, tenter de percer l'isthme de Panama.

Napoléon III y songeait aussi, depuis 1846. Il était alors prisonnier dans le fort de Ham et réfléchissait à la percée d'un canal des deux Océans, qui serait comme une nouvelle découverte de l'Amérique : après l'ère des découvreurs du XVIe siècle venait celle des ingénieurs. Au lieu de Panama, il envisageait le Nicaragua : le commerce du monde entier emprunterait cette autre voie royale, que le futur empereur situait à cinq degrés de latitude plus au nord. Au temps des vapeurs, les calmes de la mer Rouge et les moussons de l'océan Indien ne gênaient plus la navigation, et la compagnie de Suez devait faire fortune. Plus éclatante encore serait la réussite du canal des deux mers : elle permettrait le peuplement et la mise en valeur des mines et des terres riches de cette région du monde encore inexploitée, entre l'Amérique latine et le monde anglo-saxon qui se constituait du Mississippi à la Californie. Une ville fondée à l'entrée du canal aurait assurément le destin de Byzance, tant il était assuré qu'elle regorgerait de richesses. Ainsi spéculait le prisonnier, dans le silence du fort de Ham.

L'isthme de l'Amérique centrale était peuplé d'Indiens et de Noirs achetés pour les plantations côtières des petits États semi-coloniaux de langue espagnole attirés par le commerce anglais ou américain. L'économie du sucre avait longtemps dominé la mer des Caraïbes, avant d'être relayée par le coton, le tabac, le café. On n'avait pas oublié la belle époque des diamants, des mines d'or et d'argent, des émeraudes de Colombie. La région exerçait sur un Européen une fascination qui ne pouvait se démentir ; l'or de Californie hantait les émigrants et bientôt les foreuses exploreraient les gîtes de pétrole au Texas : l'avenir du monde était là. Était-ce rêver que de souhaiter, pour la France, une participation à la nouvelle ère de découvertes qui s'annonçait ? Comment ne pas voir qu'en utilisant la compétence et l'expérience des ingénieurs saint-simoniens, on pouvait donner au pays la clé du monde nouveau, celle des écluses d'un autre canal ?

Encore était-il nécessaire d'établir un relais politique comparable à l'Égypte de Saïd et d'Ismaïl dans la région, d'aider à construire un État qui fût favorable à la réalisation d'un projet d'importance mondiale. Le Brésil ami, qui donnait à ses villes des noms de métaux précieux, Diamantina, Ouro Preto, était loin vers le sud. Il avait inscrit sur son drapeau la maxime saint-simonienne « ordre et progrès ». Ne pouvait-on favoriser la constitution d'un État solide, aidé par la finance et la technologie européennes, autour du tropique du Cancer ? L'Europe devait unir ses moyens, et non se perdre en rivalités dans cette affaire : elle devait profiter de l'impuissance momentanée des Yankees, qui s'apprêtaient à se déchirer dans une longue guerre civile à propos de l'esclavage des Noirs dans les États du Sud.

Une nation attirait le regard « rêveur » de Napoléon devenu empereur, sur le planisphère de son bureau, au château de Compiègne : le Mexique. Il serait le nouveau Cortez qui « organiserait » (pour employer le langage des saint-simoniens) le premier État industriel de l'Amérique latine. Pour le rendre stable, il lui donnerait un « empereur » allemand et catholique, qui s'appuierait sur l'immense fortune du clergé et des propriétaires terriens. Qu'avait-il fait d'autre en France pour s'emparer du pouvoir et lancer sur les rails du chemin de fer la révolution du père Enfantin ?

Décidément, le Mexique est l'aventure la plus futuriste, la plus folle du règne. Elle manifeste une ambition planétaire sans égale, surpassant même le défi de Suez. L'Empereur commence par s'assurer qu'il existe un milieu politique local capable d'assumer l'entreprise. Des Mexicains influents, découragés par l'insécurité et l'instabilité de leur pays, se sont installés princièrement en Europe, de préférence à Paris et à Rome. Ils ont les moyens d'être reçus à la cour des Tuileries, fort hospitalière pour les riches étrangers. Tous catholiques, ils versent de fortes sommes au denier de Saint-Pierre. L'Église est dans leur pays le seul élément d'ordre, et elle assure leur domination. Ce n'est pas un hasard si les bandits libéraux, qui suivent l'Indien Juarez, pillent les couvents et les églises. Ils veulent s'approprier les biens du clergé, dresser le peuple contre ces prêtres, ces bons prêtres qui ont été jadis, comme l'abbé Hidalgo et l'abbé Morelos, les héros de l'indépendance contre l'Espagne. Les émigrés ont hâte d'asseoir de nouveau leur puissance sur celle du clergé et les hauts dignitaires catholiques sont, en Europe, leurs interlocuteurs privilégiés : n'ont-ils pas dans leur pays les mêmes problèmes que le pape dans Rome ? L'archevêque de Mexico, Mgr Labastida, a trouvé refuge à Paris, estimant sa sécurité compromise dans son palais. Tel est le discours des émigrés.

Un champion de la cause catholique combat au Mexique, l'avocat Juarez. Ce cavalier intrépide a vingt-six ans. Il est capable de rallier 2 000 cavaliers pour lancer un raid sur Vera Cruz et de se retirer ensuite à Mexico, son quartier général. Ce Miramon est présenté sous les aspects les plus flatteurs à Paris par le général Almonte, qui se dit capable d'assurer la reconquête pour peu qu'on lui fournisse des armes et de l'argent. Les grands propriétaires, Hidalgo et surtout Guttierez de Estrada, sont convaincus que seul un régime monarchiste peut rétablir durablement l'ordre au Mexique : depuis la mort de l'« empereur » Iturbide, premier souverain après l'indépendance, les Mexicains vivent sous une République instable, ponctuée de longues périodes de dictature. Le président Comonfort n'a pas pu arbitrer le conflit aigu entre les libéraux, qui s'appuient sur le peuple indien ou métis, et les conservateurs, européens d'origine et maîtres des terres. Depuis 1857 ce conflit est armé. Les émigrés se gardent bien de préciser que le « général » Miramon est tout aussi cupide et cruel que Juarez, qu'il ne respecte ni les personnes ni les biens. Napoléon III peut comprendre que, dans ce pays, la République est incapable d'assurer la sécurité et qu'elle ne songe même pas au développement. Le Mexique attend un protecteur et un souverain.

On rappelle à l'Empereur la richesse des terres tempérées et tropicales, la tradition minière depuis l'exploitation des mines d'argent du Potosi qui ont alimenté les banques européennes pendant trois siècles. Les ressources insoupçonnées du pays sont immenses, sa position géographique unique : il contient, au nord, la poussée des Yankees et s'ouvre à l'ouest sur l'immense Pacifique, à l'est sur la Méditerranée américaine. Qu'il devienne la première puissance militaire de la région, il fera régner l'ordre international autour du futur canal des deux Océans. L'entreprise mexicaine a toutes les apparences de la raison, aux yeux d'un souverain qui s'est fixé pour horizon le monde et pour durée le long terme.

Ses terres tempérées rendent possibles l'urbanisation et l'émigration des Européens du Sud : au lieu de s'entasser dans les quartiers de New York, les Italiens trop nombreux sur leur sol pourront prendre le bateau de Vera Cruz, à l'exemple des Français de Barcelonnette qui ont réussi à y constituer une colonie. Les populations excédentaires et remuantes de l'Autriche-Hongrie, ces Slaves du Sud aux terres pauvres, les Polonais de l'Empire et ceux de Galicie, les Grecs humiliés par les Turcs, les Maltais et les Chypriotes se bousculeront dans les bureaux des compagnies maritimes, comme les Allemands et les Irlandais se pressent sur les quais de New York, attendant l'autorisation de résider. Un nouveau flux migratoire vers l'Amérique latine peut entrer dans les vues de l'Empereur, qui connaît le chemin du Havre, fort fréquenté par les émigrants allemands qui font relâche à Paris dans le quartier dit des Américains, aux Buttes-Chaumont.

Les Européens ont déjà des intérêts au Mexique : les mines d'argent sont exploitées par les Anglais, qui ont également créé des plantations. Les Espagnols sont les maîtres à Mexico, où leur longue implantation et la communauté de langue et de religion ont créé des habitudes. Les Français, émigrants pauvres, sont volontiers bijoutiers, tailleurs, restaurateurs. Ils ont parfois ouvert des banques, des ateliers de joaillerie, défriché des terres. Leur avenir au Mexique est compromis : Juarez ou Miramon les exploitent, leur imposant des taxes abusives, des expropriations non justifiées, des emprunts forcés. La guerre civile détruit les récoltes, décime les troupeaux, ruine les villes. En 1860 un détachement juariste a capturé un convoi de métaux précieux sur la route de Tampico. Les propriétaires anglais ont vivement protesté. L'argent n'a pas été rendu. On doit faire accompagner les diligences par des cavaliers armés, pour qu'elles ne soient pas pillées. Comment peut-on favoriser l'émigration vers un pays aussi incertain ?

Napoléon III envoie sur place un chargé d'affaire, Dubois de Saligny, dont il attend un rapport précis sur les possibilités d'intervention. Quand il débarque à Vera Cruz, le diplomate apprend le départ pour l'exil du général Miramon, qui a dû céder Mexico à Juarez, le 11 janvier 1861. Le parti conservateur est alors en déroute, l'Église menacée de spoliation. Le parti libéral de Juarez avait en effet annoncé son intention de se saisir de tous les biens ecclésiastiques pour relever les finances de l'État et éteindre la dette étrangère. Depuis longtemps, les commerçants ne sont pas payés, ils n'ont obtenu aucune indemnisation pour les dommages subis du fait de la guerre civile ou de l'insécurité. Les consuls ne peuvent intervenir en leur faveur. Sous la menace des flottes étrangères, les gouvernements successifs avaient promis de s'acquitter de leur dette en bons, en « délégations ». La France avait obtenu la création d'un fonds d'amortissement, imitée par les autres États : l'ensemble formait l'épais portefeuille des « conventions étrangères », qui n'étaient plus honorées. Les Anglais, pour se rembourser, saisissaient les droits de douane à Vera Cruz. Quand il lut en avril 1861 le rapport de Dubois de Saligny, l'Empereur comprit qu'il tenait un solide prétexte d'intervention, et qu'il serait suivi par l'Angleterre et l'Espagne : « Il me paraît nécessaire, disait le chargé d'affaires, que nous ayons sur les côtes du Mexique une force matérielle suffisante pour pourvoir, quoi qu'il arrive, à tous nos intérêts. » L'Empereur, empêtré dans les affaires italiennes, talonné par le clergé français intransigeant, songeait à faire d'une pierre deux coups : poursuivre son rêve d'expansion saint-simonienne en Méditerranée américaine et se faire, au Mexique comme en Syrie et en Indochine, le soldat de l'Église : un rôle qu'il connaissait à merveille.

La participation de l'Angleterre était essentielle, il fallait que l'expédition fût internationale. A l'idée du développement, l'Empereur comptait aussi associer l'Europe. Il avait regretté que le cabinet de Londres combattît avec obstination le projet de Suez. Il recherchait en priorité l'alliance anglaise, car celle de l'Espagne n'était pas douteuse : la cour de Madrid était la première plaignante dans le dossier des « conventions étrangères ».

Juarez venait de saisir le trésor de 500 000 piastres gageant l'exécution du service des dettes. Il donnait ainsi le signal de départ aux Européens qui signaient, sans plus attendre, le 31 octobre 1861, la Convention de Londres. Sans doute leurs motivations étaient-elles différentes : le cabinet anglais n'avait pas d'autre raison que financière de combattre Juarez. Il entendait se présenter en huissier, avec une force réduite à quelques navires chargés d'infanterie de marine. Lord Russell redoutait la susceptibilité de Washington et les ambitions de ses alliés : il ne voulait pas intervenir dans les affaires intérieures mexicaines et en informa préventivement le gouvernement des États-Unis. Il ne put toutefois imposer une clause interdisant au corps expéditionnaire de débarquer et de prendre, en cas de nécessité, la ville de Mexico en gage. Si les Espagnols et les Français étaient d'accord pour abattre le régime républicain et anticlérical de Juarez, qui commençait à saisir les biens d'Église, ils avaient des vues différentes sur la future monarchie mexicaine : à Madrid, la reine Isabelle songeait à un Bourbon ; à Paris, le ministre Thouvenel suggérait l'archiduc d'Autriche Maximilien, un prince catholique aimé du pape. Comme à l'accoutumée, l'Empereur n'avait mis aucun ministre dans la confidence de l'expédition. Le maréchal Randon n'était pas à son cabinet quand on décida d'embarquer quelques bataillons des troupes d'Afrique et de marine, 2 500 hommes, aux côtés d'une armée espagnole de 6 000 soldats rassemblés à Cuba et commandés par le prestigieux général Prim, comte de Reuss et marquis de Los Castillejos. Comment l'amiral Jurien de la Gravière pourrait-il faire entendre raison à ce grand d'Espagne ?

Dès le départ, la France engageait des moyens qui n'étaient pas à la hauteur de ses ambitions, ignorant tout des capacités de résistance du pays, et du poids réel de Juarez sur les populations. Les instructions données aux chefs de l'expédition n'étaient pas assez précises, pas assez homogènes, pour que leur entente pût se prolonger longtemps sur le terrain : les Espagnols, débarqués les premiers, semblaient en terrain conquis. Sir Charles Wyke avait obtenu l'accord de Prim et de l'amiral français pour qu'une proclamation pacifique et bienveillante fût adressée aussitôt au « peuple mexicain ». On parlait d'« ordre, de paix, de civilisation ». Quand on en vint à formuler la créance, sir Wyke fut indigné des prétentions françaises qu'il qualifia de *shamefull* (honteuses). Napoléon III avait-il admis qu'on réclamât au Mexique les 12 millions de piastres de la créance Jecker, un financier suisse en faillite qui voulait négocier sur les marchés européens les bons de conversion de la dette mexicaine qu'il avait acquis à un taux usuraire ? Miramon, qui avait accepté la combinaison osait se présenter à Vera Cruz où sir Charles Wyke voulut le faire arrêter comme escroc. A Paris, dans les rédactions et les couloirs de la Chambre, on commençait à associer le nom de Morny à ces manœuvres louches. Thouvenel était embarrassé : l'affaire commençait mal.

Une lettre découverte aux Tuileries sur le bureau de Conti, chef de cabinet de l'Empereur lors de l'invasion du palais par les Communards, en 1871, accable Morny : « Vous ignorez sans doute, écrit l'escroc Jecker, que j'avais pour associé dans cette affaire le duc de Morny qui s'était engagé, moyennant 30 % des bénéfices... à la faire respecter et payer par le gouvernement mexicain. » Jecker avertit qu'il ne gardera plus le secret, qu'il est obligé de se défendre. Il regrette le « mauvais jour » que sa confession « jettera sur le gouvernement de l'Empereur ». S'agit-il d'un maître chanteur ? C'est

Morny qui a fait désigner Dubois de Saligny pour le Mexique, et il a recommandé Jecker pour qu'il obtienne la nationalité française. Compromis dans l'affaire de Suez où il est intervenu dans *La Presse* d'Émile de Girardin pour faire dénoncer l'« aventure périlleuse », dans le but d'éliminer Lesseps et sa compagnie et de constituer un groupe à majorité anglaise, Morny a fort bien pu recommander le Suisse et soutenir avec insistance ses intérêts. On affirme à l'époque que l'Impératrice elle-même aurait reçu des mains de Morny huit millions de bons, dont la banque Pereire aurait escompté quatre millions et demi. Aucun de ces bruits n'est vérifiable et le comte de Kératry, quand il écrit : « M. Thouvenel avait dû subir une influence mystérieuse qui ne lui laissait plus la liberté de sa politique : une main occulte tenait tous les fils », n'avance pas l'ombre d'une preuve. Il n'importe : les bruits fâcheux sur la créance Jecker circulent dans toute l'Europe, diffusés à partir de Londres. Morny, attaqué à la Chambre par Jules Favre, se défendit en affirmant : « Le seul titre qui motive la politique du gouvernement français a été que tous les créanciers de cette maison étaient français », ce qui était en partie vrai. De plus, la naturalisation de Jecker l'autorisait à faire défendre ses intérêts par l'Empire.

L'escadre qui déployait dans le port de Vera Cruz une bannière saint-simonienne où l'on pouvait lire « ordre et progrès » attendrait-elle longtemps que les Mexicains daignent honorer de douteuses créances ? L'amiral était perplexe. Sir Charles Wyke trouvait Juarez de plus en plus correct et sympathique. Aucun représentant du parti conservateur ne s'était présenté aux alliés. En revanche, le dictateur avait fait savoir que, pour épargner aux soldats la redoutable fièvre jaune, le *vomito* qui les condamnait à mort dans le climat côtier, très malsain d'avril à septembre, les troupes pourraient accéder à trois villes salubres : il leur suffisait de signer une convention où ils s'engageraient « à ne pas porter atteinte à l'indépendance, à la souveraineté, à l'intégrité du territoire de la République ». Juarez demandait en outre que le drapeau mexicain rejoignît les drapeaux alliés, sur les places de Vera Cruz. Les alliés signèrent aussitôt. Ils acceptaient en somme, jusqu'à la fin de la discussion sur les dettes, l'hospitalité de leur débiteur.

Ils avaient devant eux un adversaire apparemment décidé à faire régner l'ordre au Mexique par les moyens les plus durs : une loi dite « mortuaire » promettait la peine capitale à tous ceux qui « prêteraient leur concours aux envahisseurs », soit en leur fournissant des armes, soit en travaillant pour eux. On devait faire le vide devant les alliés, les dissuader d'une longue occupation, plus encore d'une conquête. Les soldats mexicains des avant-postes étaient déterminés, disciplinés. Les Anglais, qui étaient restés à bord de leurs navires, échappant ainsi à l'épidémie, s'apprêtaient à repartir prochainement, une fois leur créance liquidée. Ils ne feraient pas la guerre pour les agioteurs français. Au chaud soleil de Vera Cruz, le rêve de l'Empereur perdait soudain tout sens. Si on avait demandé l'avis de l'amiral de La Gravière, il aurait donné sur-le-champ l'ordre d'appareiller. Il était clair que le gouvernement mexicain ne pouvait rien payer, et que les Français n'avaient pas les moyens de le contraindre, encore moins d'établir dans ce pays un roi venu de la Cour la plus policée d'Europe.

Au début de 1862 le gouvernement français décida d'augmenter d'une brigade de 4 000 hommes les effectifs présents au Mexique. Le général de Lorencez, à la tête de cette unité, s'étonnait de voir le drapeau mexicain flotter sur le port. Les alliés étaient-ils déjà maîtres du pays ? Il réalisa immédiatement, quand on lui dit que les soldats étaient parqués dans une ville du plateau, qu'il était tombé dans un piège. En même temps que lui débarquait, d'un autre navire, un groupe d'émigrés mexicains derrière le général Almonte, qui passait pour le fils naturel de l'abbé Morelos. Plusieurs fois ministre, représentant de Miramon à Paris, il était estimé de l'Empereur qui comptait sur lui pour « réveiller le courant conservateur et provoquer un sursaut de l'opinion publique contre Juarez ». Napoléon III n'avait donc nullement renoncé à ses ambitions. Les émigrés furent immédiatement déclarés rebelles par Juarez et l'un d'eux, surpris par les Mexicains, fut fusillé. Les alliés protestaient vigoureusement contre une entreprise politique non conforme aux accords. Mais la diplomatie impériale répétait qu'il n'était nullement dans les intentions de l'Empereur de renverser le régime mexicain. Tout au plus souhaitait-il donner la parole au peuple et assurer, par un choix démocratique, la constitution d'un gouvernement capable de garantir la sécurité. Les Français défendaient donc Almonte, au risque de se brouiller avec les Anglais et les Espagnols qui regagnaient bientôt leurs navires. Le général Lorencez restait seul sur la grève, aux ordres de Dubois de Saligny qui représentait désormais l'Empereur. L'amiral Jurien de La Gravière était en disgrâce.

Responsables d'une poignée d'émigrés qui n'avaient pas, à l'évidence, les moyens de constituer un parti et de s'emparer du pouvoir, les militaires français n'avaient d'autre issue que la force pour imposer le changement de régime souhaité à Paris. Ils se plaçaient ainsi dans une situation coloniale dont les politiques parisiens n'avaient pas encore l'expérience. Il serait facile à Juarez de développer une propagande active contre les « traîtres », les « agents de l'étranger », et de monter bientôt en épingle, au premier rang, les « atrocités » de l'occupant français. Ce qui était au départ une expédition internationale affichant les couleurs du droit public devenait une simple opération de conquête coloniale, assumée par une seule nation. Dès lors, les diplomaties anglaise et espagnole devenaient les alliées objectives de Juarez.

De tout son pouvoir, l'Empereur tentait d'échapper lui-même au piège. Il gardait la conviction que le Mexique était terre de développement, chantier illimité, l'État-pilote de l'Amérique latine. Morny, présenté comme un agioteur par l'opposition, était sans doute chargé de préparer immédiatement la mise en valeur, puisqu'il avait reçu le banquier Antonio Escadon. Celui-ci avait obtenu de Juarez la concession de la ligne de chemin de fer Vera Cruz-Mexico. Le traité n'était pas ratifié et Escadon avait demandé à Morny d'intervenir dès 1857. « Je l'ai recommandé, expliquait dans une lettre Morny à l'Empereur, à quelques capitalistes et hommes d'affaires. » Escadon n'avait pu trouver les capitaux à Londres, en raison de la crise. Il s'adressait à la place de Paris. « Ce qu'il y a de plus important pour le Mexique, expliquait Morny, c'est que le chemin de fer de Mexico à Vera Cruz soit promptement exécuté. Ce qu'il y a de plus utile, c'est que les capitalistes anglais soient attirés par l'appât de bénéfices considérables. » Morny ne perdait pas de temps : il dépêcha au Mexique un de ses agents financiers, le vicomte de La Pierre, avec ordre de prospecter le pays pour y découvrir les investissements rentables dans la Basse Californie mexicaine, riche en mines. Le vicomte de La Pierre offrit à Morny de constituer une société où l'Empereur lui-même aurait pris une participation, couverte par l'anonymat. Cette affaire en or devait, disait le signataire, « mériter l'attention même d'un souverain ». Cette lettre est sans doute authentique : elle traduit à coup sûr l'état d'esprit d'une époque où les gens d'affaires n'imaginaient pas que l'Empereur lui-même, ou l'Impératrice, pussent refuser un investissement fructueux, au même titre que tous les Français : la bonne conscience des spéculateurs était totale. Le vicomte de La Pierre se rendait compte, néanmoins, que cette opération nécessitait de la « discrétion ». On ne pouvait être plus complaisant. Les Orléans, il est vrai, avaient investi une fortune dans beaucoup d'affaires françaises. Pourquoi les Bonaparte, qui avaient tant manqué d'argent, eussent-ils été en reste ?

Le sous-sol du Mexique est riche en métaux de toute sorte : s'il a perdu au profit des États-Unis la Californie du Nord, où, depuis 1848, les mineurs extraient des tonnes d'or, il lui reste celle du Sud, prometteuse. Il recèle de l'argent, du cuivre, du plomb, du mercure et de l'arsenic. Les ressources en houille et en fer permettent d'envisager un développement industriel, et l'immense territoire se prête aussi bien à l'élevage qu'à toute la gamme des cultures. Il ne manque au pays que des hommes et des capitaux. L'intérêt de l'Empereur pour le Mexique va bien au-delà d'une simple spéculation boursière. Il en attend la vraie richesse, celle qui peut créer, de Bordeaux et de Saint-Nazaire jusqu'à Vera Cruz, un courant continu d'échanges.

Encore faut-il imposer au pays une politique plus efficace que celle d'un Juarez. Seuls les liens étroits avec l'Europe peuvent attirer les capitaux et les émigrants, en instaurant la confiance. Seule l'occupation militaire permettra l'installation d'un véritable État monarchique à l'européenne, avec des institutions calquées sur celles de France.

Le général Lorencez, qui disposait de bonnes troupes, croyait ne faire qu'une bouchée des Mexicains qui l'entouraient. Il avait été rejoint par quelques généraux conservateurs, comme Méjia et Marquez, qui entraînaient des pistoleros dépenaillés dont les cartouchières étaient bien garnies. Lorencez savait que la saison des pluies ramènerait le *vomito* et qu'il devait agir vite. Il saisit le premier prétexte (l'isolement de blessés français sur le plateau) pour ouvrir les hostilités, et s'engager sur la route des terres froides.

Les soldats mexicains, dirigés par Saragoza, lâchèrent d'abord Orizaba, mais ils se retranchèrent dans la place forte de Puebla de Los Angeles, la cité des Anges. Saragoza avait élevé des barricades dans toutes les rues et transformé la montagne qui dominait la ville en un camp retranché doté d'artillerie. Les Français furent massacrés. Lorencez, à son premier combat, dut se résoudre à une retraite précipitée. Puebla commandait la route de Mexico. Les Français devraient-ils rembarquer ?

Déjà les guérillas harcelaient la région de Vera Cruz, renforcées de volontaires à qui Saragoza racontait « la victoire des soldats de l'Anahuac sur les premiers soldats du monde ».

Napoléon III devait envoyer de nouveaux renforts, sous peine de perdre la face. La défaite de Puebla avait été annoncée à l'Europe par *L'Indépendance belge*. On ne pouvait la tenir cachée. Au Corps législatif, en juin, Jules Favre s'étonnait des « mobiles secrets » qui inspiraient l'expédition. Napoléon déplorait l'incapacité du général de Lorencez et, sans plus tenir compte de l'opinion hostile des parlementaires, projetait d'envoyer au Mexique un corps d'armée. Il précisait que la garde de Vera Cruz ne devait pas être assumée par des Européens sensibles aux fièvres, mais par des turcos ou « des nègres venus de la Martinique ». Il écrivait au maréchal Randon pour que l'on prévoie l'installation d'une ligne de télégraphe, que l'on hâte la construction du chemin de fer.

Vingt-trois mille hommes allaient être mis en route, des ports de France en Algérie, de juillet à septembre, dans des conditions déplorables, comme en témoigne le journal de bord du colonel du Barail, qui avait gagné ses galons de cavalier en Afrique. Il embarque ses chasseurs à Alger sur un navire à aube, à voile et à vapeur, construit pour la Crimée. Quatre cent cinquante chevaux et mulets sont hissés à bord, avec des provisions de fourrage. Mais ils sont serrés les uns contre les autres, dans les cales, « comme des anchois dans un baril ». Les chasseurs d'Afrique sont aussi mal lotis que leurs montures. Un trompette a les jambes brisées, renversé par un mulet sur le pont. Les officiers de marine font mettre à la voile, pour économiser le charbon. « Voilà une expédition, note le colonel, qui coûtera au bas mot deux cents millions et on lésine sur quelques tonnes de charbon ! » On passe la ligne, on aborde la mer des Sargasses avec une majestueuse lenteur. Un cyclone, aux abords de la Martinique, provoque un roulis qui renverse les chevaux. Cinquante-sept meurent, tués ou noyés, une quinzaine d'autres sont blessés.

Deux semaines à la Martinique sont nécessaires pour reconstituer la cavalerie et attendre de nouveaux navires venus de France, car une vingtaine sont en rade, touchés par le cyclone. Le 19 octobre, l'*Aube* appareille pour gagner Vera Cruz avec à son bord les chasseurs d'Afrique. Le voilier le *Wagram* l'accompagne, chargé de zouaves qui avaient quitté Alger le 3 septembre ! Ils avaient été embarqués d'abord sur un autre navire, le *Fleurus*, qui avait malheureusement été éperonné, dans le détroit de Gibraltar, par un « transport en fer ». Deux semaines encore pour rallier Vera Cruz à partir de Fort-de-France... On aperçoit, sur les côtes du Mexique, une dizaine d'épaves échouées : la corvette à vapeur de l'État, le *Chaptal*, est parmi les victimes du cyclone. Il est vrai que, devant le *Santa Cruz*, l'escadre exhibe le *Normandie*, « vaisseau cuirassé de premier rang », fierté de la marine. Un navire anglais est encore à l'ancre : à bord, les hommes dansent la gigue, le matin sur le pont, exercice obligatoire pour lutter contre le *vomito*. Des Noirs montent la garde sur le port. Viennent-ils du Sénégal ? Non, dit-on au colonel du Barail, ces Soudanais ont été cédés à l'Empereur par le viceroi d'Égypte, parce qu'ils résistaient au *vomito* et pouvaient dormir au soleil « comme des lézards ». Bientôt, débarquait du *Turenne*, tambours battant, le nouveau chef de l'expédition française, le général Forey.

Il était temps : le 2ᵉ zouaves comptait 350 malades, sur 1 500 hommes. La route de Vera Cruz à Orizaba était devenue difficile à tenir, en raison de la hardiesse des guérilleros. Ils attaquaient les convois, massacrant les cavaleries d'escorte, intimidaient les Mexicains qui s'étaient vendus aux Français : les corps des « traîtres » pourrissaient aux branches des arbres. Certains, pour faire passer les messages des Français d'une ville à l'autre, les roulaient dans leurs cigarettes : aussitôt pris, aussitôt tués. Les marchands payaient les guérilleros pour assurer leurs transports. Un exploit du capitaine Détrie : il avait chargé à la baïonnette avec une poignée d'hommes et permis de sauver Orizaba. Les Mexicains avaient presque réussi à installer, sur une montagne proche de la ville, une batterie d'obusiers. A Orizana les chevaux, faute de foin, mangeaient des cannes à sucre vertes. A Vera Cruz, Forey avait laissé un divisionnaire, Bazaine, pour garder le port. Auréolé de ses campagnes de Crimée et d'Italie, ce baroudeur d'Afrique a « la rouerie des affaires arabes » : on lui fait confiance pour se fondre dans la population mexicaine et renverser la situation. Son chef, Forey, grand comme un tambour-major, a « la mâchoire puissante, indice d'énergie » des hommes de terrain. Distingué par le coup d'État, c'est un général politique honoré de la confiance impériale. Le contraire du « chevalier » Lorencez. Il n'avait pas réussi en Crimée, mais s'était couvert de gloire à Montebello sous les yeux de l'Empereur. Sa nomination au Mexique était sa chance. Il avait tous les pouvoirs.

A peine débarqué, il temporisa, attendant un convoi de mules d'Amérique, soignant les blessés et les malades, attendant le printemps de 1863 pour attaquer. Pendant l'hiver, les Mexicains multiplièrent les attentats, s'approchèrent des postes pour encourager les soldats à la désertion. Les cavaliers en campagne mangeaient plus souvent de la « soupe au caillou » que de la viande de bœuf. Les hommes redoutaient la « mouche de Cordova » qui pondait ses œufs dans les narines, et demandaient du piment rouge pour les fumigations. Au Mexique, disait du Barail, « les oiseaux chanteurs ou criards, parés de plumes éclatantes mangent les insectes, des myriades d'insectes qui mangent l'homme ». Soldats et officiers s'énervent d'une trop longue attente : autour de du Barail, un catalogue du futur commandement de l'armée française au temps de l'affaire Dreyfus : Billot, Galliffet, Mercier, Miribel et le colonel Mangin, du 3e zouaves. A la Légion étrangère, à l'état-major, quelques Allemands qui étudient sur place l'organisation et l'attitude de l'armée française au combat : le baron de Stein, descendant du patriote de 1813, le capitaine von den Burg qui dit à du Barail : « Nous adoptons franchement les théories de l'empereur Napoléon sur les nationalités. Nous revendiquons l'Alsace comme terre allemande. »

Le colonel Dupin, qui figurait au premier plan sur le tableau d'Horace Vernet *La Prise de la Smala d'Abd el-Kader*, avait été radié de l'armée. Vétéran de tous les champs de bataille, il perdait au jeu ses soldes et ses prises avec les femmes. Il avait été rayé des cadres pour avoir réalisé sa collection d'œuvres d'art à partir de pièces volées au palais de l'Empereur, à Pékin. Il avait pris du service dans les auxiliaires mexicains recrutés à prix d'or par les Français. Forey avait décidé de lui confier l'organisation de la contre-guérilla. On ne pouvait progresser au Mexique, et s'ouvrir la route de Mexico avec des arrières incertains, faute d'une méthode d'encadrement des populations. On avertit Forey que Juarez faisait distribuer parmi les défenseurs de Puebla des tracts reproduisant les discours de Favre et de Picard à la Chambre des députés : « en France, on est contre cette guerre ! »

Forey donne enfin l'assaut. Le 29 mars, il prend un fort de la ville, mais il est arrêté par une ligne de maisons fortifiées, les « cadres », que les zouaves doivent enlever une à une, au prix de lourdes pertes. Bazaine suggère de marcher directement sur Mexico, les officiers découragés prêtent l'oreille à ces propos, pendant que Forey temporise encore, attendant des convois de poudre. Le Mexique devient la Crimée. Opportunément, les cavaliers remportent un succès à Cholula, puis ils battent à Atlixco l'armée de secours du général mexicain Comonfort. Une guerre s'engage, digne des commentaires de César sur Alésia. Les cavaliers font le vide autour de la place, brûlent les moissons, attaquent les convois d'approvisionnement des assiégés. Les auxiliaires de Marquez, un Yusuf mexicain, sont les plus redoutables. Ces mercenaires obéissent au « tigre de Tacubaya » et agissent de concert avec les contre-guérilleros de Dupin, affublé d'un dolman rouge vif et coiffé du sombrero garni de pampilles. Tous attendent l'assaut de Puebla, défendu par le général Ortega : 26 000 Français contre 20 000 Mexicains.

Quand le matériel de siège arrive enfin, on se lance à l'assaut de « l'arrogante Puebla ». Les zouaves sont de nouveau massacrés, devant le couvent de Santa Iñès. A Cameron, un village en lisière des terres chaudes, une compagnie de la Légion étrangère commandée par le capitaine Danjou devait périr sous l'assaut de 1 500 Mexicains. Les soldats enrageaient de voir débarquer en grand équipage les épouses des généraux, et du Barail s'indignait du peu de coopération des curés : l'un d'eux vivait en concubinage avec deux servantes fort jeunes et l'on entendait, dans son presbytère, les femmes « jacasser ». L'attente ne pouvait se prolonger, sans dommage pour le moral.

L'assaut se préparait. L'armée de secours de Comonfort avait été dispersée par Bazaine. Ortega décida de se rendre. Forey fit son entrée dans les ruines, déplorant la perte de plus de mille soldats. On incorpora 5 000 hommes, choisis parmi les défenseurs, dans les corps auxiliaires de Marquez. Pour éviter les évasions des prisonniers, on décida de couper les boutons de leurs pantalons, ce qui ne les empêcha pas de s'enfuir. Le 19 mai, après soixante et un jours de siège, Puebla tombait enfin, et les cloches de la cathédrale, où trônait la Vierge d'argent de Guadalupe, sonnaient à toute volée.

A Mexico, Juarez faisait ses bagages, pour gagner avec son gouvernement et les coffres de l'État San Luis del Potosi, à 300 kilomètres au nord-ouest. Il n'abdiquait pas, ne renonçait pas, promettant la mort aux traîtres. Nouveau triomphe pour Forey qui entrait sans coup férir dans Mexico, dans les flonflons des orchestres et sous les fleurs lancées par les belles Mexicaines en robes de fête. « La rentrée des troupes à Paris après la campagne d'Italie peut seule donner l'idée d'un pareil triomphe », écrivait Forey à l'Empereur. Il choisit aussitôt une junte qui désigna un pouvoir exécutif de trois membres, Almonte, le cardinal Labastida et le général Salas. Une assemblée constituante de 250 notables désignés décida le 10 juillet 1863 le rétablissement de la monarchie et offrit la couronne à Maximilien. Forey exécuta les décisions de l'Empereur et ordonna dans la ville une procession solennelle, gigantesque capucinade qui consacrait le triomphe, écrit l'anticlérical du Barail « du parti clérical ». L'armée, le dimanche, assistait aux offices.

Les bonnes nouvelles expédiées à Paris par Forey tombaient mal : des voix s'élevaient, plus nombreuses, au Conseil des ministres pour conseiller la prudence, surtout celle du maréchal Randon, furieux de sacrifier à une cause douteuse ses meilleures unités. Une dépêche du ministre Drouyn de Lhuys troubla vivement le général : pas un mot de Maximilien. On recommandait de s'entendre avec les « chefs » les plus capables. La politique à Paris changeait : Saligny était brutalement congédié, Forey lui-même, élevé à la dignité de maréchal, était rappelé. Bazaine régnait seul au Mexique. L'Empereur avait-il renoncé à son rêve ?

L'année 1863 était électorale et Napoléon III s'employait à ne pas mettre en avant l'affaire du Mexique qui, malgré la surveillance exercée sur la presse, risquait de nuire aux candidats du gouvernement. L'opposition catholique, en raison de l'invasion par les Piémontais des États du pape, n'avait nullement désarmé : les brochures, les allocutions, les prêches allaient dans le sens d'une condamnation de la politique impériale. Les préfets engageaient contre les évêques une contre-guérilla qui se traduisait par des vexations souvent regrettables. La mode n'était plus, dans les familles préfectorales, d'inscrire les enfants dans les écoles religieuses, mais bien dans les écoles laïques. Le vent avait tourné.

Les catholiques reçurent du bâton aux élections. Les vieux libéraux de l'Ancien Régime (celui de Juillet) connurent la défaite : Montalembert, Rémusat n'étaient pas élus. Le jeune catholique Keller, qui avait pris la tête de l'opposition à la politique romaine, était battu. Persigny triomphait. Si Paris avait voté pour les républicains, l'Empereur n'en était pas outre mesure affecté : il comptait bien les rallier, puisqu'ils étaient favorables à sa politique italienne. La province, en majorité, avait soutenu les candidats officiels. Bien que l'opposition se fût renforcée, le pouvoir avait les mains libres pour achever, s'il le souhaitait, son œuvre au Mexique : le plus difficile restait à venir, l'intronisation de l'archiduc Maximilien.

L'Impératrice s'était dépensée sans compter pour obtenir son accord. La restauration de l'Église mexicaine, sous la protection d'une couronne amie, lui tenait particulièrement à cœur. Les nouvelles du Mexique annonçaient la pacification. L'Empereur avait fait savoir par son ministre des Affaires étrangères qu'il ne se contenterait pas d'un simulacre de gouvernement mis en place par des notables. Il voulait une vraie consultation démocratique, des ralliements qui viennent « des entrailles mêmes du pays ». Il proscrivait les pressions, recommandait le plus large libéralisme, pour que l'archiduc fût vraiment l'élu des Mexicains. Bazaine fut ainsi contraint d'occuper l'ensemble du pays : une marche sur Guadalajara et la côte du Pacifique, région riche en mines, lui en donnait les moyens. Juarez évacua le Potosi et gagna au nord Monterey, se rapprochant de la frontière des États-Unis. Partout le général français rassemblait la population et provoquait la libre expression d'adhésions politiques. Almonte pouvait écrire à l'archiduc, le 27 novembre, que la pacification définitive n'était plus « qu'une affaire de police ».

Le frère de François-Joseph hésita longtemps. Comment croire qu'un peuple latin si éloigné des mentalités européennes pût avoir besoin d'un Habsbourg ? L'heureux propriétaire du château de Miramar, sur la côte triestine, l'ancien amiral de la flotte impériale, l'artiste, le botaniste, l'époux de Charlotte de Saxe-Cobourg, fille du premier roi des Belges, se laissa prendre à la chimère mexicaine. Même s'il exigeait avant d'accepter, comme Napoléon lui-même, un vote incontestable des Mexicains, il s'habituait à l'idée de régner, sans recevoir aucun encouragement des cours européennes, surtout pas celle de Vienne qui repoussait avec hauteur l'idée d'un troc de la Vénétie contre un improbable Empire. Si Almonte lui peignait les difficultés, la résistance de la population à la réaction religieuse, s'il avait appris qu'au parlement français Thiers et le catholique Berryer avaient vigoureusement condamné l'entreprise, il n'en persistait pas moins dans sa résolution. Le gouvernement français lui annonçait les heureux résultats de la campagne de Bazaine et lui ménageait à Paris un accueil triomphal auquel ne manquait que la présence du ministre des États-Unis dans la capitale, qui avait reçu pour instruction de ne pas paraître aux fêtes.

Il avait accepté la convention de Miramar, dans laquelle Napoléon exigeait que le Mexique acquittât non seulement ses dettes passées (y compris la créance Jecker) mais aussi, intégralement, les frais de l'expédition et des transports. D'entrée de jeu, le budget du nouvel État se trouvait obéré pour plusieurs années, alors que l'Empereur dévoilait son calendrier de retrait des troupes. Une armée nationale devait les remplacer. Quand le prince et son épouse rendirent visite à leur aïeule, la reine Adélaïde réfugiée en Angleterre, elle eut, en aparté, ce mot atroce : « Ils seront assassinés. »

Pour les députés français, l'archiduc n'était qu'une « archidupe » et se lançait dans une entreprise insensée. Napoléon III poursuivait son rêve mexicain, mais en l'assortissant de tant de mesquines précautions qu'il donnait déjà l'impression de ne plus y croire. Il fut sans doute surpris autant que le pape de voir Maximilien éloigner les conservateurs, appeler au pouvoir des libéraux, refuser au légat du pape, qui avait franchi l'Atlantique pour imposer ses vues, la restitution des biens du clergé qui avaient été vendus et l'adhésion obligatoire des prêtres à un Concordat dont il était seul signataire. Le succès de Bazaine, qui avait pacifié l'Ouest, contraint Juarez à se réfugier sur la frontière des États-Unis, et soumis au Sud la guérilla de Porfirio Diaz, semblait offrir à l'archiduc le soutien des opinions moyennes, libérales ou conservatrices modérées, soucieuses de paix civile et d'un compromis avec l'Église.

La conquête de la Californie mexicaine avait déçu. En ce pays lointain, les intérêts américains avaient fortement pris pied : il était impossible de les déloger. Quant aux bandes juaristes du Nord, la fin de la guerre civile aux États-Unis leur permettait de récupérer des armes et de continuer à tenir campagne. Les Français seraient bientôt contraints de brûler les villages pour interdire les enrôlements. Le pays semblait pacifié, mais les guérillas devenaient atroces. Si libéral qu'il fût dans ses intentions (il était allé jusqu'à louer en public « le courage et la constance de Benito Juarez »), le monarque dut signer le décret du 3 octobre 1865 qui mettait hors la loi les rebelles et les punissait de mort. On fusilla ainsi plusieurs chefs juaristes.

La mise en valeur du pays était impossible, faute d'argent. Les deux emprunts négociés avec l'aide française furent largement obérés par la commission des banques (des Pereire, notamment), le service et le remboursement de la dette. La légion autrichienne et la légion belge aidaient l'empereur Maximilien à maintenir l'ordre. Il avait hâte de se passer de la coûteuse présence des Français et demanda bientôt à l'Empereur de remplacer l'encombrant Bazaine, qui gouvernait pour son compte et se conduisait en proconsul, poussant le zèle jusqu'à épouser une jeune Mexicaine. Le rêve de l'Empereur tournait à l'aventure individuelle.

Partout où les guérillas parvenaient à reprendre le contrôle, des représailles étaient exercées contre ceux qui avaient accepté d'aider ou de recevoir les Français. Quand les troupes de Bazaine revenaient, les fenêtres et les portes se fermaient. Le terrorisme dominait la guerre. Même si l'Empereur avait garanti au pays la fortune, le régime qu'il instaurait suscitait chaque jour plus de haine par les effets de la propagande et de la terreur juaristes. Le chef rebelle se procurait facilement des armes et de l'argent aux États-Unis, où l'on détestait l'occupation française. Même si Napoléon III n'avait pas formellement aidé les Sudistes, il avait profité, pensait-on à Washington, de la guerre civile pour avancer ses pions sur le territoire américain. Il devait en être chassé.

Après Sadowa, l'Empereur ne souhaitait plus s'y maintenir. La Prusse venait de faire la démonstration éclatante de sa supériorité militaire en Europe. Plus que jamais, le maréchal Randon estimait qu'il avait besoin de tous ses soldats. « Plus un écu, plus un homme de plus au Mexique », répondit l'Empereur à l'Impératrice Charlotte qui avait fait le voyage de Paris pour se jeter à ses pieds. Quand son mari lui apprit qu'on avait dû l'interner dans une maison d'aliénés, il se prit à douter de l'avenir. Les troupes françaises abandonnaient leurs positions au nord, à l'ouest, au sud devant Porfirio Diaz. Les auxiliaires mexicains désertaient, et même les légionnaires. Bazaine s'apprêtait à rembarquer toute son armée au printemps de 1867, conformément aux ordres de l'Empereur qui lui étaient parvenus grâce au nouveau câble de Washington. Maximilien n'avait plus rien à espérer. Napoléon III ne songeait plus qu'à liquider l'affaire mexicaine.

Il faut croire que Bazaine, nommé maréchal, n'inspirait pas à l'Empereur une confiance illimitée puisqu'il dépêcha sur place un envoyé spécial, le général de Castelnau, avec ordre de s'assurer de l'abdication de Maximilien et de sa personne. Vexé de ce manque de confiance, Bazaine traînait en longueur, laissait les monarchistes mexicains poursuivre leurs intrigues, circonvenir Maximilien, l'assurer que le pays pouvait résister aux juaristes sans les Français, par un sursaut de tout le peuple catholique. Ébranlé, Maximilien, qui avait en principe consenti à abdiquer, annonçait qu'il rentrait dans Mexico. Les royalistes organisèrent sur son passage des fêtes populaires, avec arcs de triomphe et actions de grâces. Cette dernière péripétie était à la fois irritante et dangereuse, car elle mettait en péril la vie de Maximilien. S'il était pris et exécuté, Napoléon III perdait la face.

Comment éviter le drame ? Il appartint à Maximilien d'Autriche, en refusant la facilité, de sauver, par son sacrifice, l'image lamentable de l'expédition du Mexique. Il refusait décidément de partir sur les vaisseaux des Français. Il fit savoir au maréchal Bazaine qui avait rembarqué les dernières troupes, y compris les légionnaires, les Belges et les Autrichiens, qu'il « partait prendre le commandement de son armée ».

Il rejoignit effectivement Marquez et ses partisans réactionnaires, Miramon qui, rentrant d'Europe, s'était joint à la troupe. Suivant les soldats jusqu'à Vera Cruz, une cohue de Mexicains tentait de gagner Cuba ou le Texas : ils s'étaient compromis avec les Français et craignaient les représailles de Juarez, qui faisait régner la terreur dans les villes libérées. L'armée imposait ses priorités et la foule des sans-abris, couchant dans des carrioles, donnait le sentiment d'un exode.

Le dénouement était proche : Maximilien, d'abord heureux d'être « enfin libre », ne pouvait résister à l'avance des unités juaristes soutenues par l'aide morale, et probablement matérielle, des États-Unis. Des volontaires venus du Texas combattaient en effet dans les rangs des juaristes et l'on ne pouvait affirmer qu'ils n'étaient que des aventuriers. Juarez, impitoyable, faisait fusiller les prisonniers français qui avaient déserté l'armée. Bazaine répondait-il aux Yankees outrés, ne les a-t-il pas reniés ? S'ils l'avaient suivi sur les bateaux, ils seraient libres. Autour de l'archiduc, les généraux conservateurs levaient de force des soldats dans les villages et se préparaient à affronter l'ennemi : Mejia, Miramon, Marquez et Arellano n'avaient rien à perdre ; ils étaient trop compromis pour imaginer de trahir. Ils opposaient aux juaristes une dizaine de milliers de soldats, bientôt refoulés dans Quetaro. La ville une fois investie, l'archiduc-empereur était à la merci de l'Indien Juarez. Pour éviter toute résistance inutile, il rendit son épée.

François-Joseph avait fait intervenir le gouvernement des États-Unis pour qu'il fût libéré. Juarez voulait au contraire appliquer à l'archiduc la « loi mortuaire » qui portait son impériale signature. Il fut sourd à toutes les interventions. Un conseil de guerre devait juger les coupables. En vain les avocats et les diplomates tentèrent-ils de changer la juridiction. Juarez était inflexible. Un lieutenant-colonel et six capitaines constituaient le jury. Les accusés furent condamnés à mort. Le 19 juin, après avoir entendu la messe, l'archiduc était fusillé. La frégate autrichienne *Novara* ramena son corps en Europe, inhumé à Vienne au couvent des Capucins. A Paris, l'Empereur apprit la nouvelle en pleine exposition universelle : la Cour prit aussitôt le deuil. Ainsi prenait fin lugubrement l'un des plus fous espoirs du règne. Un prince catholique venait de mourir abandonné. Le pape n'aurait pas à remercier l'Empereur des Français pour son intervention au Mexique.

Chapitre 8

Le rappel à l'ordre

L'empereur Napoléon III venait de se faire rappeler à l'ordre, en Orient comme en Occident, par les Anglo-Saxons dont la puissance financière était alors prépondérante. Les États-Unis, à peine libérés de leur guerre civile, avaient tout fait pour que les Français évacuent le Mexique et n'avaient pas ménagé leur soutien à l'Indien Juarez qui nationalisait les biens du clergé et prenait la tête d'un parti libéral et républicain capable de gouverner le Mexique. Tout danger d'expansion française dans la zone était conjuré. En Méditerranée orientale, le règlement de la question de Syrie, le rembarquement du corps français, laissait en place un *statu quo* où les intérêts catholiques étaient seulement préservés. L'aventure du canal de Suez se poursuivait sans que le gouvernement français pût avouer son ingérence dans la politique du vice-roi d'Égypte. En Italie enfin, la diplomatie anglaise soutenait, contre le pape, les revendications unitaires du Piémont et poussait les Français à suivre le mouvement, s'ils ne voulaient pas perdre le bénéfice de Magenta et de Solferino. Ce rappel à l'ordre marquait les limites de l'impatience française.

Un autre rappel à l'ordre venait cette fois de France : celui des financiers. On date généralement des élections de 1863 le début d'une nouvelle phase dans l'histoire de l'Empire, avec la manifestation d'une opposition libérale. On peut supposer cependant, sans épouser trop strictement la cause de ceux qui assignent aux événements de l'histoire des origines uniquement économiques, que la mise en garde des financiers précède et rend possible — et même nécessaire — le redéploiement politique du règne. Si l'expansion des années cinquante fut largement la conséquence d'un volontarisme politique, c'est bien la volonté des gens de finance qui est à l'origine du rappel à l'ordre des années soixante.

Elle explique que l'Empereur n'ait pu poursuivre ses vues mondialistes, ni accorder « un écu » au développement du Mexique et de l'Algérie. A cet égard, l'arrivée de Fould au ministère des Finances est l'événement qui trahit le passage de la locomotive à la marche arrière. Les idées du ministre sont connues : il est partisan de la stabilité monétaire et de l'équilibre du budget. Sa nomination est assurément destinée à rassurer les milieux d'argent, fort inquiets depuis la formulation, après l'affaire italienne, du « programme de paix » de l'Empereur : par lettre du 5 janvier 1860, il affirmait son intention de « développer la richesse nationale » par « un système général de bonne économie politique ». La France devait recenser sous la plume de Rouher, département par département, tous les facteurs de faiblesse. Si la houille et le coton étaient trop chers, s'ils ne pouvaient lutter, après le traité de libre-échange, contre la concurrence anglaise, c'est qu'ils ne bénéficiaient pas de tarifs assez bas sur les réseaux de communication. Le renouvellement de l'équipement était plus important que l'abaissement des tarifs. Il permettait d'en supporter les conséquences, donnait à l'industrie et à l'agriculture des armes pour lutter. Ce programme allait au-devant des désirs des industriels et des propriétaires des grandes cultures. Ils le reprendraient à leur compte, obligeant le budget de l'État à consentir des dépenses croissantes d'équipement. De la sorte, une nouvelle période d'emprunts et de hausse de la fiscalité était à craindre. Les « budgétaires » devaient, pour éviter cet écueil, surveiller scrupuleusement l'emploi des fonds dans les comptes de la nation.

On éplucha les priorités : le coût du transport de la houille du Nord avait baissé en raison de la concurrence du rail et des canaux. Il était donc nécessaire de revoir le réseau fluvial, pour que les nouveaux gisements du Nord et du Nord-Est fussent largement desservis, ceux du Massif central désenclavés. Rouher tenait les comptes, mine par mine. Pouvait-on compter sur l'investissement des houillères ? Elles avaient refusé les fusions et se trouvaient dans un état de capitalisation archaïque dont elles ne voulaient pas sortir, par crainte de la spéculation. Les adjudications d'actions se pratiquaient dans les études des notaires, pour préserver les biens de famille. D'autre part, seul l'État pouvait intervenir pour développer les canaux, étendre le réseau des chemins vicinaux, replanter les forêts, assainir les régions de marécages ou de friches, assainir la Dombes ou la Camargue, planter les Landes ou la Sologne. Les campagnes exigeaient des chemins. « Vous avez voté des milliards pour l'embellissement des villes, disait un député rural, vous avez voté de beaux monuments, et nous, nous sommes encore dans la boue jusqu'aux genoux. La plupart de nos enfants s'en vont à l'armée, et tous nos écus s'en vont à la ville. » Où l'État trouverait-il l'argent pour creuser les canaux nécessaires, débloquer les voies fluviales, agrandir les ports afin de faire face au nouveau trafic des transatlantiques ?

Les saint-simoniens sortaient de leurs cartons une « croisée des chemins » fluviaux, du Nord jusqu'à Marseille, par la canalisation du Rhône et la jonction de la Saône au bassin de la Seine, conjuguées, d'ouest en est, avec la navigation sur la Loire et la Seine, la liaison de Paris à Strasbourg. Vaste programme qui n'avait pas l'ombre d'un financement. Les vapeurs se rangeaient le long des quais des ports : le *Guienne* à Bordeaux pour la ligne de Rio de Janeiro, l'*Impératrice* à Marseille pour l'Extrême-Orient. La nouvelle compagnie transatlantique des Pereire devait assumer la charge des transports pour le Mexique, elle exigeait qu'on dégage du port la citadelle du Havre. Le Port-Napoléon, achevé en 1862, ne suffirait pas à Marseille : il lui faudrait un avant-port, un nouveau « bassin impérial » et des formes de radoub. Saint-Nazaire devait être aussi agrandi, la Gironde rendue navigable aux paquebots. Où trouver l'argent ?

Même les chemins de fer étaient demandeurs ! Depuis les conventions de 1859, l'État avait engagé sa garantie auprès des grandes compagnies. Mais des tracés nouveaux étaient indispensables, comme les lignes « cotonnières » en Normandie, dans la Mayenne et dans les Vosges. Le chemin de fer devenait un service public, ainsi que les canaux rachetés par l'État. Il devait donner satisfaction aux intérêts économiques des régions. Rouher déclarait forfait : il ne pouvait lancer un troisième programme. Que les intérêts locaux se regroupent pour construire des lignes économiques, à la manière de ces chemins de fer écossais, sans gare ni passage à niveau, où le service des marchandises était assuré par les intéressés bénévoles. L'État lançait par la bouche de l'Empereur l'idée aussitôt reprise du développement de l'espace français, et se croisait les bras dès qu'on lui demandait des crédits. Il fallait se rendre à l'évidence : la guerre du Mexique avait compromis les promesses du « programme de paix ». Les budgétaires du Corps législatif rongeaient leur frein : ils tenaient un prétexte de choix pour contrôler, au nom d'une des ambitions non réalisées de l'Empereur, toutes les autres.

Les banquiers traditionnels avaient aussi les moyens d'attirer l'attention des députés sur les insuffisances du programme gouvernemental de travaux publics, qui pénalisait l'économie nationale. On ne pouvait, en ce domaine, multiplier les emprunts. Force était de budgétiser les projets essentiels, quitte à faire intervenir les finances locales, régionales, et les entreprises privées. Il était imprudent de saturer le marché des capitaux d'un emprunt par problème : on finirait ainsi par ruiner la France.

L'Empereur gardait en matière d'investissement une idée fixe, prioritaire, la reconstruction de Paris et des grandes villes, qui absorbait l'essentiel de l'argent disponible, les chemins de fer recevant le reste. Ce parti pris eut pour effet de déplacer la spéculation : puisque l'État assumait désormais les investissements nécessaires au troisième réseau des chemins de fer, l'épargne se portait, certes sur les titres étrangers, mais surtout, massivement sur les opérations immobilières qui n'avaient nullement cessé. Haussmann commençait son deuxième réseau et tenait en réserve proche le troisième : des millions seraient nécessaires.

Le détournement du Crédit foncier, devenu le partenaire complice du Crédit mobilier des Pereire, avait permis de réunir un vaste volant de manœuvre : son directeur Fremy, qui avait la confiance de l'Empereur, contrôlait les opérations du sous-comptoir des Entrepreneurs, lui donnait son aval et permettait ainsi des réalisations rapides. Il transformait en prêts à long terme ceux, à court terme, du Comptoir. Les sociétés immobilières, à l'image de la prospère société des Immeubles Rivoli des Pereire, empruntaient sans cesse, émettaient des obligations placées par le Crédit mobilier.

Le boulevard Malesherbes et la plaine Monceau étaient aussitôt allotis, construits, vendus. Paris se bâtissait à un train d'enfer. Le Corps législatif, assemblée de ruraux, en prit ombrage. C'est que l'Empereur avait le droit d'engager la procédure de déclaration d'utilité publique, qui rendait possible tous les emprunts. La Chambre se trouvait devant une dette flottante accrue, qu'on lui demandait de consolider par de nouveaux emprunts. Haussmann, en 1860, avait exigé 120 millions, pour verser des intérêts permettant d'emprunter encore plus. Or, ces prêts ayant déjà été obtenus de l'épargne, les députés étaient placés devant le fait accompli. Ils firent connaître leur mécontentement, tout particulièrement quand l'État se lança dans les expropriations du quartier de l'Opéra. En province aussi, les opérations somptuaires prenaient le pas sur les travaux vraiment utiles : on regrettait que le préfet de Marseille se fût construit un palais, que celui du préfet de Versailles fût aussi vaste que le château du grand roi. Il est vrai qu'à Lyon comme à Marseille, les avenues perçaient les vieux quartiers, dégageaient les gares, exigeaient de larges ponts et de nouvelles constructions. Seuls les emprunts pouvaient financer les travaux. L'appel au crédit était plus considérable que jamais, gagé sur la foi dans la plus-value, dans l'avenir. Mais les financiers, précisément, avaient perdu la foi. Ils demandaient avec une insistance croissante plus de rigueur dans les comptes.

Les scandales — soigneusement évités ou dissimulés dans la précédente décennie — leur donnaient des armes redoutables. En septembre 1860, à Marseille, Napoléon III avait décoré de la Légion d'honneur le banquier Mirès, qui avait assuré une grande partie du développement de la ville et de sa région. Quelques semaines plus tard, en décembre, il était conduit à la prison de Mazas. L'opinion avait de quoi réfléchir.

Mirès était puissant : sa prodigieuse fortune déchaînait les envieux et les concurrents, qui l'accusaient d'acheter les ministres et de faire trembler le gouvernement par ses journaux, *Le Constitutionnel* et *Le Journal des Chemins de fer*, lu dans les milieux économiques. Il avait marié sa fille à un Polignac, ce qui lui avait ouvert les salons royalistes. Mirès avait été dénoncé par un de ses associés, Pontalba, qui estimait sa rémunération trop faible. On racontait dans les salons que Pontalba était doublement indigné parce qu'il avait à la fois été renvoyé par Mirès et trompé par le prince de Polignac qui lui avait enlevé sa maîtresse, une lionne du demi-monde. La banque traditionnelle, mais aussi les Pereire, en voulaient à Mirès qui avait conseillé à l'Empereur de lancer directement l'emprunt sur la guerre de Crimée, sans passer par leurs guichets. Ils avaient de la sorte perdu une commission considérable. Le marquis de Pontalba avait fort réjoui les Pereire en dénonçant Mirès dans un rapport au préfet de police. Il accusait le puissant banquier de lancer des opérations personnelles avec les dépôts de ses clients. Les liquidateurs découvrirent dans la Caisse des Chemins de fer un trou de 31 millions. Mirès, qui resta deux mois au secret, plaida que ces pertes étaient dues au désordre qui avait suivi son arrestation. Il fut libéré au bout de quatre mois, acquitté deux ans plus tard. Défendu par Crémieux, il avait engagé une campagne de presse et de libelles qui avait obligé le gouvernement à reculer. Il est vrai qu'il s'était fait beaucoup d'ennemis parmi les ministres, en raison de ses publications : Persigny le haïssait, Rouher et Magne le surveillaient. On l'avait accusé de brocarder la politique impériale qui n'osait lancer l'emprunt de la paix dont le pays avait le plus urgent besoin. Napoléon III ne voulait pas que l'on étouffe l'affaire : et voilà que Mirès avait réussi à retourner l'opinion, qui le présentait comme un nouveau Fouquet. Il était devenu la coqueluche des salons légitimistes qui n'avaient pas de mots assez durs contre le marquis de Pontalba. Dans les coulisses de la politique, la rumeur allait bon train : on citait les noms des ministres achetés par Mirès, ceux dont il avait obtenu faveurs et renseignements. Billault dut reconnaître devant le Sénat que la presse parisienne était corrompue, et qu'une moralisation des rapports entre les journaux et la politique était souhaitable. Arlès Dufour, le banquier lyonnais, s'inquiétait de savoir si les Pereire n'étaient pas compromis. L'affaire prenait une telle ampleur que Mirès ne risquait plus rien : personne n'avait intérêt à compromettre l'« Empire industriel ».

Pour Fould comme pour les Goncourt, l'affaire Mirès est limpide : le marquis de Pontalba demande au banquier 12 millions de francs placés chez lui. On lui répond qu'on ne lui doit rien. Il achète le comptable, le chef de bureau, établit que Mirès ne sert que 240 francs pour une action qu'il vend 400, et qu'il est incapable de rembourser. Le marquis dépose alors une plainte au parquet, après avoir dénoncé l'affaire à Persigny. Il fait plus, il apporte la preuve de l'escroquerie, lui-même, au garde des Sceaux.

L'Empereur reçoit alors les plaignants, il en a l'habitude. Il est le seul à pouvoir trancher ces affaires délicates. Delangle, garde des Sceaux, lui décrit le dossier. Le prince de Polignac est lui aussi reçu, pour défendre Mirès. Il énumère les affaires importantes auxquelles il est mêlé, fait mesurer l'ampleur du scandale. L'Empereur répond que la justice doit suivre son cours. Fould approuve cette attitude. Il a été ministre de Louis-Philippe. Il est ami des Broglie, des Guizot, des Dufaure. Il pense que Mirès est une canaille. Ici intervient la corruption : Mirès a intéressé à ses affaires le personnel politique, qu'il a servi fidèlement par son groupe de presse. Le prince Napoléon est son obligé. Une anecdote circule dans Paris : on aurait trouvé sur le carnet de Mirès la note suivante : « A Monsieur X... Ministre. 40 000 francs pour m'avoir donné le bras au foyer de l'Opéra. » Le prince Napoléon accourt aux Tuileries, pour sauver son protégé. Morny, le comte Siméon, parlent pour lui. La princesse Mathilde est de son côté. Mirès accepte de verser une forte somme à Pontalba et de lui rendre les hypothèques de 12 millions de francs qu'il avait prises sur ses biens. Cette transaction est humiliante, mais, à ce prix, l'Empereur aurait consenti à ne pas poursuivre.

Mirès compte sur l'emprunt turc pour se remettre en selle : une belle affaire, qui s'écroule. Morny avait, selon les Goncourt, la promesse de toucher 5 millions de commission en cas de succès. Il comprend que les Pereire et peut-être Rothschild ont saboté l'emprunt turc. Il menace alors Pereire de lui retirer sa protection et celle d'Haussmann dans les affaires immobilières de Paris. On raconte que lors d'une séance de la Bourse, Pereire a abandonné à Mirès, en compensation pour les pertes qu'il lui a fait subir en Turquie, quinze mille actions du chemin de fer allant de Saragosse à Pampelune. La conclusion des Goncourt est nette : Mirès serait encore en prison s'il n'avait pu disposer d'un groupe de presse, impressionnant même pour un Morny. « Le pouvoir de la société en France, disent-ils, le plus indépendant et le plus frondeur des pouvoirs, a été remplacé par le pouvoir de l'opinion publique, le plus trompable et le plus servile. » Ainsi triomphent les coquins.

Fould plaide pour la moralisation : il faut supprimer les causes de la corruption, le laxisme financier de l'État. Pour éviter que le public ne confonde la banque honnête et les banquiers véreux. Il se souvient d'avoir été député quand Guizot était ministre. Morny suit le même itinéraire, renoue lui aussi des liens avec les orléanistes de sa jeunesse : la classe dirigeante ne doit pas être divisée. Il faut reconstituer le comité de la rue de Poitiers. D'abord, rétablir la confiance, dont l'absence dissuade les capitaux de s'investir dans les affaires honnêtes. Selon Véron, ancien propriétaire du *Constitutionnel*, Fould est « un ministre de droite » rallié à l'Empire, un ancien familier des jeunes princes d'Orléans. Pourquoi ne pas se rapprocher des Rothschild et des Talabot, qui ne sont pas légitimistes comme Mirès, ni progressistes à la manière des Pereire ? Il est temps de mettre un terme aux folies d'Haussmann, mais aussi à l'intransigeance bonapartiste d'un Persigny, hostile à tout retour des anciennes élites. L'Empire est mûr pour le coup d'arrêt : l'honnête Achille Fould est chargé de porter l'estocade, avec la complicité des notables de la finance solidement installés.

Les Pereire, Arlès Dufour, Michel Chevalier devront renoncer à leur rêve saint-simonien : il est question de redressement, de gestion saine, d'équilibre, et non plus de développement à tout prix fondé sur une absolue confiance dans le progrès et l'enrichissement des masses. Déjà la Banque de France a porté un coup de semonce en mettant fin à la politique de l'argent bon marché : le taux d'escompte a grimpé jusqu'à 7 % en janvier 1861 et n'est pas redescendu au-dessous de 5 %. C'était une nouveauté. La conséquence budgétaire fut immédiate : les conjurés de la haute banque comptaient sur les commissaires du Corps législatif (les Gouin et les Devinck, hommes obscurs appelés « les budgétaires ») pour tenir le budget en équilibre, affecter aux travaux publics les sommes qui leur revenaient, grâce à des économies sur la dette de l'État que l'on prendrait constamment soin d'amortir. Ainsi les intérêts des financiers — qui voulaient une monnaie stable — se conciliaient-ils avec ceux des industriels comme Talabot, Pouyer Quertier ou le baron Seillière, qui exigeaient des canaux et des chemins de fer de desserte pour leurs usines et leurs mines et qui entendaient en obtenir le financement public, comme si l'État était toujours leur bien, comme au temps de Louis-Philippe où ils avaient placé Thiers au conseil de la compagnie d'Anzin.

La « règle budgétaire » risquait de s'opposer brutalement aux théoriciens des « dépenses productives », créatrices d'emplois et de richesses, toujours groupés derrière Michel Chevalier. Les notables budgétaires étaient, pour des raisons d'équilibre, partisans de rogner les crédits des ministères dépensiers et improductifs, surtout ceux de la Guerre et de la Marine. Ils étaient donc, par principe, hostiles à toute aventure militaire dont les profits étaient éloignés et hypothétiques. Au contraire, les productivistes ne répugnaient pas à l'impérialisme, qui ouvrait des marchés lointains porteurs de nouvelles zones de production. Les notables républicains, comme Ernest Picard, se situaient du côté des budgétaires, et non des saint-simoniens. En demandant des comptes à « Osman Pacha », en s'opposant au mirage mexicain, ils rejoignaient les financiers orléanistes : Thiers-Picard, même combat !

Insistons sur ce débat : on le retrouve au fil de l'histoire contemporaine de la France, sous des fortunes variées : il faut entendre une troisième voix, celle de Proudhon, le prisonnier de Mazas : pour lui, la forme la plus dynamique du capitalisme (la saint-simonienne) engendre la guerre et se combine avec l'impérialisme. La forme ancienne, parfaitement périmée, est oppressive, louis-philipparde, et engendre la révolution. Selon Proudhon, la seule voie de progrès, à la fois pour les masses et pour les élites, est l'association : seules les banques, les compagnies d'assurances, les sociétés industrielles basées sur la libre contribution au capital des producteurs intéressés, peuvent définir un nouveau marché d'expansion illimitée, pour peu que l'État consente à ne pas lui faire ombrage, à disparaître devant les producteurs associés. Proudhon est contraint au silence, ses livres sont saisis, ses journaux suspendus, son influence occulte est mal comprise du mouvement ouvrier.

Telles sont les options : celle du redressement financier est assurément la seule qui soit soutenue par la conjoncture. Le débordement du budget de l'État apporte de l'eau au moulin des partisans du redressement. La crise des années 1860 et 1861 renforce le courant. Le déficit s'est accru de 200 millions de crédits supplémentaires en 1860, de 352 millions l'année d'après : il faut faire payer aux Français la Chine et la Syrie, l'Italie et bientôt le Mexique, alors que le traité de libre-échange multiplie les faillites de petites sociétés, même s'il est globalement bien supporté. La crise d'approvisionnement en coton fera le reste, ainsi que la fermeture, pour cause de guerre civile, du marché américain aux produits de luxe français, alcools et soieries. Les « budgétaires » craignent que l'État n'en soit réduit, pour trouver des ressources, à instaurer l'impôt sur le revenu, qui achèverait de rogner les fortunes. On accuse les productivistes de socialisme : vont-ils bouleverser de fond en comble la société française sans qu'elle dispose d'armes pour se défendre ? La Constitution de l'Empire est aussitôt mise en question, et d'abord le pouvoir que s'est arrogé l'Empereur de signer les traités de commerce et d'engager seul les dépenses de travaux publics. La Commission du budget ose ainsi écrire, rapporte Louis Girard : « Un homme est seul, créant les dépenses et les impôts, assumant toute la responsabilité et devant laisser derrière lui, si, ce qu'à Dieu ne plaise il venait à disparaître, un vide effroyable. » Ni les ministres ni les conseillers d'État ne peuvent exprimer leur position personnelle : ils sont liés par le système institutionnel à une seule autorité, qui, sans contrepoids (cela n'est pas dit par les commissaires, mais assurément ils le pensent), peut précipiter la société des notables, qui fait la France, dans le chaos.

Les commissaires sont des députés de la majorité, tous choisis pour leurs opinions modérées. Leur conclusion est ferme : il est urgent de mettre en place « des intermédiaires quelconques entre le Souverain et la Nation afin que les destinées de celle-ci puissent reposer sur un élément plus stable que la volonté d'un homme ». Le coup d'arrêt financier, relayé par les « budgétaires », débouche sur la mise en question de l'Empire autoritaire et « démocratique », revendique la mise en place urgente d'un contrôle parlementaire. « Les pays de despotisme, raillait un Premier ministre de Louis-Philippe, Casimir Perier, ont tous de mauvaises finances. »

Des libelles, des articles dans les journaux financiers expliquent à l'opinion intéressée le point de vue des notables : il faut en finir avec un budget de la guerre et de la marine de 900 millions. Le républicain Darimon le remarque le 15 décembre 1861 : « Les financiers reprennent le haut du pavé. C'est avec eux qu'il faudra désormais compter. M. Fould, qui est leur créature, ne permettra plus qu'on se lance dans les aventures qui ont si fortement compromis l'avenir de la dynastie. » Fould vient en effet de dénoncer, dans un mémoire rédigé en son château de la région de Tarbes, le « milliard de la dette flottante », ce qui frappe les milieux boursiers. Les capitaux se raréfient, attirés par les marchés extérieurs plus rémunérateurs, notamment italien et espagnol. Les placements en France sont-ils menacés ? Les valeurs françaises vont-elles être entraînées à la baisse, suivant les rentes d'État et les papiers des chemins de fer ? Un chroniqueur de *La Revue des Deux Mondes*, Forcade, a déjà critiqué, avant que ne soit connu le mémoire de Fould, la politique financière de l'Empire. Il exigeait le renforcement du contrôle parlementaire. Cette hardiesse orléaniste s'est attiré immédiatement la sanction du ministre Persigny, qui a frappé la revue d'avertissement, qualifiant l'article d'« allégations mensongères ». Forcade demande réparation au Conseil d'État devant un arrêté « calomniateur ». Il obtient gain de cause. Il ne sait pas que son tort est d'avoir prévenu une de ces surprises dont l'Empereur a le secret, de lui avoir, en somme, coupé l'herbe sous le pied.

Le 12 novembre, Napoléon III est rentré de Compiègne pour présider le Conseil des ministres où l'on entend Fould. *La Patrie* et *Le Constitutionnel* ont déjà annoncé que des décisions financières seraient prises. Fould parle, presque seul, pendant toute la séance. Il blâme l'abus des crédits supplémentaires et extraordinaires laissés à l'initiative du souverain et qui atteignent des sommes énormes : un milliard trois cent cinquante millions pour la guerre de Crimée, deux milliards quatre cents millions de 1851 à 1858. En 1861, ils approchent encore des deux cents millions, en pleine paix. Le total des emprunts est excessif, le souverain doit accepter l'amputation de ces crédits. Double avantage : il n'aura pas à distribuer la manne électorale aux quémandeurs de chemins de fer. Il ne sera pas accusé à l'étranger de réarmer sans contrôle. Fould propose en revanche de maintenir le droit de virement des crédits à l'intérieur d'un ministère, pour faire face sans danger à l'accroissement imprévu des charges. Il plaide si bien qu'il devient ministre des Finances et que l'Empereur décide, théâtralement, de publier son mémoire dans *Le Moniteur*. Le pays sera ainsi juge du désir de Sa Majesté de « rectifier » les finances publiques.

Une nouvelle loi de finance est promulguée par sénatus-consulte du 31 décembre 1861 : plus de crédits supplémentaires, droit de virement maintenu, budget voté par sections et non plus par ministère. Le souverain rend ainsi le droit de voter l'impôt au Corps législatif. Il le transforme soudain, par cette simple mesure, en assemblée à part entière. La rectification financière se prolongeait par un pas gigantesque en direction du régime parlementaire.

La fête à Ferrières chez Alphonse de Rothschild, le 17 décembre 1862, illustrait cette conversion. Désormais la haute banque n'avait plus aucune raison d'être hostile à un régime devenu raisonnable. Les Goncourt pouvaient brocarder les chasses du baron, des perroquets dressés à crier « Vive l'empereur ! » que l'on avait recouverts de plumes de faisan. La réception dans le nouveau château et dans le parc à l'anglaise était sublime : les ambassadeurs d'Angleterre et d'Autriche étaient présents ainsi que l'obligé de Thiers et de la compagnie d'Orléans, Walewski. La visite du couple impérial n'était pas une consécration, mais un signe du changement.

Au Sénat, le président Troplong, vieux serviteur du régime, avait toutefois averti qu'une politique trop timorée serait contraire aux intérêts du pays. Pour le peu de voies ferrées qu'elle avait réalisées, la Monarchie de Juillet avait elle aussi été contrainte d'utiliser la procédure des crédits exceptionnels sans contrôle a priori du Parlement. La crise financière n'avait pas pour cause la volonté d'un homme mais les besoins nouveaux d'une époque : « Un gouvernement qui travaille est un gouvernement qui dépense. Quand un pays veut avoir un budget médiocre, il faut qu'il se condamne à l'inertie. » Qui entendait, chez les notables, la voix de Troplong quand il parlait des nécessités profondes de l'évolution sociale, par « l'activité féconde des grandes entreprises et le développement incessant de la richesse » ? Ce discours semblait déjà anachronique et la théorie du « souverain moderne » avait fait son temps : un nouveau régime parlementaire avait hâte de profiter des bienfaits d'une expansion qu'il prétendait désormais maîtriser.

L'Empereur s'en tiendrait-il à ces belles promesses ? Fould pourrait-il imposer sa doctrine d'équilibre et de maîtrise du budget ? Il avait été nommé ministre des Finances le 14 novembre 1861 : quelques jours plus tard, Juarez entrait dans Mexico. Quelques mois plus tard, la flotte française appareillait pour le Mexique, qui serait un nouveau gouffre financier. Dès 1863, Fould serait contraint d'autoriser un emprunt de 300 millions. Il ferait porter les économies budgétaires sur le « programme de paix », sur les investissements dans l'équipement du pays. Rouher, le ministre des Travaux publics, accordait des concessions à de petites lignes dont l'intérêt était manifeste, essentiellement dans l'Ouest et le Sud-Ouest. Il substituait ailleurs l'adjudication à la concession. Il ne pouvait éviter, à un an des élections, certaines subventions électorales, par exemple à la ligne Metz-Reims. Par les conventions de 1863 il demandait aux grandes compagnies, dûment aidées par des crédits publics, de se charger des lignes nouvelles, qui devaient consentir à la clientèle des tarifs réduits. Toutes acceptèrent, sauf la compagnie du Nord de James de Rothschild, qui n'avait rien à demander à l'État, sauf peut-être d'aider les souscripteurs des actions des chemins de fer italiens en mauvaise posture. Dans ces conditions fut lancé le « troisième réseau » qui n'échappait pas aux critiques du républicain Picard : « Vous avez ruiné les compagnies que vous vouliez soutenir et grossi démesurément la dette de l'État. » Fould pourtant se réjouissait : l'État n'aurait pas à assumer l'exécution des lignes ni leur exploitation à bas prix. Pourtant, la délégation du troisième réseau aux compagnies supposait de nouveau un appel au crédit des obligataires qui, en définitive, seraient les principaux artisans de la construction ferroviaire.

Il était difficile aux directeurs, aux ministres, à l'Empereur lui-même, de lutter contre la puissance des grandes compagnies : Proudhon accusait le régime d'être leur complice et leur serviteur. Elles disposaient en effet de moyens de pression considérables : Rothschild avait sa clientèle de ministres et de députés; Chasseloup-Laubat et le président Schneider étaient d'importants gestionnaires; les trois frères Pereire et Paulin Talabot s'étaient fait élire députés en 1863, le « budgétaire » Gouin représentait le P.L.M. Chaque compagnie avait ses défenseurs attitrés, sans que nul n'eût rien à redire : le Corps législatif était, en quelque sorte, le conseil économique des grands intérêts du pays.

Il n'en était que plus mécontent de la politique de Fould. Certes, le ministre prétendait maîtriser le budget, mais, pour financer les nouvelles folies de l'Empereur, il amputait le « programme de paix » auquel tenaient les notables. N'était-il pas préférable de lancer un grand emprunt pour l'équipement plutôt que pour la guerre du Mexique ? Fould avait évité de sacrifier le chemin de fer, où les notables avaient des intérêts, mais il devait repousser à des temps plus cléments les grands travaux sur les voies navigables. Certaines liaisons privilégiées, comme le canal des houillères de la Sarre, l'aménagement de la Moselle entre Metz et Thionville et le canal de Vitry à Saint-Dizier, présentaient un intérêt économique si évident et urgent qu'il n'était pas possible de se dérober. Un crédit local était prévu pour le financement, surveillé et géré par les intérêts de la région. L'aménagement de l'Yonne se poursuivait : il fallait bien fournir en tonnes de bois et de sable les grands chantiers parisiens. On améliorait aussi les grands estuaires de l'Ouest. Les voies navigables ne manquaient pas de défenseurs à la Chambre, notamment les représentants des houillères du Centre qui exigeaient des canaux pour fournir en charbon français les régions de l'Ouest, qui devaient en importer d'Angleterre. Dalloz et surtout Chagot multipliaient les interventions en faveur du canal latéral à la Loire. Ils accusaient le directeur Franqueville de lenteurs et d'inaction.

Pour ne pas accumuler les retards, les responsables économiques trouvaient d'autres financements, demandant à l'État de les garantir, ce que Fould ne pouvait pas toujours refuser. Il était ainsi conduit à des dérapages de crédits : comment ne pas consentir aux propositions de la chambre de commerce du Havre, qui avance 8 millions à l'État ? Fould n'en accepte que 4,5. En revanche, il reçoit l'argent de Bordeaux, de Brest et de Dunkerque, il mesure chichement les crédits à Saint-Nazaire, où les transatlantiques s'échouent dans les sables. Il ne faut pas compter, pour l'aménagement des grands ports, sur les députés protectionnistes : Pouyer-Quertier reproche à Fould les 18 millions annuels qu'il consacre aux ports et aux côtes, jugeant que les dépenser pour les canaux serait plus utile. Il réclame avec énergie une augmentation des crédits pour l'assèchement des marais et la plantation des espaces en friche : celle-ci passe de 1 à 3,5 millions mais reste insuffisante. On regrette, au Corps législatif, que le programme ambitieux de lutte contre les inondations n'ait pu être mené à terme, faute d'argent. La bataille pour les chemins vicinaux fait rage : ils ne seront vraiment mis en chantier à un rythme satisfaisant qu'après 1866. Quant aux routes, elles sont négligées, et 124 grands ponts restent à construire : dans tous les domaines, le budget de Fould est insuffisant, sauf pour le réseau télégraphique qui poursuit son avancée fulgurante sur le territoire. On sent que ce moyen de communication a reçu la priorité absolue du pouvoir. Les polytechniciens qui construisent et gèrent le réseau, abaissant constamment les tarifs, créant à Paris un service de pneumatiques (les « petits bleus » de l'affaire Dreyfus), refusent énergiquement de fusionner avec l'administration des postes. Le télégraphe, construit sans recours à l'emprunt, est véritablement une affaire d'État.

Dans presque tous les secteurs de l'équipement, Fould réduisit au plus juste le financement de l'équipement, sauf dans les secteurs les plus modernes (rail, télégraphe, ports) où il dût maintenir un certain effort, et supporter surtout l'appel à l'emprunt qu'il condamnait sur le principe. Les ministres, Rouher en tête, grands serviteurs de l'Empire et pénétrés des intérêts à long terme de l'État, servirent en priorité les chemins de fer, tout en évitant qu'aucune des compagnies ne tendît au monopole. Ils ne pouvaient esquiver cependant la logique de la concentration des capitaux. Le coût élevé des constructions (par manque de houille et d'acier) et d'exploitation des lignes les incita sur le tard — trop tard — à relancer le programme des voies d'eau pour obtenir des abaissements de tarifs. Fould avait maintenu l'essentiel. Il n'avait pas confirmé les promesses de l'Empereur. Aurait-il les moyens de s'opposer au projet qui lui tenait le plus à cœur : la construction du nouveau Paris ?

Le coup d'arrêt dans ce domaine était difficile à donner : Haussmann jouissait d'une protection absolue ; les succès de son entreprise se voyaient à l'œil nu, en sortant dans la rue. L'abandon des chantiers aurait signifié, psychologiquement, la faillite de l'Empire.

Toutes les communes de France empruntaient. Paris battait tous les records : l'urbanisation forcenée continuait, malgré les guerres et les crises, en raison de l'inépuisable disponibilité du crédit, attiré par les hauts profits, et de la spéculation foncière et immobilière. Au risque de rendre la province jalouse, le baron Haussmann poursuivait son œuvre, imaginant chaque année, avec la complicité de l'Empereur, de nouveaux moyens de financement. Les besoins de la capitale en logements étaient tels que les investisseurs étaient assurés du profit, à court terme. Comment lutter contre le raz de marée des convoitises, satisfaites au prix, disaient les « budgétaires », d'une mise en péril du crédit public ?

Le scandale des « comptes fantastiques » d'Haussmann, dévoilé dans le grand public par l'opposition politique et les journaux, pourrait seul ébranler la position du préfet de la Seine, qui n'avait jamais tant mobilisé d'argent que pendant les années de crise. Sa méthode était simple : il se procurait des fonds par tous les moyens légaux possible, quitte à bousculer la présentation des budgets et à faire passer indûment l'argent d'une caisse à l'autre, à l'indignation des magistrats de la Cour des comptes. Cette complaisance pour les chemins détournés, mais efficaces, exposait le préfet à bien des critiques. En 1862, il inaugurait le boulevard du Prince-Eugène (Voltaire) qui joignait le centre aux quartiers de l'Est en franchissant le canal Saint-Martin, de sinistre mémoire. Il ouvrait déjà le chantier de l'Opéra. Les démolisseurs avaient hâte de se mettre au travail et les expropriés de toucher de l'argent. Qu'à cela ne tienne ! Le mirobolant préfet avait réussi à récolter près de 144 millions dans le grand emprunt de 1860 pour 120 demandés et autorisés. Il renouvellerait l'opération cinq ans plus tard en obtenant, en pleine guerre du Mexique, près de 300 millions pour 250. Le Corps législatif avait approuvé, tout était en règle.

Mais les égouts, les parcs, le chantier à ouvrir pour l'Exposition universelle de 1867 exigeaient des sommes énormes ! La Caisse des travaux de Paris avait été créée en 1858 pour fournir des fonds empruntés à court terme. Très surveillée, la Caisse était autorisée à émettre par le Corps législatif, elle offrait toute garantie et jouissait d'une dotation de 20 millions en numéraire. Haussmann commit une première irrégularité en confondant les comptes de cette caisse avec ceux de la caisse municipale, et même de celle de la boulangerie. Il fit main basse sur les 20 millions de garantie et les utilisa pour le roulement. Liquidée en 1869, la caisse se trouverait en déficit de 60 millions : une larme, dans l'océan des dettes.

Haussmann était surveillé, talonné par les députés, les conseillers municipaux : il devait trouver une autre mine d'or en attribuant des concessions à des sociétés privées, comme les Pereire en avaient obtenu jadis pour la rue de Rivoli. En 1859, il avait signé avec la compagnie Mahieu, plus tard avec Ardoin et Ricardo. Ceux-ci demandaient de l'argent au Crédit foncier, prêté sur la subvention que la ville donnerait à la fin des travaux. Ils pouvaient ainsi ouvrir immédiatement les chantiers. Le Foncier, sur suggestion du gouvernement, toujours soucieux d'aider Haussmann, émit des « bons de délégation », prêtés à court terme à la Ville pour qu'elle lance dans le public des obligations en grand nombre.

En 1863, la Banque de France éleva sensiblement son taux d'escompte, mettant les sociétés en difficulté. Les entrepreneurs n'avaient plus de quoi payer les expropriés. La Ville accepta alors, par la voix du baron Haussmann, de considérer le travail qui commençait comme achevé et de régler immédiatement les subventions, ce qui injectait une nouvelle masse d'argent dans le circuit : le Crédit foncier pouvait verser à la Caisse des travaux les fonds dont elle avait besoin. Haussmann poursuivit sa politique de concessions et signa en 1864 avec la société Berlencourt pour le boulevard Magenta. Il exigea que la société verse immédiatement le montant des expropriations à la Caisse des travaux : de la sorte, les bons de délégation pourraient être émis directement. La Ville touchait ainsi des fonds de roulement considérables. La Société générale, qui soutenait Berlencourt, trouva ce procédé admirable : elle pouvait en effet réescompter les bons à 7,25 %, ce qui lui offrait un coquet rapport. Elle finit par les abandonner au Crédit foncier, seul grand bénéficiaire de ces opérations : ses prêts communaux à court terme étaient passés de 6 millions en 1862 à 140 quatre ans plus tard. Il avait perçu 28 millions de commission sur les bons de délégation, ce qui ulcérait les banquiers traditionnels. Sans doute les obligations du Foncier devaient-elles nuire au marché des capitaux parisiens, en absorbant une grande partie des disponibilités, mais le programme du baron était couvert. Il n'hésitait plus à confondre les fonds des caisses de la ville et à se constituer, par le subtil système des avances sur le paiement des expropriations, une sorte de caisse noire. Il était sur ce point vulnérable.

La découverte des « comptes fantastiques d'Haussmann » n'est pas le fait de la gauche républicaine (Picard ne commence ses attaques qu'en 1867), mais de la droite orléaniste. L'auteur des « Observations sur le système financier de M. Le Préfet de la Seine » publie en 1865 : c'est Léon Say, petit-fils du célèbre économiste, fils d'un président de la chambre de commerce de Paris. Il a épousé la fille de Bertin, le directeur du très orléaniste *Journal des Débats*. Son condisciple à Louis-le-Grand, Alphonse de Rothschild, l'a fait entrer au conseil de la Compagnie du Nord. L'attaque vient donc des amis de Fould. On s'étonne des reports de fonds sur plusieurs caisses, des défauts de comptabilité, mais surtout du détournement d'un crédit de 235 millions de prêts communaux qui n'a nullement été consenti, comme le veut la loi, par un vote du Corps législatif. Fremy, le directeur du Crédit foncier, affirme, comme le confirme plus tard Rouher, qu'il s'agit d'un transfert de créance entre particuliers : il ne convainc personne, et les jours du préfet de la Seine semblent comptés. S'il se maintient, c'est par la grâce de l'Empereur. L'attaquer, c'est mettre en question non seulement la personne du souverain, mais l'institution elle-même. Il n'est pas étonnant que le préfet Haussmann, malgré ses qualités évidentes et l'immense intérêt du remodelage de Paris, ait servi de bouc émissaire : Fould ne voulait pas entendre parler d'un nouvel emprunt, il l'avait finalement limité à

250 millions. Or le préfet en demandait 300 pour l'aménagement des nouveaux quartiers que l'Empereur venait d'annexer à la capitale. L'ensemble des ministres, des conseillers d'État et de la Cour des comptes ne se privaient pas d'attaquer le baron, dont ils attendaient la chute avec impatience. L'Empereur devrait bientôt choisir entre Fould et Haussmann.

En 1867 se produisit la chute scandaleuse de l'Immobilière des Pereire, qui annonçait d'autres détroussements de l'épargne : la faillite de l'Immobilière laissait poindre celle du Crédit mobilier. L'Empereur laisserait-il emporter dans la tourmente ceux qui avaient constamment soutenu sa politique des « grandes pensées », en Italie, au Mexique, à Paris et même à Marseille où 1 500 ouvriers avaient construit la « rue impériale » qui unissait le Vieux-Port à la Joliette, un nouvel axe qui détrônait la Canebière ? Mirès ruiné, les Pereire avaient pris Marseille en charge, ils construisaient le quartier des Catalans, celui du Prado. Bien imprudemment : les retards dans la location des immeubles empêchaient la spéculation de parvenir à son terme, et de réaliser des profits. Les Pereire durent doubler en catastrophe, dans une Bourse maussade, le capital de leur Crédit mobilier pour échapper au désastre. La Banque de France, sur ordre, leur avançait 50 millions. Politique intolérable pour Fould. Il partit, laissant la place à Rouher qui ajouta en janvier 1867, pour quelques mois, le portefeuille des Finances à son ministère d'État. Les « budgétaires », après le départ de leur porte-parole, en seraient réduits à égrener en commission le chapelet de leurs griefs : les bonnes intentions de l'Empereur s'étaient envolées et il conservait le pouvoir bien en main. Rouher, sa créature, avait déjà sauvé les Pereire en 1857 en réalisant la fusion du « Grand Central ». La clientèle politique et financière de l'Empire tenait bon à la fois sur ses objectifs et dans ses méthodes en donnant le pouvoir à l'homme qui avait réussi la négociation du traité libre-échangiste avec l'Angleterre. Rouher était beaucoup plus efficace que Persigny, et remplacerait le défunt Morny dans le corps-à-corps au Palais-Bourbon.

Pourtant, les députés ont une tranchée d'attaque privilégiée : le programme du 5 janvier 1860 que l'Empereur s'est engagé à exécuter pour accomplir les travaux publics nécessaires à la lutte contre la concurrence anglaise. Fould ne songeait qu'à utiliser l'amortissement pour racheter la rente, indemniser les rentiers. Il n'avait aucune envie d'emprunter de nouveau, comme le suggérait le responsable des travaux du port de Marseille Béhic, au moins 400 millions. La masse des emprunts s'était considérablement gonflée : 8 milliards pour l'étranger, autant pour les chemins de fer, 5 pour les emprunts français, soit au moins 25 milliards. D'où la hausse du taux d'escompte de la Banque de France, qui servait de garde-fou : les Pereire la critiquaient, se disant favorables à une baisse de l'intérêt qui provoquerait une inflation contenue, assurant, avec la hausse modérée des prix, de continuelles plus-values. Cette politique, Rouher ne pouvait l'imposer sans mécontenter gravement le milieu financier qui avait des représentants fort attentifs au Corps législatif. Il était donc condamné à ruser pour trouver les crédits d'équipement, et à renvoyer aux calendes grecques le grand emprunt d'un milliard que méditait l'Empereur. Il n'est pas étonnant que l'arrivée de Rouher aux Finances ait eu pour effet immédiat une chute de la Bourse : il n'inspirait pas confiance.

L'opposition au Corps législatif était-elle en mesure d'organiser une guérilla anti-inflationniste ? Depuis mars 1862, l'Empereur était engagé au Mexique. Les affaires italiennes ne s'étaient nullement calmées même si le gouvernement français s'efforçait de modérer les impatiences transalpines : Ricasoli, qui a remplacé Cavour, n'a pas sa souplesse. Il exige que les Français quittent Rome, le pape intrigue, dit-il, dans l'ancien royaume de Naples. Il accueille dans ses États le roi François II déchu, faisant de Rome un nouveau Coblenz. Il fait fusiller comme rebelles les partisans cléricaux d'un retour des Bourbons. Ricasoli, hautain baron toscan, n'avait rien obtenu de l'Empereur, qui avait pourtant envoyé La Valette à Rome et Benedetti à Turin, tous les deux favorables à la cause italienne, au point que Mérimée pouvait écrire qu'ils avaient dans l'esprit « de persuader le pape que son royaume n'était pas de ce monde ».

Napoléon III avait sondé Rome pour envisager la reconnaissance par le pape du royaume d'Italie. Il s'était heurté à un mur. Le souple Ratazi, qui remplaçait à Turin Ricasoli, avait suggéré au roi du Piémont de se rendre pieusement à Naples, pour y affirmer la présence unitaire et impressionner l'opposition catholique. Au même moment le pape avait convoqué les fidèles à un rassemblement dans Rome, pour célébrer les martyrs d'Extrême-Orient : les évêques français s'étaient rendus à Rome avec un tel enthousiasme que Napoléon III était plus enclin encore à la modération. Garibaldi, qui avait débarqué en Sicile aux cris de « Rome ou la mort », fut fait prisonnier au terme d'un affrontement, sur le plateau d'Aspromonte, avec l'armée piémontaise. C'en était trop : Napoléon remplaçait le ministre Thouvenel par le très catholique Drouyn de Lhuys, qui nomma à Rome La Tour d'Auvergne, frère d'un cardinal. L'Empereur était avant tout désireux d'obtenir les voix catholiques aux élections de 1863.

Les catholiques restaient handicapés par leurs divisions : les légitimistes avaient supplié en vain le comte de Chambord de leur permettre de participer à la lutte politique : le prétendant restait de marbre. Le parti catholique, représenté au Corps législatif par les « 91 » qui avaient désapprouvé la politique romaine de Napoléon, vivait dans l'angoisse : Persigny avait promis de leur supprimer l'affiche blanche des candidats officiels. On murmurait que Pichon et Keller étaient sur la liste noire, qu'ils n'avaient aucune chance d'être réélus. Déjà le régime avait récupéré une partie de ces opposants. Des républicains, il se souciait peu : les émigrés n'avaient pas d'influence. Les anciens de 1848 étaient débordés par les jeunes avocats qui assistaient bruyamment, dans la tribune, aux séances du Corps législatif : personne ne connaissait encore les Gambetta et les Ferry. Ces orateurs de cafés n'avaient la cote que chez les étudiants. Quant aux orléanistes, ils représentaient les gloires oubliées du régime déchu.

Pourtant, les plus grands noms de la tribune furent élus. Thiers était le plus illustre, le plus gênant. Ce voltairien grincheux parlerait, à coup sûr, contre le Mexique, contre Rome ; il se ferait une clientèle, chez les députés français, chez les journalistes et hommes d'État étrangers. Le Corps législatif devenait soudain un bruyant orchestre, commentant sans relâche la politique officielle, relayé par les prudents articles de la presse républicaine (*Le Siècle*, mais surtout *Le Temps*) et orléaniste : le jeune Prévost-Paradol brillait déjà dans les *Débats*, où il était plus redoutable qu'au Parlement. Battu aux élections dans la Dordogne, il n'en distillait que plus de fiel dans ses élégantes chroniques. Nommé le 18 octobre 1863 ministre d'État, après la mort subite de l'avocat Billault, un des talents du barreau, Rouher, l'Auvergnat massif, héritait d'une situation politique légèrement gauchie, mais surtout transformée par la présence au Parlement des deux grands orateurs de l'Ancien Régime, Berryer et Thiers. Persigny avait été congédié, devant le résultat ambigu des élections : la présence d'un groupe d'une vingtaine de républicains, tous ou presque élus de grandes villes, inquiétait. Rouher, venu, comme Morny du Puy-de-Dôme, n'avait que mépris pour les avocats républicains des villes. Il savait que Guéroult, le directeur de *L'Opinion nationale*, était fort ambigu, ainsi que le grand maître du *Siècle*, Havin, dont on disait dans son département de la Manche qu'il était « moitié bonapartiste, moitié démocrate mais surtout normand ». Il était choqué de la « lettre des sept évêques » qui avait recommandé aux catholiques de voter pour ceux qui avaient subi les brimades de Persigny après avoir, au Corps législatif, combattu pour le pape. Que l'archevêque de Rennes, qui devait tout à l'Empereur, eût soutenu cette manœuvre indignait l'Auvergnat, déjà fort prévenu contre les ultramontains. Il redoutait qu'un Thiers, avec son expérience des manœuvres parlementaires, ne ralliât autour de son nouveau tiers parti les plus à droite des élus de la gauche, Émile Ollivier par exemple, pour former une dangereuse opposition constitutionnelle. A peine nommé, Rouher s'inquiétait : le Corps législatif se prendrait-il pour une Chambre des communes ? Serait-il capable de porter un coup d'arrêt politique aux larges vues de l'Empereur ?

Thiers, d'entrée de jeu, attaqua de front : son discours du 11 janvier 1864 allait plus loin que la simple mise en garde de Berryer sur les folles dépenses et l'aventure du Mexique. L'avocat légitimiste avait lui-même donné l'exemple de la modération, en s'abstenant dans un scrutin où 14 députés, seulement, avaient manifesté leur opposition. Thiers mettait ses collègues en garde : ils n'avaient pas, dans le passé, été en mesure d'exercer leur responsabilité essentielle, le vote du budget. La Chambre venait de donner quitus à l'Empereur de ses demandes de frais supplémentaires pour le Mexique. C'était, une fois de plus, la politique du fait accompli. Avait-on demandé aux députés d'approuver cette guerre ? Les libertés étaient indissociables : l'individu devait être libre, et non soumis à des lois d'exception. Les électeurs devaient être débarrassés de la candidature officielle et des pressions des préfets. Les élus eux-mêmes devaient être libres de voter selon leur conscience, et Thiers revendiquait « le droit pour la majorité de la Chambre, interprète de l'opinion publique, de diriger la marche du gouvernement ». Rouher, de sa voix grave, mit les députés en garde : « Voulez-vous un gouvernement parlementaire ? » Deux cents voix crièrent aussitôt non ! La question ainsi posée dans une enceinte officielle de l'Empire, devenue lieu d'affrontement des tendances, pouvait apparaître à beaucoup comme la tentative d'un ancien de Juillet pour rétablir, comme le disait hier Persigny, le système « de l'impuissance au-dedans et de la faiblesse au-dehors ». « Ce pays qui permet aujourd'hui qu'on demande pour lui du ton le plus déférent, avait dit Thiers, un jour peut-être il exigera. »

A qui pensait Thiers ? Deux élections partielles à Paris devaient conduire au Palais-Bourbon les vieux républicains quarante-huitards Garnier-Pagès et Carnot. Mais une liste ouvrière s'était présentée, avec le ciseleur Tolain, du quartier du Marais. Soixante ouvriers avaient signé avec lui un manifeste. Les « libertés » qu'ils demandaient allaient bien au-delà du programme de Thiers ; ils voulaient aussi « le nécessaire des réformes économiques », la grève et les syndicats, la suppression du budget des cultes, l'instruction gratuite et obligatoire. Ils n'avaient recueilli que 400 voix, mais on reconnaissait dans le Manifeste, publié par *L'Opinion nationale* de Guéroult, le discours proudhonien : « Nous ne haïssons pas les hommes, nous voulons changer les choses. » Le zèle de Guéroult peut faire réfléchir : le pouvoir aurait-il songé à encourager ces candidatures ouvrières pour retirer des voix aux républicains ? Napoléon III amorçait-il déjà sa conversion en faveur d'une nouvelle clientèle politique ? La nomination de Victor Duruy, ancien professeur d'histoire du lycée Henri-IV, au poste de ministre de l'Instruction publique avait, l'année précédente, indiqué un tournant : l'apôtre laïque de l'enseignement primaire obligatoire inquiétait les évêques, au moins autant que la publication de la *Vie de Jésus* de Renan. Les journaux républicains ou libéraux s'étaient faits brusquement les défenseurs dévoués du ministre. Ils ne pouvaient qu'approuver une autre initiative de l'Empereur, la loi sur les coalitions de 1864 qui rendait la grève légale, même si les syndicats restaient interdits. L'envoi, par l'Empereur, de nombreux délégués français à l'exposition de Londres, en 1862, avait montré sa bonne volonté. Désireux de constituer des syndicats et bientôt d'adhérer à la première Internationale, ils avaient en Angleterre l'exemple d'une classe ouvrière organisée, capable de lutter sans aucun engagement politique, pour défendre ses intérêts. Ces « libertés civiles », comme disait Morny, Napoléon III était prêt à les accorder prudemment aux ouvriers : pour faire aboutir au Parlement la loi sur les coalitions, Morny avait songé à Émile Ollivier, qu'il avait imposé, contre Rouher, comme rapporteur. Par cette étrange innovation, un membre de l'opposition avait été appelé à soutenir une loi de gouvernement. Le Conseil d'État, fort réticent, avait obéi à l'Empereur en présentant un projet qui devait subir, au Corps législatif, une double opposition : celle de la gauche, qui exigeait en même temps le droit d'association, celle de la droite, qui redoutait avec Seydoux, filateur influent du Cateau, qu'il n'y ait bientôt dans les usines « des professeurs de grève comme il y avait jadis des professeurs de barricades »... La rédaction de la loi était cependant modérée : la grève était toujours possible, à condition qu'elle ne fût pas une « atteinte à la liberté du travail ». Jules Favre, cet autre avocat, n'eut aucun mal à établir qu'un procureur impérial aurait, grâce à cette rédaction, le moyen d'interdire n'importe quelle grève. Il fallut surtout combattre les amendements proposés par la droite frileuse, dont le représentant le plus écouté était Buffet. Le vote, acquis malgré 36 voix d'opposition (dont celles, à droite, de Seydoux, Pouyer-Quertier et de Wendel) consomma la rupture entre Jules Favre et Ollivier.

L'orientation de la nouvelle politique de l'Empereur se précisait : Morny avait réussi le ralliement au régime d'un des plus éclatants talents de l'Assemblée. L'Empire libéral était sur les rails. Il n'existait pas encore de majorité de rechange, puisque le Corps législatif votait docilement les crédits et les projets. Mais on percevait clairement la possibilité d'un jeu politique entre la droite et l'opposition de gauche, par la reconstitution d'un centre libéral, dévoué à l'Empereur, ouvert à sa politique de progrès intérieur, et de soutien aux nationalités à l'extérieur. Ollivier avait constamment plaidé pour l'unité italienne. En concédant au Corps législatif une certaine liberté, Napoléon III comptait en jouer à son profit. La libéralisation était pour lui le moyen de poursuivre à l'étranger sa grande politique. Il n'avait pas encore besoin de précipiter le mouvement. La Chambre et l'opinion lui restaient acquises.

C'est l'Europe qui se dérobait : comment maintenir une politique équilibrée de soutien aux États catholiques, pour calmer les prétentions du pape, alors que la Prusse, puissance protestante, se dressait en Allemagne comme un nouveau Piémont ? Le roi Guillaume Ier était certes un sexagénaire prudent, peu tenté par l'aventure, et qui gardait le souvenir des troubles de 1848 où l'armée autrichienne avait maintenu l'ordre dans les pays allemands. Pourtant, dès 1860, il avait soutenu le projet du service obligatoire et de l'enrôlement de 60 000 jeunes gens tous les ans dans une armée régulière dotée de fusils à aiguille et de canons Krupp. Il avait appelé au conseil de gouvernement, dès 1862, l'intransigeant Bismarck, un *Junker* poméranien qui incarnait l'esprit de protestantisme rigide et conquérant de la vieille Prusse. Diplomate à Francfort, Bismarck avait fort bien étudié les manœuvres du cabinet de Vienne qui s'appuyait sur un réseau d'amitiés catholiques en Allemagne, dans le Sud surtout. Pour permettre à la Prusse de prendre la tête du mouvement unitaire, il fallait imposer le réarmement à un Parlement qui n'en voulait pas. En 1863, au moment de l'anniversaire de la victoire de Leipzig contre Napoléon (célébré avec éclat à Berlin), la Prusse était prête à s'engager dans une politique nouvelle, tracée par Bismarck : celle de la force.

L'insurrection polonaise lui permit à point nommé de se concilier l'appui du tsar. Il était en effet, depuis les traités de Vienne, roi de Pologne et régnait sur la plus grande partie de ce pays, dont la Prusse et l'Autriche possédaient aussi des provinces. Les Polonais avaient affirmé courageusement, durant la révolution de 1830, leur désir de se libérer. La nationalité polonaise n'était-elle pas aussi recommandable que l'italienne ? En France, un chaud courant de sympathie s'était affirmé à gauche en faveur de la Pologne, renforcé par le soutien de l'opinion catholique. Une nouvelle révolte avait éclaté en 1861. En arrêtant les fidèles qui priaient dans la cathédrale Saint-Jean, l'armée russe s'était rendue odieuse dans toute l'Europe romaine. En janvier 1863, quand les officiers du tsar firent rafler de force, dans Varsovie, des conscrits pour l'armée, la réaction des Polonais fut unanime : ils prirent les armes.

Napoléon III volerait-il au secours des Polonais catholiques ? Le roi de Prusse dépêcha aussitôt à Saint-Pétersbourg son aide de camp Alvensleben. Personne ne se souciait d'aider les révoltés, toutes les cours se précipitaient, à la suite de la Prusse, pour rechercher l'amitié des Russes, sauf l'Angleterre qui proclamait le *droit d'ingérence* de l'Europe dans le conflit au nom des traités de 1815. Napoléon III, qui ne pouvait rester sourd à la « polonophilie » des salons, de la Sorbonne, des journaux de gauche et du prince Jérôme, se crut obligé de recommander au tsar la modération. Il ne pouvait aller plus loin : n'était-il pas, depuis le voyage de Morny, un partenaire financier du tsar ? Ne comptait-il pas sur lui pour équilibrer les nations germaniques, l'Autriche en Italie et la Prusse aux bords du Rhin ?

Pendant que des garibaldiens, des républicains français ou d'étranges volontaires, irlandais ou écossais soutiennent les Polonais qui « vont au bois » et courent les landes, échappant à l'armée russe, les puissances envoient au tsar des remontrances auxquelles s'associent l'Italie, l'Espagne et de petites cours européennes. Alexandre II répond en dénonçant « les instigations permanentes de la révolution cosmopolite » et demande à Berlin d'intervenir pour que le gouvernement de Vienne, qui compte dans ses frontières de nombreux Polonais de Galicie, se rallie au camp des nations conservatrices : c'est en châtiant la révolte polonaise que l'on restera fidèle à l'esprit des traités de 1815. En Lituanie, où le mouvement de résistance se propage, les Russes fusillent et violent. Ils ne peuvent compter dans leur entreprise que sur l'amitié fidèle du roi de Prusse, qui accuse Napoléon III de mener la danse des « six points » : les alliés ont en effet demandé au tsar de rendre la Pologne autonome, de permettre aux enfants d'apprendre le polonais et non le russe, de jouir d'une totale liberté de culte. *Le Siècle* veut un plébiscite en Pologne. L'Angleterre ira-t-elle jusqu'à la guerre, entraînant de nouveau la France dans une affaire de Crimée ? Drouyn de Lhuys n'a pas manqué de présenter la question de Pologne comme l'une des grandes pétitions nationales de l'Europe, au même titre que l'italienne. Le discours impérial est double : il donne satisfaction aux catholiques français, mais aussi aux intellectuels, partisans de la libération des peuples. Il menace la nouvelle politique antiprussienne que l'Empereur, après l'affaire de Crimée, s'efforçait de développer en Europe par l'alliance russe.

Comment sortir de l'impasse ? L'Angleterre repoussait avec une cruelle ironie le projet de congrès européen que proposait Napoléon III : l'Italie et l'Autriche s'y disputeraient la Vénétie, la Prusse y revendiquerait les duchés détenus par les Danois. Pendant que les Russes déportaient 30 000 Polonais et réprimaient la révolte dans le sang, l'Europe étalait ses divisions, non sans blesser le tsar qui désormais ne pourrait manquer de laisser les mains libres à son nouvel allié, le roi de Prusse, et à son actif chancelier, Bismarck.

La reculade de l'Autriche à la fin de l'affaire polonaise avait conforté le Prussien dans sa conviction qu'il avait les mains libres en Europe centrale : il se hâta de régler à son avantage l'affaire des duchés, le Slesvig et le Holstein, peuplés d'Allemands, qu'il voulait retirer au Danemark. Ce petit État ne pouvait résister qu'en trouvant des alliés efficaces : une querelle successorale permit à la Confédération germanique de prononcer l'« exécution » et d'occuper les duchés avec une force allemande. Pour l'Angleterre, la présence de la Prusse au débouché de la mer Baltique était une provocation. Elle était la protectrice naturelle du Danemark. S'opposerait-elle à Bismarck ?

Fort du soutien d'un mouvement national d'une réelle ampleur, Bismarck n'était pas surpris de voir l'Autriche épouser sa cause. Pouvait-elle se laisser distancer dans une querelle allemande ? La France, pas plus que l'Angleterre, n'intervenait : Paris et Londres s'ingéniaient au contraire à recommander la prudence et la souplesse au petit roi de Danemark incapable, dans ces conditions, de résister à une armée de 60 000 hommes qui occupa les duchés, imposant partout l'usage de la langue allemande. Le Slesvig, le Holstein et le Lauenbourg devenaient allemands : la France et l'Angleterre avaient laissé le « Piémont du Nord » bafouer le droit.

Bismarck pouvait alors, fort tranquillement, travailler à éliminer l'Autriche d'Allemagne : l'Europe n'était pas en mesure de l'empêcher d'entrer dans un conflit qu'il maîtrisait parfaitement. Seul avec l'Autriche, il avait imposé sa paix à Copenhague. Il accepta la candidature du prince d'Augustembourg, soutenue par Vienne, sur les duchés, à condition de leur imposer une armée, des douanes, des postes prussiennes, et surtout l'autorisation de creuser, pour la future marine allemande, le canal de Kiehl. Son but était l'annexion des duchés. Pour y parvenir, il devait s'assurer de la neutralité de la

France en cas de conflit avec l'Autriche, au moment où Napoléon recherchait l'amitié de la Prusse : il venait de signer avec Turin les conventions du 15 septembre 1864, promettant sous deux ans d'évacuer Rome si les Italiens consentaient à faire de Florence leur capitale. Pour détourner vers Venise les convoitises des Piémontais, l'Empereur avait besoin de l'appui de Berlin, afin de faire céder Vienne : l'entente était possible.

Bismarck la négocia rondement, sans se compromettre : il savait Napoléon prêt à tout pour extirper de son talon l'épine romaine. L'Empereur français avait multiplié les prévenances, faisant admettre la Prusse à la conférence de Paris, invitant le roi Guillaume aux manœuvres de Châlons. Bismarck avait laissé entendre, dans une conversation particulière, que la Prusse pourrait bien, en cas d'urgence, céder à la France les provinces rhénanes : des promesses qui ne coûtaient pas cher.

Par la convention de Gastein, en août 1865, la Prusse et l'Autriche s'étaient partagé les duchés. Mais la Prusse voulait l'ensemble : la neutralité française en cas de conflit fut négociée en octobre à Biarritz, où Bismarck fut reçu par l'Empereur, il obtint l'accord de Napoléon III, en échange de la cession à l'Italie de la Vénétie. Il annonça à son hôte que l'affaire des duchés n'était qu'un début, que la France avait intérêt à rechercher l'alliance d'une Prusse puissante, fédératrice des pays allemands. Bismarck avait compris que, sans rien lâcher sur le Rhin, il pouvait tout obtenir de l'Empereur en lui permettant d'abandonner Rome. Ce fut un jeu d'enfant que d'obtenir par traité secret la participation du gouvernement du Piémont. Au Corps législatif, Thiers protesta en vain contre cette

« reconstitution de l'empire de Charles Quint ». Prenant la parole dans l'Yonne, Napoléon III avait précisé qu'il « détestait ces traités de 1815 dont on voulait faire la base de la politique extérieure ». Il entrait dans les vues « réalistes » de Bismarck, amorçant la politique des compensations, en vue d'obtenir pour la France les frontières de 1814. Le moment n'était-il pas bien choisi, alors que le chancelier redoutait la concentration de 300 000 Français sur le Rhin ? Mais l'Empereur songeait d'abord à la Vénétie. Il obtint de l'Autriche, également inquiète, une promesse de cession : ainsi était-il assuré des deux côtés. Le 3 juillet 1866, le fusil à aiguille prussien et la science de Moltke eurent raison des bataillons autrichiens à Sadowa : la défaite piémontaise de Custozza, à la fin du mois précédent, n'empêcha pas la Vénétie de devenir italienne.

Ainsi, l'Empereur avait tout sacrifié au règlement d'une affaire vitale pour l'avenir du régime. Il pouvait enfin espérer le retrait de ses troupes de Rome, et l'apaisement de la campagne catholique en France. Le soutien indirect accordé à la Prusse jetterait au contraire un jour nouveau sur l'unité italienne : il devenait clair que la politique des nationalités favorisée par l'Empereur portait un coup d'arrêt décisif, après Sadowa, à la politique européenne de la France. On avait bien rectifié les traités de 1815, mais au profit, hier de Cavour, aujourd'hui de Bismarck. La politique des nationalités, qui n'avait pas sauvé la Pologne, ruinait le consensus européen et condamnait la France à l'isolement. L'Angleterre avait refusé le congrès proposé par l'Empereur pour résoudre le différend des deux nations allemandes : quand Bismarck vainqueur alignerait ses divisions sur le Rhin, la France serait seule.

Troisième partie

LE RÉVEIL

Chapitre 9

La fête parisienne

1866. Napoléon a soixante ans. Depuis quinze ans, le maître de l'Élysée, puis du palais des Tuileries, règne sur un pays comblé, que le désastre du Mexique et l'inquiétante canonnade de Sadowa ne trouble pas. En fumant, nostalgique, son éternelle cigarette, sans doute regrette-t-il de n'avoir plus l'ardeur de ses quarante ans pour faire de la France le phare saint-simonien démocratique éclairant le monde.

Beaucoup de ses rêves se sont évanouis. A l'extérieur, ses plus belles cartes ont été jouées dans la précipitation, sans méthode : les Américains du Nord n'ont eu aucun mal à retrouver leur influence au Mexique et dans la Méditerranée américaine. L'ambassadeur d'Angleterre a verrouillé la Turquie et le royaume vassal d'Égypte, menaçant par ses intrigues l'œuvre de Lesseps, exigeant une surveillance continue de la Méditerranée orientale par les escadres de la Royal Navy. En Europe surtout, le rêve de nationalités amies, constituées sous l'égide de la France, arrachées aux vieux empires, offrant à l'industrie, à l'agriculture et au grand commerce des marchés plantureux, s'est dissipé après Sadowa.

Le réveil fut-il douloureux ? La découverte du mélange détonnant de la nouvelle Prusse, avec ses soldats arriérés, soumis à une discipline féodale, manœuvrés grâce aux chemins de fer, gagnant les batailles par la supériorité d'un état-major de junkers, de la technologie des canons de la Ruhr et des fusils à aiguille, imposait la révision des idées établies. Les batailles modernes laissaient peu de place aux improvisations géniales des grands capitaines. La supériorité de la logistique et de la puissance du feu décidait des batailles. La défaite de l'Autriche n'était pas militaire, mais bien technique : une puissance moderne dotée d'une armée nationale venait de naître en Europe. La Prusse était une planète d'une tout autre importance que le Piémont et l'astronome des Tuileries en faisait le premier la découverte, déjà à ses dépens. Sa politique des nationalités avait accouché d'un monstre griffu, cuirassé d'écailles, dardant une langue de feu.

Napoléon pouvait-il sauver la situation, apparaître, par sa médiation, comme l'arbitre des destinées de l'Europe ? Vienne lui demandait, offrant la Vénétie, de décourager l'Italie et d'imposer l'armistice à la Prusse. L'Impératrice, Drouyn de Lhuys et tout le clan catholique poussaient à cette intervention active, accompagnée d'une mobilisation en Alsace. Le ministre de l'Intérieur La Valette, toujours partisan des nationalités et admirateur de la Prusse protestante autant que du Piémont maçonnique, intervint, contre toute attente, en plein Conseil pour qu'on s'entendît avec la Prusse. Ce point de vue l'emporta, l'armée du maréchal Randon, empêtrée au Mexique, n'étant pas disponible, même pour un simulacre d'intervention sur le Rhin. Napoléon fit toutefois annoncer que l'Autriche lâchait la Vénétie et cette seule nouvelle fit remonter la rente de quatre francs : Paris, crédule, croyait à la paix.

La diplomatie impériale était en fait condamnée, non pas à arbitrer, mais à subir la victoire prussienne, comme si la France aussi avait été battue à Sadowa. Ni les Italiens (qui voulaient conquérir la Vénétie par leurs seules forces) ni les Prussiens ne voulaient d'une « paix française », et les troupes du général Cialdini pénétrèrent en Vénétie pendant que Moltke hâtait sa marche sur Vienne à travers la Bohême. Refusant pour une fois l'idée d'un congrès, Napoléon se flattait de négocier directement avec Bismarck : son ambassadeur, Benedetti, suivait le chancelier de bivouac en bivouac sans obtenir de lui la moindre promesse. La Prusse opposait à la demande pressante des Français une fin de non-recevoir polie. Drouyn de Lhuys apprenait par des voies détournées les effets infructueux de la diplomatie directe.

Qui pourrait arrêter les Prussiens ? Bismarck redoutait davantage le choléra que les Français et les Russes réunis, mais il voulait profiter des circonstances pour imposer sa paix, sans aucune compensation. Il visait à unifier l'Allemagne du Nord sous l'égide de son roi. Rien qui pût contrarier Napoléon. Mais le chancelier de Prusse ne voulait rien devoir à l'empereur des Français. S'il consentait à respecter l'indépendance des États du Sud, et à ménager la Saxe, c'était concession de pure forme. L'Empereur, en butte déjà aux attaques de la maladie de la pierre, souffrait d'une situation qui semblait sans issue : « Avec cette médiation perpétuellement ajournée, disait-il à l'ambassadeur de Prusse, je joue un rôle ridicule. » En fait, il renonça à toute intervention et laissa Bismarck mettre la main sur l'Allemagne du Nord : « Maintenant, dit Drouyn de Lhuys, chaud partisan de l'intervention, il ne nous reste plus qu'à pleurer. » A Nikolsburg, la Prusse imposa à l'Autriche ses préliminaires draconiens : les États du Sud auraient avec le Nord des liens réglés « par une entente commune ». Quant à l'Italie, la défaite navale de Lissa l'obligeait à traiter : elle recevrait la Vénétie par les bons offices des Français. Le sentiment national italien explosait d'indignation et poursuivait de sa haine l'amiral Persano, vaincu en mer. L'armée prussienne, ramenée sur le Rhin, interdirait à Napoléon toute chance réelle d'obtenir le « pourboire » de sa neutralité.

Les Français choisirent ce moment pour préciser leurs revendications sur la rive gauche du Rhin, Mayence comprise : Bismarck eut l'habileté de dévoiler ces exigences à un journaliste français du *Siècle* : ses propos, repris par la *Gazette de l'Allemagne du Nord*, devaient susciter en Allemagne un tel tollé, et en Russie une telle méfiance, que les Français, plus prudemment, se bornèrent à demander la constitution d'un État neutre, puis se laissèrent entraîner à revendiquer la Belgique, sur la suggestion de Bismarck. Ils apparaissaient ainsi, à Londres comme à Saint-Pétersbourg, comme des perturbateurs cupides, alors qu'ils souhaitaient seulement assurer leur sécurité contre la puissance grandissante de l'Allemagne prussienne. Bismarck n'accepta même pas d'attribuer à la France ses frontières de 1814. Il demanda un texte écrit sur l'annexion projetée du Luxembourg et l'invasion possible de la Belgique : il avait ainsi de quoi faire chanter la France sur la scène internationale, en particulier à Londres.

L'échec des pourparlers coûta son maroquin à Drouyn de Lhuys, qui fut remplacé par l'obscur de Moustier. L'Empereur, par la plume empressée de La Valette, son ministre de l'Intérieur, chargé provisoirement des Affaires étrangères, donna un étrange point final à la crise : il se réjouissait de la nouvelle Europe, constituée de grandes nations indépendantes. Les empires de la Sainte Alliance avaient perdu leur prestige. La « coalition des trois cours du Nord » (Vienne, Saint-Pétersbourg, Berlin) avait vécu. L'Autriche chercherait des compensations dans les Balkans. La France semblait renoncer aux siennes : qu'avait-elle à craindre d'une Allemagne de 37 millions d'habitants, séparée de l'Autriche, alors qu'elle comptait *avec l'Algérie*, désormais comprise dans les calculs, 40 millions d'hommes et de femmes ? On oubliait de dire que la future alliance de l'Allemagne et de l'Autriche, déjà programmée par Bismarck, grouperait sur le Rhin des unités correspondant à 72 millions d'habitants dont les armées seraient encadrées par des officiers allemands. L'ingénieur Chassepot venait d'inventer son célèbre fusil, dont serait dotée l'armée française. L'Empereur méditait une nouvelle loi militaire à la prussienne : la disparition de la Sainte Alliance avait cédé la place à une Europe des nations qui se lançait dans l'armement forcené. La France en serait réduite, au lieu d'intervenir en Europe, à monter la garde sur le Rhin. Le véritable coup d'arrêt à l'Empire venait d'être donné par le chancelier Bismarck.

On attendait tous les rois de l'Europe à l'Exposition universelle : la diplomatie impériale restait active, comme si elle ne pouvait tolérer son échec. La déconvenue du Mexique la contraignait à rechercher en Europe un regain de prestige. En Allemagne, Bismarck avait établi le suffrage universel qui envoyait des députés au Reichstag, mais les lois devaient être ratifiées par le Bundesrath, où les gouvernements des États étaient représentés. La Prusse y tenait en main la majorité et le roi resterait maître du pouvoir exécutif, confié au chancelier de la Confédération du Nord. Quand Rouher se flatta au Corps législatif d'avoir divisé l'Allemagne en trois tronçons, Thiers lança son avertissement fameux : « Il n'y a plus une faute à commettre. » On apprenait en effet par la presse allemande que Bismarck, avant même de conclure la paix avec l'Autriche, avait signé des conventions militaires avec le Wurtemberg, Bade et la Bavière. Que restait-il de la théorie des « trois tronçons » ? L'empereur Napoléon III ne pouvait même pas obtenir de la nouvelle Allemagne qu'elle retirât la garnison qu'elle tenait au Luxembourg en vertu d'accords antérieurs, et qu'elle consentît à la cession du grand-duché à la France, qui avait déjà reçu l'agrément du roi de Hollande, son légitime propriétaire. Des pangermanistes avaient créé le scandale en aboyant au Reichstag contre une politique de marchandage qui faisait fi de la solidarité de race des Allemands. Le Luxembourg était germanique et devait le rester.

La presse parisienne, si lente à s'échauffer, finit par répondre avec agressivité aux propos venus d'outre-Rhin. Le ministre de la Guerre Niel réarmait, fortifiait, remplissait les arsenaux. Les Prussiens renforcèrent les défenses de la forteresse de Luxembourg, comme s'ils devaient y rester cent ans. Une guerre franco-allemande était-elle possible ? Le reine Victoria la crut assez probable pour écrire au roi de Prusse qu'elle ne lui accorderait aucun soutien, « même moral ». Chacun comprenait en Europe que la nouvelle Allemagne n'avait aucun droit à tenir ainsi garnison en pays étranger, aux portes de la France. Le ministre Moustier fut assez habile pour transformer la revendication française sur le Luxembourg en une simple demande d'évacuation de l'armée prussienne. Bismarck ne pouvait qu'y consentir, malgré l'excitation de Moltke et des militaires, qui considéraient une entrée en guerre immédiate comme favorable, compte tenu de la lenteur du réarmement français. Une conférence réunie à Londres régla la question du Luxembourg. On n'entendrait plus reparler des demandes françaises de compensation : Bismarck avait gagné sur toute la ligne, utilisant ces revendications pour lier plus étroitement encore à la Prusse les États du Sud. Quand l'Exposition universelle ouvrit ses portes, le 1er avril 1867, au plus fort de la crise, on ne pouvait comprendre, à Paris, que l'on fût aussi près d'une catastrophe : la perte de prestige de l'Empire était sensible. La fête en cacherait les effets.

Elle dissimulait aussi le fâcheux état de l'économie, la détresse d'une grande partie de la population : une fois de plus le choléra et les inondations avaient frappé, mais par-dessus tout régnait la crise économique : la récolte de 1866 avait été mauvaise. Le printemps boursier avait été lamentable et, le 11 avril, les banquiers s'étaient permis d'intervenir pour suggérer à l'Empereur une politique de paix. Que Rothschild et les Pereire, ainsi réconciliés, eussent accompli une démarche commune s'expliquait par la lourdeur du climat. « L'empire, c'est la baisse », commentait le baron James en aparté, lors d'un bal aux Tuileries. Jamais la Banque de France n'avait disposé d'autant de liquidités : près d'un milliard. Elle ramènerait bientôt à 2,5 % son taux d'escompte. Le cours forcé des billets dans de nombreux pays (en particulier les États-Unis) portait l'or en France et en Angleterre, l'Allemagne restant fidèle à l'étalon argent. On songeait à se mettre à l'abri de l'invasion du métal jaune. Car, en dépit de cette abondance, le danger de guerre n'inclinait pas à la confiance, et l'argent refusait de s'investir autrement que dans les valeurs sûres.

Le marasme du commerce suivait les embarras financiers. On soupçonnait le gouvernement impérial de chercher une revanche internationale, on commentait les symptômes de réarmement. La liquidation des Pereire ne fut pas pour améliorer le climat. Ils avaient contre eux les régents de la Banque de France, depuis qu'ils s'étaient mis en tête, en 1864, d'obtenir une autorisation d'émettre des billets pour la banque de Savoie qu'ils contrôlaient. Ils avaient obtenu de l'Empereur un doublement de leur capital en 1866. Mais leurs actions, en raison du marasme, ne cessaient de baisser. Rouher avait tenté la fusion de leur Crédit mobilier avec le Crédit foncier de Fremy, mais ce dernier s'était dérobé. Dès lors, la démission des frères Pereire était inévitable. L'institution saint-simonienne n'avait plus d'avenir : Sadowa lui avait porté un coup fatal. Déjà, la politique de la France dépendait strictement de l'évolution des affaires internationales. La victoire des Rothschild et des Talabot était totale sur le terrain financier, alors même que Magne remplaçait Fould, vaincu sur le terrain politique. Le coup d'arrêt venait ici de la Bourse. Berryer, un ami du baron James, traitait le Crédit mobilier, une des gloires du régime, avec un mépris affiché : « C'est la plus grande maison de jeu de l'Europe. » Sa faillite impliquait, à terme, l'impossibilité d'une politique de grandeur : en 1869 les Pereire devraient abandonner jusqu'à la Compagnie générale transatlantique, un des plus beaux fleurons de leur groupe. Il leur restait la Compagnie du Midi, qui leur était contestée.

Pourtant, la relance était indispensable à la solidité du régime. La mauvaise récolte de 1867, après celle de 1866, accumulait les mécontentements. Une véritable crise des subsistances frappait les régions industrielles du Nord et du Nord-Est, la Normandie, le Centre, le Sud-Ouest. La pénurie était particulièrement grave en Franche-Comté. Les mineurs de Commentry dans l'Allier mangeaient du pain noir et buvaient de la piquette ! La bonne période, celle de 1858 à 1862, où les prix des denrées baissaient alors que les salaires augmentaient, est oubliée. Elle s'était poursuivie, pour certaines régions et professions, jusqu'en 1866, mais la tendance s'est alors partout inversée sous l'effet du malaise de l'industrie et des insuffisances de l'agriculture. Il ne faut pas compter sur les ouvriers pour défendre un régime qui ne leur permet pas de bien vivre. La crise empêche l'Empereur de développer la politique qui lui tient à cœur : celle de l'enrichissement continu des masses.

L'Exposition universelle brille de tous ses feux, cachant les misères : c'est la dernière réussite des saint-simoniens. L'ingénieur Frédéric Le Play, le président Michel Chevalier, des polytechniciens, assurent la réussite d'une manifestation qui doit être la démonstration éclatante des bienfaits du progrès et de la paix des peuples. Au Champ-de-Mars, on peut voir une ellipse de verre et de fonte, tandis que les machines de l'agriculture sont dans l'île de Billancourt. Cinquante mille mètres carrés accueillent les exposants venus du monde entier, avec, il est vrai, une prédilection pour les Européens : l'Angleterre dispose de 61 000 mètres carrés contre 3 000 seulement aux États-Unis. Napoléon III a accepté que soient invitées des délégations d'ouvriers étrangers de la première Internationale : cette année-là, Karl Marx publie le premier volume du *Capital*. De son exil, Hugo a écrit la préface du *Paris-Guide de l'Exposition* : « Suis ton élargissement fatal et sublime, ô ma patrie, et de même qu'Athènes est devenue la Grèce, de même que Rome est devenue la chrétienté, toi, France, deviens le monde ! »

Triomphe des ingénieurs, des techniciens, oubli des hommes de science ! Ils se sont effacés d'eux-mêmes, peu concernés par cette Foire du Trône des réalisateurs de miracles. Il est loin le temps où le premier Napoléon recevait le mathématicien Laplace.

— Il y a une chose qui m'étonne, lui disait-il

alors, dans vos *Essais sur le monde*, vous n'avez pas prononcé une fois le mot *Dieu*.

— Sire, je n'ai pas cru devoir me servir de cette hypothèse.

Laplace est mort il y a plus de trente ans : il n'a pas été remplacé. La France n'a pas un nom à opposer aux Riemann, Lobachewski et autres Gauss. L'Empereur s'intéresse à la physique amusante et l'Impératrice fait tourner les tables, invite les magnétiseurs, mais les papes de l'électricité s'appellent Faraday ou Maxwell. Ampère, qui a donné son nom à une mesure d'électricité, est mort en 1836. Son fils n'est qu'un historien. Arago, l'inventeur du magnétisme de rotation est mort en 1853. Son fils Emmanuel n'est qu'un politicien. Les grandes gloires achèvent leur course, et les épigones ne sont pas connus. Les chimistes mettent en avant Sainte-Claire Deville, le découvreur de l'aluminium, qui n'est plus une nouveauté en 1867. Il manque à la recherche française une organisation collective, à la société française une image de l'homme de science qui ne soit pas oblitérée par celle de l'ingénieur.

Ceux qui sortent de Polytechnique et de l'École normale supérieure sont plus tentés par l'industrie, l'administration, voire la politique, que par la recherche pure qui ne dispose pas de moyens : ses budgets avaient été calculés avec générosité en 1800, ils sont ridicules en 1867. Une administration centralisée, mesquine, tatillonne, rétrograde, décourage l'effort. Pas de liens avec l'industrie privée comme en Angleterre où le prince consort Albert de Saxe-Cobourg soutient personnellement les efforts de la British Association. Rien de comparable aux industries allemandes qui recrutent et attirent les savants dans leurs États. On a tendance à penser en France que le génie des chercheurs isolés suffit, qu'il n'est d'horizon à leur carrière qu'un fauteuil douillet à l'Académie des sciences.

Nous connaissons l'état pitoyable de la recherche française par le rapport de Claude Bernard rédigé à l'occasion de l'exposition sur « les progrès de la physiologie en France ». L'auteur de l'*Introduction à la médecine expérimentale* (publié en 1865) proteste contre la scandaleuse absence d'équipement des laboratoires. Il s'efforce de mettre en relief le retard accusé par la recherche française sur ses concurrentes. Personne ne songe à méditer sur cette mise en garde. Pasteur, pour sa part, intéresse les industriels : ils soutiennent de leurs fonds ses travaux sur la fermentation alcoolique que l'on provoque encore en utilisant la levure de bière. En 1860 il a étudié, dans le Midi, la maladie du ver, il est sur le chemin de la découverte des bacilles. Il est alors inconnu à la fois du grand public, et presque des pouvoirs publics. Si l'École polytechnique garde son prestige, ce n'est pas par la notoriété de ses mathématiciens, mais en raison de la carrière dorée de ses anciens élèves dans la vie sociale. Un « homme très riche du faubourg Saint-Denis », dans son testament, expliquent les Goncourt, a rédigé une clause par laquelle « sa fille unique épouserait un individu qui sortirait le premier de l'École polytechnique. Tous les ans le notaire allait trouver le premier sortant ». L'École centrale bénéficie elle aussi des faveurs de la bourgeoisie : un fils Pereire y est admis, avant d'entrer dans les affaires d'Espagne de son père.

Les normaliens eux-mêmes, ces boursiers entretenus par l'État, boudent la recherche et tentent d'échapper aux laboratoires vétustes. Les jeunes gens sont attirés par les résultats rapides, spectaculaires.

L'éducation elle-même est relâchée. « De la dureté ancienne, exagérée, on passe à une tendance exagérée à la douceur affaiblissante, dont le relâchement pourrait s'en aller jusqu'à l'âme », expliquent les Goncourt. Pour Baudelaire, le culte du progrès est vu surtout par les bourgeois comme un élément du mieux vivre, des arts vulgaires, des trucs et des inventions à quatre sous. L'excellent journaliste Nadar avait quatre ans plus tôt organisé l'envol du ballon le *Géant* sur les mêmes lieux : au Champ-de-Mars. Ce photographe, pionnier de la navigation aérienne, voulait prouver que l'avenir n'était nullement aux dirigeables, mais aux moteurs à hélice, à « l'autolocomotion aérienne ». Le directeur de *La Presse*, Émile de Girardin, surnommé « l'homme du XXe siècle », s'était décommandé au dernier moment, comme s'il craignait un piège, un canular de Nadar. L'expérience n'avait que trop bien réussi : le *Géant*, poussé par un fort vent d'est, avait survolé Paris et s'était perdu dans les airs. On n'avait pu le diriger : par l'absurde, la démonstration était probante. La puissance et la masse ne pouvaient rien contre le vent, à moins d'être soutenues par une invention supplémentaire, celle de l'hélice par exemple. Elle avait déjà été réalisée par le Français Sauvage, qui avait pris un brevet en 1832. Il avait été jeté en prison pour dettes. Dix ans plus tard, le Suédois Ericsson appliquait les hélices aux navires. Sauvage, l'inventeur génial (cheveux blancs, longue barbe blanche, redingote bleue), vivait à Ménilmontant, médiocrement, d'une pension du ministère de la Marine. « Il est dommage, commentaient les Goncourt, qu'on ne lui ait pas laissé le temps de mener à bonne fin sa découverte et que la véritable application de son hélice était dans l'air et non dans l'eau. »

Onze millions de visiteurs se précipitaient, non pas dans les rayons de physique ou d'astronomie, mais dans les ateliers photographiques où l'on tirait déjà le portrait. Cet art s'était popularisé au point d'exercer sur les foules une fascination qui tenait du rituel : on vendait au public de luxueux albums pour y coucher les photos de baptême, de communion, de régiment, de mariage, de visite à l'exposition... On posait déjà en tenue de zouave, le visage apparent dans un cercle découpé du décor. La frénésie touche tous les milieux : Marie Daubrun, la muse de Baudelaire, installe chez Banville un véritable atelier avec daguerréotypes et stéréoscopes. Le journaliste Scholl expose sur sa cheminée les portraits de ses maîtresses, imitant en cela, en plus prude, la célèbre collection de nus de Morny. Certains photographes deviennent de petits-maîtres, en raison des têtes célèbres qu'ils ont l'honneur de « tirer ». C'est le cas de Carjat, qui compte dans sa clientèle toutes les célébrités. On photographie partout, au bordel et sur les champs de bataille. On reconstitue pour l'objectif les grandes batailles, avec des figurants. Les scènes de la vie quotidienne inspirent autant les pourvoyeurs d'images pour « cartes postales » que les reportages sur « grands événements » : la guerre de Crimée, déjà, a fait l'objet de clichés, et naturellement celle d'Italie. Les photos exposées au public suscitent l'admiration éperdue de la nouveauté, surtout chez les nombreux visiteurs de province. La Commission des monuments historiques, où siègent Mérimée et Viollet-le-Duc, a envoyé dans toute la France des maîtres incontestés qui sont déjà aussi célèbres que les peintres, Édouard Baldus, Hyppolite Bayard, Henri Le Secq ou Charles Marville, pour dresser l'inventaire des églises, des châteaux, des maisons anciennes. Depuis 1851 le photographe Blanquart-Évrard a créé à Loos-les-Lille une imprimerie photographique d'où sortent 500 épreuves par jour. On peut ainsi exposer l'admirable album de Maxime du Camp sur la Syrie. Les images de Roger Fanton, avocat londonien et photographe officiel de la reine sur la guerre de Crimée, surprennent les badauds : on peut y voir Lord Raglan coiffé d'un extraordinaire chapeau de paille à ruban de gaze conférant avec Pélissier, une calotte sur la tête, et Omar Pacha dont la barbe blanche est celle d'un sexagénaire. Les vues de Le Gray sur le camp de Châlons sont aussi recherchées que celles des frères Bisson qui ont réalisé en 1860 une série d'épreuves sur le couple impérial avançant, un bâton à la main, sur la mer de Glace : une sorte d'exploit. Les photographes ont réussi à enduire leurs plaques au collodion à plus de 3 000 mètres d'altitude. Gustave Le Gray a la tâche la plus difficile : pénétrer dans l'intimité des souverains pour organiser la mise en scène de l'Impératrice, priant dans la chapelle de Saint-Cloud, avant le baptême du prince impérial. Il n'a pas l'exclusivité de ces photos officielles : Mayer et Pierson obtiennent l'autorisation de photographier l'Empereur malade et l'Impératrice vieillissant en couple bourgeois, mais tirent aussi, en tenue de cour, la comtesse de Castiglione. Morny à Deauville ou Bazaine et son état-major du Mexique sont des proies de choix pour les photographes qui restituent, avec une dureté qui souvent surprend et indigne les contemporains, les images de la réalité. La peinture de cour a plus de complaisance, mais il faut retenir Winterhalter plusieurs mois à l'avance si l'on veut son portrait, même si l'on est duc ou sénateur. Il est vrai que l'Impératrice représentée dans l'essaim vaporeux de ses suivantes offre une image flatteuse de la beauté souveraine qui contraste avec les contours secs d'un cliché, même flatté, en noir et blanc. Il est vrai que les suivantes de ce *Decameron* sortaient, comme Eugénie elle-même, des mains du génial Félix, un coiffeur qui officiait, dit-on, l'épée au côté, et qu'elles étaient habillées en rose, gris et mauve, les couleurs préférées de la souveraine, par Palmyre ou Mme Vignon, plus tard par le couturier Worth qui réussit, avec la complicité de la princesse de Metternich, à libérer les femmes de la lourde crinoline. Prosper Mérimée, qui pouvait tout se permettre parce qu'il avait connu Eugénie enfant, était le seul à la Cour à pouffer de rire devant le tableau de Winterhalter : « Un troupeau de lorettes dans un jardin, disait-il, avec des toilettes de Palmyre et de petites mines maniérées... » Un tableau « qui pourrait servir d'enseigne au bal Mabille ».

Napoléon III redoutait les reporters photographes qui pouvaient rendre compte des horreurs de la guerre dont il avait été lui-même témoin à Solferino. Il préférait les peintres de bataille, qui recevaient d'abondantes subventions. Meissonier avait bénéficié d'un crédit de 50 000 francs pour « couvrir » la campagne d'Italie. Il avait naturellement écarté le massacre de la représentation des combats. Membre de l'Institut, commandeur de la Légion d'honneur, il avait de la peinture une conception presque cinématographique : pour réaliser son minuscule tableau *1814*, il avait attendu une chute de neige, fait rouler des tombereaux pour tracer des ornières ; ses domestiques avaient foulé la neige, dans un souci de réalisme. Pour la *Charge des cuirassiers*, il s'était fait construire un *travelling*, une voie ferrée en boucle qui lui permettait de suivre, dans un wagon, les évolutions d'un escadron. Un tel souci du détail méritait sa récompense : Meissonier était le peintre le mieux payé du régime : il gagnait plus de 15 000 francs par œuvre, moins toutefois que Bouguereau, qui exigerait 30 000 francs par tableau : « Je perds cinq francs, disait-il à ses élèves, chaque fois que je vais pisser. » L'obscur Landelle, alors illustre, chargé de commandes officielles pour les lieux publics, Cour des comptes ou Hôtel de Ville, avait vendu à l'Empereur sa *Femme Fellah* pour 5 000 francs seulement. Mais il en avait réalisé trente-deux copies dont il demandait jusqu'à 10 000 francs. Ce Landelle avait dû se contenter des clichés de Disderi pour représenter l'Empereur et Eugénie visitant la Manufacture des Gobelins : le couple n'avait pu lui accorder des séances de pose. Puvis de Chavannes avait obtenu, en 1865, sa première commande officielle, *Ave Picardia Nutrix*, destinée au musée d'Amiens. Le très académique Baudry n'a pas hésité à louer ses pinceaux à une lionne célèbre, la Païva, pour décorer son hôtel de l'avenue des Champs-Élysées. Les Goncourt sont, avec d'autres célébrités, invités le 31 mai dans son salon où elle exhibe « cinq cent mille francs de perles au cou et aux bras ». Baudry a peint au plafond un « semis de dieux », dans un « Olympe disjoint ». Quel était son cachet ? Mystère. Il était certainement très inférieur au prix des assiettes de Saxe dans lesquelles on servit le potage.

Ces admirables artistes figurent naturellement au « grand jury » des seize qui doivent retenir les œuvres importantes exposées en 1867. On y retrouve Baudry, Meissonier, Jérôme et Théodore Rousseau, le journaliste mondain Paul de Saint-Victor. Comment pourraient-ils accepter les vrais talents, les Courbet et les Manet, qui défraient la chronique et pestent depuis dix ans contre les favoris du régime, qui font inscrire le R fatidique (celui des refusés au Salon) au revers de leurs toiles, leur refusant ainsi l'entrée dans les cénacles officiels ? En avril 1866, le peintre Jules Holtzapffel, accepté aux salons précédents, avait été écarté : on le retrouva mort. « Les membres du jury me refusent, avait-il écrit avant de se suicider, donc je n'ai pas de talent. »

Manet, qui exposait à la galerie Martinet, était le chef de file de la nouvelle peinture, celle qui rompait des lances contre les peintres d'histoire. Il avait été refusé déjà en 1859 pour son *Buveur d'absinthe*. En 1857, le fastueux Nieuwekerke, amant de la princesse Mathilde et compagnon de plaisirs de l'Empereur, nommé directeur général des Musées nationaux par faveur spéciale, et membre de l'Institut malgré son absence de talent, avait décidé d'écarter les artistes du choix des œuvres exposées et de rétablir dans ses privilèges l'Académie des beaux-arts ont il était membre. En 1859, tant de peintres avaient été écartés que le préfet Boitelle avait dû disposer des cordons de police pour dissuader les manifestants. Manet avait été admis au salon de 1861 pour son *Chanteur espagnol*, qui sacrifiait à la mode des espagnolades. Il avait obtenu une mention honorable, sans doute grâce à un article de Théophile Gautier dans *Le Moniteur*. « Caramba ! avait-il écrit, voilà un guitarero qui ne vient pas de l'Opéra-comique. » Manet s'était alors risqué à peindre la célèbre danseuse Lola de Valence dont Baudelaire célébrait « le charme inattendu d'un bijou rose et noir ». De l'auteur des *Salons*, il représentait aussi la maîtresse créole dans un *Portrait de Jeanne Duval* qui avait surpris. Mais c'est le *Déjeuner sur l'herbe*, cette « élucubration d'aliéné », comme l'écrivait *La Gazette des Beaux-Arts*, qui devait justifier son exclusion en 1863, une année terrible pour les peintres, écartés par centaines. Ils signèrent une pétition. L'Empereur décida de leur donner l'autorisation d'exposer dans une partie du salon de l'Industrie. Ce salon des « vaincus » des « réprouvés », des « croûtes » ou encore des « refusés », n'avait pas été un succès. Il est vrai que, dans *La Presse*, Saint-Victor avait reçu une consigne de silence qui fut sans doute passée aussi dans les autres journaux. « Exhibition à la fois triste et grotesque », écrivait Maxime du Camp dans *La Revue des Deux Mondes*. Le « bain » de Manet avait suscité dans la bonne presse des critiques sommaires, définitives : il n'était pas un vrai peintre. En 1864, l'Empereur, ému de cet insuccès, avait décidé de réformer le jury, d'y admettre pour les trois quarts des peintres déjà récompensés par les précédents jurys, tous académiques : une décision d'apparence libérale qui ne pouvait offrir les cimaises officielles aux peintres marginaux. Il est vrai qu'après la visite de l'Empereur aux refusés, un bruit de cour s'était répandu dans Paris : le *Déjeuner sur l'herbe* « offensait la pudeur ».

Très nue, très blanche, Olympia, devant sa servante noire et flattant un chat noir, devait autrement scandaliser. Manet n'osa pas le présenter au salon de 1864, qui jugea sévèrement son *Christ mort et les anges*. N'avait-il pas figuré la plaie du Christ sous le sein gauche, et non sous le sein droit ? « Ce jeune homme qui peint à l'encre et laisse à chaque instant tomber son écritoire finira par ne plus exaspérer le bourgeois » écrivit, féroce, Edmond About. Seul Baudelaire affirmait alors que « ce jeune peintre est un vrai peintre, plus peintre à lui seul que la bande entière des prix de Rome ». Bien qu'admis au salon, Manet en fut la tête de Turc. Il s'était décidé à envoyer au salon de 1865 *Olympia*, qui fut admis, grâce à Théophile Gautier, vice-président du jury : ce fut un beau tollé. Un critique dénonçait le peintre « un brutal qui peint les femmes vertes avec des pinceaux à vaisselle ». Il était le « bouffon » de l'exposition et Gautier dénonçait lui-même dans *Le Moniteur* « la volonté d'attirer les regards à tout prix ». Dans *L'Événement*, reparu en 1865, Zola devait défendre de son mieux un peintre que toute la critique refusait. Le jeune *Joueur de fifre* de la garde impériale était censé désarmer les détracteurs, mais il fut refusé au salon de 1866, celui qui avait sur la conscience le suicide d'Holtzapffel. Le très honorable marquis sénateur de Boissy traitait les responsables d'assassins et demandait la création d'une nouveau salon des refusés. Zola soutenait cette thèse, ainsi que de très nombreux artistes : « La place de Manet est au Louvre, comme celle de Courbet », écrivait le futur romancier, aussitôt renvoyé du *Figaro* par son directeur, Villemessant. Le « grand jury » de l'Exposition, les Baudry et les Meissonier pouvaient-ils admettre un peintre aussi sulfureux ? Manet fut de nouveau refusé. Il décida alors d'ouvrir à ses frais une exposition particulière dans un baraquement, à l'angle des avenues Montaigne et de l'Alma. Baudelaire était malade, Zola, toujours ardent, ne peut empêcher la critique d'être féroce. Pour se venger, le peintre représenta l'Exposition universelle dans une toile qui banalisait la manifestation. Il avait aussi entrepris l'inexposable *Exécution de l'empereur Maximilien* : l'archiduc était représenté dans une longue redingote, coiffé du chapeau mexicain.

Courbet avait imité, sans plus de succès, l'exemple de Manet, exposant cinquante toiles dans une baraque. Très rares étaient les critiques lucides : les prix distribués cette année-là couronnèrent des peintres médiocres et pompeux. Les vrais talents n'étaient pas à l'Exposition, sauf en sculpture où les interdits n'existaient pas : Carpeaux devait recevoir une seconde médaille. En 1866 il avait décoré le pavillon de Flore, et il recevrait la commande du groupe de la *Danse* de l'Opéra ainsi que de la fontaine du Luxembourg. Les arts mineurs confirmaient leurs succès. La peinture était réservée aux *happy few*, princes et ministres, cocottes et banquiers. L'immense majorité des Français accédait à l'art grâce à la prolifération des copies. La lithographie permettait de reproduire les peintures du salon. Les burinistes ou aquafortistes devaient rapporter vingt fois plus d'argent à Ingres que la vente de son *Odalisque*. Les dessinateurs et caricaturistes voyaient leurs œuvres reproduites par la gravure : renvoyé du *Charivari* en 1860, le grand Daumier était accusé de provoquer des désabonnements par l'âpreté de sa vision sociale.

Il est vrai qu'il ne ménageait pas les juges et procureurs impériaux. Quant à Gavarni, ses lorettes, ses titis et ses débardeurs, un peu démodés, étaient connus dans tous les publics. L'ère des masses était celle des reproductions, des bijoux en toc, du « tape-à-l'œil » et des couverts fabriqués grâce à la galvanoplastie : l'Empereur lui-même en avait commandé à Christofle.

Il était de bon ton, chez les esthètes, de brocarder l'Exposition. Pour les Goncourt, c'était « l'américanisation de la France, l'industrie primant l'art, la batteuse à vapeur rognant la place du tableau, les pots de chambre à couvert et les statues à l'air, en un mot la Fédération de la Matière ». Il est vrai que la « locomobile » de l'île de Billancourt attirait plus les foules que l'*Olympia*. Mais combien des onze millions de visiteurs connaissaient-ils l'existence de Manet ? La France étalait en bonne place ses prouesses industrielles, qui témoignaient de l'adaptation réussie de certaines industries modernes au marché : les machines à vapeur portatives pour ateliers individuels côtoyaient les énormes moteurs des transatlantiques et cette pièce de fonte de trente tonnes réalisée à Rive-de-Gier pour équiper un cuirassé de la flotte. Les pièces d'acier évoquaient le nouveau Paris, celui des Halles de Baltard louées par Zola et même par Maxime du Camp pour leur « floraison » de motifs décoratifs artistiquement moulés, celle des halls de gares et des ponts métalliques, comme les viaducs ferroviaires, déjà tirés en cartes postales. Les jeunes de 1867 rêvaient de locomotives rapides et de sous-marins, ils admiraient la lumière à l'acétylène et s'étonnaient que l'on pût déjà guérir les maux de tête avec de l'aspirine. La mythologie des prototypes frappait les imaginations : rien de ce qui était nouveau ne pouvait être laid.

L'exposition pouvait surprendre, mais la vision du nouveau Paris était encore plus étonnante : au provincial qui revenait à l'Exposition après douze ans, la capitale offrait sa croisée de boulevards achevés, ses douze avenues rayonnantes autour de l'Étoile, son bois de Boulogne et même son parc des Buttes-Chaumont, dont les voyous avaient été chassés. Un chemin de fer de ceinture, franchissant la Seine au Point-du-Jour, permettait de joindre commodément les portes. Saint-Augustin, les deux théâtres de la place du Châtelet, le tribunal de Commerce étaient achevés. Le 15 août, en pleine exposition, on inaugurerait la façade de Garnier du nouvel Opéra et l'avenue qui le reliait à la Comédie-Française. Pierres blanches, becs de gaz et rues macadamisées, plantées de rangées d'arbres, ce nouveau spectacle avait le pouvoir de séduire le tsar, qui pataugeait dans les rues de Saint-Pétersbourg et même la reine Victoria, qui déplorait les embarras de Londres. Un des buts de l'exposition était de montrer à l'Europe sa plus belle capitale.

Mais il s'agissait aussi d'étaler l'immensité et la diversité des pays du monde : les temples égyptiens et grecs, les pagodes d'Extrême-Orient et les minarets d'Orient, les isbas des Russes et les cafés de Turcs étaient au rendez-vous, comme les temples aztèques et les campements du Sahara. Rien n'avait été négligé pour éblouir le visiteur, pour lui donner l'impression d'un voyage autour du monde dans cet espace restreint, ce parc aménagé d'essences rares qui déployait autour du palais les fastes des *Mille et Une Nuits*. Cet espace était si attirant qu'on redoutait à vrai dire que le visiteur moyen ne s'y attardât trop, passant son temps dans les cafés et brasseries, les ateliers de photographie, les bals et les loteries. Ce gigantesque champ de foire attirait des marchands de toute sorte, y compris les marchandes d'amour, parfaitement tolérées par la police impériale. Il est vrai que les prêcheurs étaient au moins aussi nombreux que les putains : on pouvait entendre les protestants, évangélistes et sectateurs divers prêcher dans toutes les langues, une bible à la main. On dansait au soir les valses de Strauss : le maître y jouait le *Beau Danube bleu*. Il avait pour concurrent le Prussien Bilse.

L'Opéra était à la mode, plus que jamais. L'Empereur ne manquait pas d'y paraître, depuis qu'il avait failli s'y faire tuer : c'était le spectacle officiel du régime, celui où l'on venait acclamer les souverains dans leur loge. Pour le jour de la distribution des récompenses de l'Exposition, le 1er juillet, on avait commandé un hymne au grand Rossini. Le public dut écouter l'orchestre de 1 200 musiciens exécuter cette pièce montée sans l'Impératrice et sans le prince de Metternich, ambassadeur d'Autriche : on venait d'apprendre l'exécution de Maximilien... Le soir, le public de l'Exposition prenait d'assaut les théâtres parisiens et d'abord l'Opéra, qui reçut la visite de toutes les « têtes couronnées ». Pour un Allemand, quelle déception ! La troupe parisienne restait fidèle aux valeurs du passé, au romantisme du bel canto au lieu de se réveiller aux cuivres de *Tannhaüser*. Bellini est mort, Donizetti se survit, Rossini n'est plus qu'un souvenir glorieux, Verdi n'est pas pleinement accepté. Ce fils d'un aubergiste émilien, auteur de *Nabucco*, est le symbole révolutionnaire de l'Unité ·

son nom est l'anagramme de Victor-Emmanuel, roi d'Italie. Idole de la colonie italienne, des terroristes et des comtesses, il a été condamné à Venise pour « indécence érotique » : n'avait-il pas, dans la *Traviata*, osé reprendre le thème de la putain régénérée par l'amour, celui de la *Dame aux Camélias* ? Au Grand Opéra de la rue Le-Peletier, on préfère à Verdi le rassurant Meyerbeer, auteur de la trilogie *Robert le Diable, Les Huguenots, Le Prophète*... Ce n'est pas Meyerbeer qui prendrait comme héros, ténor ou baryton, le terroriste Orsini, comme trente ans plus tard Puccini dans la *Tosca*. Gounod le romantique n'enthousiasme pas le public avec *Faust*. Wagner l'indigne : en 1861, il réussit à présenter son *Tannhaüser* à l'Opéra mais les amis de Pauline de Metternich (la comtesse Le Hon, la baronne de Rothschild, la princesse de Pourtalès, le duc de Gramont, le marquis de Massa) n'ont pu prévenir, ni contenir la cabale. On siffle le baryton Morelli et la basse Cazaux. « Ça m'embête aux paroles et ça me tanne aux airs », risque Edmond Texier pendant que Mérimée confesse : « Je pourrais écrire quelque chose de semblable en m'inspirant de mon chat marchant sur le clavier d'un piano. » Verdi n'est pas plus heureux avec son *Don Carlos*. A la première, le 11 mars 1867, devant l'Empereur, l'Impératrice et tous les ambassadeurs, l'adaptation de l'Allemand Schiller est accueillie fraîchement. L'Impératrice, dans sa loge, esquisse un mouvement d'impatience quand Philippe II crie au grand Inquisiteur : « Tais-toi, prêtre ! » On accuse Verdi, comme Manet avec *Olympia*, de provoquer le public pour l'obliger à sortir de son indifférence, de ses idées reçues. On préfère à tout prendre le *Faust* de Gounod où l'on chante : « A moi les plaisirs !... valsons toujours... faisons retentir la plaine du bruit de nos chansons. » Il eut un triomphe tardif en 1869 : plus le péril de guerre se rapprochait, plus le goût du public s'affirmait pour l'opéra léger, pour l'opérette.

Le maître de Paris n'était ni Gounod, ni Verdi, mais Jacques Offenbach : de l'Opéra, les riches et les puissants aimaient le corps de ballet. Ils recherchaient la détente et le plaisir aux spectacles de « Jacob » servi par ses prestigieux librettistes Meilhac et Halévy. Morny était à l'origine de la carrière de l'émigré de Cologne : il l'avait installé dans un petit théâtre des Champs-Élysées. Convaincu que ce spectacle léger et parodique convenait admirablement au régime d'ordre et de progrès, il avait facilité l'installation d'Offenbach aux Bouffes-Parisiens où il devait connaître la gloire. Sa vedette, Hortense Schneider, idole des Gramont Caderousse, triomphait dans *La Belle Hélène* (1864) puis dans *La Vie parisienne* (1866). A peine arrivé à Paris, le tsar avait voulu voir *La Grande Duchesse de Gerolstein* et assister *de visu* aux exploits du général Boum. *Orphée*, sur les boulevards, atteignait sa 300ᵉ représentation. Les « rois barbus qui s'avancent » de *La Belle Hélène* étaient ceux-là mêmes qui, en 1867, rendaient visite à l'Empereur.

Hier encore, le puissant président du Corps législatif, Morny (qui avait engagé Halévy pour rédiger les comptes rendus des séances parlementaires), n'avait pas dédaigné d'écrire, avec son secrétaire, *Monsieur Choufleury restera chez lui*. Le succès de *Gerolstein* devait tout à Bismarck, au dire d'Halévy. La crise du Luxembourg venait à point : « C'est la guerre que nous raillons, et la guerre est à nos portes. » Halévy n'était pas dupe : le public chauvin n'attendait que l'occasion de « donner une leçon aux Prussiens ». Mais « tout le monde, écrit-il, recule devant la guerre ». Le prince de Galles doit sa place à Hortense Schneider qui est intervenue pour qu'il obtienne une avant-scène aux Variétés. Le prince s'est extasié, en compagnie du marquis de Galliffet, sur l'air du « sabre de mon père ». Bismarck applaudirait-il à son tour le général Boum ? Il admira surtout, aux côtés du roi de Prusse, le stand militaire prussien de l'Exposition, qui exhibait un monstrueux canon Krupp alors que les Français montraient des fours de campagne et des ambulances. On assure que le chancelier, qui avait débarqué à la gare du Nord dans son uniforme de cuirassier blanc, ne manqua pas *Gerolstein*, et qu'il ne put dissimuler son plaisir de voir les Français bafouer les ridicules de la vie militaire.

Le succès d'Offenbach dépassait celui des théâtres, alors en décadence : *Le Lion amoureux* du vieux Ponsard paraissait emphatique, les pièces d'Octave Feuillet et de Sandeau trop maniérées. On se lassait de la réhabilitation des filles publiques, de nouveau entreprise par Dumas fils dans *Les Idées de Madame Aubray*. Pourtant, chaque soir, les salles étaient pleines. Le public raffolait des ragots sulfureux mêlant aux grands noms de la politique ceux du monde du théâtre. On distinguait mal les actrices, les demi-mondaines et les cocottes. On admettait que la grande Rachel pût être la maîtresse du prince Napoléon. Les pudeurs officielles du début de l'Empire avaient disparu. On acceptait fort bien que Morny fût corrompu et qu'il menât joyeuse vie. Le célèbre calembour : la panthère est tachetée,

Morny acheté et l'empereur à jeter par la fenêtre, date de cette époque. Le lien entre l'argent et les mœurs légères n'est nullement combattu : il s'étale au contraire à longueur de chroniques. Ce laisser-aller envahit le théâtre, dont les sujets frivoles deviennent très souvent graveleux. Il est vrai que le monde politique donne l'exemple du relâchement des mœurs : la courtisane de luxe Esther Guiroud, d'abord entretenue par Émile de Girardin (qui se piquait d'écrire pour le théâtre), devait tomber dans les bras de Plonplon. L'honnête Émile Augier, auteur du *Gendre de Monsieur Poirier* et des *Lionnes pauvres*, qui flétrissait la prostitution, avait pour maîtresse Laure Lambert, une actrice du Palais-Royal. Les auteurs de pièces de théâtre, et même d'opéra, passaient pour des obsédés sexuels, tel le vieil Auber qui ne s'intéressait qu'aux femmes usant des « boules chinoises », ou encore le priapique Alexandre Dumas, toujours à l'affût de rencontres crapuleuses.

Walewski, dont les frasques sont connues, a le pouvoir d'éreinter les pièces de théâtre et de les faire corriger par les auteurs, quand elles déplaisent au gouvernement. Le maréchal Vaillant, exerçant la même censure, voudra changer le dénouement d'une pièce des Goncourt. L'Empereur daigne assister, au théâtre de la Porte-Saint-Martin, à la première de *La Tireuse de cartes*, une pièce convenable, écrite par son principal collaborateur Mocquard. L'Impératrice a félicité la Doche pour son interprétation de *Pénélope*, un drame tiré d'un roman d'Alphonse Karr. Le couple impérial, qui raffolait à Compiègne du théâtre léger (l'Impératrice jouait elle-même certaines pièces écrites à son intention), ne se déplaçait que pour des drames sérieux ou pour les théâtres officiels. Il devait faire une exception en faveur d'Halévy auquel Gisette, sa maîtresse, avait contraint de se raser la barbe.

L'image de l'Empereur s'est considérablement affaiblie dans le cercle des mondains, des riches noceurs, des théâtreux, journalistes et gens de lettres. Les bruits sur l'infortune de l'Impératrice circulent avec insistance, touchant un large public. On ose dire et répéter qu'il a d'innombrables maîtresses. Alors que son état de santé, son vieillissement, semblent au contraire démentir toute possibilité d'aventure, c'est pourtant à partir de 1865 que des bruits circulent sur les rapports déplorables de l'Empereur et de son épouse. Le mythe du bonheur bourgeois s'est évanoui : « On n'est pas malheureux comme ce pauvre homme, dit en public la princesse Mathilde. On ne peut en avoir une idée... Ah ! ces dîners où elle passe tout le temps à l'asticoter. Elle lui jette des serviettes à la tête. » Elle cherche pour elle-même l'encens des artistes à gages. Elle se gargarise des vers de Gautier : « Suave et pur jasmin d'Espagne... Où se posa l'abeille d'or », publiés dans *Le Moniteur* à l'occasion de la Saint-Napoléon. Elle se costume en officier, pour passer la revue des troupes, et assiste aux conseils, donnant son avis sur tout. Elle est, pour l'opposition, l'image de l'épouse acariâtre, acceptant l'adultère à condition de tenir les cordons de la bourse. Ainsi se dérègle la société : les Goncourt se gaussent de l'infortune d'un sous-préfet victime « d'une épouse type de ce temps : une femme-Napoléon III » : son mari l'a trompée, elle l'admet d'autant mieux qu'il lui donne désormais dix mille francs pour sa toilette. Houssaye se flatte de la complaisance qu'il a eue pour l'Empereur : il aurait arrangé une rencontre à Blois avec une actrice du Français, la « petite Fix », organisant hâtivement une exposition à inaugurer. La Barucci, cocotte de haut vol qui couche avec le journaliste Scholl, se flatte d'avoir reçu de l'Empereur une coupe gravée, à la suite d'une nuit d'amour. Les Goncourt transforment les Tuileries en Parc aux cerfs. Un médecin leur fait un récit hallucinant sur les circonstances des brèves rencontres ménagées à l'Empereur par Bacciochi. « La femme, conduite aux Tuileries dans une voiture, déshabillée dans une première salle, passant nue dans celle où l'Empereur l'attend, également nu, reçoit de Bacciochi qui l'amène cette recommandation : "Vous pouvez embrasser Sa Majesté partout, excepté sur le visage." » On chante alors le *Sire de Framboisy*, une chanson fort irrévérencieuse où l'on reconnaît le couple impérial. On colporte des rumeurs sur la maîtresse affichée par l'Empereur à Vichy : elle obtiendrait tout de lui à la suite d'un chantage sur un enfant qui n'existe pas. On ose dire que des chasses aux flambeaux érotiques se déroulent à Fontainebleau, des femmes nues portant des torches. La presse colporte sous le manteau ces ragots avec délectation. Tous les moyens sont bons pour discréditer « Badinguet », même d'affirmer qu'il déshonore les filles de gendarmes. L'image de l'Empereur est amoindrie dans une capitale où les nouveaux riches affichent, avec certains hommes proches des Tuileries, le spectacle de la plus cynique immoralité. Le théâtre, l'opérette, le café-concert, les bals publics en portent témoignage : désormais la licence est totale. On se précipite chez Mabille non plus pour danser, mais pour assister au

Cancan, un spectacle licencieux proposé par des professionnelles.

Cet affaiblissement de l'image du « souverain » dans l'esprit public se traduit naturellement par une remontée des symboles d'opposition. On a oublié la bataille d'*Hernani*, mais non Victor Hugo, qui a publié *Les Misérables*. Gautier, qui portait le gilet rouge au temps des chahuts, désavoue tout républicanisme : « Nous étions, disait-il, simplement moyenâgeux. » La présence de l'épouse du poète aux représentations d'*Hernani* à la Comédie-Française ne marquait certes pas la résurgence du romantisme, mais l'affaiblissement de l'Empire, qui tolérait que l'on joue la pièce la plus célèbre de son ennemi intraitable, comme Louis XVI avait admis les représentations de *Figaro*. Le son du cor dans la nuit d'Hernani annonçait-il la fin du règne ?

Le régime portait encore beau, à la revue de Longchamp donnée en l'honneur du roi de Prusse et du tsar de Russie. Les cent-gardes formaient une escorte éblouissante et l'Empereur avait à cœur de faire parader sa belle cavalerie, les jeunes gens riches des Guides, snobs comme des milords, les chasseurs à cheval, les dragons de l'Impératrice venus de Compiègne, les carabiniers et les cuirassiers. Les nobles étrangers dont les uniformes étincelants emplissaient la tribune devaient comprendre que la force militaire de la France restait la première en Europe, malgré le Mexique. Le maréchal Canrobert manœuvra ce jour-là 30 000 hommes, toute l'infanterie de la garde (y compris les zouaves), trois divisions d'infanterie et deux de cavalerie, sans compter l'artillerie à cheval. Le général Boum pouvait faire rire à la ville : à Longchamp, le canon de bronze brillait au soleil. Les drapeaux de l'ancienne armée resplendissaient derrière les sapeurs barbus coiffés du bonnet à poil, les cantinières de rouge vêtues et les tambours-majors galonnés d'or et d'argent. Les vieux soldats de Malakoff, de Beyrouth, de Pékin, d'Algérie et du Mexique offraient un spectacle anachronique au roi de Prusse qui déjà couvrait de tuniques bleu sombre les grenadiers de sa garde. Cette armée de professionnels, encadrant des contingents limités, ne pouvait rien, se disait-il, contre la marée des armées nationales allemandes.

Au retour de la revue, un homme tira un coup de pistolet sur la calèche impériale. Ce Polonais, Berezowski, avait voulu tuer le tsar. « Nous avons vu le feu ensemble, dit Napoléon au souverain, nous voilà frères d'armes. » Il répondit à peine. Le matin même, il avait été accueilli au Palais de justice de Paris par les cris de « Vive la Pologne ! ». Bismarck surveillait avec attention les réactions des Russes : de l'attitude des Français pouvait dépendre un refroidissement de l'alliance. Il laissait pour sa part entendre, dans des conversations privées avec Rouher, que Napoléon avait été assez prévenant pour dissiper toute cause de litige entre l'Autriche et la Prusse, de sorte que l'entente des pays allemands pourrait très vite se reconstituer : la France était-elle à la veille d'un nouvel isolement ? Les boutades du chancelier, les amabilités du roi de Prusse étaient fort appréciées des femmes de la Cour. Ils étaient les rois de la fête. Pouvait-on penser que le vieil Hohenzollern qui serrait sur son cœur le jeune prince héritier sur la pelouse de

Longchamp tiendrait un jour prochain son père prisonnier à Sedan ?

Les empereurs partis, on attendait le Commandeur des croyants. Pour la première fois, un prince musulman se joignait à une de ces bruyantes rencontres de l'Occident. Les saint-simoniens exultaient : la Méditerranée devenait un lac pacifique. En raison du deuil mexicain, l'accueil fait au sultan fut des plus réduits. Au Parlement, Thiers chiffrait l'affaire du Mexique : 600 millions et 6 000 morts au bas mot. La France était exclue de la Méditerranée américaine et du futur canal des deux Océans. Elle était désarmée, isolée, alors que les pays allemands unissaient bruyamment leurs contingents. Le réveil était rude : à peine éteints les lampions de la fête, on demandait aux députés des crédits pour constituer une armée française d'au moins 800 000 hommes, dotée des armements les plus modernes. A quoi bon Malakoff, Magenta et Solferino ?

Le tsar lui-même nous tourna le dos : la cour d'assises de Paris, après la brillante plaidoirie d'Emmanuel Arago, venait de condamner seulement aux travaux forcés le Polonais Berezowski. Le tsar eût été enclin à la clémence si on ne lui avait aussi coupé l'herbe sous le pied. Il ressentit le verdict comme une insulte. Considéré à Berlin et à Florence comme un gêneur, l'empereur des Français venait de se brouiller avec Saint-Pétersbourg. Ayant reçu le monde entier, il ne gardait pas un ami.

Pouvait-il se rapprocher du seul souverain absent de la fête, François-Joseph d'Autriche ? Il avait cédé, avec la Vénétie, son dernier territoire italien : rien ne s'opposait plus à un rapprochement des puissances catholiques. Une rencontre presque champêtre des deux empereurs à Salzbourg déchaîna en Allemagne une si vive réaction que Bismarck réprouva publiquement, dans un cinglant communiqué, toute intervention étrangère dans les affaires d'Allemagne. Tout préoccupé de l'unité de son empire, de sa négociation avec les Hongrois et les Tchèques, qui profitaient de Sadowa pour obtenir plus de libertés, l'empereur d'Autriche était bien incapable d'agressivité. Contrairement aux apparences, le rutilant empire français n'était pas davantage en mesure d'impressionner Bismarck, ni même de se retirer à son avantage du guêpier italien. Les députés se montraient de plus en plus attentifs au discours de Thiers, mais son premier lecteur était l'Empereur lui-même. En voyage à Lille, il ne cachait pas ses appréhensions : « Des points noirs, dit-il, sont venus assombrir notre horizon. » S'agissait-il de « revers passagers » ? Il était essentiel que les Français, qui avaient accompli, dans le domaine de l'économie, des progrès fulgurants, se rassemblent plus que jamais en une nation indissoluble, que le pays prenne « conscience de sa force ». Après avoir déchaîné en Europe le choléra des nationalités, l'Empereur voulait que la France se tînt à l'écart des grandes fièvres. François-Joseph, lui rendant sa visite, avait déclaré à Nancy sur les tombeaux de sa famille : « Puissions-nous ensevelir dans cette tombe toutes les discordes qui ont séparé deux pays appelés à marcher ensemble dans la voie du progrès et de la civilisation. » L'Autriche, le plus ancien ennemi de la France, était le seul pays qui ne voulût pas lui faire la guerre. François-Joseph avait la chance de s'être sorti, à son corps défendant, du marécage italien. Ce n'était pas le cas de Napoléon.

La reprise de la fièvre italienne fut brutale, presque mortelle. Dans Florence, capitale de passage, le roi, installé au palais Pitti, attendait avec patience le délai de deux ans fixé par la convention du 15 septembre 1864 pour l'évacuation de Rome par les Français. En décembre 1866, une flotte venue de Toulon embarqua les quatre régiments français et le général de Montebello : après dix-sept ans d'occupation, le drapeau tricolore fut amené du château Saint-Ange. Prudent, Napoléon III avait fait avertir la cour de Florence qu'il n'admettrait aucune agression et que vingt mille hommes restaient disponibles sur les côtes de Provence pour débarquer à Civitavecchia. D'ailleurs, une « légion d'Antibes » viendrait renforcer le corps international des zouaves pontificaux, commandée par des officiers français sous les couleurs du pape.

Le franc-maçon Persigny avait été sans doute chargé d'enquêter à Rome. Il avait publié sur la question romaine une thèse assez proche de celle de l'ancien combattant de l'unité, d'Azeglio : l'espace urbain devait être neutralisé : ni au pape, ni au Piémont. Mais la ville devait être italienne et faire partie de la nouvelle nation. Ainsi pourraient y coexister les deux pouvoirs, spirituel et temporel. Le pape, qui venait de condamner la maçonnerie « synagogue de satan », dans son allocution du 25 septembre 1865, ne voulait rien entendre. En vain, les frères, des deux côtés des Alpes, multipliaient-ils les initiatives. Le prince Murat, alors grand maître du Grand-Orient et acquéreur de l'hôtel de la rue Cadet, était blâmé pour avoir soutenu au Sénat la thèse du pouvoir temporel d'un souverain « qui envoyait les francs-maçons aux galères ». Le gouvernement italien constatait que le pape n'envisageait aucune négociation et que la « légion d'Antibes » était un corps français déguisé. Garibaldi restait en réserve, rôdait du côté de Sienne et d'Orvieto. Pourquoi ne pas l'utiliser, afin de brusquer l'évolution ? Il venait de prononcer un fulgurant discours sur la démocratie des peuples à Genève, où avait aussi parlé l'anarchiste russe Bakounine. La menace d'une intervention française fit reculer le gouvernement de Florence : Garibaldi fut arrêté, puis élargi, transféré devant les protestations de la gauche parlementaire dans son île de Caprera. Il en sortit bientôt pour constituer des bandes qui menaçaient les États du pape. Que ferait la France ?

Le gouvernement italien proposa de reconnaître le droit à l'émeute de la population romaine, et d'intervenir pour rétablir l'ordre : c'est contre les bandes garibaldiennes qu'il aurait, selon les conventions, dû utiliser son armée. Si Florence jouait contre le traité, le devoir de la France était d'intervenir, déclaraient, au Conseil des ministres, le maréchal Niel et le marquis du Moustier. Mais le prince Napoléon y était opposé. Élu, le 21 mai 1861, grand maître du Grand-Orient, il avait renoncé à sa charge mais restait maçon de cœur comme beaucoup de Bonaparte. On murmurait que l'Empereur lui-même se serait déclaré maçon lors d'une réception par la loge d'Oran, au cours d'un voyage en Algérie. Le ministre de l'Intérieur La Valette soutenait le prince, auquel se rallia Rouher, bien qu'il redoutât l'effet d'un abandon de Rome sur l'électorat catholique. Enfin, le parti de l'intervention l'emporta : on avertit Rome que les secours français ne feraient pas défaut, en cas d'agression.

La flotte ne se préparait à Toulon qu'avec une extrême lenteur. Napoléon voulait intimider, il répugnait à s'engager. Garibaldi, après avoir constitué une « armée révolutionnaire » de 10 000 hommes, avec l'évidente complicité des autorités italiennes qui n'avaient plus de gouvernement (Ratazzi avait démissionné), approchait de Rome par la *via* Salaria. Les Français débarquèrent alors deux divisions, sous les ordres du général de Failly. Quatre armées s'affrontèrent bientôt sur le minuscule territoire pontifical : les zouaves du pape, commandés par Charette, affrontaient les garibaldiens à Mentana. Ils appelaient à la rescousse les Français de Failly qui tuèrent avec leurs chassepots un millier de garibaldiens : « Mentana a tué Magenta », dirent les soldats de Victor-Emmanuel en évacuant, sans combattre, les États du pape. « Les chassepots ont fait merveille », pouvait-on lire dans *Le Moniteur*, et Rouher de lancer à la Chambre : « Jamais l'Italie ne s'emparera de Rome. » L'Empereur le tempérait de son mieux : « En politique, lui disait-il, il ne faut point dire jamais. » Il reste que Mentana avait détruit l'effet de sa politique italienne, qu'il risquait d'avoir contre lui, dans un avenir proche, deux jeunes nations ennemies, unies par leur solidarité antifrançaise.

Devant elles, l'Empereur, fier autant que Niel de la performance des chassepots, voulait que la France reprît son ancienne vigueur, celle des guerres de la Révolution, de la « nation armée ».

Était-il le mieux placé pour faire boire au pays cette rude potion républicaine qu'il avait rendue, par sa politique étrangère, inévitable ? Le réveil était décidément douloureux : la France avait des fusils, mais elle n'avait pas d'armée. A peine pouvait-elle aider le pape : elle n'avait pas les moyens d'affronter, sur la ligne des Alpes et du Rhin, les bataillons nationaux alliés de l'Italie et de l'Allemagne, ces nouvelles puissances dont dépendait désormais, en Europe, la guerre ou la paix.

Chapitre 10

Le réveil de la nation

Le danger de guerre existe en Europe, du fait de l'inachèvement des deux mouvements unitaires : l'expérience vient de montrer que la France n'était pas prête à admettre l'entrée des troupes italiennes dans Rome. La rencontre des deux empereurs à Salzbourg et à Paris a clairement averti Bismarck que le rattachement des États du Sud et la constitution d'un empire allemand ne seraient pas davantage acceptés. Les nations catholiques, France, Autriche, Espagne, soutiennent le pape, et l'Empereur, dans ce combat, semble solidaire de la vieille Europe et de ses États historiques. L'Angleterre, la Russie et la Prusse n'ont au contraire aucun intérêt à s'engager dans l'affaire romaine qui présente à leurs yeux l'avantage de fixer la France dans une position insoutenable et de la priver du bénéfice de son intervention en faveur de l'Italie.

Le royaume de Florence n'a pas les moyens

d'envisager un conflit d'envergure : son armée n'est pas à hauteur de l'ambition. L'instabilité gouvernementale, la pression révolutionnaire et l'impuissance financière réduisent son action à la diplomatie, ou à des opérations ponctuelles. En revanche, la Prusse recrute dans les États du Nord des troupes nombreuses, soumises à l'entraînement éprouvé d'une armée moderne. Le chancelier Bismarck a fait de l'usage de la force l'élément majeur de sa politique, qui vise à la constitution d'un Reich allemand. L'opposition de la France l'aide dans sa tache, en lui permettant de laisser se lever contre les Gaulois le violent orage du nationalisme germain. La victoire de Sadowa pose question à tous les chefs d'état-major de l'Europe : lequel d'entre eux n'aurait pas subi la même défaite que les Autrichiens ?

Le maréchal Niel, le ministre de la Guerre français, est, à coup sûr, le plus concerné par cette question. Il n'a qu'une réponse, celle d'un vaincu. Il tire les leçons de Sadowa comme jadis les réformateurs prussiens celles d'Iéna : la France ne peut accepter le défi lancé par Bismarck qu'en imitant son adversaire, en constituant une armée à la fois nationale et savante, en renonçant aux unités de « vieux soldats » chères à Adolphe Thiers et qui rendent tout juste possibles les expéditions ponctuelles ou les batailles d'ancien style : Niel sait parfaitement que l'armée de l'empereur aurait pu être vaincue à Solferino, qu'elle n'a gagné de peu la bataille que grâce au sacrifice de ses combattants. Le recours à la conscription intégrale, au service militaire obligatoire, est donc urgent. C'est une idée républicaine, que l'Empire aura la charge de réaliser.

Une armée moderne repose sur une industrie développée, des transports adaptés, un matériel sophistiqué. Les garibaldiens n'ont pu répondre au tir des chassepots, d'une portée plus longue. Il en est ainsi de l'artillerie : les armes nouvelles sont essentielles pour les futures batailles. Elles impliquent un développement de la recherche, une capacité industrielle qui engage des fonds importants. Il faut assurer le financement de l'armement et la mise en place d'un système d'éducation moderne, qui instruise tous les jeunes Français. Il permettra de dégager de la masse des élites capables d'assumer l'effort industriel et militaire. Il appartient à l'Empereur de décider si une grande nation peut accomplir rapidement ce mouvement de conversion qui lui permettra de tenir son rang en Europe.

L'état de l'économie française n'encourage-t-il pas cet espoir ? Certes, la France est loin d'avoir rattrapé l'Angleterre dans sa suprématie commerciale et industrielle, mais les progrès accomplis en vingt ans semblent permettre de dégager aisément les moyens de construire cette nation moderne, dotée d'une armée efficace et d'un enseignement rénové.

Le seul handicap est démographique : l'Allemagne a un taux de natalité élevé et sa population passera de 36 millions d'habitants en 1851 à 41 millions en 1870. La France, dans le même temps, progressera seulement de 36 à 38,5 millions d'hommes et de femmes : aussi compte-t-elle désormais sur l'Algérie pour compléter les effectifs de son armée, ainsi que sur l'immigration étrangère ; cette population d'immigrés était de 380 000 déjà en

1850, elle s'accroît du double, en raison de la demande de l'économie.

Mais quels progrès dans la production ! Le doublement de la masse monétaire, les rafales d'emprunts autorisés ont permis de stimuler l'activité au point de faire passer le revenu national de 15 000 millions de francs en 1860 à 18 800 en 1870. La production industrielle, loin d'être gênée par le traité franco-anglais, augmente de près de 40 % sur dix ans, et la production agricole de 30 %.

Il est vrai que depuis 1860 les prix ont tendance à baisser et que les industriels se plaignent d'un ralentissement du profit ; mais la Bourse a triplé ses activités en vingt ans. La loi sur les sociétés par actions a permis la constitution, à partir de 1867, du Crédit lyonnais et d'innombrables sociétés de production et de commerce. La banque d'Henri Germain et la Société générale multiplient les filiales sur le territoire et à l'étranger.

Des fortunes colossales se constituent. On assure que 183 financiers contrôlent 20 milliards de capitaux. Les placements français à l'étranger avoisinent les 15 milliards. Ils concernent l'Europe méditerranéenne, l'Autriche, la Russie, mais non la Prusse ni l'Angleterre. Le réseau ferré est, dans ses grandes lignes, achevé, les grands ports creusés, l'embouchure des fleuves rendue navigable. Une dizaine de firmes ont développé l'industrie chimique des produits de base, la sidérurgie modernisée est en passe de construire la deuxième marine cuirassée du monde. Le comité des Forges, créé en 1864 par Schneider, exige et obtient un programme de liaisons ferroviaires et fluviales capable d'assurer la considérable production de fonte et d'acier dont l'économie a besoin. S'il est vrai que de nombreux secteurs industriels souffrent de la concurrence et résistent à la modernisation, si le mouvement d'exode rural trouve très vite ses limites et encourage trop souvent la stagnation dans les campagnes, les secteurs les plus développés entraînent l'ensemble vers un mieux-être.

Les Français sont mieux nourris et plus forts, leur consommation en produits alimentaires énergétiques s'accroît. La ration moyenne passe de 2 480 à 2 875 calories, ce qui place la France dans le tout petit nombre des pays développés. Reste le point noir de l'analphabétisme : près de 40 % des conscrits ne savaient ni lire ni écrire en 1850. La proportion est encore d'un quart en 1866. Un énorme effort reste à accomplir. A l'occasion de la loi militaire, le maréchal Niel est doublement impressionné : la capacité de produire rapidement des armes existe, l'éducation de la nation reste à faire. Pas d'armée sans industrie, ni d'industrie sans école, et rien n'est possible sans crédits massifs.

La France est riche, mais l'État s'est appauvri : comment Napoléon III peut-il à la fois payer les intérêts des dettes, entretenir les divisions de Rome, achever le programme de travaux publics et sa grande œuvre, la construction de la capitale ? Où trouvera-t-il les ressources permettant de créer une armée nationale et une école adaptée à la modernité ? Telles sont les vraies questions de la dernière période de l'Empire.

S'il y a trop d'argent, il refuse de s'investir. On parle dans l'opposition d'une « grève du milliard ». Les milieux financiers restent sourds au projet gouvernemental d'un grand emprunt qui pourrait d'un coup satisfaire à tous les besoins. Les notables, industriels, banquiers ou propriétaires terriens, comme les masses populaires, ne désirent que la paix et la poursuite d'un programme d'équipement. La France est restée aux trois quarts rurale, puisque les campagnes sont encore habitées en 1866 par plus de 26 millions de Français, dont 19 600 000 travaillent la terre. L'exode rural a soulagé certains terroirs, mais d'autres, comme la Sologne, se sont repeuplés. Les villages restent habités, non seulement par des paysans, mais par des commerçants, des fonctionnaires, des artisans nombreux. La surface cultivée s'accroît sous l'Empire de plus d'un million et demi d'hectares, par drainage dans les Landes, la Sologne, la Brenne et la Dombes, par irrigation de la Provence. Le mouvement de défrichement reprend, et la volonté d'acquérir de la terre n'a jamais été aussi forte.

Des régions se convertissent à l'agriculture commerciale et utilisent les techniques modernes : ce sont les plaines céréalières du Bassin parisien, la Bretagne des primeurs, le Languedoc de la vigne, la Normandie et le Charolais de l'élevage bovin. La production s'accroît sensiblement, même si les rendements restent modérés en raison de la faible mécanisation et de l'utilisation encore timide des engrais. Si les nobles et les bourgeois possèdent encore, sous forme de grands domaines, les meilleures terres, les errants disparaissent, les prolétaires sont moins nombreux. Les petits propriétaires exploitants et les fermiers vivent mieux : l'exode rural a souvent profité aux journaliers, qui louent plus cher leurs bras. La restriction des naissances, surtout dans le Sud-Ouest, a permis aux petites exploitations d'atteindre un niveau de vie convenable. La rente des terres a progressé moins vite que les revenus, qui ont souvent doublé, au grand mécontentement des propriétaires. Les exploitants ont partout accru, certes dans des proportions très variables, leurs profits, en raison de la croissance de la production, mais surtout de la hausse continue des prix. Une classe moyenne a pu se constituer dans les campagnes : elle est fanatiquement attachée à la paix et à la propriété. Il n'est pas question de lui imposer impôts et levées d'hommes : à peine sortie de la misère, elle ne rêve que de conforter sa croissance, d'atteindre l'aisance. Le vœu des campagnes est celui de Monsieur Thiers : que l'on engage dans une armée peu nombreuse les moins productifs des jeunes gens, et qu'on laisse les autres au travail.

Les ouvriers ne sont pas loin de partager cet état d'esprit : ils n'ont pas pris le train de Paris ou de Marseille pour rejoindre les camps militaires. Les Limousins qui travaillent douze heures par jour à construire les immeubles d'Haussmann envoient des mandats au pays pour acheter des terres. Ils n'ont aucune envie de risquer leur vie. Si la condition des ouvriers privilégiés du bâtiment et de l'industrie moderne s'est améliorée, ils ont, pour la plupart, gardé la mentalité paysanne, le culte de la propriété familiale. Quant aux masses prolétarisées du textile du Nord ou de Normandie, des grandes usines de la région parisienne, de Lyon et de Marseille, elles ont le sentiment, même si leur condition ne s'est pas aggravée, d'être exclues du progrès social. La « nature prolétaire » de ces « nouveaux barbares » en fait de piètres conscrits souvent refusés, pour déficience physique, aux commissions de recrutement. Ils n'ont aucune raison de se montrer plus patriotes que les paysans.

Zola remarque, dans *La Débâcle*, la mentalité de réfractaires des mobiles de la Seine (les soldats de la garde mobile), toujours ardents à discuter les ordres, à insulter les généraux. Qu'ils vivent correctement ou misérablement, les ouvriers, qui constituent 28 % seulement de la population, ne partagent guère le chauvinisme des bourgeois.

La capitale a vu sa population passer de 1 200 000 à 1 980 000 habitants en vingt ans. Depuis le 1er janvier 1860 sa surface a doublé, en raison de l'annexion de 18 communes de la petite banlieue : ses limites débordent du mur des fermiers généraux, atteignent les fortifications construites par Thiers sous Louis-Philippe. Ces Parisiens sont des nouveaux venus : un habitant sur trois est né dans la ville, les autres viennent de province et, pour 6%, de l'étranger. L'essor de la capitale n'est pas unique : Marseille et Lyon ont doublé. Il n'est pas dû qu'à l'industrialisation : le gonflement subit de la population bordelaise n'a que des causes commerciales. Jeanne Gaillard a montré dans *Paris, la ville* que les ouvriers se déplacent vers la périphérie, à la suite des travaux d'Haussmann qui rendent les loyers inabordables dans les quartiers reconstruits, mais il n'y a pas de ségrégation absolue. Ils subsistent par exemple dans le quartier des Arts et Métiers, en arrière du boulevard tout neuf de Sébastopol. « L'osmose, écrit Jeanne Gaillard, reste possible d'une catégorie sociale à l'autre, d'une rue à l'autre, entretenant une solidarité urbaine qui demeure une forme élémentaire de la démocratie. » Dans les anciens quartiers du centre, les ouvriers et les employés n'ont pas disparu. Les immeubles bourgeois dominent, certes, dans les nouveaux 16e et 17e arrondissements, mais dans le 13e, le 14e, le 19e et le 20e on ignore pratiquement l'appartement de style bourgeois. Le 20e est une « Sibérie parisienne » (Louis Lazare), à peine éclairé, mal bâti, mal fréquenté. Entre la rive droite, qui bénéficie en priorité des aménagements, et la rive gauche étudiante, ouvrière, populeuse, les différences de comportement sont considérables : bien que les bourgeois soient libéraux, ils votent orléaniste et les ouvriers républicain. Les mécontents sont la majorité, malgré l'ampleur de l'effort dont chacun s'estime trop faiblement bénéficiaire.

Il est vrai cependant qu'un « esprit de Paris » distingue les habitants, anciens et nouveaux, des provinciaux. Les personnages de Labiche, le meilleur auteur comique de l'époque, viennent volontiers de province et sont soumis à la critique incisive des Parisiens. Tous à la promenade le dimanche, les habitants de la capitale voient passer devant eux les carrosses de la haute noce, mais aussi ceux de l'État : ils ont vu aux courses, de loin, l'Empereur et sa famille, Rouher et Morny, les empereurs et les rois. Ils ont manifesté dans la rue à l'arrivée du tsar ou du roi de Prusse. Ils ont pleuré à *La Dame aux camélias*, éclaté de rire à *La Vie parisienne*, dansé chez Mabille, dîné sur les boulevards dans les restaurants d'artistes, joué aux boules aux Champs-Élysées. Ils ont fumé dans l'omnibus, pour braver la consigne, assisté aux spectacles militaires du cirque Olympique et bu de la bière le soir, dans les tavernes anglaises. Quand on habite la ville du monde la plus riche en millionnaires carrossés, en cafés, théâtres, bals, concerts et bordels, on est fier d'être parisien et, si l'on est soldat, on porte avec arrogance son képi de travers, comme une casquette.

De la sorte, il est difficile de situer le Parisien, vif et changeant, remuant, violent, toujours disponible pour les mouvements de foule, applaudissant l'armée à Longchamp et conspuant le tsar à la gare de l'Est. Il peut être pour la guerre et tenter d'échapper à la conscription, voter républicain et crier « à Berlin » dès qu'un bruit de bottes retentit sur le Rhin ; les « blouses blanches » de la police, les indicateurs et les figurants payés tentent de créer des mouvements de foule, d'endiguer le peuple de Belleville quand il descend, en troupes, vers le centre. Paris n'a pas encore connu la saignée de la Commune : malgré la boucherie des journées de juin 1848 et les grands travaux d'Haussmann, il reste le monstre politique dont l'Europe se méfie et le macadam ne recouvre qu'en surface les pavés des barricades. Pourtant la foule s'est précipitée, venue des faubourgs, pour applaudir les soldats au retour d'Italie. Sans doute Paris peut-il, en cas de guerre, donner le signal du patriotisme spontané, et entonner le « chant du départ » à la gare de l'Est. L'Empereur n'en a jamais douté.

Peut-il compter sur les officiers supérieurs pour constituer une armée moderne ? Polytechnicien vif et praticien expérimenté des batailles, le maréchal Niel, exceptionnellement, n'a pas fait carrière en Algérie. Il n'a connu la colonie que le temps de se couvrir de gloire à Constantine. Spécialiste du génie et des fortifications, il est devenu aide de camp de l'Empereur, a dirigé le génie en Crimée, avant de se battre avec éclat à Magenta et Solferino. Grand et mince, il affirmait à ses subordonnés qu'ils devaient avoir, pour réussir, « du savoir, du savoir-faire, du savoir-vivre ». Il passait pour le phénix de son armée et nul ne s'étonna qu'il remplace au ministère le vieux maréchal Randon, partisan de l'ancienne armée napoléonienne, dont le nom courait la ville en raison d'un scandale étrange : il aurait épousé la nièce de l'amiral Suin pour une dot de 750 000 francs. Cette jeune femme compte beaucoup d'amants, elle a eu des tendresses pour son oncle et accuse une grossesse. Un colonel, jadis maltraité par Randon à la guerre d'Espagne, va consacrer sa fortune à la recherche de l'enfant illégitime. Il finit par découvrir une petite fille chez une portière de Chaillot. Le maréchal lui fait un procès en diffamation : il est condamné à la prison et à 5 000 francs d'amende, mais poursuit son chantage : « Je forcerai, dit-il, ce cochon de Randon à reprendre sa fille. » Il écrit à l'Empereur, mais l'aide de camp Fénelon, gendre de Randon, élimine le courrier fâcheux. Telle est la triste image du maréchal répandue par les échotiers parisiens.

Celle de Mac-Mahon est irréprochable : aussi mince et sec que Niel, il fait partie de la jeune génération qui n'a pas connu les guerres du Premier Empire. Gouverneur général de l'Algérie depuis 1864, il y a beaucoup chevauché mais l'Empereur ne le confond pas avec les « africains » orléanistes, ses aînés : duc de Magenta, auréolé de la victoire de Malakoff, il est le général le plus populaire de l'armée, avec Canrobert. Descendant selon lui d'un Irlandais du Xe siècle, légitimiste et catholique pratiquant, il est né au château de Sully et s'est marié à Élisabeth de Castries. Napoléon III a envoyé ce grand seigneur à Berlin pour le représenter aux fêtes du couronnement de Guillaume Ier, le

18 septembre 1861. Morny avait dépensé 1 250 000 francs à Saint-Pétersbourg pour le sacre d'Alexandre II. Thouvenel ne proposa que 250 000 francs à Mac-Mahon, qui avait déjà donné cette somme à Godillot, l'entrepreneur des fêtes de Paris, et à Coates, le maître des équipages. Il estimait 500 000 francs indispensables et il les obtint, acheta 4 voitures, 22 chevaux de pure race, engagea 80 domestiques et paya de sa poche 40 000 francs de suppléments. Tel était le noble seigneur qui représentait l'Empereur en Algérie, toujours prêt à prendre le bateau de France au moindre signal de guerre en Europe.

L'autre vedette de l'armée était Bazaine, dont on racontait avec un grand luxe de détails la vie matrimoniale : il avait épousé Maria Tormo, qui lui avait été vendue en 1843, à l'âge de treize ou quinze ans par sa mère, une bistrotière de Tlemcen. Le maréchal avait expédié sa petite maîtresse à Marseille, où elle était entrée au couvent du Sacré-Cœur, comme si elle était sa fille adoptive. Ils s'étaient mariés en 1852, après qu'elle eut reçu la parfaite éducation d'une future femme d'officier. Il avait convolé en secondes noces, au Mexique, avec la fille d'un notable du pays. Ce moustachu fort en gueule, fourbe et madré, mais solide et ambitieux, courageux au combat mais prudent à l'excès dans les décisions, a toujours joué seul, sans s'embarrasser de scrupules. Canrobert est, comme Bazaine, un baroudeur d'Algérie. Originaire de Saint-Céré, sorti de Saint-Cyr, il avait eu en 1849 la bonne fortune d'être aide de camp du prince Louis Napoléon, qui lui avait offert l'occasion de se distinguer au coup d'État. Ce général politique, de la trempe de Saint-Arnaud, s'était distingué à la tête des zouaves de l'Alma, il avait été blessé en Crimée et sa réputation de bravoure lui avait valu le maréchalat. Idole des zouaves de la garde, il suivait à Notre-Dame la Passion prêchée par le père Félix et passait pour fort pieux : il avait succédé, comme commandant du 1er corps d'armée de Paris, au général Magnan, un franc-maçon. Il est vrai que ce général de coup d'État avait été nommé grand maître sur ordre de l'Empereur, par décret. Napoléon III suivait en cela l'exemple de son oncle, qui avait proposé son frère Joseph au Grand-Orient. L'Empereur considérait la maçonnerie comme une secte religieuse dont il pouvait disposer.

Il entendait que ses officiers, maçons ou non, aillent à la messe et présentent les armes au Sacré-Cœur. Les chefs de corps et l'ensemble de l'état-major n'avaient qu'une religion : le tableau d'avancement. L'usage était de cacher à l'armée ses opinions politiques. Il était aussi recommandé d'afficher de la déférence pour les cultes. Pourtant, si l'on en croit ce qu'écrit Serman dans *Les Officiers français dans la nation* : « Les anciens élèves des jésuites ont beau grossir sensiblement, à partir de 1854, le groupe des catholiques pratiquants, les croyants restent minoritaires dans le corps des officiers. » Rares sont les catholiques convaincus comme Trochu et Mac-Mahon. La foi affichée par Canrobert est une surprise pour l'armée qui évolue vers la tolérance du culte catholique. Fort éloigné du cléricalisme, le général du Barail s'extasie au spectacle de la messe militaire du camp de Châlons. Pourtant, l'anticléricalisme est resté vivace, renforcé par les expéditions de Rome et du Mexique. Du Barail n'a pas de mots assez durs pour le clergé mexicain, le général Picard déteste la pompe vaticane. Les déserteurs sont nombreux dans la « légion romaine » du comte d'Argy et Niel rappelle aux députés, après une interpellation, qu'« il n'est nullement dans les habitudes de l'armée de forcer les militaires à aller à la messe autrement que quand il y a des piquets armés pour un service commandé ». Si l'Empereur n'est pas sûr des capacités de ses officiers généraux, il est du moins tranquille sur l'état d'esprit de l'armée : elle ne peut lui être hostile, parce que ses chefs ont durci en vingt ans leur attitude de neutralité confessionnelle et politique. Ils sont pour l'ordre et pour le drapeau. Mais accepteront-ils la nouvelle armée que Niel s'apprête à sortir, sur injonction de l'Empereur, de ses cartons ?

La nécessité poussait Napoléon. S'il n'avait voulu imiter l'organisation prussienne, il aurait sans doute conservé l'ancienne armée impériale, composée d'officiers sortant des écoles, de sous-officiers vieillis, arrivés par le rang, et de soldats plus ou moins volontaires, mauvais numéros de la conscription, levés partiellement, remplaçants des « bons » numéros achetés à prix d'or par les bourgeois et les notables, peu soucieux de voir leurs fils traîner leurs guêtres dans les villes de garnison. Sans compter les volontaires de tout poil, rempilés, amnistiés des purges politiques, marins sortis des villages trop peuplés des côtes bretonnes. Cette armée était homogène par son encadrement, ses habitudes de combat, son terrain de manœuvre favori : l'Algérie. Elle pratiquait les charges de cavalerie et les combats d'infanterie en carrés, elle bourrait ses canons par la gueule et les attelait à de lourds chevaux de ferme. Les officiers ignoraient à la fois la logistique et la stratégie, étant peu accoutumés à la marche des grandes unités. Ils savaient commander 20 000 hommes, non 500 000. A la fois par son recrutement et par son commandement, l'armée devait changer de génération.

Le service était trop long : sept ans de vie militaire, trop souvent prolongés, entretenaient les soldats dans une sorte de paresse intellectuelle. L'armée, pendant la première moitié du siècle, avait surtout servi au maintien de l'ordre : les notables de Juillet avaient constitué une milice efficace de jeunes gens pauvres, bien pris en main, arrachés souvent pour toujours à leurs foyers et qui n'avaient d'autre point de ralliement que le drapeau. Ces déracinés devenaient, après sept ans de garnison, des mercenaires qui touchaient, en rempilant, une solde de sous-officier. On les changeait très souvent de garnison pour qu'ils n'eussent point de « pratiques » avec les « pékins », mais surtout pour qu'ils rendissent coup pour coup, sans états d'âme, à la « canaille » révoltée dans les grèves sauvages et les troubles agraires. La police, sous Juillet, était inexistante, la gendarmerie insuffisante : c'est la troupe qui maintenait l'ordre. Il était essentiel qu'elle fût constituée en caste, sans rapport avec le reste du pays : ainsi l'entendaient Thiers et Guizot.

Pour cette raison, les jeunes gens des familles riches, sortis de Polytechnique, se souciaient peu de recevoir en entrant dans l'armée « les trognons de choux » des ouvriers. Comme Lucien Leuwen, ils cherchaient des emplois civils. Napoléon III avait jusqu'ici conservé les dispositions des lois Jourdan (19 fructidor an VI), Gouvion Saint-Cyr

(10 mars 1818) et Soult (21 mars 1832) qui avaient assuré à la France une armée de maintien de l'ordre, et d'expéditions coloniales. Il avait toutefois augmenté le chiffre des enrôlés : de 80 000 sous Louis-Philippe, il était passé à 100 000 puis à 140 000 pendant les guerres. Les bourgeois pouvaient toujours recourir au remplacement, baptisé désormais exemption. L'État récupérait l'argent par les familles : au lieu de payer un homme et la compagnie privée qui l'engageait, le « mauvais numéro » versait une somme dans une caisse publique qui se chargeait, avec les fonds recueillis, de payer les primes de réengagement. L'armée pourvoyait à tous les frais des enrôlés, assurait leur carrière jusqu'à leur retraite de vétérans. Ainsi se trouvaient arrachés à la vie productive, disaient les saint-simoniens, les plus robustes des jeunes ruraux.

Le système prussien ne connaissait pas les exceptions, parce qu'il construisait une véritable armée, propre aux batailles. Les hommes étaient levés pour peu de temps : trois ans, puis deux ans, et de nouveau trois ans. Mais ils devaient tous accomplir un service militaire. Au terme de celui-ci, ils n'étaient pas quittes pour autant : versés d'abord dans la réserve, puis dans une deuxième réserve appelée *Landwehr*, ils restaient toute leur vie active disponibles pour la mobilisation. Au lieu d'être dépaysés, les soldats étaient recrutés dans le cadre de leurs régions et n'en sortaient que pour les manœuvres ou la guerre. En France servaient seulement des ouvriers ou des paysans : en Allemagne toutes les classes étaient confondues, soumises à la stricte hiérarchie prussienne, et commandées par les officiers de métier, issus généralement de la noblesse des junkers. En cas de mobilisation, les réservistes étaient aussitôt intégrés dans des unités qui étaient les doubles des unités d'active, sans dépaysement, sans désordre.

L'empereur Napoléon avait suggéré, dès 1866, au maréchal Randon d'envisager la création d'une garde mobile, troupe de réserve destinée à garder les places fortes ou les voies de communication en cas de guerre, permettant de consacrer tous les soldats disponibles aux opérations. Randon proposait seulement d'augmenter le contingent, et d'éviter les innovations. Le 2 octobre, le maréchal avait reçu une lettre plus précise : « Une idée m'est venue », annonçait l'Empereur. Il voulait astreindre au service de sept ans tous les Français sans exception. Pourrait-il présenter une telle innovation devant le Corps législatif sans susciter des clameurs ? Il imaginait de proposer à ceux qui auraient déjà accompli trois ans de service une exonération payante.

Cette idée démocratique, il l'avait eue déjà au fort de Ham. Il avait même défendu le principe du service obligatoire dans des articles publiés par *Le Progrès du Pas-de-Calais*. Il décida de réunir au château de Compiègne tous les responsables de l'armée. La « haute commission » admit volontiers que la France devait disposer d'effectifs beaucoup plus nombreux, mais Randon tenait toujours au renforcement du contingent, au maintien de la vieille armée.

Les officiers catholiques défendirent les vues de l'Empereur : Trochu le premier, qui participait à la commission. A guerre nouvelle, disait-il, armée nouvelle, à la fois plus nombreuse et plus savante. Il demandait un « outil nouveau ». Combattu par les maréchaux traditionalistes, il reçut le secours du général Ducrot, qui commandait à Strasbourg et observait en permanence l'évolution de l'armée allemande. Il était partisan de supprimer immédiatement l'exonération, et de verser une partie du contingent dans la réserve. Les catholiques, sensibles à la question romaine, analysaient lucidement la question d'Allemagne : les États du Sud, où les catholiques étaient souvent majoritaires, comme en Bavière, risquaient de regarder vers Vienne plus que vers Berlin. Bismarck avait besoin d'une guerre pour refaire son unité : un affrontement national contre l'Autriche, demain contre la France, se substituerait aux guerres de religion du passé. La passion de l'unité allemande, pensait à juste titre le chancelier, aurait raison des vieilles querelles de la famille chrétienne.

Napoléon III ferait-il la guerre pour sauver l'indépendance de l'Allemagne du Sud et obtenir, pour la France, des rectifications de frontière sur le Rhin ? Les notables recouvraient sa politique étrangère d'une même suspicion, sans voir que l'« aventurier » avait fait la guerre à l'Autriche, puissante occupante en Italie, et qu'il ne pouvait attaquer la Prusse, puissance libératrice en Allemagne. L'agression viendrait donc de Bismarck, qui présenterait la France comme l'obstacle majeur à l'achèvement de l'unité. L'armée prussienne avait écarté d'Allemagne les Autrichiens à Sadowa, ainsi ferait-elle des Français : rares étaient les observateurs capables de discerner la menace que l'Empereur avait parfaitement perçue. Pour lui, la guerre était inéluctable. Elle aurait pu éclater à propos de la citadelle du Luxembourg, en 1867. Une autre crise mineure pouvait dégénérer en conflit européen.

Les notables n'appréhendaient pas clairement la situation : en contenant le pouvoir absolu, ils croyaient pouvoir éviter la guerre, comme si elle ne dépendait que de Napoléon III : interrogé sur l'opportunité de la réforme militaire au conseil de Saint-Cloud, Rouher, ce prince des notables de province, avait répondu en exhibant les résultats de son enquête agricole : « Partout nous recueillons le vœu que la charge de la conscription soit allégée ; nous avons même été amenés à laisser entrevoir une diminution du contingent. »

Dire la vérité, en appeler au patriotisme des Français serait sans doute le meilleur moyen d'obtenir des hommes et des crédits, mais aussi de provoquer la guerre. Le réarmement français serait aussitôt dénoncé par la presse allemande fidèle à Bismarck, et sans doute mis en question par les journaux français d'opposition. En outre, l'opinion publique de toutes tendances se rallierait aisément autour des démagogues qui lui promettraient la paix et la liberté. Rouher conseillait la prudence.

Seul l'Empereur pouvait emporter la décision. Il estimait nécessaire un soutien de l'opinion et crut la retourner en publiant dans *Le Moniteur* un article où il réclamait une armée de 800 000 hommes : toute une classe serait levée, une partie étant affectée à la réserve. Le service serait abaissé à six ans, mais, après cette période, les hommes pourraient encore être levés au titre d'une armée de seconde ligne, la *Landwehr* française, la « garde mobile ». On y servirait trois ans et les exonérés y seraient astreints comme les autres. « Il n'y a plus de bons numéros ! » commentaient les notables qui ne percevaient pas les raisons de ce sacrifice, et moins encore les paysans. Pourquoi l'Empereur, qui avait promis la paix, proposait-il cette levée en masse ?

La nomination de Niel, en 1867, allait précipiter la mise en place de la réforme. Le Conseil d'État proposa presque aussitôt une loi. L'Empereur avait glissé dans son discours au Corps législatif une courte phrase qui avait surpris : « L'influence d'une nation, dit-il, dépend du nombre d'hommes qu'elle peut mettre sous les armes. » Ainsi, l'article du *Moniteur* était bien un ballon d'essai : des mesures concrètes allaient suivre. L'Empereur ne parlait plus de paix et de prospérité, mais exclusivement de guerre. La situation internationale justifiait-elle ce langage, alors qu'on attendait à Paris tous les rois d'Europe ?

Une brochure publiée par Trochu venait à point pour soutenir la cause impériale : le général avertissait la nation qu'elle n'avait plus d'armée. Niel lui-même, le nouveau ministre de la Guerre, avait maintes fois dénoncé en public le scandale des gaspillages, des lenteurs, de l'inefficacité de la concentration des armées pour les guerres de Crimée et d'Italie. La France avait failli perdre, parce qu'elle ne disposait pas d'assez d'hommes instruits. Il exigeait neuf ans de service, dont quatre dans la réserve, avec un contingent limité à 100 000 hommes. Il se faisait fort d'aligner ainsi 500 000 hommes sur le Rhin. Trochu n'hésitait pas à dénoncer la paresse des officiers, le relâchement de la discipline, l'affaiblissement du patriotisme : les recrues devaient être levées, disait-il, dans un cadre territorial fixe, ce qui faciliterait à la fois la formation et la mobilisation. Le projet de Niel était très proche des vues de Trochu. Il fut dénaturé, vidé de sa substance par trois interventions successives, celles du Conseil d'État (où l'influence de Rouher était dominante), de la commission de la Chambre, enfin, du Corps législatif lui-même.

Le Conseil maintenait exonération et remplacement, dès le tirage des numéros de conscription. Il divisait le contingent en active de cinq ans seulement et réserve de quatre ans. En revanche, il astreignait par périodes d'exercices les exonérés ou remplacés, ainsi que les anciens réservistes, à la garde mobile, soumise à la discipline militaire. La commission, qui se saisit du projet, stipula d'abord que seul le Corps législatif pouvait fixer le chiffre du contingent annuel, ainsi que le voulait l'usage. Elle exigea que les bons numéros fussent exemptés intégralement. Enfin, les gardes mobiles devaient rester des civils qui ne prendraient pas le chemin de la caserne. La discussion, ouverte au Corps législatif le 19 décembre 1867, acheva de rendre inefficace une mesure de salut public considérée par l'Empereur comme vitale : la loi créait un service de neuf ans, dont cinq d'active. Le remplacement était maintenu, à la demande insistante des bourgeois et des paysans. La garde mobile, non militarisée, était inutilisable. La loi adoptée n'était que la parodie du système prussien. Elle contenait en germe la défaite.

Quelques voix isolées l'avaient signalé dans la presse : le journaliste insidieux et brillant du *Journal des Débats*, Prévost-Paradol, sonna l'alarme avec un inhabituel sérieux, mais les députés obéirent à des réflexes de politiciens : la gauche unanime vota contre la loi : « Le projet, disait le notable républicain Jules Simon, est l'organisation de la guerre. »

Il souhaitait pour la France un système suisse, et non prussien, des milices régionales soumises à douze mois d'instruction, par courtes périodes, une armée uniquement défensive, comme un avant-projet de la future armée populaire de Jaurès. Les notables du centre, qu'ils fussent de gauche ou de droite, approuvaient Thiers quand celui-ci condamnait la garde traditionnelle. Le franc-maçon Berryer votait contre, comme le libéral Ollivier : ils étaient partisans d'une politique de paix à tout prix. Seul dans la majorité, un député breton, de La Tour, sut trouver les accents patriotiques repris par le rapporteur de la loi, Gressier, effrayé de sa propre audace : « Les grandes guerres européennes s'imposent, dit-il. On ne les cherche pas, on les évite rarement. » Un autre député, Larrabure, conjura en vain la Chambre d'imiter « non pas l'Autriche, mais la Prusse » et de consentir les sacrifices nécessaires, au moment où Bismarck incorporait à l'armée prussienne les contingents des provinces allemandes annexées. Ces Cassandre prêchaient dans le désert : deux élections partielles venaient de porter à la Chambre des membres de l'opposition. La religion de Rouher était faite : la loi militaire conduisait au désastre électoral. Au Corps législatif, 60 députés votèrent contre.

Une mise en garde pour l'Empereur ? Il avait lui-même averti en vain le pays et la classe politique. On ne l'avait pas suivi. On ne mesurait pas le danger allemand, le risque de guerre, on n'imaginait pas l'adversaire implacable qui dressait contre nous l'Allemagne et comptait sur la guerre pour fonder le Reich unitaire. Napoléon III avait eu tout le temps d'apprécier à sa mesure le caractère du chancelier Bismarck. Mais il n'avait pas su faire partager son angoisse au pays. Une défaite et un changement de régime seraient nécessaires pour mettre en place cette armée nationale et démocratique que l'Empereur avait voulu créer. Il avait eu raison trop tôt.

On constate la même lucidité, la même impuissance dans le domaine scolaire. Cette fois, les réformes bouleversent un terrain politique miné par l'affrontement des catholiques et des « laïques ». L'Empereur s'est retiré les moyens d'imposer la paix scolaire, seule capable de permettre le développement harmonieux et rapide d'un système moderne d'enseignement. La question romaine, à partir de 1861, a suscité un anticléricalisme d'État qui préludait à une longue période d'affrontement. On pense généralement que la politique de séparation de l'Église et de l'État est une idée républicaine et radicale de la fin du siècle : en ce domaine aussi, l'Empire fut novateur.

La méfiance réciproque se traduit d'abord par une guérilla entre les membres du clergé et l'administration préfectorale. Des curés étaient poursuivis en correctionnelle pour propos tenus en chaire et discours de distribution des prix séditieux dans les écoles religieuses. Le ministère des Cultes sévissait, renvoyait dans leur pays les congréganistes belges enseignant dans le Nord. La presse libérale montait en épingle les cas, assez nombreux, d'enfants juifs retirés à leurs familles pour être élevés dans la foi chrétienne. Un chanoine avait été condamné à six ans de prison, pour détournement de mineure, par la cour d'assises du Nord. Un autre cas était rendu public par la cour de Riom. Le gouvernement ne couvrait pas les scandales, il les laissait s'étaler dans la presse. On commençait à montrer du doigt les fonctionnaires qui confiaient leurs enfants aux écoles religieuses. Napoléon III donnait l'exemple de l'intolérance en faisant réprimander un colonel de cavalerie qui avait eu le tort de rendre bruyamment visite à l'évêque de Poitiers, Mgr Pie, dont l'ultramontanisme devenait agressif. Le féroce Baroche, gallican de nature et ministre sans portefeuille de 1861 à 1863, avait entrepris de restreindre l'autorité du pape sur le clergé : pour ce gallican, la défense de la société laïque était œuvre pie. Il conçut une politique scolaire tracassière à l'égard des congrégations : le préfet seul, et non le conseil municipal, pouvait décider de l'implantation d'une école laïque ou congréganiste dans une commune. La commission, où Baroche côtoyait le franc-maçon Persigny, ainsi que Waleswki et Roulant, tenait un langage fort en avance sur son temps : « Les établissements religieux, écrivait-elle, sont le refuge des enfants appartenant aux familles qui n'adoptent ni les principes de 89 ni le Gouvernement de l'Empereur. L'instruction qui s'y distribue est conforme à ces regrettables tendances. » La commission nommée par l'Empereur ouvrait donc la guerre scolaire. Les congrégations voulaient remplacer par des membres de la « milice romaine » les enseignants du clergé séculier qui dépendaient de l'Empereur. La surveillance s'imposait, elle s'étendit aux communautés de femmes s'occupant d'enseignement ou de soins hospitaliers. Le clergé résista, organisa la défense, porta jusqu'au Sénat l'affaire d'un instituteur laïque qu'un préfet voulait imposer dans une commune de Bretagne.

Plus grave était l'attaque en règle engagée par Persigny contre la société de Saint-Vincent-de-Paul, organisée hiérarchiquement, patronnée par un cardinal romain et disposant de nombreuses ramifications en France et à l'étranger. Le ministre fit ressortir la parenté de l'organisation caritative, soupçonnée d'exercer une influence politique occulte, avec la franc-maçonnerie, que Persigny connaissait bien. Les maçons avaient accepté pour grand maître le général Magnan que leur envoyait l'Empereur. Pourquoi la société catholique repousserait-elle la même protection ? Cochin, maire d'un arrondissement de Paris, et le conseiller d'État Cornudet, qui figuraient à la tête de l'organisation, refusèrent cette dépendance avec indignation. Même Baroche jugeait excessive la politique de tutelle que voulait imposer Persigny. Un compromis était-il possible ?

En 1862, les ministres et l'Empereur souhaitaient négocier avec le Saint-Siège. Mais la politique anticléricale fut maintenue : garde des Sceaux en 1863, Baroche attaqua les sept évêques qui avaient tenté d'influencer les électeurs catholiques, et empêcha les congrégations masculines, non autoristées de fonder de nouveaux établissements. Il s'opposa à la reconstitution de la société de Saint-Vincent-de-Paul que Persigny avait finalement dissoute. Il prit la défense des évêques gallicans contre les empiétements du Saint-Siège, aida l'archevêque de Lyon à maintenir, contre Pie IX, sa liturgie traditionnelle. Il intervenait vigoureusement dans les affaires de mœurs : le curé Roy, de Neuilly, vivait maritalement avec sa belle-sœur. Mgr Darboy l'avait destitué. Rome voulait le réintégrer, pénitence faite. Darboy tint bon, appuyé par le ministre. Le *Syllabus* et l'encyclique *Quanta Cura* qui dénonçaient, en 1865, les « erreurs » de la société moderne, exigeaient un alignement des évêques gallicans sur la nouvelle doctrine de l'Église. Pie IX ayant condamné la société civile, il était normal que le garde des Sceaux de Napoléon la défendît, en interdisant la promulgation par les évêques des textes pontificaux. La Constitution de l'Empire était fondée sur les principes de 1789, que le pape rejetait. Deux évêques, Mathieu, de Besançon, et Dreux-Brézé, de Moulins, passèrent outre l'interdiction de Baroche et lurent l'encyclique en chaire : ils furent aussitôt poursuivis devant le Conseil d'État, qui approuvait le garde des Sceaux. Les cardinaux, sénateurs de droit, portèrent alors la question devant la Haute Assemblée. Deux prélats, qui étaient à la fois gallicans et favorables à l'Empire, soutenaient Baroche : Mgr Darboy et Mgr Lavigerie, qui était alors évêque de Nancy. Ils travaillaient à constituer un groupe de pression hostile à Pie IX, et réussirent à rassembler au moins 18 évêques. Ils en espéraient une trentaine. Dans un tel climat et en raison de la guérilla entre Paris et Rome pour la nomination des évêques, il n'était pas étonnant que des sièges fussent vacants. Baroche menait la même politique intransigeante contre les pasteurs libéraux, en faveur d'un protestantisme favorable au régime. Haussmann le huguenot était le protecteur attitré de ces pasteurs zélés.

Dans ce climat de méfiance, de tracasseries, de combats incessants, la politique scolaire de l'Empereur avait peu de chances de se développer sereinement. Il devait en outre compter sur le développement continu de l'anticléricalisme au sein d'une opposition à la fois mondaine, journalistique et politique. L'affaire Renan mit le feu aux poudres, en obligeant le régime à priver l'auteur de la *Vie de Jésus* de sa chaire au Collège de France : Napoléon était ainsi rejeté dans le camp des cléricaux. Toute politique de progrès scolaire serait-elle bloquée par l'intolérance ?

Les idées de Renan passaient pour sulfureuses et contagieuses : ce sceptique qui avait échappé dans sa jeunesse à la prêtrise était un Breton obsédé par l'Antiquité, qui rêvait d'une vie contemplative et méprisait la politique. Il avait voté en 1848 pour Lamartine, non sans condamner la bourgeoisie industrielle, « le règne des Juifs, des Anglais de la vieille école et des Allemands de la nouvelle ». Fort imprégné de scientisme, impressionné sans doute par Auguste Comte et le mouvement positiviste, il avait écrit *Le Futur de la Science* pour rendre grâces aux savants qui, certes, n'ouvraient pas le chemin du bien ni même du vrai, mais permettaient de développer le sens de la critique. Il croyait en Dieu à sa manière, qui n'était peut-être pas celle de Mgr Pie, ni même de Mgr Dupanloup. Sa *Vie de Jésus*, publiée en 1863, était un pavé dans la mare : les saintes Écritures, selon l'auteur, devaient aussi faire l'objet d'une étude critique, elles n'étaient pas taboues. Cette position avait été au XVIe siècle celle des réformés. La France était-elle menacée par l'apparition d'une nouvelle secte luthérienne ? Si Jésus-Christ était qualifié de Dieu, c'était par abus : il n'était qu'un homme dont on pouvait retracer la vie, même si cet homme, par la grandeur de son œuvre, était digne d'être un dieu.

Cette relecture des travaux des protestants allemands venait à point pour renforcer le courant hostile à la foi. Si le Christ n'était qu'un « homme sorti des rangs du peuple, d'une famille d'artisans » qui tournait en dérision tous les pouvoirs, pourquoi ne pas voir en lui l'ancêtre et le modèle de l'homme à la conscience libre, du libre penseur en quelque sorte ? Il était inévitable que l'iconoclaste fût châtié. Il avait été jusque-là couvert de gloire et de charges : membre de l'Institut, professeur au Collège de France, il devait aux libéralités de l'Empereur la mission en Phénicie qui lui avait permis de parcourir les montagnes de Galilée et de retrouver les lieux où Jésus avait prêché. Napoléon ne voulut pas frapper trop fort et proposa au doux rebelle la bibliothèque impériale. Il refusa avec hauteur, et publia une version abrégée et à bon marché de son livre qui indigna les curés, les cardinaux et Louis Veuillot. Mais la nomination de Victor Duruy à l'Instruction publique indigna bien plus que la publication de Renan : on pouvait rétablir, par des pamphlets, le Christ en sa majesté. On ne pouvait rien contre le raz de marée laïque déchaîné par un inconnu à travers l'Empire.

Napoléon avait compté sur Niel pour imposer au pays une réforme impopulaire et il s'était trompé : le fougueux maréchal n'avait pu franchir le barrage des notables de la Chambre. Duruy, ce mince professeur d'histoire, besogneux et têtu, travaillant « comme un bœuf qui trace son sillon », aurait-il plus de chance ? Pourrait-il provoquer dans les profondeurs de la ruralité la commotion nécessaire pour que l'éducation devînt un désir ? En installant au pouvoir un homme nouveau, inconnu des politiciens et des journalistes, Napoléon voulait surprendre, et peut-être désarmer. Pourquoi empêcher Duruy de travailler ?

Que l'éducation populaire et l'instruction efficace d'élites plus nombreuses fussent la solution à tous les besoins de l'économie, à tous les maux de la société était alors une opinion partagée par les philosophes, les savants, les économistes, les penseurs politiques, par l'Empereur lui-même et par les évêques, qui publiaient des Petits Catéchismes, résumés de la foi à apprendre par cœur par des enfants tout juste alphabétisés. Dans son *Histoire des passions françaises*, Théodore Zeldin date du Second Empire, ou de 1848, le début de « l'âge de l'éducation » : c'est injuste pour les ministres de Louis-Philippe, huguenots attentifs, comme Guizot, aux progrès continus de la raison et constructeurs des premières belles écoles en pierre de taille. Mais il est vrai qu'il y eut sous Badinguet une sorte d'engouement pour les maîtres d'école. Tout poussait à la lecture : le développement rapide de la presse à bon marché — qui cherchait par tous les moyens possibles, des petites annonces aux feuilletons, à racoler de nouveaux lecteurs —, les premières bibliothèques à bon marché, les évêques éclairés, comme Mgr Dupanloup, qui voulaient répandre une foi étayée sur des textes, les hommes de science désireux de recruter des chercheurs et de révéler des génies, les politiciens de gauche, persuadés que le peuple des campagnes ne voterait plus à droite quand il saurait lire, le peuple enfin, désireux de prendre sa part dans le formidable mouvement de la société, et d'assurer l'avenir de ses enfants.

Depuis le règne de Louis-Philippe, les inspecteurs généraux savaient cependant que le principal obstacle à l'éducation ne venait pas de l'État ni des notables, mais des parents, ouvriers ou paysans, qui considéraient souvent les enfants comme une source de revenus complémentaires et répugnaient à les envoyer en classe. Les travailleurs manuels faisaient en outre le reproche à l'école d'aboutir à des carrières qui détournaient les enfants des métiers pratiques. L'enseignement technique n'existait pratiquement pas. Quant à l'enseignement catholique, les parents lui reprochaient de se limiter à donner au peuple une instruction religieuse : c'était donc perdre son temps que de suivre les leçons des bons pères. Les plus éclairés des catholiques protestaient contre cette caricature d'un enseignement qui, selon Dupanloup, devait d'abord apprendre le respect des hommes.

Les catholiques n'étaient pas les seuls à se préoccuper de ce genre d'apostolat. Les laïques y songeaient aussi, en liaison avec les francs-maçons. Jean Macé, ce fils de voiturier, boursier du collège Stanislas, croyait en Dieu mais surtout en l'homme. Saint-simonien, fouriériste, il n'était pas révolutionnaire et ne pouvait que plaire à l'Empereur, puisqu'il désirait « l'embourgeoisement des masses » par l'hygiène, le confort, l'éducation. Enseignant lui-même en Alsace, il apprenait aux enfants, aux filles surtout, la joie de lire, de déchiffrer la nature et de connaître la science. Son alliance avec les francs-maçons était naturelle : les loges se ralliaient les unes après les autres au programme de la Ligue de l'enseignement et la soutenaient matériellement; aux *Frères réunis* de Strasbourg, Jean Macé prenait soin de distinguer la ligue de la maçonnerie, mais il proclamait la nécessité de leur alliance intime. Le philanthrope fouriériste Faustin Moigneau qui assurait sa vie matérielle était-il lui-même maçon ? Les préfets de l'Empire reçurent l'ordre de soutenir son œuvre : elle allait dans le sens de ce que souhaitait Victor Duruy, qui sollicitait lui-même l'appui des loges.

Guizot avait le premier rendu possible la généralisation des écoles primaires dans les communes en créant en 1832 les écoles normales. Les instituteurs étaient 37 000 en 1848 et Thiers les soupçonnait d'être « des socialistes et des communistes, de véritables anticurés d'une ambition dévorante ». En 1851, sous l'ordre moral, 3 000 d'entre eux avaient été destitués. L'Empire autoritaire les tenait en suspicion et les faisait surveiller par le clergé et les sous-préfets. Mais, à partir de 1860, il voulut se les concilier, les invita à adresser au ministre des rapports sur leur situation : 700 d'entre eux furent convoqués à l'Exposition universelle et Napoléon III se les fit présenter. Il tenait à les honorer publiquement, comme si l'avenir du pays dépendait d'eux. La conversion du pouvoir était spectaculaire : avait-elle des chances d'être suivie ?

Curieusement, Duruy ne s'attaqua pas d'abord à l'enseignement primaire, mais bien au secondaire, qui lui semblait inadapté aux besoins de la nation : la philosophie, dont l'enseignement avait été mis en place par Victor Cousin, était tolérante, éclectique, raisonnable. Elle était cependant l'objet des attaques des catholiques et de la droite, au point que son enseignement fut supprimé pour un temps, sous l'influence d'un groupe de pression. De nombreux professeurs furent mis à pied, les autres surveillés de près. En 1863, la philosophie fut rétablie au baccalauréat mais son utilité était aussi discutable que celle de la rhétorique : on croyait alors primordial de former « des hommes à la conversation aisée et policée » et l'on n'enseignait les mathématiques que pour préparer l'École polytechnique, pendant la dernière année des études secondaires. Un effort avait été consenti par le ministre Fourtoul pour établir une « bifurcation » entre les lettres et les sciences à la fin de la troisième année d'études. Cette initiative avait suscité de nombreuses protestations — des professeurs de lettres, des parents d'élèves, des médecins —, et pourtant les élèves choisissaient les sections scientifiques dans 45 lycées sur 60. Dans les villes de l'Est comme Nancy, qui formaient aux écoles militaires, dans les ports où les élèves voulaient être marins et ingénieurs, l'initiative avait été bien reçue. Pourtant, la « bifurcation » fut bientôt rejetée par les parents d'élèves et abandonnée par le ministère au profit de la formation humaniste considérée comme plus respectable.

Victor Duruy, en prenant son poste, avait parcouru le pays pour mesurer l'efficacité de l'enseignement secondaire : « Nous volons leur argent à ces gens », disait-il des fermiers riches dont les fils avaient appris, bien inutilement, le latin et le grec. Il voulait préparer les élèves au commerce et à l'industrie, leur apprendre les techniques de gestion, les sciences et les langues vivantes. Il était essentiel d'initier les lycéens à l'histoire contemporaine, qui était, selon le ministre, la meilleure éducation civique. A la sortie de l'école primaire, les élèves pourraient choisir entre l'enseignement classique et le professionnel. « Nos cours classiques, disait Duruy, sont encombrés d'élèves qui ne seront jamais que de mauvais lettrés alors qu'ils pourraient devenir d'excellents négociants. » Un conseil de perfectionnement serait mis en place dans chaque établissement, pour prévoir les matières utiles au développement de la région. Les langues vivantes seraient, de ce point de vue, apprises en fonction des besoins : l'espagnol ou l'italien dans le Sud, l'allemand dans l'Est. On travaillerait le dessin industriel dans les régions textiles ou sidérurgiques. La loi de 1865 organisa cet enseignement révolutionnaire, « dans un esprit d'application ». Malheureusement, en 1866, une dizaine de villes seulement s'étaient intéressées au projet. Les autres se contentaient de leurs misérables collèges formant aux humanités.

Le ministre était frappé par l'indigence de l'enseignement supérieur : s'il était essentiel de former, avec les lycées pratiques, « des sous-officiers de l'armée industrielle », on manquait aussi de chercheurs pour assurer la compétitivité des industries de pointe ; les officiers de haut niveau étaient trop peu nombreux dans l'armée ; les lycées de province manquaient de professeurs de mathématiques et de sciences. On avait accru le nombre de bacheliers : ils étaient 6 000 par an au lieu de 3 000 en 1850, et les élèves de l'enseignement secondaire étaient 39 000 au lieu de 30 000. Dans certains lycées, un effort d'équipement particulier avait été consenti : à Nancy, par exemple, on disposait d'un laboratoire moderne et même d'un « appareil électromagnétique ». Le proviseur, un agrégé de mathématiques, avait créé un enseignement préparant aux grandes écoles scientifiques, et recruté des maîtres de valeur. Les Lorrains se voyaient offrir, une fois franchies les portes de Polytechnique, l'accès aux postes de décision ou des grands commandements de l'armée : tels Lyautey ou Poincaré sous le régime suivant. Mais les mieux formés des élèves du secondaire sortaient souvent des collèges des jésuites, au total plus de 25, groupant 10 000 élèves en

1870. Un quart des bacheliers provenait des écoles confessionnelles. Le collège des jésuites de Vannes était célèbre, celui de l'Immaculée-Conception à Paris refusait des candidats, comme le collège Vaugirard. Les jésuites assuraient l'éducation des jeunes gens riches et luttaient contre la tendance des lycées à l'encasernement. Aussi connaissaient-ils un grand succès, en province comme à Paris.

L'enseignement supérieur devait s'ouvrir aux deux catégories d'élèves. L'enquête ouverte par Duruy avait révélé le scandale de ces facultés où 400 professeurs manquaient de locaux aérés, de matériel de recherche et de volonté d'entreprendre. La création de l'École pratique des Hautes Études témoignerait du découragement du pouvoir, incapable de rénover l'enseignement supérieur traditionnel, celui des Facultés : les corporatismes, les idées reçues, les rivalités s'opposaient au progrès.

Pourtant, Duruy multipliait les nouvelles chaires, de médecine à Bordeaux et Strasbourg, de sciences à Lille. Il créait deux facultés de droit à Nancy et Douai, ouvrait une chaire d'économie politique à Paris. Il organisait à la Sorbonne des conférences du soir, des cours libres dans les villes de province. Il ouvrait des laboratoires et des bibliothèques, dans la pénurie presque totale des instruments de travail. L'argent manquait, et le ministre des Finances n'aidait guère Duruy dans son œuvre. L'enseignement continuait à mettre en vedette le talent des maîtres, sans grand profit pour les étudiants qui assistaient à de brillantes conférences très peu formatrices. Quand Claude Bernard déplorait en 1867 l'indigence de la recherche en France, Duruy ne pouvait qu'approuver. L'Empereur avait de bonnes intentions, mais il n'avait pas davantage irrigué la recherche de crédits que les canaux ou les routes. Dans ces conditions, l'œuvre scolaire devrait attendre un quart de siècle avant d'être efficace : Duruy n'avait montré qu'une direction de développement, il n'avait pas pu réaliser la grande conversion de l'université vers l'industrie qui faisait déjà rage en Allemagne.

Il fut plus heureux dans le primaire : plus de mille communes en France manquaient d'écoles, et les filles étaient loin d'être aussi scolarisées que les garçons ; une œuvre immense restait à entreprendre. Mais le ministre pouvait compter sur l'aide financière des conseils généraux et des municipalités. Duruy multiplia les cours d'adultes pour analphabètes qui groupèrent bientôt plus de 800 000 auditeurs. *Le Moniteur* du 6 mars 1865 avait développé la thèse de la gratuité et de l'obligation. Napoléon utilisait, comme pour la loi militaire, le ballon d'essai de la presse afin de mesurer les réactions de l'opinion, avant d'envisager une loi. La presse de gauche avait fait l'éloge du projet que combattaient les conservateurs. On est surpris de constater que le projet de Duruy fut alors vivement attaqué par Guizot, qui reprochait à l'« obligation » de peser sur la liberté des pères de famille.

Les méfiances, manifestes chez les protestants, étaient vives chez les catholiques : Duruy allait-il abolir la loi Falloux de 1850, qui garantissait la liberté de l'enseignement religieux ? Son programme était-il le dernier brûlot anticlérical de l'Empereur ? Le ministre se querellait déjà avec les évêques au conseil national de l'Instruction publique, qu'il voulait réformer. En attendant, il le traitait mal, oubliait de lui soumettre ses projets. Comment aurait-il pu parler devant les évêques de l'éducation des filles dont il disait à l'Empereur : « Nous avons jusqu'ici laissé cette éducation aux mains de gens qui ne sont ni de leur temps ni de leur pays. » Il n'hésitait pas à accuser les congrégations d'introduire dans l'esprit de la jeunesse des idées venues de l'étranger, antinationales, hostiles au progrès. Le ministre cherchait à prouver, pour se défendre des attaques du Sénat, que l'enseignement confessionnel était misérable et recrutait des maîtres ineptes, inaptes, souvent sans diplômes. Une enquête lui avait permis d'avancer des chiffres, d'engager une polémique. Quand parut le rapport sur l'instruction gratuite et obligatoire, le clergé ne pouvait que prendre parti contre ce ministre de combat.

Les anticléricaux patentés apportaient naturellement leur appui à Duruy. Havin, directeur du *Temps* et député, son collègue Guéroult de *L'Opinion nationale*, étaient des alliés dangereux qui mettaient en accusation l'enseignement libre. Les attaques les plus vives étaient portées contre les congrégations : « Je voudrais, disait Guéroult, que le droit d'enseigner la jeunesse fût retiré à celles des corporations qui ne se soumettraient pas aux principes de notre droit public. » On visait encore les congrégations étrangères. C'était un discours que l'on pouvait surprendre dans les propos de Victor Duruy ; ainsi, son œuvre devenait politiquement suspecte. Le clergé attaquait avec violence le point le plus sensible : l'enseignement des filles. Même si Duruy n'avait revendiqué que l'enseignement « gratuit et obligatoire », et non « laïque », il n'avait aucune chance d'aboutir : le Conseil des ministres avait désapprouvé. L'opinion catholique avait suivi Mgr Dupanloup quand il avait reproché au ministre de vouloir confier à des instituteurs laïques les jeunes filles « élevées sur les genoux de l'Église ». Tous les évêques l'avaient soutenu.

Une pétition catholique au Sénat exigeait le respect de la liberté de l'enseignement supérieur et dénonçait les « tendances matérialistes » des facultés de médecine. Sainte-Beuve et le prince Napoléon avaient ostensiblement mangé gras le Vendredi saint. Le célèbre critique littéraire réclamait « l'entière liberté philosophique des idées ». Duruy était obligé d'affronter la vague des protestations, de prendre part à une polémique dans laquelle son adversaire avait désormais l'initiative. Il ne pouvait réussir. Pourtant, la loi de 1867 sur les écoles de hameau, la gratuité et les classes de filles donnait le signal du départ à un mouvement qui serait repris plus tard. Duruy n'avait pu obtenir du gouvernement que la gratuité, dont on admettait qu'elle serait installée progressivement. La question de l'obligation restait en suspens et les objections de Rouher avaient convaincu, semble-t-il, l'ensemble du gouvernement. Comme pour la loi militaire, la réponse des usagers de l'école risquait d'être trop décevante : la société française n'était pas mûre pour accepter l'idée que les enfants pussent s'abstenir de travailler afin d'aller à l'école. Elle n'avait pas davantage envie d'accepter le départ de la main-d'œuvre dans les gardes mobiles du maréchal Niel. La France rurale était le principal obstacle au changement. La bourgeoisie n'y poussait guère, considérant que l'éducation des pauvres risquait d'être un ferment révolutionnaire de plus.

Il n'importe : si la deuxième grande idée de la

fin du règne avait dû être partiellement abandonnée, elle avait en partie germé dans les conférences pour adultes et la multiplication des écoles rurales. Duruy avait rendu confiance aux missionnaires civils sortis des écoles normales, chargés de répandre l'instruction dans les villages les plus reculés. Si le grand départ était encore pour demain, les débuts de la polémique scolaire montraient que l'Empereur avait touché juste. Il engageait sur un terrain politique malencontreux le grand débat de l'avenir français. Même si Duruy était isolé dans le gouvernement impérial, s'il n'avait trouvé que des appuis occasionnels dans la presse d'opposition, il apportait la preuve que l'Empereur, préoccupé de l'avenir, voyait juste, et qu'il mesurait parfaitement les obstacles à la réalisation d'une politique que plus tard les républicains imposeraient dans la douleur. Il est vrai que, dans l'opposition comme dans la majorité, les notables de la classe politique n'avaient guère poussé aux changements en profondeur, combattant, au lieu de les soutenir, les deux projets essentiels de l'Empereur : la création d'une école et d'une armée modernes. Confrontée à l'Allemagne prussienne, la France ne pourrait pas accepter ce défi sans risque. Il est vrai que le milieu politique et parlementaire ne souhaitait que son retrait des affaires européennes, même s'il devait se traduire par un recul. On voulait passer à l'empereur fou la camisole de force du régime parlementaire.

Chapitre 11

Le retour des députés

Un complot politique guette l'Empereur à partir de 1867. Son projet de rectification des institutions françaises se substitue aux ambitions saint-simoniennes des dix premières années du règne. Il n'y a nullement renoncé, attend avec impatience la percée de Suez, poursuit les travaux publics en suspens, encourage les placements dans la navigation maritime et soutient jusqu'au bout les travaux d'Haussmann. Mais les temps ont changé : la politique des nationalités a engendré deux turbulentes nations voisines qui, pour accomplir leur unité, sont prêtes à accepter la guerre. La menace ne cesse plus de s'affirmer, à Rome et sur le Rhin. La fragilité française apparaît alors, sous le feu d'artifice des records et des exploits : la masse de la population reste en retard sur l'évolution nécessaire, elle refuse de s'adapter aux conditions nouvelles de la vie des nations, de payer le prix du progrès. Celui-ci exige une participation des citoyens à la défense, un engagement de la jeunesse dans les filières de l'avenir. Cet effort, le pays le refuse et l'Empereur n'a plus les moyens politiques de le lui imposer.

Il a devant lui quatre adversaires déterminés. Les premiers sicataires sont les extrémistes, de droite ou de gauche : les légitimistes purs, ceux qui refusent le serment, sont rentrés dans leurs gentilhommières et refusent de servir un régime qui n'est qu'une parodie de monarchie. Pour ceux-là, le pouvoir vient de Dieu qui seul peut le rendre légitime. Les gentilshommes réfugiés dans leurs châteaux, qui sont souvent des masures branlantes de Gascogne ou de Bretagne, n'en sortent que pour prêter main-forte au pape, avec Charette et Belleciszse, en s'engageant dans ses zouaves. Ceux-là n'attendent de l'Empire que sa disparition. Ils acceptent le risque d'une guerre qui permettra d'accélérer le cours de l'histoire et peut-être de sauver, même au prix d'une défaite, « Rome et la France ».

Les autres extrémistes (de gauche) sont à Londres, à Guernesey, à la prison de Mazas ou de Sainte-Pélagie, tels Hugo, Proudhon l'anarchiste pacifique ou le terroriste révolutionnaire Blanqui. Ils n'acceptent aucune réforme et contestent tout engagement dans l'opposition. Pour eux, les partisans d'un empire libéral et parlementaire sont des traîtres : on ne peut réaliser les idées démocratiques qu'en changeant de régime, même si la République devait tenir certaines promesses de l'Empire. Certains prédisent la guerre, comme le résultat nécessaire des contradictions de la politique impériale : ainsi Proudhon, qui ne la souhaite pas. Les révolutionnaires ne sont en rien solidaires de l'État piémontais dans sa querelle avec la France. Certes, ils ne plaignent nullement le pape, menacé d'éviction par les francs-maçons de Florence. Mais ils ont vu trop souvent les habiles au pouvoir écarter Garibaldi, l'empêcher de réaliser la République romaine chère à Mazzini, pour que la cause monarchiste et bourgeoise de l'unité italienne trouve des sympathies parmi eux. Ils haïssent encore plus la Prusse réactionnaire de Bismarck, nation de proie qui menace les frontières. Mais l'Empire ne leur paraît pas qualifié pour résister à cet impérialisme : seule une armée populaire peut faire rendre gorge aux uhlans. Seule la révolution républicaine pourra constituer les bataillons de volontaires qui renouvelleront le départ aux frontières de 1792, en cas d'invasion.

Le deuxième groupe de protestataires réunit, dans un faisceau impressionnant, le monde catholique, intransigeant ou libéral : la politique anticléricale de l'Empire a soudé les Dupanloup et les Veuillot, les Pie et les Montalembert, dans une commune condamnation d'un régime qui abandonne, avec le pape, l'ancienne idée du pouvoir pour ouvrir la porte aux doctrines révolutionnaires condamnées par le *Syllabus*. Ceux-là viennent d'horizons différents : libéraux et orléanistes comme Mgr Dupanloup, ils sont sensibles au discours pacifiste de Thiers qui, en matière sociale, ne veut rien changer : ni l'école ni l'armée, et rétablir ces finances rigoureuses qui réjouissent les « budgétaires », les banquiers traditionnels et les rentiers de l'État. On compte aussi parmi les catholiques des transfuges du légitimisme, des députés qui ont accepté le serment, pour mieux surveiller et combattre le pouvoir en place. Avec Buffet et Plichon, ceux-ci souhaitent la libéralisation du régime, c'est-à-dire la limitation du pouvoir impérial. Ils sont devenus les alliés des libéraux du centre.

Ces hommes ne sont pas des tyrannochtones, mais des agents de sûreté qui veulent à tout prix préserver les intérêts du pape et de l'Église ultramontaine de France, contre la politique anticléricale développée par les nouveaux ministres, au premier rang desquels figure Duruy, leur adversaire déclaré. Ils se sentent proches du troisième groupe contestataire, qui ne brille pas pour ses sentiments de piété, le parti des parlementaires du centre. Celui-ci s'abrite derrière le nain aux besicles, le survivant du régime de Juillet devenu l'idole du corps législatif, Adolphe Thiers. Ces hommes d'État à l'ancienne pensent que l'Empire est une catastrophe financière, doublée d'une aventure extérieure qui peut être mortelle : ces anciens députés retrouvent, bon pied bon œil, le chemin de la Chambre avec l'espoir d'arrêter les frais et de mettre Louis Napoléon en prison pour dettes : ils sont des syndics de faillite.

Le quatrième groupe est républicain : cela ne suffit pas à le définir, car les hommes sont de toutes sortes, depuis les jacobins violents à la Delescluze, qui prêchent la révolution dans les salles de bal de Belleville, jusqu'au très calme Jules Simon et à l'ondoyant Ollivier. Les nuances et même les contrastes interdisent de les ranger dans le même parti : contentons-nous de distinguer les « irréconciliables » qui sont alors la majorité, et prétendent interdire aux députés de gauche toute compromission avec le régime, et ceux qui, à droite de la République, sont bien près de se rallier à l'Empire.

Ils manœuvrent déjà pour constituer une relance libérale à la droite autoritaire, toujours représentée au gouvernement par Rouher. Découvert par Morny, déjà presque acquis à la manœuvre, le bouillant Ollivier peut prendre la tête de ce « Tiers parti » qui recrutera moins à gauche qu'au centre, et jusqu'à la droite catholique et modérément légitimiste. Ollivier peut réussir l'*alternance* et conduire le régime vers la forme achevée qu'il lui souhaite : un empire parlementaire dont les chefs de gouvernement seront responsables devant le Parlement. L'Empereur, pour faire aboutir ses derniers projets, est-il décidé à aller jusque-là ? Les Persigny, les Cassagnac, les représentants de l'État autoritaire l'en dissuadent et prêchent contre ce sabordage, prédisant les pires désordres. Il se peut qu'à ce moment, le doux têtu de l'Élysée ne songe qu'à la France, et aux périls qui la menacent. S'il doit autoriser, pour conjurer les périls, les hochets parlementaires, il le fera de bon cœur, à condition de conserver la réalité des pouvoirs essentiels, police, armée, diplomatie.

Le décret du 24 novembre 1860 avait inauguré le nouveau régime, en promettant d'autres libertés. En 1865, à la discussion de l'Adresse, Émile Ollivier avait annoncé qu'il approuverait la politique impériale : « Un vote d'espérance », disait-il. Depuis 1863, il était à la tête de ce tiers parti qui englobait jusqu'aux catholiques libéraux, les Buffet et les Plichon, le marquis d'Andelarre. Ces députés demandaient que Napoléon donne « à l'acte de 1860 tous les développements qu'il comportait ». Quarante-deux députés avaient signé la motion Buffet. Le 19 janvier 1867, l'Empereur lui donnait sa réponse en écrivant à Rouher qu'il comptait remanier les institutions : il rendait à la Chambre et au Sénat le droit d'interpellation, qui remplaçait le droit d'adresse. Les ministres, et non plus seulement les ministres d'État, répondraient aux interpellations en assistant aux séances parlementaires : il n'y aurait plus d'absolue séparation des pouvoirs. Une loi sur la presse et une réglementation du droit de réunion compléteraient ces mesures libérales.

Appellerait-il au pouvoir Émile Ollivier ? Maintiendrait-il Rouher, alors qu'il avait combattu les 42 ? On entrait déjà dans la logique parlementaire : il n'était pas sûr que le tiers parti eût la majorité au Parlement. Rouher pouvait légitimement plaider qu'il avait la confiance de la Chambre élue en 1863. Que gagnait l'Empereur à brusquer les étapes ?

Avant de mourir, Morny l'avait dit à Ollivier, devenu son épigone : « Avec Billault, Baroche et Rouher, il n'y a rien à faire. Ces anciens libéraux sont plus rétrogrades que moi, ancien conservateur. » Il connaissait son monde, ayant été lui-même député orléaniste. Il savait que l'ancien personnel ruserait jusqu'au bout pour contrarier l'évolution libérale. Pourtant, sur le terrain, les Bonapartistes « historiques » tenaient compte de l'évolution des mœurs, qui exigeait, dans la vie quotidienne, moins de dureté des lois. Si Baroche, garde des Sceaux, voulait punir avec sévérité les crimes politiques (et restait en cela fidèle à son image de bonapartiste autoritaire), en revanche il combattait l'envoi en correctionnelle des voleurs de poules ou de lapins. Ils ne voulait maintenir aux assises que les délits graves, comme les enlèvements de mineurs. Il accéléra l'instruction des flagrants délits, abrégea la détention préventive, approuva la grâce présidentielle qui relaxait des typographes parisiens arrêtés pour grève. Il encouragea le gouvernement à proclamer la liberté d'ouvrir et d'exploiter les théâtres. En 1865, il avait rendu légale la liberté provisoire, avec ou sans caution, même en matière criminelle. Il supprima la contrainte par corps en matière civile et commerciale. Il voulait éliminer une fois pour toutes ce pouvoir inhumain que s'arrogeaient les créanciers. Il faut suivre, disait Baroche, « les idées de notre temps », et notamment « le sentiment de la dignité de l'homme et le respect de la liberté individuelle ». Le garde des Sceaux allait-il voler son programme à Jules Favre ? Émile de Girardin, Lavertujon, les journalistes libéraux louaient les mesures humanitaires du ministre qui déplaisaient fort aux Thiers, aux Buffet et même à Berryer, libéraux en politique mais très conservateurs en matière sociale, farouches adversaires de cet attendrissement humanitaire qu'ils détestaient chez Napoléon III. Ils étaient de fermes partisans de la peine de mort que, dans sa logique, Baroche risquait de supprimer un jour. En 1864, un groupe de pression s'était constitué pour arracher à la guillotine l'empoisonneur Lapommerais. « Une commutation de peine, écrivit alors Rouher à Baroche, serait profondément déplorable. Ce serait l'abrogation formelle, quoique indirecte, de la peine de mort *et nous n'en sommes pas encore à ce degré de civilisation.* » Pour Rouher aussi, l'abrogation de la peine capitale était dans la logique du mouvement d'humanisation esquissé par le garde des Sceaux. Baroche dut soutenir, à son corps défendant peut-être, la peine de mort devant le Sénat, qui était par ailleurs saisi d'une pétition en faveur de la contrainte par corps. Sur ce point, le ministre tint bon et la loi fut votée : en 1867, les pensionnaires de la prison de Clichy (où les créanciers faisaient incarcérer à leurs frais leurs débiteurs) purent sortir la tête haute. Ils ne seraient pas remplacés.

En septembre 1865, à la suite de la mort de Morny, Walewski avait été nommé président du Corps législatif. Le choix de ce libéral était une indication : le régime deviendrait-il une sorte de république impériale ? On pouvait en douter, à voir comment l'Empereur avait fabriqué des ducs (Mac-Mahon, Pélissier, Persigny et Morny) et même un comte de Palikao (le général Cousin-Montauban). Un décret de 1852 avait rétabli les titres de noblesse abolis par la révolution de 1848. Un autre décret, en 1858, punissait l'usurpation des titres, déchaînant les Goncourt qui se disaient nobles, alors qu'un honnête député prétendait prendre leur titre et leur nom. « Il est certain qu'en France, disait Baroche, qui n'avait pas été comte ni baron, les titres de noblesse ont toujours eu un très grand prix. » La noblesse restaurée, l'élargirait-on aux serviteurs du nouveau régime qui seraient dotés, comme pendant le Premier Empire, de majorats ? L'Empereur y songeait, il dut y renoncer : Rouher fit ressortir l'impopularité d'une telle mesure, qui susciterait des polémiques à gauche, et des jalousies sans fin à droite. L'insistance de Napoléon à vouloir récompenser ses serviteurs était suspecte : se sentait-il près de la fin, ou gardait-il de sa fonction une conception monarchique, archaïque, anachronique ? Son insistance apparut sans doute à Rouher et à l'Impératrice comme un signe de vieillissement.

En ouvrant la session de 1866, l'Empereur avait fait l'éloge de la Constitution et critiqué vivement le régime parlementaire : pour Rouher, c'était pain béni. Il voulait garder à l'exécutif, dont il assurait désormais l'essentiel en politique intérieure, l'intégralité de ses pouvoirs. Pour s'assurer de la docilité du Corps législatif et rendre les députés impopulaires, il employait les grands moyens : on leur distribuait un traitement de 12 500 francs avec une prime de 2 500 francs par mois pour les sessions extraordinaires : ils devenaient ainsi, bien qu'à moindre titre que les sénateurs, des pensionnés de l'État.

Par l'intermédiaire de Walewski, qui décidément remplaçait Morny dans tous ses emplois, Napoléon poursuivait sa négociation avec Émile Ollivier : en plein accord avec lui, il avait fait aboutir les réformes libérales vivement combattues au Conseil par Rouher et Baroche. Rouher avait dû conférer avec le chef de l'opposition pour rédiger les textes. Le 19 janvier 1867, tous les ministres durent démissionner, à la demande de l'Empereur. La voie était libre pour la nouvelle politique.

A la surprise générale, Rouher restait en fonction, avec Baroche et La Valette. Walewski, déconcerté, était remplacé par l'actif président du Creusot, Émile Schneider. Ollivier avait reçu une proposition : le ministère de l'Instruction publique. Napoléon avait pris la peine de le rencontrer à plusieurs reprises, pour plaider le seul dossier auquel il était vraiment attaché. Ollivier refusa, il ne voulait pas être placé sous l'autorité de Rouher. Avait-il compris que le dossier scolaire était pour l'Empereur le plus important ? Estimait-il qu'il n'aurait pas les moyens politiques de le traiter ? Duruy resta à son poste, sans que son budget fût accru : la réforme était de nouveau dans l'impasse.

Déçu et mécontent, Ollivier poursuivit le débat parlementaire, attaquant Rouher sans relâche : il est, disait-il, « un vice-empereur sans responsabilités ». L'Empereur fit aussitôt parvenir à son Premier ministre sans titre une plaque de la Légion d'honneur en diamants, pour lui manifester sa totale confiance.

Il comptait en effet sur lui pour libéraliser la presse, et sur Baroche pour rédiger les textes : plus d'autorisation préalable ni d'avertissements, une simple déclaration suffisait pour créer un journal. Rouher tempêta en vain, l'Empereur tenait à son projet. Il savait que la multiplication des feuilles de gauche nuirait aux deux grands organes d'opposition, *Le Siècle* et *L'Opinion nationale*, qui deviendraient ainsi plus dociles encore. Il comptait sur eux, sans doute, pour soutenir sa nouvelle politique. Rouher lui-même dut défendre avec acharnement la loi sur la presse contre ses propres amis politiques, ameutés par Cassagnac et, dans la coulisse, par Persigny. Son argumentation sociologique n'était pas sans poids : que craignaient les amis de l'ordre ? Comptaient-ils constituer un parti bonapartiste, une sorte de faction des nostalgiques de 1852 ? La situation avait changé : quatre millions de jeunes électeurs se présenteraient aux urnes. Ils n'avaient aucun souvenir de 1848 ni des temps « où les périls de la patrie créaient l'empire ». Habitués à la prospérité et à la paix civile ces jeunes gens s'étonnaient de l'« absence des libertés ». « Ils arrivent avec des ardeurs nouvelles, ne les arrêtons pas. Cherchons, non à les retenir, mais à les guider. »

Pour l'Auvergnat perspicace, la nouvelle bataille politique était engagée : entre les républicains et l'Empereur, l'enjeu était la conquête de ces « nouvelles classes sociales », élite renouvelée du pays. Des gens qui n'étaient ni ducs, ni industriels, ni grands propriétaires fonciers mais cabaretiers de banlieue, chefs de gare, arpenteurs ou ajusteurs, employés de banques ou d'assurances : ceux-ci sentaient le vent tourner, sans savoir encore s'ils devaient soutenir le régime, ou suivre les Gambetta et les Ferry, les « irréconciliables » qui voulaient une nouvelle république, aussi conservatrice que l'empire. En matière de politique intérieure, les serviteurs de l'empire et l'Empereur lui-même imaginaient les bonnes solutions. On a longtemps tenu pour assuré, dans les ouvrages critiques consacrés au Second Empire, qu'un Rouher faisait contre mauvaise fortune bon cœur en plaidant le dossier de la libéralisation. Rien n'est moins sûr. Sans doute avait-il compris que la relève était de ce côté, ainsi que l'intérêt du pays. Une démocratie ne peut réaliser les vraies réformes qu'en s'attachant le concours de l'opinion publique. Pour faire passer la loi sur la presse, Baroche avait insisté sur les garde-fous : elle maintenait des impôts élevés, assurait la protection des personnes et maintenait les tribunaux correctionnels (à Paris la célèbre 6e chambre) pour les procès de presse. En vain Berryer avait-il émis un doute sur l'impartialité des magistrats de cette cour, que le pouvoir récompensait régulièrement à leur sortie de charge en les nommant conseillers. Il était le seul à refuser une loi que tout le pays attendait, et qui permettrait à des centaines de nouveaux journaux de paraître.

En juillet, la loi sur les réunions complétait l'arsenal des lois libérales : Napoléon tenait à concéder le droit de réunion. Il pensait aux ouvriers, qui pouvaient désormais faire grève, et qui avaient besoin de se réunir, de se concerter, de s'associer. Il pensait aussi aux paysans et au développement nécessaire des sociétés rurales. L'entourage ministériel, craignant la reconstitution des clubs de 1848, rédigea une loi si restrictive qu'elle ne put être votée par l'opposition : la discussion politique et religieuse restait interdite. La déclaration devait être formulée trois jours à l'avance par sept électeurs domiciliés dans la commune et la réunion devait se tenir en présence d'un fonctionnaire qui avait le droit de la dissoudre en cas de troubles ou de tapage. La politique serait tolérée avant les élections législatives, mais cinq jours avant le scrutin toute réunion serait interdite. C'était, dit Prévost-Paradol, un « droit de conférence ». Le préfet et le ministre de l'Intérieur gardaient le pouvoir d'interdire toute réunion qui leur déplaisait. Ce libéralisme tiède n'était pas de nature à susciter les louanges de la presse libérale.

Le régime n'allait pas jusqu'au bout des volontés de l'Empereur. Il les corrigeait de telle sorte que les libertés semblaient concédées, précaires, incomplètes. L'Empereur croyait du reste pouvoir revenir à l'occasion sur les concessions accordées. Pour lui, l'ouverture des vannes à l'opinion publique était destinée à donner la parole au pays réel, contre l'opposition égoïste des notables, qu'ils fussent protectionnistes, ultramontains, réactionnaires en matière sociale. Les réunions, la presse nouvelle changeraient le climat : les journaux achetés, entre les mains des agioteurs ou des puissances d'argent, ne donneraient plus le *la* dans Paris. Il songeait sans doute à son obsession, le risque de la guerre avec la Prusse, que la presse installée percevait mal et même négligeait : la défense de la paix à tout prix dans le *Journal des Débats* et *Le Figaro* trompait les Français. L'Empereur souhaitait que la diversité des opinions pût s'exprimer, pour que sa propre parole fût mieux reçue.

L'opinion s'était mal accommodée du premier paradoxe, la nomination de Rouher pour défendre la politique d'Ollivier. Elle était plus encore surprise par un second paradoxe, le retournement de la politique intérieure à la suite de la seconde expédition romaine.

L'Impératrice avait voulu se rendre à Rome au moment de l'évacuation, pour symboliser, par sa présence, l'attachement de l'Empire à la cause du pape. Les ministres l'en avaient dissuadée à grand-peine. Baroche et La Valette s'étaient en vain dressés contre le départ de l'escadre de Toulon. Après Mentana, on avait remplacé La Valette par Pinard, un catholique à toute épreuve, que le tiers parti voyait d'un bon œil. Magne, le ministre des Finances, était également du parti interventionniste. Sans doute les cardinaux et évêques français n'avaient-ils pas, sur Rome, une position homogène : le cardinal de Bonnechose voulait la reconstitution pure et simple des États du pape. Mgr Darboy, l'archevêque de Paris, penchait pour le maintien du *statu quo*. Au Corps législatif, les catholiques avaient trouvé un défenseur : Thiers, ce voltairien frivole, parfaitement agnostique, défendait l'intervention au nom du droit des États. Il était inévitable que la politique d'un gouvernement qui défendait le pape dans Rome s'infléchît à Paris dans le sens d'un relâchement des mesures anticléricales ; Veuillot reçut en 1867 l'autorisation de faire reparaître *L'Univers*, et le contrôle exercé sur les congrégations masculines devint théorique. Les jésuites en profitèrent pour améliorer leurs positions scolaires et les ordres religieux se développèrent de plus belle, sans contrôle. La société de Saint-Vincent-de-Paul, dissoute en 1861, se reconstitua. Le clergé recouvrait les moyens de sa politique.

Le concile de la province de Bordeaux fut autorisé à Poitiers : Mgr Donnet, l'archevêque de Bordeaux, très favorable à l'Empire, en profita pour obtenir de Mgr Pie qu'il allât à Canossa. L'Empereur lui accorda une audience de réconciliation. Pourtant, le pape refusait obstinément de nommer Mgr Darboy, qui ne soutenait pas sa politique, cardinal archevêque de Reims. Napoléon III constatait une fois de plus que le pape n'avait en rien relâché son intransigeance.

On touchait à la doctrine : Pie IX avait infligé un blâme au cardinal Darboy, il avait renouvelé sa condamnation des articles organiques, ajoutés jadis par Napoléon Ier au Concordat, et qui établissaient des liens particuliers entre le pouvoir politique et l'Église de France. Le pape n'admettait pas, en particulier, l'autorité des évêques sur le clergé régulier, par exemple sur les congrégationistes très nombreux dans l'enseignement. Pour Baroche, cette attitude remettait en cause le Concordat et plaidait pour le « séparatisme », la séparation de l'Église et de l'État qui avait déjà de nombreux partisans en France. Le mémoire rédigé à cette occasion par Baroche devait explicitement inspirer, quarante ans plus tard, les auteurs républicains de la loi de séparation. L'affaire Darboy ne remettait pas en cause la conversion de l'Empereur en matière de politique religieuse. Mais elle ouvrait la voie à une autre réflexion, qui serait reprise plus tard, à l'occasion du conflit déjà engagé entre l'Église et la société civile.

Le pape préparait déjà son concile. Les souverains n'y seraient pas invités, en raison de l'excommunication du roi d'Italie, Victor-Emmanuel. Au Corps législatif, le directeur de *L'Opinion nationale* Guéroult se prononça pour la séparation de l'Église et de l'État, suscitant un tollé général. Pourtant, Émile Ollivier soutint Guéroult. En n'invitant pas les souverains au concile, le pape avait pris, en somme, l'initiative de la Séparation. Ollivier s'attacha à préciser qu'il n'était pas hostile à l'Église, et qu'il était pour le maintien du budget des cultes. Ainsi, les bonnes manières de Napoléon III, aussi soudaines qu'imprévisibles, n'obtenaient pas les résultats escomptés, en raison de l'intransigeance des ultramontains.

Baroche allait les rassurer publiquement en faisant l'éloge du Concordat. Au reste, affirma-t-il, « l'infaillibilité du pape seul n'est pas admise par l'immense majorité du clergé français ni par l'immense majorité de l'épiscopat ». Il comptait sur le gallicanisme pour rendre l'Église de France gouvernable et l'électorat catholique fidèle. Les républicains reprirent la balle au bond : leur presse, désormais libre, fit l'éloge de la Séparation et réclama la suppression du budget des cultes. Guéroult parlait d'un « divorce » nécessaire, Ferry traitait le gallicanisme de « vieillerie ». Veuillot attaquait vivement Baroche qu'il accusait de « calomnier le clergé français ». Pourtant, le pamphlétaire de *L'Univers* n'était pas loin de penser que la Séparation aurait au moins la vertu de dresser « contre la France de 1789 l'Église du *Syllabus* ». La pensée de Veuillot se voulait progressiste : il n'y a pas, expliquait-il, de « couronnes catholiques ». L'ordre social ancien n'a plus de sens. « L'État est laïque suivant l'expression de M. Guizot, libre suivant l'expression de M. de Cavour : deux hypocrisies de langage enveloppant l'aveu que l'État... n'a plus de culte et n'en veut plus avoir, et cela même encore est une hypocrisie pour couvrir... la négation de Dieu. C'est fait et ce n'est pas un bien. L'État l'a voulu, non l'Église. L'âme et le corps ne sont plus unis. » Dès lors, la seule sauvegarde de la religion est dans la constitution d'un pouvoir papal qui ait les moyens de s'imposer aux pouvoirs civils, sans se compromettre avec eux. Un discours qui inquiétait les évêques de France, habiles à louvoyer entre Paris et Rome. Ni le pouvoir absolu du pape ni la Séparation n'étaient de leur intérêt, ce que Baroche avait compris. A Rome, on inclinait pour la modération, on désavouait Veuillot. Même si Mgr Lavigerie, déçu de ne pas avoir été nommé à Lyon et d'avoir été écarté d'Alger par Mac-Mahon, qui jugeait dangereuses ses méthodes de conversion des musulmans, se retrouvait dans le camp ultramontain, Mgr Darboy tenait ferme et poursuivait sa campagne contre Rome : en vain. Le gouvernement ne souhaitait pas changer le cours de l'histoire religieuse, mais obtenir les voix catholiques en France.

Il est vrai, comme l'expose Jean Maurain dans *Baroche ministre de Napoléon III,* que si les évêques, grâce aux soins empressés de Baroche, étaient dans leur majorité hostiles à la nouvelle doctrine du pape, le bas clergé remué par *L'Univers* de Veuillot et les moines constituaient une force ultramontaine impressionnante qui n'hésitait pas entre la parole du pape et celle de Mgr Darboy. C'est trop réduire Mgr Lavigerie que d'attribuer sa conversion à l'ultramontanisme à des affaires de brigue : le prélat, qui devait revenir à Alger, avait fait l'expérience de la contradiction entre la politique du pape (qui portait les chrétiens au prosélytisme dans le monde entier) et les nécessités de la politique française, à laquelle un prélat, d'après Mac-Mahon, devait se soumettre, surtout quand elle prônait la constitution en Algérie d'un « grand royaume arabe ». Dans ces conditions, la *Civilta Cattolica,* l'organe de presse des jésuites de Rome, pouvait bien affirmer que le gouvernement impérial ne contredirait pas les menées ultramontaines dans la préparation du concile, parce qu'il avait besoin de l'appui électoral, non des évêques, mais bien des curés, tous ou presque acquis au pape. La politique d'aide aux prélats gallicans de Baroche n'avait pas d'issue : l'anticléricalisme ne pourrait être assumé par les responsables politiques de l'Empire, encore moins l'antipapisme. Les radicaux républicains resteraient les seuls à diffuser la parole antiromaine dans les villages rouges, les facultés laïques et les quartiers ouvriers des villes. L'Empire perdait cette clientèle, sans gagner vraiment celle des presbytères.

Les radicaux anticléricaux exultaient : l'attitude intransigeante du pape faisait naître dans les paroisses urbaines et rurales un parti de ligueurs qui tenait l'Empire à la gorge avant les élections législatives de 1869. Le pape laissait ainsi le champ libre à l'anticléricalisme militant, contrepartie inévitable de l'intransigeance ultramontaine, et du dogme de l'infaillibilité pontificale. Les intellectuels avaient applaudi Sainte-Beuve quand il avait, presque mourant, à la séance du 23 mai 1868, affirmé au Sénat devant les cardinaux rassemblés, les droits de la libre pensée. A l'indignation de Mgr Donnet, l'archevêque de Bordeaux, le critique littéraire, très connu pour ses feuilletons dans les journaux, affirmait « l'entière liberté philosophique des idées ». L'État devait veiller aussi à cette liberté, et donc empêcher les Églises d'y opposer des contraintes. Le rôle des savants n'était-il pas de mettre en garde la crédulité populaire contre l'irrationnel, fort à la mode, et dont profitaient les politiques ?

Déjà, en 1852, une congrégation avait été fondée pour exploiter dans les Alpes le site miraculeux de La Salette où la Vierge était apparue à des bergers. Le même miracle avait eu lieu dans les Pyrénées à Lourdes : le 11 février 1858, Bernadette Soubirous, une enfant chaussée de sabots, avait eu la vision de la Vierge dans la grotte de Massabielle. Une vierge patoisante qui affirmait, au bout de quinze jours de rendez-vous quotidiens : « Je suis l'Immaculée Conception. » D'abord réticent, le clergé avait, au bout de quatre ans d'enquêtes minutieuses, conclu à la réalité des apparitions et autorisé le culte : une source miraculeuse devait permettre de guérir sur les lieux les malades. Les trains spéciaux partaient déjà pour Lourdes.

Ces apparitions suscitaient la verve des libres

penseurs : dans le Grand Larousse de l'époque, on pouvait lire une interprétation du miracle qui courait alors la ville : « Un bruit populaire, que nous ne rapportons que sous toute réserve, attribue au miracle de Lourdes une origine qui n'a rien de surnaturel, ni même d'édifiant : il s'agirait d'une dame dont la chronique cite même le nom, et qui se serait trouvée en rendez-vous galant, au fond de la grotte, avec un officier de cavalerie. » Une interprétation qui faisait regretter à Veuillot l'absence d'une inquisition.

Les mêmes anticléricaux bourgeois qui brocardaient Lourdes organisaient une collecte pour dresser sur une place de Paris la statue de Voltaire. Un mouvement de rénovation s'accomplissait à un rythme accéléré dans les loges maçonniques : une active minorité voulait biffer sur les planches des ateliers l'intitulé « grand architecte de l'Univers ». Le général Mellinet, nouveau grand maître désigné par le pouvoir, essayait en vain de contenir la poussée moderniste et de maintenir la maçonnerie sur les degrés du trône. On votait pour ou contre Dieu et l'âme immortelle. Le docteur Rechtold Beaupré regrettait que les belles idées d'égalité et de fraternité fussent « parquées et circonscrites » et que l'Ordre se drapât « dans ses voiles mystiques » au lieu de s'exprimer dans les luttes politiques et sociales. D'après P. Chevalier *(Histoire de la franc-maçonnerie française)* Massol, vénérable de la loge La Renaissance, orateur de la Rose du Parfait silence, membre du Conseil depuis 1865, faisait du respect de la personne humaine « la pierre indestructible ». Niant toute transcendance « superflue », il soutenait que le progrès du droit était la négation de la « force des choses », le refus des fatalités sociales.

L'Ordre devait refuser d'être inféodé à l'État, de recevoir de l'Empereur son grand maître. « Les maçons constitués, disait-il, sont seuls véritables souverains, eux-mêmes investis de cette souveraineté de par la conscience qui n'est autre chose que le respect de la personne humaine dans l'individu. » L'Ordre ne pouvait être, comme le souhaitait le régime, une société de secours mutuels, pendant de la société Saint-Vincent-de Paul. Il n'avait pas envie de recevoir des legs, de créer des biens de mainmorte ni de fonder des couvents. Aux évêques qui attaquaient les francs-maçons à la suite de la condamnation du pape, en septembre 1865, les loges répondaient souvent avec modération, mais aussi avec détermination. Elles avaient reçu de la loge de Palerme l'information que Pie IX aurait été initié dans sa jeunesse, au cours d'un voyage aux États-Unis. Ainsi, il aurait excommunié ses « frères ». Edmond About défendait spirituellement dans *L'Opinion nationale* les francs-maçons poursuivis par la hargne des évêques trop zélés. Au demeurant, le pouvoir impérial n'hésitait pas à les soutenir quand ils étaient l'objet d'attaques injustifiées.

La princesse Mathilde avait haï Sainte-Beuve quand il avait rejoint *Le Temps*, fondé en 1861 par deux protestants alsaciens, Nefftzer et Dollfus. Le journal appuyait Gambetta et combattait toute idée de guerre. Sainte-Beuve s'embrigadait, dit la princesse, parmi les « ennemis personnels de l'Empire », et poursuivait sa campagne anticléricale au milieu des républicains. Pourtant, le vieux sénateur restait fidèle à son bienfaiteur. Il regrettait seulement que la question romaine lui fît perdre de vue les intérêts du pays. Il était loin d'avoir l'agressivité anticléricale de Jules Michelet qui, dans *Du prêtre et de la femme*, dénonçait dans la confession une opération de magnétisme où le prêtre fascinait la femme « comme l'oiseau le serpent ». Aucun de ces écrivains n'avait l'audace de soutenir le projet scandaleux d'Haussmann, qui voulait déporter les morts des cimetières parisiens dans un nouvel établissement situé à Méry-sur-Oise, où l'on pourrait procéder, disait-il, « à la combustion rapide et spontanée des cadavres ».

Pourtant, les enterrements civils, dont les cercueils étaient recouverts du drapeau rouge, étaient de plus en plus nombreux, à Paris et en province. Le cortège de Proudhon et celui du docteur Bixio avaient surpris Paris. Le dernier, fondateur avec Buloz de *La Revue des Deux Mondes*, avait créé un dîner littéraire, où Sainte-Beuve, Dumas, Mérimée, Ponsard et Halévy rencontraient Delacroix, Meissonier, Labiche et Sardou. Il était mort en 1865. Les anticléricaux étaient au cœur de l'Empire, ils étaient aussi dans la périphérie contestataire avec le Jurassien Proudhon qui avait, disait-il, une égale « horreur de la tyrannie et de la sodomie ». Son livre *De la Justice dans la Révolution et dans l'Église* lui avait valu la prison. Dieu n'était pour lui qu'un « magnifique symbole », il était « antithéiste » par raison, considérant la morale comme le seul « mouvement de la conscience »... Éloigné de Renan qui « n'était pas son homme », déçu par Michelet qui « s'en va, dit-il, en fouterie de pauvre », qui « couche trop avec sa jeune femme », il « se bronze » (se durcit) à Sainte-Pélagie contre la « populacerie » de Napoléon III qui soutient l'Église par calcul social et risque de provoquer à Rome la guerre en Europe. Non, le Jurassien n'est pour rien dans les débordements anticurés des Vermorel et des Vallès qui retrouvent la violence d'Hébert et du *Père Duchesne* dans les réunions clandestines de Charonne ou de Pantin. Il n'est pas davantage membre de la « société internationale des libres penseurs ». Quant aux francs-maçons qui veulent constituer leur secte en anti-Rome, quant aux médecins matérialistes qui provoquent l'opinion bien-pensante par leur militantisme athée, il leur reproche de détourner l'opinion du problème social, clé de toutes les servitudes. Proudhon est ainsi absent de la récupération de l'anticléricalisme par l'opposition républicaine : pour l'anarchiste jurassien, tout mouvement politique est suspect ; c'est par une lutte directe contre le patronat oppresseur soutenu par l'État que doit se constituer le mouvement ouvrier.

L'agitation républicaine est précédée et rendue possible par la floraison des journaux. Le monopole du *Siècle* et de *L'Opinion nationale* est battu en brèche. Napoléon III avait prévu cette évolution. Il ne trouvait rien d'étonnant à ce que chaque notable républicain, disposant de crédits et d'amitiés jusque dans les banques, eût son propre journal : ainsi, le rusé Picard avait acquis *L'Électeur libre* ; le violent Peyrat pouvait à son aise dénoncer les turpitudes du clergé dans *L'Avenir national*, le bouillant Pelletan, homme fort aimable en dehors de la tribune du Corps législatif, écrivait dans *La Tribune* des articles vengeurs. Plus tard viendraient *La Réforme* et *Le Rappel* de Victor Hugo, qui s'ennuyait à Guernesey. Le Jacobin Delescluze avait connu toutes les prisons, de Mazas, de Brest, de Corse et de Belle-Ile, et même le bagne de Cayenne. Amnistié en 1860, il n'avait rien perdu de son ardeur révolutionnaire et les condamnations, dans ses articles du *Réveil*, tombaient comme le couperet du docteur Guillotin. Sans doute les Tuileries n'appréciaient-ils guère ses attaques sans nuances du régime impérial, mais il couvrait aussi de sarcasmes les démocrates ses alliés, les accusant d'être les défenseurs d'une société révolue, celle-là même qui avait approuvé la boucherie de juin 1848. Delescluze avait donc son utilité : il alarmait le bourgeois et accroissait la zizanie dans les rangs de l'opposition.

Plus grave était le phénomène Rochefort. D'abord journaliste au *Charivari*, puis au *Figaro*, le marquis Henri de Rochefort-Luçay était aussi habile au pistolet qu'à la plume. Au cynisme badin, à la légèreté des gens du pouvoir, il opposerait son écriture lapidaire, qui n'hésitait pas cependant devant le calembour ou le vulgaire jeu de mots, si pratiqués à l'époque, pour tailler des croupières à Badinguet, sa cible unique. Négligeant d'attaquer l'Empire, il faisait de l'Empereur malade et vieilli sa tête de Turc, lui décochant les traits les plus grossiers ou les plus perfides. Chassé du *Figaro* par un Villemessant inquiet, il avait été rappelé et de nouveau mis à pied, sur injonction du ministre La Valette. L'avisé Villemessant comprit que Rochefort devenait un phénomène d'opinion, une vedette à part entière revendiquée par la gouaille parisienne et le cynisme des dîners en ville. Flairant la bonne affaire, il investit dans un hebdomadaire vendu en double de son journal, permettant à Rochefort de « danser un cavalier seul dans le cotillon politique ». Sous sa couverture rouge brique, *La Lanterne*, lancée le 30 mai 1868, fut tout de suite un succès : on se l'arrachait sur les boulevards.

« Je suis profondément bonapartiste, disait Rochefort... Je préfère Napoléon II. C'est mon droit. J'ajoute même qu'il représente pour moi l'idéal du souverain. Personne ne niera qu'il ait occupé le trône, puisque son successeur s'appelle Napoléon III. Quel règne, mes amis, quel règne ! Pas de contributions, pas de guerre, pas de liste civile. Oh ! oui ! Napoléon II, je t'aime et t'admire sans réserve. » Les Goncourt remarquaient déjà en 1860 : « Le ténébreux de 1830 n'est plus de mise. Qui l'a remplacé ? Le farceur. Je crois que cela vient de l'influence du théâtre sur les femmes. » Les femmes faisaient-elles le succès de Rochefort ? Rochefort faisait rire, pratiquait la « course aux bons mots » si prisée dans les cafés.

« Je pris du papier ministre, disait-il, et j'écrivis à celui de l'Intérieur. » Il multipliait les impertinences, toujours contre la famille impériale, attaquant même la reine Hortense, vieille idole du régime. Il demandait pourquoi on parlait plus d'elle que du roi Louis, cet oublié du règne. Il attaquait même Nero, le chien préféré de Napoléon. Il s'attendait à des menaces, à des interdictions. Il les prévoyait dès le premier numéro : « Supposez, disait-il, que j'écrive au baron de Rothschild : ''Si ce soir, entre huit et neuf, vous n'avez pas déposé rue Laffitte sous le onzième pavé à gauche (en venant par le boulevard), la somme de cinquante-cinq mille francs en billets ayant cours, avant la fin de la semaine, votre hôtel, vos bureaux, votre caisse et vous-même, tout cela ne sera plus qu'un cadavre.'' Il serait alors arrêté pour menaces et chantage. Mais qui arrêtera le ministre de l'Intérieur quand il dira à son rédacteur en chef : ''Vous avez un écrivain qui ne me va pas...'' S'il continue à politiquer chez vous, ne soyez pas surpris de voir votre journal mourir prochainement de mort subite » ? Le gouvernement interdit la vente de *La Lanterne* sur la voie publique : le numéro 2 atteignit le chiffre de 150 000 exemplaires. On tenta de discréditer l'auteur, en payant des journalistes diffamateurs. « Il faut que le public sache, disait Rochefort, qu'en France tout écrivain est un accusé. Un homme qui vend de la parfumerie est un parfumeur. Celui qui fabrique des armoires à glaces est un ébéniste. Par une faveur toute spéciale, celui qui couche ses idées sur des feuilles de papier blanc est un prévenu. »

On perquisitionnait, on saisissait... Rochefort en était au numéro 11 quand il fut condamné, le 28 août 1868, à dix mille francs d'amende et un an de prison. Il sauta dans le train de Bruxelles. L'homme qui prenait personnellement l'Empereur à partie devenait l'idole de la rue : on vendait ses photographies, on portait à la boutonnière des petites lanternes, il était le héros des chansonniers et rimailleurs. De fausses *Lanternes* apparurent en grand nombre, toutes vendues comme l'original. D'autres numéros de *La Lanterne* franchiraient clandestinement la frontière belge, avec moins de succès. Mais on entendrait reparler de Rochefort à l'occasion des élections de 1869, test majeur pour l'Empire libéral.

En bouleversant le paysage politique traditionnellement binaire (les bons et les méchants, les « officiels » et les réprouvés), l'Empereur pourrait-il dégager démocratiquement une majorité qui lui permette d'accomplir les réformes urgentes ? Le risque était minime, du fait de la grande dispersion des opinions politiques. La police impériale croyait tenir bien en main le fichier des opposants. Pourquoi ne pas laisser faire ?

Le cas Rochefort faisait réfléchir : l'Empereur, décidé à ouvrir les portes et fenêtres, venait de reculer devant un homme, en le contraignant à l'exil. Un autre irait plus loin que le pamphlétaire, en prononçant, en un seul discours, l'oraison funèbre de l'Empire. Comme Rochefort était un faux journaliste, l'autre était un avocat amateur, plus éloquent dans les cafés politiques, devant les chopes de bière, qu'au palais. Il n'avait ni connaissance vraie du droit, ni passion de juriste. S'il avait été classé troisième à la conférence des avocats, s'il avait parlé deux fois à la Conférence Molé, c'est que ce Gascon mâtiné de Génois avait l'éloquence du Sud, celle des Romains. Il ne connaissait encore le Parlement que par la tribune des gens de presse ou par la buvette. Mais les huissiers avaient repéré l'œil de verre et la chevelure léonine de cet orateur de bistrot. S'il prenait un jour la parole en ce lieu, il les contraindrait tous au silence.

Débraillé, sale, ayant depuis peu découvert l'utilité d'un tailleur, Léon Gambetta attendait l'occasion de paraître sur la scène politique. Ses amis connaissaient ses idées sur la République : il la voulait radicale, mais non révolutionnaire. « Il se garderait, dit avec malice Pierre de La Gorce, de détruire la société et se contenterait d'y pratiquer une brèche à la taille de ses ambitions. » Quand on vint le chercher pour défendre Delescluze, il ne se sentit plus de joie.

Le procès était ridicule : l'Empire tout d'un coup prenait peur. Le 3 novembre, un petit nombre de manifestants s'était réuni sur une tombe du cimetière Montparnasse que l'on avait dû longtemps chercher, tant elle était oubliée, celle du député Baudin, mort sur les barricades de 1851. Un ouvrage venait d'obtenir un grand succès en rappelant en termes exacts, sans passion apparente, les circonstances du coup d'État qui était le remords du dernier survivant des chefs du complot : Morny et Saint-Arnaud étaient morts, Persigny en disgrâce : l'Empereur portait seul le péché. Au moment où il voulait moraliser le régime, le rapprocher du système parlementaire anglais, le livre d'Eugène Ténot, journaliste au *Siècle*, donnait à l'opposition des martyrs et suggérait, avant les élections, d'axer la propagande sur le « crime » du 2 Décembre, comme avait dit Victor Hugo. Rouher avait arrêté les chefs de la manifestation et ceux qui se proposaient de collecter par souscription des fonds pour élever une statue à Baudin. Delescluze était en première ligne des accusés : Gambetta tenait un client exemplaire.

Avec fougue, il fit le procès de l'Empire. Louis Napoléon avait trahi la loi, la République et la confiance de l'Assemblée. Il avait d'un coup exilé ou emprisonné les responsables politiques, pour leur substituer une poignée d'inconnus qui s'était abattue sur la France. « Peut-on dire qu'on a sauvé la société, parce qu'on a porté la main sur le pays ? »

Éloquence de rhéteur, mais aussi de sophiste. Fallait-il grandir les victimes du 2 décembre, les Thiers et les Changarnier, pour mieux abaisser Bonaparte ? Était-ce le rôle d'un avocat républicain que d'en appeler à la mémoire des généraux d'Afrique ? Pouvait-on regretter le coup de balai des notables qui avaient permis la mise en place du régime des saint-simoniens ? Le tonnerre de la voix du tribun ne s'embarrassait pas de scrupules, il apostrophait ceux qui depuis dix-sept ans étaient « les maîtres absolus, discrétionnaires, de la France ». Il revendiquait tous les morts du 2 décembre et annonçait le jour prochain de la « grande expiation nationale ». Puis il allait boire un bock à la brasserie Dreher, entouré de ses amis qui lui faisaient un triomphe : sans qu'on eût vraiment rouvert le palais Bourbon, à moins d'un an des élections, l'éloquence politique reprenait ses droits au palais de Justice, portée par un avocat qui n'avait jamais été député.

La philippique de Gambetta pouvait surprendre, indigner, elle restait dans le cadre des réactions prévisibles : l'homme n'était pas un inconnu, sa plaidoirie exprimait assez bien la mentalité du Paris de l'opposition, celui qui votait régulièrement contre les députés officiels. Une opposition d'une autre nature se constituait, que le pouvoir s'efforçait d'infiltrer. L'Empereur avait pu se flatter de se concilier les ouvriers en envoyant Tolain et ses amis à Londres en 1864 : ils y avaient participé à la fondation de l'Association internationale des travailleurs, pourvue d'un statut, d'un gouvernement, et qui tiendrait des congrès réguliers. Une section française s'installa rue des Gravilliers : les fondateurs étaient des artisans respectables, Limousin, Fribourg, Héligon, Murat, Camélinat. Ils proclamaient les mérites de l'association, des sociétés ouvrières de production, un programme proudhonien qui les tenait à l'écart de la politique. Tolain s'était fâché tout rouge quand Londres avait prétendu imposer à la section française un agent, Lefort, ancien condamné politique. Il avait traversé le Channel pour être débarrassé de ce compromettant partenaire. L'association ne devait pas prêter le flanc à la politique.

L'évolution très rapide de l'Internationale, dès le congrès de Genève en 1866, avait révélé au sein des délégués une opposition entre proudhoniens pacifiques et révolutionnaires. Les grèves de 1867 avaient permis à la section française de se rendre utile en organisant la solidarité. Au congrès de Lausanne, en 1867, les délégués des pays du Nord avaient affronté ceux des nations latines et de la Suisse, qui défendaient la propriété. Les congressistes de la ville proche de Genève, qui avaient fait un triomphe à Garibaldi et célébré le désarmement général et la fin des tyrannies, s'étaient joints aux camarades de Lausanne. Désormais, les militants de l'Internationale manifestaient dans les rues de Paris aux côtés des républicains. Ils encouraient ainsi les rigueurs de la justice, renforçaient et gauchissaient leur action, inquiétant Tolain et ses amis qui laissèrent la place à des révolutionnaires : le relieur Varlin et le teinturier Benoît Malon. La section française dissoute par le gouvernement, ses leaders furent poursuivis en justice et retrouvèrent à Sainte-Pélagie les chefs des sociétés républicaines clandestines, comme Auguste Blanqui, qui prônait l'action révolutionnaire immédiate contre la « tyrannie ».

Le régime se croyait-il débarrassé de ces trublions ? Le congrès international de 1868 se tint à Bruxelles. Il préconisait la saisie de tous les moyens de production et envisageait, pour l'avenir, la collectivisation des terres arables. Les mines devaient être gérées par les ouvriers, l'État devait se rendre maître des chemins de fer. Ce programme rigoureux imposait la lutte contre les gouvernements, défenseurs de l'ordre, l'action de propagande et de déstabilisation entreprise dans tous les pays contre l'armée et les Églises gardiennes de l'ordre bourgeois. « Nous ne voulons plus de religion, car la religion étouffe les intelligences », disaient les congressistes de Bruxelles. Le gonflement des effectifs de l'association clandestine fut rapide en France dans certains centres industriels : si le Nord et la Normandie échappaient à la propagande, Marseille, Lyon, Saint-Étienne et même Roubaix avaient de nombreux adhérents. Le congrès de Bâle, en 1869, renforça la tendance collectiviste qui n'effrayait nullement les 70 000 militants parisiens. On estimait à 200 000 les effectifs de l'Internationale en France. A la veille des élections, le gouvernement ne pouvait manquer de faire le compte des voix qui lui feraient inévitablement défaut. La politique de la main tendue de l'Empereur en direction du mouvement ouvrier avait partiellement échoué.

La liberté donnée aux réunions publiques multipliait les meetings, souvent étranges, dans les quartiers de Paris, pendant l'hiver de 1868-1869. Les anciens se croyaient revenus aux clubs de 1848. Un officier de police assistait à toutes les séances, présidées par des orateurs inconnus protégés par un service d'ordre : les habitants du quartier, ouvriers ou chômeurs, artisans ou employés, assistaient à de violents débats où l'on n'osait pas prononcer le nom de République, ni même chanter *La Marseillaise*, où l'on devait éviter tout sujet politique et religieux.

On employait donc toutes les ruses pour les

aborder. On traitait du mariage et du divorce, pour célébrer l'union libre. On commémorait à La Chapelle le 21 janvier 1793, la mort du tyran Louis XVI. On attaquait les jésuites, rendus responsables de toutes les horreurs de l'histoire. On dissertait sur le travail des femmes, pour mettre en vedette l'exploitation capitaliste. Les sujets étaient modernes, passionnels, et touchaient à la vie de tous les jours : qui ne voulait parler — ou entendre parler — du chômage et du salariat, de l'instruction des enfants, déformée par le clergé, des privilèges sociaux scandaleux ? Autant d'occasions de faire surgir la « conscience de classe » que les nouveaux adeptes de l'Internationale ou les révolutionnaires souhaitaient installer solidement dans l'esprit des foules, pour les conduire à la révolution ? L'homme du 2 décembre était la tête de Turc des orateurs, qui le désignaient sous des pseudonymes romains : Catilina, Tibère le lubrique, quelquefois le fou Héliogabale. On faisait aussi rouler les têtes de notables républicains, Favre le croyant, qui avait parlé de Dieu dans son discours académique, la « vieille marmotte » Garnier-Pagès, ganache de 1848, le « petit gros » Picard et l'infâme Marie dont le nom rappelait les sinistres ateliers nationaux. Cavaignac, le vieux républicain, était haï autant que le directeur du journal anticlérical *Le Siècle*, Havin, qui venait de mourir dans les bras de son confesseur. Que pouvait faire le gouvernement ? Poursuivre avec modération, frapper sans pesanteur. Organiser des contre-réunions bonapartistes. Mais Persigny n'avait plus la foi de sa jeunesse, ni la confiance de l'Empereur.

Le personnel politique n'était pas habitué à ce genre de lutte : il était gestionnaire, policier, justicier, il n'était pas rompu aux réunions publiques et aux batailles d'opinion, ignorant tout de la démocratie à l'anglaise. Le garde des Sceaux Baroche réglait de vieux comptes avec la minutie d'un procureur. Il engagea une surprenante guérilla contre le baron Séguier, procureur impérial près le tribunal de Toulouse, qui se refusait à poursuivre trop sévèrement le républicain Duportal, directeur du journal *L'Émancipation*. Les magistrats de province, souvent royalistes, ne voulaient pas poursuivre, même s'ils étaient républicains, ceux qui dénonçaient dans leurs feuilles le crime du 2 décembre.

Cette manifestation d'indépendance était nouvelle, inquiétante : la justice aussi échapperait-elle à l'Empereur ? Séguier démissionna, pour ne pas avoir « à donner des conclusions imposées d'avance par M. le garde des Sceaux ». Le tribunal de Clermont-Ferrand avait fait preuve de la même indocilité en refusant de condamner le journal *L'Auvergne*. Les juges de Riom, en appel, confirmeraient-ils ? L'Empereur était passé à Riom, désireux de visiter Gergovie. Il avait été reçu par le président de la Cour, ils avaient assisté ensemble aux illuminations manquées du Puy-de-Dôme, que l'on avait gavé de fagots pour qu'il fût un Stromboli : des fenêtres de Riom, on n'avait aperçu qu'un filet de fumée. Il n'importe, la Cour de Riom pensait bien : elle condamna *L'Auvergne*.

Pour retirer à l'Empereur, que l'on sentait encore populaire, le bénéfice de la légende impériale, on multipliait dans les journaux les feuilletons critiques contre le Premier Empire, par exemple les récits alsaciens maudissant la guerre, le *Conscrit de 1813* d'Erckmann-Chatrian ou l'*Histoire de Napoléon Ier*, d'un certain Lanfrey, qui épiloguait sur les victimes du grand empereur, particulièrement le duc d'Enghien. Ce révisionnisme gênait à ce point l'Empereur qu'il envisageait de faire paraître dans *Le Petit Journal* un contre-feuilleton à la gloire de son oncle. On redoutait par-dessus tout l'amenuisement de la légende que l'on voulait ressusciter à l'occasion du centenaire de la naissance du grand homme, en 1869.

Sur qui compter pour imposer au pays la garde mobile, que de nombreux départements boycottaient ? Seule une mythologie patriote pouvait convaincre les Français de revenir aux thèmes de la nation armée. Rien ne les y disposait. L'ancien personnel impérial disparaissait progressivement. On enterra avec une grandiose solennité le président du Sénat Troplong. Les quatre ministres des Affaires étrangères de l'Empereur étaient morts ou disgraciés. Le ministre de l'Intérieur Pinard, accusé d'avoir manqué de sang-froid devant les manifestations républicaines, était congédié. Les Rouher et les Baroche étaient débordés par le surgissement inattendu de cent formes d'opposition qu'ils n'osaient pas juguler avec leur brutalité habituelle. Peut-être avaient-ils l'arrière-pensée, en tolérant le désordre, de faire renaître dans le pays le désir d'un retour à l'ordre, en tout cas de montrer à l'Empereur les périls de sa nouvelle politique libérale. L'abstention des ministres plaçait au premier rang l'Impératrice, qui assistait au Conseil et souhaitait maintenir avec force la prérogative impériale. Le moindre incident la déconcertait : elle pleura quand elle apprit que son petit garçon, le prince impérial, avait subi un affront au lycée Bonaparte. Le jeune Cavaignac, lauréat du concours général, avait refusé de quitter sa place pour recevoir son prix. L'incident est significatif si l'on se rappelle la ferveur populaire des fêtes du baptême. La mythologie impériale roulait dans la boue démocratique. Le combat des élections se déroulerait à mains nues, et le prestige de la dynastie ne pourrait empêcher la défaite. « Maintenant, disait l'Impératrice dans son chagrin, *on ne nous passe plus rien.* »

L'Empire pouvait sans doute reconstituer son personnel, engager des hommes nouveaux. Il ne manquait pas de jeunes ambitieux avides de pouvoir. Les normaliens comme Duvernois, les jeunes juristes, les familiers des Buffet et des Ollivier guettaient la relève avec impatience. Mais l'Empereur, Rouher, Ollivier et Thiers, tous attendaient le verdict des élections législatives de 1869 : chacun espérait une heureuse surprise. Personne dans l'opposition ne jugeait le scrutin dangereux pour le régime, mais beaucoup espéraient une évolution encore plus décisive de l'Empire libéral vers un véritable régime parlementaire.

La logique électorale eût exigé l'union de l'opposition contre les candidats officiels au second tour : l'« union libérale » se proposait ainsi de faire le plein des voix contre les bonapartistes. Picard, républicain modéré, était sur ce point d'accord avec l'orléaniste Prévost-Paradol, un jeune ambitieux soutenu par la presse libérale. Mais les républicains eux-mêmes étaient divisés : Gambetta se présentait contre le vieux Carnot ; Ferry affrontait le directeur de *L'Opinion nationale*, Guéroult. La jeune opposition n'avait que faire des hommes du passé : même les anciens se battaient en duel, tels Garnier-Pagès et Raspail. On était allé demander à Bruxelles l'accord de Rochefort pour battre Jules Favre, considéré comme une ganache. Quant au « traître » Ollivier, Bancel le proscrit devait l'exécuter.

La partie n'était donc pas perdue pour l'Empire, même si Paris donnait l'impression d'être livré à la frénésie des jeunes républicains dont le radicalisme s'affichait sans vergogne : le « programme de Belleville » accepté par Gambetta prônait rien moins que l'impôt sur le revenu et la suppression des armées permanentes, ainsi que l'élection des magistrats et des fonctionnaires. Renan était candidat en Seine-et-Marne, à l'indignation des presbytères, et le jeune Jules Vallès, à Paris, ne ménageait pas l'Église ni l'armée. L'Empereur constatait avec tristesse que les libéraux demandaient aussi la diminution des levées annuelles, et que tous les candidats députés s'accordaient, même les officiels, à réclamer la baisse des charges militaires. La guerre était en vue et les élections se faisaient sur le thème du désarmement.

Furieux de cette agitation, les Goncourt dénonçaient la médiocrité de la confrontation : « L'enthousiasme de Paris fut pour un Bancel, dont une teneuse de bordel de Bruxelles aurait payé les frais de publicité, les bulletins, les affiches et les circulaires. » Décidément, la démocratie était « la tyrannie des imbéciles ». Ne disait-on pas que Prévost-Paradol, qui avait « des grâces de pendules Empire », « petit parvenu politique entré à quarante ans dans cette académie où Balzac n'a pas eu sa place », était candidat à Nantes ? Quelles chances avait-il d'être élu alors que son supporter parisien, Ludovic Halévy, affirmait que 25 000 électeurs ne savaient ni lire ni écrire ? Paradol ne recueillerait que 2 000 voix, contre plus de 11 000 au candidat de gauche Guépin : les ouvriers avaient viré au rouge.

L'Empereur avait cependant développé, avec Clément Duvernois, une politique d'information de l'électorat, tirant une brochure partout répandue qui célébrait les bienfaits du bonapartisme social, ainsi qu'un autre document recueillant toutes les provocations proférées pendant l'hiver par les orateurs des clubs. Cette nouvelle édition du spectre rouge n'avait pas troublé les électeurs des grandes villes. L'Empereur et son entourage le savaient. « On s'attend ici à des élections incroyables », écrivait Mérimée quelques jours avant le scrutin. Elles le furent moins par les résultats qui, grâce aux votes des campagnes, confirmaient la majorité impériale, que par les suites immédiates du scrutin. Certes les royalistes étaient battus, mais le centre gauche et le tiers parti se maintenaient, emportant une vingtaine de sièges supplémentaires. Personne aux Tuileries ne pleurait l'échec de Pouyer-Quertier, le protectionniste normand, mais l'ancien personnel retrouvait ses fauteuils, même dans le parti d'opposition démocrate où Jules Favre, tant vilipendé, était réélu, ainsi qu'Émile Ollivier dans le Var. Les radicaux n'avaient que cinq députés, mais parmi eux Ferry et Gambetta.

La gauche parisienne n'avait pas à se plaindre du scrutin, mais la résurrection politique avait été si violente dans la capitale qu'à l'annonce de l'échec de Rochefort, idole populaire, Belleville et Montmartre furent en émoi : la foule descendit sur les grands boulevards en chantant *La Marseillaise*. On se rassembla au Quartier latin, autour de l'Hôtel de Ville. Des agents furent bousculés sur la rive gauche. On brûlait les journaux de droite dans les kiosques, on se pressait autour du *Rappel*. Les commerçants de Belleville fermèrent leurs rideaux de fer en voyant les cochers des omnibus dételer leurs voitures. La garde de Paris chargea plusieurs milliers de manifestants qui criaient « Vive la République ! ». On arrêta les manifestants par centaines, et pourtant les émeutiers devaient tenir le pavé pendant plusieurs jours. Le 12 juin, Halévy sortait avec Meilhac, vers 20 heures, pour se rendre aux Variétés. « Foule immense, note-t-il, des curieux, pas autre chose. Les cafés se ferment. Le boulevard Montmartre, sinistre. Pas une boutique ouverte. Les becs de gaz sont allumés... et éclairent une masse énorme de promeneurs. Pas de cris, pas de *Marseillaise*... J'ai marché au milieu d'un flot de monde qui allait au tapage comme au feu d'artifice. C'est un spectacle gratis... » La pluie a finalement raison des émeutes parisiennes. Ont-elles été manipulées par la préfecture de police qui dépêchait ses « blouses blanches », des provocateurs chargés de justifier la répression ?

Les troubles miniers sont plus graves, et entraînent mort d'hommes. Le 11 juin, une grève éclate dans le bassin de Saint-Étienne. Les mineurs veulent s'opposer aux jaunes, soupçonnés d'être vendus aux patrons ; la troupe intervient, opère des arrestations. Une foule énorme s'assemble dans le « chemin du Brûlé », près de La Ricamarie, pour libérer les prisonniers. La troupe tire : dix morts au moins. Fâcheuse entrée en matière pour le nouveau régime. Quand le Corps législatif se réunit le 28 juin, il s'entend dire par Rouher que le gouvernement envisage une réforme des institutions. Les députés de l'opposition, élus pour la plupart sur le thème de l'abrogation du pouvoir personnel, manifestent quelque impatience. Quelle leçon l'Empereur a-t-il tirée des élections ?

Il en est fort satisfait : les 116 députés qui viennent, le 26 juin, de demander des réformes immédiates, ne seront pas déçus. Napoléon a décidé d'élargir le pouvoir législatif, le droit d'interpellation, le droit d'amendement. Les ministres pourront être choisis parmi les députés sans qu'ils renoncent à leur siège. Le budget sera voté par chapitres et les tarifs douaniers devront être soumis au Parlement. L'Empereur renvoie enfin Rouher et annonce la formation d'un nouveau gouvernement. Est-ce la fin du régime césarien ?

La nomination d'Émile Ollivier était attendue. L'Empereur forma un gouvernement de transition, sans Rouher, mais aussi sans Ollivier. Ému par le vote des catholiques des villages, il appelle à l'Intérieur le prince de La Tour d'Auvergne, fort bien vu du pape, et congédie Victor Duruy. Baroche le gallican est éliminé. La Valette, la terreur des cléricaux, est renvoyé. Rouher devient président du Sénat. Quant à Baroche, il reste membre du Conseil privé. Il ne lui échappait pas que l'Empereur n'avait pas établi un vrai régime parlementaire, même s'il associait le Sénat au travail législatif : le gouvernement était toujours responsable devant lui seul.

Paris n'acceptait pas ce soubresaut du pouvoir. Les fêtes du centenaire de Napoléon Ier furent fort tristes et l'Empereur, dont l'état de santé s'aggravait, supporta fort mal le décès du maréchal Niel. Sans lui, la réforme militaire restait en suspens, comme celle de l'école, rendue problématique par le départ de Duruy. Les circonstances extérieures comme la situation intérieure le condamnaient plus que jamais à orienter sa politique dans le sens du conservatisme catholique. Au Sénat, le prince Napoléon, porte-parole des progressistes, critiquait le sénatus-consulte réformateur. « Tout ce qui s'y trouve est bon, disait-il, mais tout ce qui est bon ne s'y trouve pas. » Il voulait un vrai Sénat délibératif, élu selon des procédures régulières, un scrutin par arrondissement pour les députés, une réforme municipale démocratique : il demandait, en somme, la troisième République. Le sénatus-consulte était très loin d'ouvrir ces nouvelles voies. L'Empereur pouvait-il faire face longtemps à une situation troublée, avec son gouvernement de transition ? Serait-il, oui ou non, contraint de tenir compte du climat politique nouveau que les élections avaient révélé en France ?

Paris n'était pas calmé : les élus de gauche ne pouvaient rester insensibles aux propos des congressistes de l'Internationale qui s'étaient réunis à Bâle pour réaffirmer le collectivisme, ni aux discours de Victor Hugo qui célébrait en septembre, à Lausanne, « l'embrassement de la République et du socialisme ». Le thème du congrès était la paix perpétuelle : une guerre serait nécessaire encore pour libérer l'Europe des tyrannies, mais elle serait la dernière. On annonçait, somme toute, la révolution universelle. C'était aussi le cri de guerre de nombreux clubs extrémistes de Paris qui avaient choisi des proscrits comme présidents : Hugo, Barbès, Rochefort. Le 10 octobre, il y eut combat de rues à Belleville à la suite d'une réunion interdite par la police. Désormais Paris était en permanence garni de troupes, pour décourager les émeutes.

Une élection partielle désignait Rochefort : il avait recueilli 17 000 voix dans le quartier de La Chapelle. Le gouvernement impérial avait autorisé sa rentrée. Pour l'Empereur, c'était un soufflet.

Un nouveau gouvernement permettrait sans doute de franchir le cap, à condition qu'on donnât à l'opinion libérale les satisfactions qu'elle attendait. Puisque l'Empire n'avait plus les moyens d'établir l'ordre, il importait de désigner un gouvernement représentatif des tendances traditionnelles de la défense sociale : les républicains conservateurs et les hommes du tiers parti. Ollivier était désigné, il serait sans doute accepté de part et d'autre.

Le prétendant était à Saint-Tropez, dans sa propriété, et l'Empereur en son château de Compiègne. Une entrevue discrète et bouffonne fut arrangée par le jeune Duvernois, qui voulait être ministre. Ollivier regagna la capitale, se déguisa, enleva ses lunettes, s'enveloppa la tête d'un foulard. Il quitta Paris au crépuscule. Le préfet Pietri l'attendait en gare de Compiègne pour l'introduire au château par une porte dérobée : on discuta longtemps, et la négociation se prolongea pendant plusieurs jours. Ollivier ne voulait pas des anciens ministres. Il louvoyait entre des caciques du centre gauche (Buffet et ses amis) et les sachems du centre droit. Il jouait un jeu politicien alors que l'incendie était aux portes. Enfin, le 2 janvier 1870, le ministère était constitué : Ollivier prenait les Sceaux. Les ministres n'étaient pas des hommes d'État mais des parlementaires chevronnés qui représentaient des tendances d'opinion discernables seulement par les spécialistes. Le groupe charnière était celui du centre gauche : il était monarchiste, protectionniste, libéral et catholique romain. Ollivier s'en arrangerait comme il le pourrait. Il avait prévenu l'Empereur qu'en tout état de cause il était bien décidé à « prendre la révolution corps à corps comme ministre », mais qu'il était aussi pour la paix extérieure. « Le moment d'arrêter la Prusse est passé, irrévocablement passé », disait à Napoléon l'ermite de Saint-Tropez.

Chapitre 12

La guerre ou la révolution

Le spectre rouge ? Halévy n'y croit pas : les grèves sanglantes sont dues à la maladresse des forces de l'ordre, au manque de sang-froid des officiers, les troubles de Paris sont une blague. L'auteur de *Froufou* estime que le préfet de police noircit à dessein le tableau : « Rochefort n'est pas nommé au second tour, et un millier de voyous des faubourgs, dirigés par une vingtaine de voyous de la presse, et peut-être bien aussi excités par quelques voyous de la police, cassent des carreaux, brisent les kiosques et pillent une maison de tolérance après s'y être toutefois préalablement divertis. Paris, bêtement, court à cette petite émeute comme à un spectacle. » Il y aurait eu danger si les ouvriers, ameutés par les « rouges », les professionnels de la révolution venus de Londres ou de Brême, s'étaient joints à la foule. Rien de tel : « Le troisième jour, troublés dans leurs habitudes, agacés par ces réverbères brisés et par cette *Marseillaise* mal chantée, les bourgeois eux-mêmes distribuent des coups de canne et des coups de pied aux tapageurs. » Pourquoi l'Empereur agite-il le drapeau rouge, celui de la loi martiale ? « Il a plus de soixante ans, il ne voit plus très clair, il est fatigué. » Deux ans plus tard, Paris donne au monde le spectacle d'une capitale insurgée se constituant en commune révolutionnaire. Napoléon pouvait-il le prévoir ?

Pour Halévy, il a créé un climat de mécontentement, nullement révolutionnaire, mais qui peut entretenir l'agitation, en reprenant, lors des élections de 1869, les vieilles méthodes policières et autoritaires de Persigny : le découpage électoral a été conçu pour empêcher les régions ouvrières d'avoir une représentation réelle. A Nantes, le docteur Guépin, aimé et connu pour sa philanthropie dans la population des taudis, a obtenu la majorité en ville. Son adversaire, réunissant au second tour les voix des campagnes, l'a emporté. Ce Gaudin est « député de Nantes » avec seulement le quart des voix de Nantes. Le scrutin est un honteux truquage. Il est inévitable que la propagande révolutionnaire en profite. « Des villes telles que Nantes, Bordeaux, Toulouse, devraient avoir des députés qui soient bien leurs députés. » On ne peut, comme le souhaitait l'Empereur, chercher un appui contre les notables dans les couches populaires si on arrange le scrutin de telle sorte que seuls les notables aient des chances d'être élus, anéantissant la représentation populaire. Ainsi pense Halévy, l'ancien secrétaire du duc de Morny.

Rien n'indique une détérioration de la situation

économique en 1869, les signes de reprise sont au contraire nombreux, notamment dans le textile. Dans certaines régions, dans les mines, les baisses de salaires peuvent provoquer encore de très nombreuses grèves accompagnées de violences mais l'heure est à la reprise, même dans la soierie lyonnaise. La production agricole de 1869 atteint un niveau record : la récolte a été excellente. L'industrie a gagné dix points d'indice par rapport à 1867. Le pays continue de s'enrichir, les biens et les marchandises de circuler. Les seuls blocages sont limités à quelques régions : la cause en est souvent la mauvaise volonté patronale dans les rapports avec les ouvriers ou mineurs mécontents. On ne constate aucune disette, aucuns troubles ruraux comparables à ceux des années 1846 et 1847. Le front du travail est loin d'être calme mais on peut penser qu'il se stabilise. Les « catastrophes » d'Aubin ou de la Ricamarie n'en paraissent que plus inopportunes et scandaleuses.

Un facteur nouveau entre en jeu, sans doute signalé à l'Empereur par les nombreux rapports de police : le mouvement ouvrier devient inquiétant, non par sa croissance, mais par sa politisation. Même si les adhésions à l'Internationale ont un effet limité du fait de l'interdiction de la section française, le mouvement a sa tête à l'étranger, ses agents de liaison, ses congrès. Il échappe à la répression en France, il peut insuffler des mots d'ordre, ordonner des actions concertées avec les pays voisins, programmer la violence. Après l'interdiction des « armées permanentes » proposée par les congrès, voilà que ce mot d'ordre figure au programme de Belleville des radicaux français. La collusion est évidente. La collectivisation des biens de production a été plusieurs années réaffirmée, pour bien marquer les distances que prend le nouveau mouvement révolutionnaire avec les proudhoniens temporisateurs. Si les anarchistes font entendre leurs voix dans les congrès, ils sont bakouninistes plus que proudhoniens et se distinguent par une violence accrue : ils demandent l'abolition de la famille, structure sociale de répression, la suppression du mariage et de l'héritage. Bakounine prendra d'assaut la mairie de Lyon, soutenu par les anarchistes jurassiens, en 1871.

Jacques Rougerie explique, dans *Le Procès des Communards*, comment l'Association internationale des travailleurs « constituait en réalité, par son organisation puissante et par ses aspirations mal déguisées, un danger des plus graves pour l'ordre social tout entier » dès sa formation. Elle s'était rapidement répandue en Europe et s'était fait apprécier des ouvriers français pour son soutien efficace dans les grèves. Elle avait rallié par affiliation les associations ouvrières de secours et de prévoyance. Rougerie estime « exact ou à peu près » l'acte d'accusation des communards dressé en 1871 : pour lui, l'Internationale est « la seule force réellement révolutionnaire » à la fin de l'Empire. Elle veut, dit le rapport cité, « constituer un État social qui ne reconnaisse ni gouvernement, ni armée, ni religion... effaçant jusqu'à l'idée de patrie ». Il est vrai que la nouvelle direction de Varlin et Malon poussait les militants dans les manifestations politiques, d'abord pour l'Italie, puis dans les procès des républicains en France. En même temps, l'organisation poursuivait son soutien aux grévistes, encore très nombreux, malgré la reprise, dans les années 1869 et 1870. Le mouvement était d'autant plus violent que la production s'améliorait sous les yeux des ouvriers, sans que leurs conditions de travail changent. En décembre 1869 s'était constituée une chambre fédérale des sociétés ouvrières qui regroupait, selon Rougerie, cent mille membres. « Ces nouveaux syndicats, commente-t-il, s'apprêtent à la révolution sociale. » L'alliance des internationaux avec les républicains révolutionnaires (Delescluze ou Blanqui) est difficile, mais efficace : « Les uns et les autres collaborent aux mêmes journaux d'opposition, parlent dans les mêmes réunions populaires, se dressent ensemble contre le régime détesté. » Sont-ils prêts aux barricades ? Le « robespierriste » Delescluze, l'« hébertiste » Gustave Tridon, bras droit de Blanqui l'« enfermé », sont-ils d'accord pour arracher les pavés ? Ils créent un climat de violence et d'insécurité dans les réunions politiques, et sont constamment poursuivis par la police pour tentatives de complot. Le peuple est-il prêt à les suivre ? Pour créer une situation vraiment révolutionnaire, il faudrait que l'Empire se décide à faire la guerre. Alors se lèveraient les villes et les campagnes.

L'inquiétude de la police impériale tient au rôle des étrangers dans la fermentation politique. Les envoyés de Londres ne sont pas toujours arrêtés, et la capitale anglaise est le refuge des agitateurs en détresse. La Prusse est encore plus dangereuse, et le soupçon d'espionnage devient chaque année plus irritant. Les travailleurs allemands sont près de 40 000 dans Paris ; les balayeurs sont hessois, les planteurs d'arbres badois. Les brasseries allemandes sont des nids de comploteurs, de l'avis des policiers, voire des centres d'espionnage. Le climat de désarmement moral créé par l'Internationale est dénoncé et exploité dans la presse bourgeoise : les internationaux sont des agents de l'étranger. On utilise dans le même sens les faits divers criminels : le procès Troppmann est l'occasion pour la presse de relier le criminel à des filières prussiennes. Le 20 septembre 1869 à la Villette, sur un terrain vague, Troppmann a tué l'Alsacien Gustave Kinck, sa femme et ses cinq enfants. Condamné à mort le 29 décembre, il sera exécuté le 21 janvier 1870.

Les journaux s'emparent de l'affaire avec une voracité remarquable : Alsacien lui-même, Troppmann avait d'abord tué le père, Jean Kinck, et son fils aîné, puis attiré son épouse et ses jeunes enfants dans un guet-apens. Il s'était enfui au Havre pour prendre le bateau d'Amérique, mais un gendarme l'avait appréhendé. Il s'était jeté dans le bassin du port. Sauvé par un calfat, il avait été écroué au Havre, bientôt transféré à Paris où la foule voulut le lyncher. Troppmann était un mécanicien de Cernay, dans le Haut-Rhin. Il avait une apparence molle et efféminée, « les goûts antiphysiques de Lacenaire », disaient les policiers. Il était devenu l'ami de Jean Kinck dans un cabaret de Roubaix, la ville où ils travaillaient. Ils avaient conçu le projet d'ouvrir « un établissement industriel » à Guebviller, dans les Vosges : que projettent-ils ? De faire de la fausse monnaie, suggèrent les journalistes, peut-être pour le compte des Allemands : dans les souterrains du château de Wattviller on a reconnu, la nuit, des officiers d'état-major de Moltke. A Paris, la bande de Troppmann s'est recrutée au quartier des Allemands, à l'ancienne barrière de Pantin : il n'en faut pas plus pour suggérer une affaire d'espionnage. Les belles Italiennes de la galanterie parisienne deviennent suspectes elles aussi : on les croit aux ordres de l'ambassade de Prusse, alliée désormais de la cour de Florence. Les brasseries allemandes des boulevards sont surveillées de près. L'espionnite révèle un climat de guerre. Elle a pour nécessaire origine les potins qui émanent de la préfecture de police.

Après avoir longtemps redouté la guerre, l'Empereur pensait-il qu'elle serait de nature à écraser la révolution qui se prépare à l'échelle européenne, à condition que l'armée française l'emporte en peu de temps ? On peut avancer aussi, plus vraisemblablement, que Napoléon, connaissant le rapport des forces, redoute la guerre plus que tout parce qu'elle conduirait, à coup sûr, Paris à l'insurrection. Le choix du ministre Ollivier semble indiquer qu'il est d'abord désireux de désarmer l'opposition intérieure, et qu'il s'abriterait volontiers derrière un empire libéral, humaniste et pacifique, à condition qu'on ne lui demande pas de renoncer à l'essentiel : la conduite de l'armée et de la politique étrangère.

On signalait de toutes parts, notamment dans le Midi, des résistances à la conscription : la garde mobile avait beaucoup de mal à se constituer. Le nouveau ministre, Lebœuf, un polytechnicien, ancien artilleur de Metz, était une des meilleures têtes de l'armée. Qui pourrait inspirer davantage confiance que le président du comité d'artillerie, l'inspecteur général de l'École polytechnique, le premier expérimentateur des canons rayés sur le champ de bataille de Solferino ? Lebœuf passe pour un expert en armes nouvelles, il croit au chassepot, à la mitrailleuse, au canon en acier qui se charge par la culasse dont il fait pousser les études. Ce modèle existe déjà sur les navires de guerre. Chasseloup-Laubat et son successeur, depuis 1867, Rigault de Genouilly, ont placé à bord des nouveaux navires cuirassés des canons rayés en acier à culasse, utilisant des obus à tête d'acier durci. Aux cinq premières frégates cuirassées (*Normandie, Invincible, Couronne, Magenta* et *Solferino*) en ont succédé dix autres. Au prix de trois milliards d'investissements, l'Empereur a construit une flotte qui lui permet de frapper les côtes allemandes où il veut. Il a contraint la Grande-Bretagne à s'engager, pour tenir son rang, dans le réarmement naval : si la Royal Navy dispose en 1870 de 46 navires modernes et cuirassés, c'est au prix d'une dépense double de celle du ministère français.

Le retard de l'artillerie de terre s'explique par les scrupules des commissions de sécurité, qui exigent une arme parfaite. Pour fabriquer les chassepots en grande quantité, on a équipé les manufactures d'État de Châtellerault, Tulle, Mutzig et Saint-Étienne de nouvelles machines. La production a été portée à 11 000 fusils au lieu de 4 000. En deux ans la cadence annuelle des manufactures a triplé : en 1868, 368 888 fusils sont sortis des ateliers. La commande de chassepots portait, en 1866, sur 1 200 000 exemplaires. La mitrailleuse a été mise au point en 1866 à l'atelier de Meudon, par le capitaine de Reffy. « C'est l'œuvre d'un groupe d'officiers, explique le général Delmas dans l'*Histoire militaire de la France*, ayant appartenu au *brain-trust* technique dont s'est entouré l'Empereur, sous la direction du général Favé. » Si l'on en croit Delmas, la mise au point rapide était due au fait que l'arme échappait aux contrôles tatillons de ce comité de l'artillerie auquel appartenait Lebœuf. La mitrailleuse tirait cents balles à la minute. On n'en connaissait que deux cents exemplaires. C'était la seule arme secrète française : elle fut effectivement employée dans les batailles de Lorraine et surprit fort les Prussiens. Mais ceux-ci disposaient du fameux canon Krupp en acier rayé se chargeant par la culasse, et des fusées percutantes dont le général Lebœuf n'avait pas réussi à doter en temps utile l'artillerie impériale : ses pièces de bronze se chargeaient encore par la gueule.

Qui songeait à la guerre en janvier 1870 ? La rente était à 75 francs, un cours inconnu depuis Louis-Philippe, *Froufrou*, de Meilhac et Halévy, fêtait sa centième, et Prévost-Paradol intriguait pour être nommé ambassadeur de France à Washington. On avait le sentiment que rien n'était changé dans la politique impériale, malgré l'arrivée au pouvoir d'Ollivier. On ne parlait plus de ce « gouvernement d'honnêtes gens » qui s'efforçait de rallier autour de l'Empire toutes les familles modérées. L'Empereur avait sacrifié Haussmann sur l'autel de la réconciliation, il avait laissé le ministre de l'Intérieur Chevandier de Valdrôme substituer des préfets orléanistes aux vieux préfets d'Empire : Masson, un ami de Thiers, remplaçait ainsi Saint-Paul dans le Nord. « Nos opinions sont assises sur ces bancs », lançait Thiers en désignant les ministres. « Il ne manque que le duc d'Aumale à la Guerre et le prince de Joinville à la Marine », commentait avec aigreur un député bonapartiste. Quant aux républicains, ils étaient attentifs aux propos de Gambetta qui se signalait par sa violence : « Entre la République de 1848 et la République de l'avenir, lançait-il à

Ollivier, vous n'êtes qu'un pont, et ce pont, nous le passerons ! » Si Napoléon avait si vite lâché Haussmann, c'est qu'il considérait sans doute aussi ce ministère comme transitoire.

Ollivier n'avait pas de chance : à peine installé, l'affaire Pierre Bonaparte surgit dans la presse, éliminant d'un coup tout le bénéfice de l'opération libérale des « honnêtes gens ». Un des fils de Lucien, Pierre Bonaparte, aventurier triste, vivait retiré à Auteuil. Grand lecteur de journaux, il s'indigna d'une campagne entreprise dans *La Revanche*, le journal radical inspiré par un rédacteur de *La Marseillaise* (le nouveau journal de Rochefort) Paschal Grousset. Ce dernier, ayant été traité de Judas et de lâche, demanda réparation. Pierre Bonaparte, de son côté, provoqua en duel Rochefort qui avait soutenu *La Revanche*. Contrairement aux usages, Grousset se rendit chez son adversaire accompagné de ses témoins en armes. L'un d'eux était Victor Noir, un stagiaire de *La Marseillaise*. Un rédacteur du *Réveil*, le journal de Delescluzes, était aussi du voyage. Était-il armé ? Les républicains étaient en force : six contre un. S'étaient-ils concertés ? Ils le nièrent. Le tribunal retint que Victor Noir, insulté par le prince, l'avait souffleté, provoquant ainsi la réaction meurtrière de l'aventurier. Selon la version des républicains, Victor Noir aurait été tué sans avoir le moins du monde agressé son interlocuteur. Le 11 janvier *La Marseillaise* sortait, encadrée de noir : « Voilà dix-huit ans, écrivait Rochefort, que la France est entre les mains ensanglantées de ces coupe-jarret qui, non contents de mitrailler les républicains dans les rues, les attirent dans les pièges immondes pour les égorger à domicile. » Le gouvernement gardait son calme et poursuivait le prince, qui s'était rendu à la justice mais Raspail, à la Chambre, comparait Bonaparte à Troppmann et les amis de Flourens, un jeune révolutionnaire décidé à l'action, agitaient Belleville et la Chapelle. Ni les blanquistes, ni ceux de l'Internationale, ni les gens du *Réveil* n'étaient décidés à l'action. Rochefort lui-même flanchait. Mais 80 000 personnes assistèrent aux funérailles du jeune homme, qui devait être enterré à Neuilly. Des révolutionnaires voulaient à toute force entraîner le corbillard au Père-Lachaise, afin de répandre l'émeute dans Paris. La cavalerie était prête, les voltigeurs de la Garde, en tenue de campagne, gardaient le palais Bourbon. Des mitrailleuses étaient en batterie. Tireraient-elles, pour la première fois, sur le peuple de Paris ? Rochefort, d'émotion, se trouva mal. La police réussit à maîtriser la situation et à entraîner le convoi, qui disparut dans le cimetière de Neuilly. Le calme revint dans la capitale. La « journée » avait fait la preuve que le temps des révolutions à l'ancienne était passé. On ne pouvait plus provoquer de barricades à l'occasion d'un enterrement. Le peuple blasé des boulevards ne suivait pas, les ouvriers des faubourgs non plus et pas davantage, en définitive, ceux de la Villette, qui n'avaient pas oublié les journée de juin. Ils ne voulaient pas qu'une nouvelle répression sanglante ramenât à l'Empire autoritaire les bourgeois apeurés par la terreur rouge.

Pariant sur le découragement progressif des agitateurs que la rue ne soutenait pas, Ollivier commença à traduire dans les faits son programme libéral, s'attaquant d'abord à la justice, dont il assura l'indépendance — à la presse qu'il voulait totalement libre : les seuls prétextes à poursuite restèrent l'insulte à l'Empereur et à sa famille, la provocation à l'émeute et l'excitation des militaires à la désobéissance. On travaillait en commission à décentraliser l'administration, à ranimer, même à Paris, la vie municipale, à établir la liberté de l'enseignement supérieur qu'attendaient les catholiques avec impatience, puisqu'elle donnerait à leurs facultés la collation des grades. Ollivier, ce fils de proscrit républicain, favorisait la restauration de la loi Falloux !

Il prenait ses distances par rapport aux irréconciliables : que Gambetta s'indigne, tant qu'il voulait, l'empire constitutionnel était né, un nouveau régime que la province attendait de ses vœux. La course de vitesse était engagée : si Ollivier réussissait, il détournerait les voix de Gambetta et de Ferry. « Nous ne craignons pas la révolution, disait le ministre, parce que le peuple n'en veut pas. » Il n'hésiterait pas à la réprimer, car « la volonté résolue du gouvernement est d'empêcher qu'il y ait des *journées* ». Plus Paris s'agitait, sans danger pour le pouvoir, plus l'entreprise des républicains devenait aléatoire. Le pari d'Ollivier était d'empêcher la révolution en sauvegardant les libertés : c'était exactement la pensée politique de Gambetta.

Ollivier fut comblé : les extrémistes ne cessèrent de provoquer des émeutes, aussitôt réprimées sans trop d'effusions de sang : 17 janvier, foule de manifestants sur les boulevards à l'occasion des poursuites contre Rochefort ; 21 janvier : le « toast à la balle » est porté par les amis de *La Marseillaise* lors d'une réunion à Saint-Mandé. L'auteur, Pyat, est en fuite. Il en appelait « à la petite balle libératrice, à la petite balle humanitaire, à la petite balle du bon secours que le monde attendait ». 7 février : arrestation de Rochefort. Flourens proclame la révolution et arrête un commissaire de police. Quinze cents manifestants renversent les autobus, construisent des barricades, aussitôt enlevées, au faubourg du Temple ; 11 février : un ouvrier mécanicien arrêté par la police tue un agent. Quatre cent cinquante agitateurs et journalistes sont jetés en prison. Ollivier triomphe : la province, à la lecture des journaux parisiens, a oublié la très impressionnante grève du Creusot qui portait le désordre révolutionnaire dans la chasse gardée, le sanctuaire industriel du président du Sénat, Schneider.

Contre la révolution, l'Empereur s'appuyait désormais sur les orléanistes, notables rompus à la guerre sociale, et sur le parti prêtre, qui vivait dans l'attente du concile. Les libéraux risquaient d'être déçus. Le pape était fort affecté par les atteintes portées à l'Église dans le monde latin, en Italie, au Mexique, comme jadis en France : que serait, demain, le catholicisme en Allemagne sous la férule de Bismarck ? On ne pouvait plus compter sur les « couronnes » pour assurer la défense des intérêts de l'Église. Seule la personne du pontife représentait une puissance, qui pouvait influer sur les trônes à condition qu'elle fût absolue, sans liens, reconnue par tous les évêques en une session solennelle. Au grand dam des Montalembert et des Dupanloup, Pie IX demandait un blanc-seing qui ferait de lui le représentant exclusif, au spirituel d'abord, au temporel ensuite, de la communauté ecclésiastique. Il ne souffrait pas la moindre concession au courant moderniste, et refusait l'engagement des troupes catholiques dans les combats douteux, aux côtés des autres obédiences, ou des non-croyants. L'Église devait réaffirmer sa doctrine et apparaître, dans un monde guetté par la révolution, comme le symbole de la résistance.

Dans cet esprit, Pie IX avait, à dessein négligé d'inviter les souverains. Les affaires de l'Église ne pouvaient être discutées que par l'Église elle-même, dans un grand élan de foi. « C'est la séparation de l'Église et de l'État », disait Ollivier : laissons les évêques libres de se rendre à Rome. Gardons-nous d'intervenir dans un concile dont on nous ferme la porte.

La question purement théologique de l'infaillibilité pontificale déboucha aussitôt sur une bataille d'opinion. Contre les évêques français, menés par Darboy et Dupanloup, qui contestaient l'opportunité d'une telle déclaration, contre les évêques allemands enflammés par la parole du chanoine Dollinger, Veuillot, dans *L'Univers*, organisa la pétition des curés idolâtres de Pie IX pour qui l'infaillibilité était la réparation offerte à un saint homme qui avait beaucoup souffert des pouvoirs civils. En France, le prédicateur vedette de Notre-Dame, le père Hyacinthe, troubla profondément l'opinion éclairée en se retirant de l'Église. Cependant, le pape persistait, fort de l'approbation du bas clergé et des innombrables pèlerins qui s'étaient succédé à Rome depuis cinq ans. Il ne put empêcher 130 prélats de manifester leur opinion hostile à la procédure : Mgr Ketteler, évêque de Mayence, était le plus ardent, avec le cardinal de Schwarzenberg, de Prague, et Mgr Darbois, l'archevêque de Paris. Français, Allemands et Autrichiens semblaient se réconcilier contre la prépondérance romaine, vivement soutenue par les évêques italiens et espagnols. Quand on connut mieux les projets du pape liés à l'infaillibilité, les gouvernements s'émurent. Le Vatican maintenait le principe théocratique, affirmait que tout pouvoir venait de Dieu. C'était, en conséquence, le rôle de l'Église que de juger en chaque pays de la conformité des lois humaines avec les lois de Dieu. Ce principe était la source d'un possible interventionnisme qui choquait l'honnête Daru, catholique libéral, grand ami de Montalembert, mort depuis peu. Daru, ministre des Affaires étrangères, prit l'initiative d'une démarche demandant au Saint-Père de réfléchir sur les conséquences civiles de ses principes. L'Autriche, la Bavière et la Prusse signèrent aussi ce mémorandum. Quelques jours plus tard, le comte Daru n'était plus ministre des Affaires étrangères : l'Empereur Napoléon ne voulait pas risquer de connaître la moindre difficulté supplémentaire avec le pape.

L'infaillibilité fut donc proclamée, fort tard, le 18 juillet : on était au bord de la guerre. « Quelles calamités nous sont peut-être réservées ! s'exclamait Mgr Dupont des Loges en reprenant le train de Metz. Il me tarde d'être au milieu de mon troupeau. »

L'Empereur tira immédiatement les conséquences de l'apothéose pontificale. Puisque Pie IX avait été plébiscité par les curés contre les évêques, il lui revenait d'apparaître en France comme le recours populaire contre les notables incapables d'assurer la lutte contre la révolution. Le plébiscite n'était pas dirigé contre le ministère Ollivier, mais, en cas de victoire, Napoléon pourrait reposer la question de l'autorité de l'exécutif et réaffirmer avec force le privilège impérial. L'approche de la guerre justifiait amplement l'opération à ses yeux.

Les embarras du ministère Ollivier le servaient : déjà, une cinquantaine de bonapartistes durs s'étaient séparés du cabinet à propos de la suppression de la candidature officielle. Agités par Duvernois, les anciens bénéficiaires du système attaquaient les orléanistes et le « gouvernement des avocats » qui gouvernaient, selon le mot de Duvernois, en lisant « les maximes du fidèle caissier ». L'Empire allait-il sombrer dans le retour au régime de Monsieur Prudhomme ? Une incroyable palinodie donna aux bonapartistes l'occasion de se réjouir bruyamment. Dans sa volonté d'accomplissement d'une véritable réforme parlementaire, Ollivier n'était pas insensible à la polémique qui dénonçait dans le Sénat le dernier bastion du régime autoritaire. Il rêvait de déloger ces pensionnés pansus, non soumis à l'élection, investis d'un privilège constitutionnel abusif. Aussi suggéra-t-il, approuvé par l'Empereur le 21 mars, de partager entre la Chambre et le Sénat les deux pouvoirs, constitutionnel et législatif. La commission sénatoriale d'étude du projet, où siégeaient Rouher, Baroche et Magne, se fit un plaisir de signaler qu'une réforme aussi importante ne pouvait qu'être soumise à plébiscite, ainsi que le prévoyait le projet gouvernemental. Ollivier était pris au piège. L'Empereur concéda que cette consultation lui paraissait raisonnable, d'autant plus qu'elle ne venait pas de lui. A la Chambre, les républicains se déchaînèrent : Grévy dénonçait une procédure qui rappelait singulièrement 1852 ; Gambetta osait dire que le suffrage universel « était la souveraineté nationale perpétuellement agissante » et qu'il n'y avait qu'une forme de gouvernement qui fût compatible avec ce principe. « Vous ne me permettrez pas de la taire, dit-il, parce qu'elle est sur mes lèvres, parce qu'elle est dans mon cœur, c'est la forme républicaine. » Il acceptait le plébiscite, à condition que les termes en fussent débattus par les représentants du peuple, à la Chambre.

Ollivier n'avait pas les moyens de résister. Ses ministres orléanistes ne pouvaient cependant pas accepter que ce pouvoir permît au souverain de passer à sa convenance par-dessus la tête des représentants de la nation. Ils considéraient le recours au peuple, dans ces circonstances, comme un démenti brutal à l'évolution libérale du régime : aussi Buffet et Daru décidèrent-ils d'abandonner leur charge. A peine né, l'Empire parlementaire était impuissant : il s'en remettait, pour se conforter, à une procédure parfaitement contraire à ses principes.

On vota sur le tambour, le 8 mai. On demandait au peuple de ratifier la Constitution de l'Empire libéral. Il comprit qu'on lui posait une tout autre question : devait-il faire confiance à l'empereur Napoléon III pour continuer à mener les affaires de la France ?

On eut l'habileté de ne pas laisser les bonapartistes durs seuls maîtres du terrain dans le camp des *oui*. Le centre droit assuma la campagne, constitua avec le baron de Mackau, Jérôme David et Pinard un comité central plébiscitaire dont Duvernois assurait les relations publiques. On n'exercerait aucune pression, mais on catéchiserait les conseillers généraux, les conseillers municipaux, les fonctionnaires. On n'épargnerait rien pour assurer le succès des *oui*. Dès le 23 avril, l'Empereur avait demandé dans une proclamation que le pays lui renouvelle sa confiance. Le centre gauche orléaniste redoutait un succès dévastateur pour les libertés, il hésitait entre l'abstention et le *oui* du bout des lèvres. Ces notables avaient parfaitement compris que, comme Alexandre, l'empereur voulait être divinisé par le peuple.

Les « républicains fermés » (parce qu'ils refusaient de se compromettre comme les « républicains ouverts » avec Ollivier) recommandaient le *non* avec Ferry et Gambetta. Ils étaient soutenus par leur presse, qui n'était pas que de Paris : en province, *Le Peuple* de Naquet ameutait les Marseillais, *L'Émancipation* de Duportal les Toulousains et *Le Réveil du Dauphiné* de Vogeli les Grenoblois. Dans les réunions publiques parisiennes les noms de Blanqui, de Rochefort, de Flourens étaient acclamés. Un extrémiste, Raoul Rigault, recommandait l'abstention car un vote, même négatif, impliquait la légitimité du régime. Une active propagande antimilitariste guettait les soldats à la sortie des casernes, les traînait en uniformes dans les clubs où ils étaient follement acclamés. Les insultes à l'Empereur étaient le pain quotidien des interventions, les attaques contre l'armée et la religion se déchaînaient. On accusait le régime impérial d'être le complice et l'exécuteur de la volonté répressive du patronat dans les grèves, nombreuses pendant la campagne. Ollivier, devant ce déchaînement de violence verbale, décida de sévir. Il donna l'ordre d'arrêter les meneurs clandestins de l'Internationale et de faire sentir partout « la main du gouvernement ». Comme au bon vieux temps, les gendarmes à cheval faisaient en province la tournée des cabarets séditieux, arrêtaient les colporteurs qui diffusaient la littérature révolutionnaire. « Frappez à la porte (des réunions), leur disait-il. Prenez-vous-en aux avocats, aux messieurs, plutôt qu'aux pauvres diables du peuple. » Il recommanda au préfet du Var, son département, de poursuivre tout particulièrement les agitateurs antimilitaristes, qui diffusaient des tracts dans les chambrées. Il ordonna des poursuites immédiates contre les journaux qui publiaient des appels à la guerre civile. « Le fondateur de l'Empire libéral employait les procédés les plus vilipendés de l'Empire autoritaire : « Respectez la liberté, disait-il, mais la provocation à l'assassinat et à la guerre civile, c'est le contraire de la liberté. »

Un complot opportunément découvert par la police permit de renforcer la propagande : on avait arrêté un homme venu d'Angleterre qui voulait tuer l'Empereur. A son domicile, vingt et une bombes. La Haute Cour rendit publics les agissements révolutionnaires des derniers mois, reliés en un chapelet fort convaincant. Les bons sujets de l'Empire devaient à tout prix voter, même si les travaux agricoles les retenaient aux champs, pour sauver, une fois de plus, l'Empereur.

Les résultats dépassèrent les espérances : on avait d'abord craint, aux Tuileries, la déroute. Certes les chiffres de Paris et des grandes villes, tombés les premiers, étaient désastreux : 184 000 *non* et 83 000 abstentions à Paris, contre 138 000 *oui*. Les votes émis par l'armée étaient inquiétants : un bataillon de chasseurs à pied avait voté *non* en majorité à Toulouse et on comptait, pour 254 000 *oui*, 41 000 opposants. Les 6 000 bulletins négatifs de la marine (pour 23 000 *oui*) avaient eux aussi de quoi interroger l'état-major : comment avaient voté les équipages des cuirassés ?

Heureusement, les paquets massifs de *oui* s'accumulaient en province. S'il ne fallait pas compter sur la fidélité de Marseille, Saint-Étienne, Bordeaux, Lyon et Toulouse — villes industrielles, villes ingrates — les paysans avaient répondu au message impérial, ils s'étaient rendus aux urnes, joyeusement, en cortèges, comme en 1848. Prévost-Paradol l'avait prévu : ils n'avaient pas répondu à la question constitutionnelle mais seulement à celle-ci : « Voulez-vous l'Empereur, ou les rouges ? » Les 7 358 000 *oui* narguaient les Parisiens. Ceux-ci enrageaient de ce vote rural, qui approuvait sottement l'Empire, qui reconduisait la tyrannie. Cette fois, Ludovic Halévy avait peur : la déception des rouges était immense. « On se battra cette nuit, disaient les rebelles sur les boulevards, on va proclamer la République à Belleville. » Le vote de Paris était pourtant « moins révolutionnaire qu'on ne le pensait. » A quoi s'attendait donc le librettiste de *La Belle Hélène* ? Il est vrai qu'en 1869, 260 000 électeurs parisiens avaient voté pour l'opposition. Un certain nombre avaient fait crédit à l'Empire libéral. On se plaignait des votes de l'armée : le 7e régiment de ligne, qui avait mal voté, s'était montré remarquable de discipline pour réprimer les troubles de la rue, qui avaient fait de nombreuses victimes. L'opposition pourtant ne désarmait pas, même dans les salons. « L'Empire, écrivait dans *Le Figaro* un adversaire du régime, a eu son baptême en 1852, sa confirmation en 1870. A quand les derniers sacrements ? »

L'Empereur avait toujours la reconnaissance

des votes : les catholiques lui avaient permis de l'emporter, il renforça le peloton catholique des ministres. Plichon reçut les Travaux publics, le duc de Gramont le Quai d'Orsay. Il quittait, pour prendre son poste, l'ambassade de Vienne où il avait fait preuve de la plus constante amitié pour l'empereur Habsbourg. Napoléon tirait à sa manière la leçon du scrutin : « Le plébiscite, disait-il, n'avait pour but que la ratification d'une réforme constitutionnelle... Le débat a été porté plus haut... entre la révolution et l'empire, le pays... a tranché. » Et d'ajouter, à l'usage des députés toujours préoccupés par la politique étrangère : « Nous devons plus que jamais envisager l'avenir sans crainte. » Ollivier, pour faire bonne mesure, précisait le 30 juin 1870 : « De quelque côté qu'on regarde... à aucune époque le maintien de la paix en Europe n'a été plus assuré. »

Trois jours plus tard éclatait la « candidature Hohenzollern » qui mettait le feu aux poudres entre la France et la Prusse. Le ministère pouvait-il être à ce point mal informé ?

Les augures et les prophètes ne manquaient pas, pour mettre en garde contre la Prusse conquérante. Le diplomate Benedetti, avocat constant de l'Italie, n'était nullement hostile à la politique des nationalités. Il avait dès 1868 averti le Quai d'Orsay que les ambitions de la Prusse ne se limitaient pas aux territoires situés au nord de la rivière Main, qu'elles s'étendaient « à toutes les contrées de langue germanique ». L'Alsace comprise ? Sans doute. Les officiers allemands au Mexique en avaient averti leurs collègues français, avec un rien de provocation. Les accords militaires n'étaient pas les seuls à relier les États du Sud au Nord : Bismarck venait de les inclure dans un *Zollverein* renforcé. Les royaumes auraient leurs représentants au parlement douanier allemand. « L'indépendance du Midi peut devenir une fiction, écrivait Benedetti, le jour où tel sera le bon vouloir de la Prusse. » L'union douanière choquait et touchait les Autrichiens plus encore que les Français. Les Allemands du Sud eux-mêmes n'y voyaient pas que des avantages. Dans *La France nouvelle*, Prévost-Paradol, avant de rejoindre son poste à Washington, avait lancé un avertissement : « La victoire, disait-il, peut nous être infidèle » dans une guerre qu'il considérait comme inévitable, du fait des ambitions prussiennes que Paris, moins encore que Vienne, ne pourrait tolérer.

La supériorité militaire allemande était-elle si affirmée ? Le colonel Stoffel, attaché militaire français à Berlin, envoyait des rapports alarmants : l'armée prussienne était un outil de guerre inouï, doté de canons futuristes, de fusils modernes et surtout d'un état-major sans équivalent en Europe, capable de faire manœuvrer un million d'hommes avec une précision d'horloge. Ces hommes surentraînés étaient « à neuf jours de marche de Paris ».

L'Empereur apprit l'existence de ces rapports et voulut en connaître l'auteur. Il lui fit parvenir un questionnaire détaillé, pour se faire une idée précise. Stoffel vient aux Tuileries, répond à toutes les interrogations, donne les chiffres de la mobilisation prussienne, évoque la perfection de la logistique. Le maréchal Lebœuf entend Stoffel. Il est ministre de la Guerre et *en même temps* major général de l'armée. En Allemagne, Moltke est chargé uniquement des opérations militaires : il ne prend ses ordres que du cabinet de l'Empereur, seul maître de la guerre et de la paix. Bismarck se charge de la diplomatie et de la politique. Autour de Lebœuf, les généraux Lebrun et Jarras sont des courtisans, non des soldats, encore moins des organisateurs. Ils n'ont pas l'application méthodique d'un von Roon, le ministre prussien de la Guerre, qui travaille en symbiose complète avec von Moltke. Les généraux courtisans expliquent à l'Empereur que les rapports de l'attaché militaire sont trop pessimistes, qu'il ne faut pas croire ce « prussomane ».

Pourtant, depuis 1866, von Moltke travaille sur l'hypothèse d'une guerre contre Napoléon III. Les rapports des services secrets affluent, sur l'organisation de l'armée française, ses méthodes de combat, notamment au Mexique et en Italie. Les attachés militaires qui se succèdent à Paris décrivent le nouvel armement des Français. Des observateurs visitent les places fortes de la frontière. On redoute la mobilisation rapide de l'armée impériale et l'on étudie les moyens de porter le maximum de corps sur le Rhin dans les plus brefs délais. Moltke, qui craint une intervention de l'Autriche, médite une bataille d'anéantissement de l'armée française près de la frontière. Ses plans sont dans les cartons. Il attend le signal pour partir.

Les Français louvoient : certains se préoccupent de renforcer les défenses fixes, d'autres imposent l'idée d'une offensive de l'armée du Rhin qui rejoindrait, à travers l'Allemagne du Sud, les troupes autrichiennes : cela suppose la complicité du grand-duché de Bade, des royaumes de Bavière et du Wurtemberg, et surtout l'alliance avec l'Autriche, autant d'inconnues qui empêchent les militaires de préparer sérieusement un plan d'invasion. Pourtant, on fait tirer des cartes d'état-major de l'Allemagne rhénane, à l'intention des officiers. Niel, avant de mourir, avait en effet tenté d'imposer un esprit nouveau, en privilégiant le calcul, le renseignement exact, la prévision : de jeunes capitaines multipliaient les conférences devant des chefs blasés, qui estimaient inutiles ces raffinements d'enquêtes. Berge, spécialiste de l'artillerie, avait cependant assisté au tir des nouveaux canons prussiens au polygone de Brascoet, en Belgique. Il n'ignorait rien du feu meurtrier et rapide des tubes d'acier. Le général Lebrun était présent à ces manœuvres. Sur ordre de l'Empereur, il avait expédié en Allemagne une pléiade d'officiers de renseignement, qui rapportèrent une moisson d'informations, de photographies des ouvrages défensifs, des relevés des routes et des voies ferrées et même des statistiques sur les ressources des provinces allemandes. L'Empereur, qui attendait ces rapports avec impatience, constata que Stoffel n'avait pas menti.

Mais Ducrot et Bazaine, nommés à Strasbourg et à Nancy, donnaient des points de vue plus rassurants. Pour répondre à leurs vœux d'une guerre rapide, par franchissement du Rhin, on avait créé en mai 1869 une commission ministérielle des transports, afin de précipiter la mobilisation, on avait prévu de construire des quais spéciaux dans les villes de l'Est ainsi qu'au camp de Châlons. Niel avait tenté de réformer l'état-major et publié une nouvelle instruction pour la cavalerie qui désormais se consacrerait essentiellement au renseignement. Les comités spécialisés faisaient traîner les réformes en longueur, défendant l'ancienne tactique et le matériel d'artillerie périmé. Le maréchal devait lutter en permanence contre l'attentisme des bureaux de la Guerre.

Il reste que depuis 1866 l'armée française se préparait, à sa manière, à l'éventualité d'un conflit. L'Empereur ne cessait d'interroger les officiers, d'exiger des renseignements plus précis sur les projets et les forces de l'ennemi. Il consacrait l'essentiel de son énergie à la mise en forme de l'armée nouvelle, à la réforme des réserves qui pataugeait, faute de ressources.

Le vote des crédits par le Corps législatif, et l'approbation du chiffre du contingent, étaient en effet indispensables à la préparation de la guerre annoncée. La tendance des députés allait à l'inverse : ils semblaient uniquement soucieux de réaliser des économies. Ils l'avaient promis à leurs électeurs, en 1869 : à tout prix, le budget militaire devait être réduit. Niel n'avait obtenu que 5 millions, au lieu de 14, pour mettre sur pied sa garde mobile. Même la réfection des places fortes de la frontière était remise en question. Les « budgétaires » étaient farouchement opposés à la guerre. Ils pensaient que le plus sûr moyen de l'éviter était d'en supprimer les crédits : ils débudgétisaient l'angoisse.

Toutes les ruses étaient bonnes pour réduire les dépenses. On proposa de raboter un million sur le solde en multipliant les congés : ainsi, les chiffres alignés au ministère de la Guerre étaient faux en permanence ; les soldats en congé représentaient plus du quart des effectifs, et quelquefois la moitié. Encore le Corps législatif diminua-t-il le contingent de 100 000 à 80 000 hommes. Le danger prussien n'alarmait pas les parlementaires. Ils avaient l'œil fixé sur leurs électeurs des campagnes.

La paix était à la mode. Non point seulement la propagande pacifiste d'extrême gauche, qui débauchait les soldats à la caserne. Des bourgeois connus multipliaient les conférences à la Ligue internationale de la paix : Frédéric Passy, Michel Chevalier protestaient contre le détournement des fonds que le réarmement de l'Europe imposait aux économies. On suppliait l'Empereur de revenir à l'humanisme saint-simonien. Au moment où l'Impératrice inaugurait enfin le canal de Suez, l'affrontement dramatique des nations civilisées devait être évité à tout prix. Les économistes français rejoignaient en cela l'opinion britannique. Les rodomontades d'Émile de Girardin, qui faisait l'apologie de la « dernière des guerres » dans *La Liberté*, indignaient les esprits éclairés. Francs-maçons, protestants et catholiques semblaient d'accord pour éviter le bain de sang.

Pour tenir la Prusse en respect, des alliances militaires s'imposaient, celle des nations catholiques paraissait indiquée. L'armée prussienne, si efficace, ne pourrait faire face à la triple menace simultanée des armées française, autrichienne et italienne. Bismarck redoutait que le plébiscite n'entraîne le régime bonapartiste dans une semblable recherche de traités d'alliance. Il devait tout faire pour l'éviter.

L'Empereur restait personnellement impliqué dans la diplomatie, et plus encore l'Impératrice qui poussait, avec le ministre Gramont, à la constitution d'un axe Paris-Vienne. Rien de concret ne sortit des négociations avec le protestant Beust, Premier ministre autrichien. Il faut dire que l'empire d'Autriche était devenu, depuis le compromis de 1867, la « double monarchie » d'Autriche-Hongrie, et que les partenaires hongrois ne se souciaient guère de la grande politique allemande. Les Slaves — les Tchèques notamment — poussaient déjà au « trialisme ». Une nouvelle défaite militaire ferait éclater définitivement l'État historique. Quant à l'alliance italienne, elle ne peut être négociée que par un retrait des Français de Rome. La nouvelle politique pro-papiste de l'Empire exclut cette hypothèse.

Bismarck a donc les mains libres pour achever son œuvre unitaire : il sait que l'Autriche-Hongrie ne risquera pas sa survie pour la défense des États du Sud. C'est un jeu pour lui que de renforcer l'entente avec la Russie, amorcée pendant la révolte polonaise. Le roi de Prusse et son neveu Alexandre font échange de décorations et le général Fleury, envoyé spécial de Napoléon III, ne peut détourner le tsar de l'amitié allemande. Bismarck a beaucoup de mal à refréner, pour ne pas inquiéter ses voisins, les nationalistes qui se répandent en propos guerriers après Sadowa. Parfois, les ministres eux-mêmes se compromettent, comme ce Schleinitz, ministre de la Maison du roi, qui, rapporte P. de La Gorce, dit à Mme de Pourtalès : « Soyez-en certaine, chère comtesse, avant dix-huit mois votre Alsace aura fait retour à la patrie allemande. » La Prusse doit apparaître comme pacifique et presque humaniste ; même si le vieux roi passe son temps à visiter ses régiments, dont il connaît personnellement les colonels, il fait bon visage aux Français en cure à Ems ou à Baden-Baden. Il assure l'ambassadeur d'Angleterre que son petit-fils verra peut-être l'unité allemande, qu'il n'est pas pressé. Il s'attache à faire bon visage aux souverains autrichiens, pendant que Bismarck assure en Italie

Garibaldi de son soutien moral, alors qu'il est agressé par les Français.

Les États du Sud donnent à Bismarck beaucoup de soucis : leur particularisme est un obstacle crucial à l'union. Les catholiques bavarois détestent le régime prussien, dur en impôts et en levées d'hommes. Ils réprouvent leur roi fou Louis II qui recherche le réveil wagnérien des mythes de la forêt allemande. En 1869, le parti autonomiste, vainqueur des élections, a contraint le prince de Hohenlohe, Premier ministre ami de Bismarck, à quitter le pouvoir au profit d'un ami de Vienne, le comte de Bray, dont l'ancêtre commandait en 1814 dans l'armée de Schwarzenberg. Si les Hessois et les Badois sont trop faibles pour résister, les Wurtembergeois se montrent jaloux de leur autonomie. Les démocrates rêvent chez eux d'une sorte de Suisse allemande reliée à la grande Allemagne par des liens lâches. Ils refusent les charges militaires que prétend leur imposer Berlin. Pour soumettre à une loi commune ces quatre États dont la population comporte de nombreux catholiques, Bismarck compte sur la chance, et sur la guerre.

Il écarte avec une certaine brutalité les propositions de désarmement général venues de Londres, auxquelles s'est associé le « ministère des honnêtes gens ». Toute la nouvelle diplomatie française tend à éviter le moindre incident avec la Prusse, afin que la presse à la solde de Bismarck ne puisse l'utiliser pour relancer le mouvement unitaire. Lord Clarendon, de nouveau chef du Foreign Office, multiplie en vain les démarches : le roi de Prusse évince son ambassadeur et Bismarck estime que la France, qui vient de voter une nouvelle loi militaire imitée de celle de la Prusse, est mal placée pour suggérer le désarmement. Qu'elle arrête d'abord de fabriquer des chassepots ! La Prusse, qui n'a pas de frontières naturelles, ne peut se passer, dit-il, « de ce capital de sécurité qu'elle doit à ses armées ». Un rapport du général Stoffel arrive de Berlin ; le désarmement de la Prusse est impensable : « Ce n'est pas, écrit-il, un pays qui a une armée, c'est une armée qui a un pays. » Son conseil à l'Empereur est « d'armer jusqu'aux dents ».

Napoléon III reprend donc la négociation autrichienne, sur le plan militaire. Il reçoit à Paris l'archiduc Charles, qui a commandé à Custozza et passe pour un des meilleurs chefs de guerre d'Europe. L'archiduc accepte de conférer sur un projet d'opérations « académique », qui n'engage personne. Il suggère à la France d'envoyer vers l'est deux armées, l'une pour garder les frontières, l'autre pour envahir le sud de l'Allemagne et faire sa jonction avec les Autrichiens, dont l'entrée en ligne ne pourra survenir que six semaines après le début des hostilités. Il recommande à l'escadre française de monter une opération de diversion dans la Baltique. Lebœuf, nommé maréchal, les généraux Lebrun et Frossard assistent à une nouvelle rencontre à Paris, le 19 mai. On discute sur cartes. Napoléon demande à l'archiduc de réduire le délai de six semaines, qui risque de tout faire manquer. On admet que l'armée française ne peut faire face, seule, aux troupes de la Confédération germanique. Lebrun, envoyé à Vienne, est reçu par l'archiduc, puis par l'empereur : François-Joseph lui déclare le 16 juin qu'il ne fera la guerre que s'il y est forcé. Il ne peut se lancer en même temps que Napoléon, sous peine de voir Bismarck réunir aussitôt contre lui les contingents du Sud.

Il ne se décidera à entrer en campagne que si les armées françaises se présentent en libératrices aux portes de la Bavière. Napoléon III est prévenu : il ne peut compter sur l'alliance autrichienne.

Le 2 juillet, les journaux français apprennent que Bismarck vient de soutenir la candidature d'un prince de Hohenzollern au trône d'Espagne. Ce n'est pas une surprise. L'incertitude de la situation politique à Madrid inquiète depuis longtemps les Tuileries : la reine Isabelle, grande amie du couple impérial, a dû prendre le chemin de l'exil à la suite de l'insurrection de septembre 1868. Le maréchal Prim, qui avait rétabli l'ordre, avait reçu des nouvelles Cortes mission de chercher en Europe un roi pour l'Espagne. Il avait songé, entre autres candidatures, au prince Léopold, fils d'Antoine de Hohenzollern Sigmaringen, frère du prince Charles que les Français et les Russes avaient donné pour roi aux Roumains deux ans plus tôt. Le prince, officier de l'armée prussienne et catholique, n'était qu'un très lointain parent du roi de Prusse, mais Napoléon III avait fait savoir qu'il était fort hostile à cette candidature qui apparaîtrait inévitablement comme un nouveau succès de Bismarck. Le chancelier n'était encore pour rien dans l'affaire. Mais il avait refusé de donner à l'ambassadeur Benedetti l'assurance que son maître interdirait au prince Léopold de prétendre au trône d'Espagne. Le prince lui-même semblait peu attiré par l'aventure.

Prim voulait un roi. Bismarck se décide en mars à accepter le défi. Une réunion se tient au palais royal, avec Moltke et Roon autour du roi. Bismarck y défend la thèse de l'acceptation. Il n'est pas sans intérêt pour la Prusse d'avoir un allié au sud de la frontière française. L'Espagne ouvrira son marché à l'industrie allemande. C'est un devoir patriotique que d'accepter. Cependant, Léopold se dérobe. Son frère Fritz également, malgré le rapport d'un officier prussien envoyé en Espagne par Bismarck qui assure que l'armée espagnole peut parfaitement imposer l'ordre sous la tutelle d'un prince allemand. Quoi qu'il en soit, la première mise en garde des Français a réussi à écarter la candidature, et la crise s'est apaisée.

Cependant, à la fin de mai, Léopold revient sur sa décision et sollicite l'accord du roi de Prusse. Malgré son mécontentement (il considérait la négociation comme terminée), celui-ci consent « à ne pas s'opposer ». Le 20 juin, Bismarck tient sa querelle. Il écrit lui-même à Prim. Peut-être s'arrange-t-il pour que la nouvelle de l'acceptation du prince soit connue des rédactions le 2 juillet. Il attend la crise de pied ferme, un pied botté de cuirassier blanc.

La nouvelle parvient officiellement à Paris le 3 par le canal de l'ambassadeur à Madrid, informé par le maréchal Prim. Aussitôt, Gramont, le ministre des Affaires étrangères, télégraphie à Berlin une dépêche qui « sentait la guerre » (P. de La Gorce). Il avertit l'ambassadeur d'Angleterre que la France est à la fois lésée dans ses intérêts et offensée dans son honneur. « Nous nous opposerons par tous les moyens, dit-il, dût la guerre avec la Prusse en résulter. » Il écrit à Fleury, à Saint-Pétersbourg, que la guerre est possible. Il le répète dans toutes les capitales de l'Europe. Bismarck peut se frotter les mains : envisager la guerre avant tout début de négociation, avant même toute enquête sérieuse relève de la provocation.

L'Empereur, malade, confiné dans son palais de Saint-Cloud, devait être opéré de la maladie de la pierre. Incapable de prendre l'initiative, il laissait le champ libre à la faction des bonapartistes durs. L'Impératrice soutenait Gramont, sans doute dans le but d'obtenir une victoire diplomatique sur la Prusse, d'imposer à Bismarck une reculade. Discuté et accepté par le Conseil des ministres du 6 juillet, un « manifeste », lu le même jour par Gramont au Corps législatif, suscita l'enthousiasme forcené de la droite. Au Conseil, Lebœuf avait promis de mobiliser 250 000 hommes en deux semaines, 50 000 dix jours plus tard, et de lever la garde mobile, qui n'existait que sur le papier. En cas de maintien de la candidature, il faudrait, dit-il, « remplir notre devoir sans hésitation et sans faiblesse ». « C'est une folie », s'indigna Thiers. Ollivier couvrit son ministre : « S'il ne voulait la paix qu'avec honneur, disait-il, il la voulait avec passion. » Il ne refuserait pas de négocier. Mais l'Europe entière avait reçu, par télégraphe, le texte des propos incendiaires de Gramont.

Soutenu par la presse bonapartiste, par *Le Figaro* et *La Liberté* de Girardin, le ministre constatait que même la presse de gauche pacifiste avait du mal à recommander la modération. Dans la rue, de bruyants cortèges chantaient *La Marseillaise* et criaient : « A Berlin ! » Rien de tel en Allemagne, où l'assurance du gouvernement français faisait craindre des préparatifs militaires avancés ou peut-être des alliances secrètes. Bismarck savait que l'affaire espagnole n'était pas de nature à susciter un enthousiasme patriotique. Aussi la thèse officielle était-elle de se laver les mains de la candidature, qui ne devait rien au roi de Prusse. Les Autrichiens se gardaient d'encourager Gramont et Beust avouait franchement qu'il n'avait nulle envie de s'engager dans cette querelle. Une négociation entre Paris et Berlin était-elle possible ?

Gramont ne pouvait qu'envoyer Benedetti à Ems, pour qu'il y rencontrât le roi de Prusse en vacances. Il s'agit d'obtenir de lui qu'il annonce publiquement le retrait de la candidature. Guillaume Ier s'en garde. C'est, dit-il, une affaire de famille. Il n'a pas le droit d'imposer au prince une solution dictée par les Français. Gramont, de plus en plus impatient, exige une réponse rapide. Il télégraphie à Benedetti pour le mettre devant ses responsabilités : si les Prussiens mobilisent plus vite que les Français, la guerre est perdue. Benedetti joue les modérateurs, réussit à convaincre le roi d'intervenir en tant que chef de famille. Le 12 juillet, à la déception de Bismarck qui songe à démissionner, on annonce le retrait de la candidature Hohenzollern. La pression française a obtenu gain de cause. La guerre semble évitée.

Mais Gramont estime sa victoire insuffisante : le prince a reculé, pas la Prusse. Elle n'a pas avoué sa participation dans l'affaire, elle sort indemne de la crise. Le parti de l'Impératrice songe alors à demander au roi de Prusse des « garanties ». On convainc Napoléon de rédiger un télégramme à l'ambassadeur Benedetti, sans consulter Ollivier qui dit à Thiers : « Soyez tranquille, nous tenons la paix, nous ne la laisserons pas échapper. » Gramont obtient l'aval de l'Empereur pour une rédaction qui relance la crise : « Il paraît nécessaire que le roi de Prusse s'y associe (à la renonciation du prince) et nous donne l'assurance qu'il n'autoriserait pas de nouveau cette candidature. » La dépêche part à 19 heures, le 12 juillet. Enfin au courant, Ollivier envoie à 23 heures 45 une deuxième dépêche indiquant qu'il ne cherche pas « un prétexte de guerre ». Il est trop tard. Le roi refuse de s'engager. Comme Benedetti insiste pour le revoir, il fait dire par le prince Radziwill, un officier de son cabinet militaire, qu'il doit confirmer la nouvelle du retrait de la candidature et qu'il « n'a plus rien d'autre à dire » à l'ambassadeur de France. Le conseiller diplomatique Abeken télégraphie aussitôt à Bismarck, qui dîne à Berlin, avec Moltke et Roon, le récit de l'entrevue. Le chancelier se saisit de la dépêche, il ne la falsifie pas mais il manipule l'information en confiant à la *Gazette de l'Allemagne du Nord* un texte abrégé, avec une traduction volontairement inexacte du terme « adjudant » : « Sa Majesté a refusé de recevoir encore une fois l'ambassadeur français et lui a fait dire *par l'adjudant de service* que Sa Majesté n'avait rien d'autre à communiquer à l'ambassadeur. » Telle est la dépêche d'Ems qui devait provoquer en France une tempête patriotique, et en Europe un mouvement de répulsion pour la démarche de l'Empereur, qui conduisait à la guerre.

A Berlin, la foule déchaînée s'arrache les exemplaires du journal, estimant que le roi a été offensé. A Paris, on imprime que l'ambassadeur a reçu un coup de canne : des deux côtés, l'opinion est mobilisée. Bismarck avait fait envoyer l'extrait de presse (et non la dépêche authentique) aux cours allemandes du Sud, ainsi qu'aux ambassades des capitales européennes. Il avait saisi au bond la balle expédiée par le comte de Gramont. On voulait humilier la Prusse, il dénonçait la violence faite par la France à son roi, qui avait tout tenté pour maintenir la paix. Il atteignait ainsi son but : ne pas être l'agresseur. Avec un décalage d'un jour, la presse parisienne se déchaîna le 15 juillet, dénonçant l'humiliation, le « soufflet ». Le 13 au soir, avant que la dépêche ne fût diffusée, le gouvernement français avait décrété la mobilisation. La publication dans la presse permit à Ollivier de rendre cette mesure publique par une communication à la Chambre du 15 juillet. La dépêche n'avait donc pas provoqué la guerre. Elle avait permis de la justifier après coup.

Le 14 juillet, Benedetti avait présenté ses respects au souverain qui lui avait fait gentiment ses adieux. Une simple vérification aurait permis à Gramont de découvrir la machination de Bismarck. Manquant de sang-froid, il laissa les ministres approuver l'Impératrice, lorsqu'elle déclara au Conseil de Saint-Cloud que « la lutte était inévitable si l'on avait le souci de l'honneur de la France ». Quant à Ollivier, il devait déclarer, sans vérifier davantage les sources de la dépêche : « Je déposerai mon portefeuille plutôt que de supporter un pareil outrage. » L'annonce de la dépêche faite par Gramont survenait au moment où l'Empereur avait réclamé la réunion d'un congrès pour empêcher qu'à l'avenir une candidature à un trône européen fût présentée « sans l'accord de l'Europe ». Il n'était plus désormais question que de faire la guerre.

Les ministres avaient voté à l'unanimité la mobilisation. A 11 heures du soir, ils approuvèrent presque tous la déclaration de guerre qui fut annoncée au Corps législatif le 15. Dans l'enthousiasme, il dégageait les crédits nécessaires et approuvait l'ordre de mobilisation, qui était déjà parti dans toutes les régions militaires. La guerre passerait-elle comme une lettre à la poste ?

La séance du Parlement est édifiante. Une fois de plus Thiers, dans un langage ferme et précis, demande des explications sur la dépêche. Il est hué à la fois par la gauche et par la droite bonapartiste. Il poursuit néanmoins : « S'il y a, dit-il, un jour, une heure où l'on puisse dire, sans exagération, que l'histoire nous regarde, c'est cette heure... et il me semble que tout le monde devrait y penser sérieusement. » Le ministre Gramont vient, du haut de la tribune, de déclarer pratiquement l'état de guerre. « Est-ce au ministre, à lui seul, de déclarer la guerre ? Ne devons-nous pas, nous aussi, avoir la parole ? » Les hurlements reprennent. Le marquis de Piré est le plus violent. « Vous rompez sur une question de susceptibilité, poursuit Thiers, et l'Europe tout entière s'en indignera. Pour une question de forme, vous êtes prêts à verser des torrents de sang. » Il demande qu'on lui donne lecture des dépêches, il en a le droit, il l'exige. Ollivier prend la parole, pour défendre sa guerre. Il la prend à son compte, il l'attend dans l'enthousiasme. « Nous acceptons, dit-il, notre responsabilité d'un cœur léger. » Hurlements à gauche : « Je veux dire, reprend-il, d'un cœur confiant et que n'alourdit pas le remords. » Thiers insiste, demande les dépêches. Favre se lève à son banc pour le soutenir. « Où est la dépêche officielle ? » lance-t-il de sa voix de tonnerre. Gramont remonte à la tribune, affirme qu'il ne restera pas cinq minutes au gouvernement si la Chambre tolère l'outrage. On met aux voix la demande de communication des pièces : Buffet la présente au nom du centre gauche. Il n'obtient que 84 suffrages. Il se trouve dans cette assemblée 159 députés pour accepter de voter les crédits de guerre sans avoir vérifié l'outrage.

Le désordre était tel qu'une commission fut cependant désignée. Le duc d'Albufera, qui la présidait, ne crut pas de bon ton de pousser dans ses retranchements le duc de Gramont : celui-ci n'avait pas le texte de la dépêche mais savait, par un agent de Berne, qu'elle avait été expédiée. Personne ne se soucia d'interroger Benedetti, arrivé le matin même d'Ems. On entendit Lebœuf affirmer qu'il était prêt, et même en avance sur l'ennemi. L'honnête Talhouët, un de ceux qui avaient demandé communication des pièces, vint déclarer à la Chambre que tout était clair désormais : la France avait bien été insultée et elle n'avait pas changé dans ses revendications. Les députés avalèrent ces contre-vérités sans sourciller. Thiers maintint ses accusations. Gambetta, pour l'honneur de la gauche, tout en se déclarant patriote et prêt à la guerre, dénonça l'incohérence du gouvernement : l'ambassadeur Benedetti ne donnait nullement l'impression d'avoir recherché la rupture. Où donc était la dépêche d'Ems ? Tous les députés, sauf dix, votèrent les crédits. Gramont avait mystifié le ministère, celui-ci la Chambre, et la Chambre le pays.

En Allemagne, Bismarck s'était employé à exploiter sa dépêche auprès des gouvernements du Sud, qui blâmèrent tous la France d'avoir provoqué la Prusse. Le roi Guillaume, rentrant de Coblence, déclara à la gare de Berlin que la mobilisation était ordonnée. Cent mille personnes lui firent une ovation dans *Unter der Linden,* au moment où des groupes de Parisiens parcouraient les Champs-

Élysées en criant : « A Berlin ! » Le 19 juillet, la guerre était déclarée.

Qui en était responsable ? A qui profitait le crime ? Bismarck sans doute. Son but est clair : réunifier l'Allemagne, écarter la France du Rhin. Son intérêt est d'aller vite, pour empêcher le réarmement français d'aboutir, pour profiter de l'avance prussienne et des dispositions financières, valables jusqu'en 1871. Pour que l'opération fût politiquement profitable, la Prusse devait être provoquée, elle le fut : Bismarck avait gagné. En relançant la candidature Hohenzollern, en l'exploitant au mieux, en portant à l'incandescence le sentiment national français, en manipulant la presse allemande, Bismarck avait mené la danse.

Pourtant, la responsabilité française dans la relance de la crise à partir du 12 juillet est totale. Napoléon III a été poussé à l'intervention par le clan dur, celui d'Eugénie et de Gramont. La preuve ? Ollivier le pacifiste n'a pas été tenu au courant du télégramme expédié à Ems par le ministre. Gramont ne veut pas la guerre, mais une victoire diplomatique qui renverse la situation en Europe, aux dépens de la Prusse : cette nouvelle *reculade* permettra aux nations catholiques, France et Autriche, toutes les deux menacées par la révolution, de marcher enfin de conserve vers la définition d'un équilibre européen attaché à la défense des valeurs du *Syllabus* : au lieu d'une Europe prussienne, industrielle, militaire et bientôt pangermaniste, une Europe humaniste et désormais consciente du danger d'une politique des nationalités qui libère à la fois les nationalismes guerriers et la révolution. Gramont ne serait pas monté seul en première ligne, il n'aurait pas eu les moyens de convaincre son « ministère des honnêtes gens », d'isoler et de circonvenir Ollivier, s'il n'avait eu derrière lui un parti autrement puissant qu'une coterie menée par une femme. Dans cette perspective, la candidature Hohenzollern était symbolique : même si le prince était catholique, il était inacceptable pour une raison simple ; une monarchie historique de l'Europe latine ne pouvait avoir un souverain allemand. La France partait en avant-garde de la nouvelle croisade. L'Autriche rejoindrait plus tard.

Les catholiques du centre gauche avaient cependant le cœur rempli de doute, parce qu'ils savaient que le régime français, trop fragile, ne pourrait pas conduire cette guerre : « Sire, dit Plichon à l'Empereur en aparté. Entre le roi Guillaume et vous, la partie n'est pas égale. Le roi peut perdre plusieurs batailles. Pour Votre Majesté, la défaite, c'est la révolution.

— Ah ! Monsieur Plichon, vous me dites des choses bien tristes ! » répondit le souverain, pressentant la fin funeste d'une entreprise qu'il avait de toutes ses forces préparée, mais qu'il ne dominait plus.

Mourir à Sedan

Épuisé, malade, le souverain partait en guerre, comme le sire de Framboisy, abandonnant sa maison à sa femme, pendant que le maréchal Lebœuf distribuait des chassepots aux gardes mobiles parisiens amateurs de révolution.

Il ne faut pas toujours faire confiance aux polytechniciens : le maréchal Lebœuf, à qui il ne manquait pas « un bouton de guêtre », perdrait son commandement et son ministère dans la honte : la guerre avait été mal préparée, elle serait mal conduite. La responsabilité des militaires dans la défaite était écrasante. Lebœuf, en réclamant une décision rapide, de crainte de ne pouvoir exécuter son plan de campagne offensif s'il arrivait trop tard sur le Rhin, a probablement pressé le gouvernement de consentir à la mobilisation. Il est vrai que ce cabinet n'avait pas de tête : Ollivier était un ministre comme les autres, et le garde des Sceaux ne pouvait exercer aucune autorité sur un ministre des Affaires étrangères qui prenait directement ses ordres aux Tuileries. En acceptant de nommer Ollivier et le « ministère des honnêtes gens »,

Napoléon III croyait contenir le pays libéral, et poursuivre sa politique personnelle. Il n'y réussit que trop bien : les ministres étaient si neufs, si falots, qu'ils ne pouvaient en aucun cas contrarier ni pondérer une action dont tous les fils leur échappaient. Ils étaient par ailleurs incapables d'obtenir des parlementaires, dont ils étaient trop proches, les moyens de soutenir cette politique. Ainsi, l'Empire libéral entrait en guerre dans les pires conditions.

Était-il soutenu par le pays ? On peut en douter. Les bandes qui vociféraient sur les boulevards exprimaient des sentiments mêlés : à côté des bonapartistes durs, les groupes de républicains descendus de Belleville chantaient aussi *La Marseillaise*, celle de la Révolution. Pour Delescluze et Rigault la guerre était bénie, elle laissait le champ libre à tous les démocrates d'Europe, dressés contre la « tyrannie ». L'entraînement aidant, les boutiquiers rejoignaient à la gare de l'Est les calicots bonapartistes, fanatisés par les articles de Duvernois. Les habitués des revues de Longchamp, les admirateurs de l'armée, ceux qui s'étaient précipités à la barrière d'Italie pour assister en 1859 au défilé de la Garde croisaient les cortèges sombres de partisans de la « dernière guerre », les garibaldiens ou les polonophiles, minoritaires à gauche, mais remuants et convaincus. Ils n'osaient pas crier « Vive la République », mais ils chantaient déjà le *Chant du Départ*.

« Je n'ai pas voulu cette guerre, dirait, après Sedan, Napoléon III au roi Guillaume. L'opinion publique m'y a forcé. » Si la presse était agitée, elle n'était pas unanime : pour un Girardin va-t-en guerre, les journalistes du *Temps*, du *Siècle* et même des *Débats* se posaient la question du futur. La défaite était exclue, chacun croyait à la victoire, mais l'Empire libéral y survivrait-il ? La presse républicaine de province partage les craintes exprimées par *La Marseillaise* : quel intérêt le peuple peut-il prendre à une querelle dynastique qui risque de se traduire, en cas de victoire, par un renforcement du régime répressif ? Pourtant, la dépêche d'Ems, la culpabilité qui paraît évidente de l'Allemagne renforcent le courant patriote : les députés républicains ont voté les crédits militaires, les journaux s'alignent, même dans la crainte. La presse de province ne fait certes pas étalage de chauvinisme, mais elle réclame le ralliement autour du drapeau, pour une « guerre juste ». Selon Véron, directeur du *Progrès de Lyon*, organe de gauche, la France ne doit pas « succomber sous le duel où la maladresse coupable de ses gouvernements l'a engagée ! ». Sans doute les municipalités du Midi ont-elles du mal à convaincre la population du bien-fondé d'un départ sur le Rhin, mais le patriotisme résigné semble être la règle en province. Dans son ouvrage *La Guerre de 70*, François Roth cite Christian Kiener, le maire d'Épinal, qui écrit le 26 juillet : « Nous ne devons que souhaiter la victoire afin de calmer l'ardeur conquérante des Prussiens, pour enfin arriver à un désarmement général. »

La mobilisation s'est effectuée sans incident : les 140 000 réservistes ont rejoint sans grogner, de même que les permissionnaires, qui se hâtent lentement. Ils ne se rendent pas, comme en Allemagne, dans des dépôts, mais directement sur les lieux de concentration. Les retards pour constituer régiments, divisions et corps d'armée sont donc sensibles. Il en résulte un grand désordre dans les expéditions de matériel et de munitions. Six cents trains militaires ont pourtant été formés pour transporter, en quinze jours, l'armée sur ses bases de départ. Napoléon III entre dans Metz le 28 juillet, il rejoint Lebœuf, Bazaine, Frossard et Bourbaki. Comme pendant la guerre d'Italie, il a donc abandonné, malgré son état de santé, Paris, sa famille et le gouvernement. Il ne peut faire moins : en face, le roi de Prusse est à la tête des troupes.

L'Impératrice reste à Paris, à la tête du Conseil de régence où figurent Rouher, président du Sénat, et Schneider, président du Corps législatif. Cette implication de la souveraine dans les affaires politiques est unique en Europe. Elle ne doit rien au suffrage universel et représente seulement le principe dynastique, qu'elle veut affirmer et, s'il est nécessaire, défendre. Son fils âgé de quatorze ans a suivi l'Empereur au front.

Les vues offensives élaborées naguère ont dû être tout de suite abandonnées : les Autrichiens et les Italiens ont fait savoir qu'ils resteraient neutres. En face, les États du sud de l'Allemagne ont envoyé sans difficulté les contingents promis à Bismarck. La France, seule à faire la guerre, dispose d'une armée moins nombreuse, moins bien équipée que celle de Moltke. Napoléon, qui a pris le 28 juillet le commandement en chef, doit renoncer à toute opération offensive en raison du désordre des unités. Il dispose d'environ 230 000 combattants réels et ne veut pas les risquer au-delà du Rhin. Mac-Mahon commande en Alsace, Bazaine à Metz : l'un comme l'autre renforcent les défenses et recherchent des sites avantageux de batailles défensives. La défaite est rapide : en raison de la meilleure coordination des commandements, les Allemands écrasent l'armée de Mac-Mahon, seulement bousculée à Wissembourg, lors de la rencontre décisive de Froeschwiller. Vingt mille hommes sont morts des deux côtés. L'Alsace est abandonnée. En Lorraine, les Prussiens se sont ouvert à Spicheren la route de Metz. L'invasion de la France a commencé. Déjà les officiers prussiens réunissent les otages dans les villages, pour décourager les francs-tireurs. A Paris, Ollivier réclame la présence de l'Empereur aux Tuileries. Les républicains soutenus par Duvernois et les bonapartistes durs demandent la démission d'un gouvernement d'incapables. Napoléon ne revient pas mais, le 9 août, Ollivier démissionne. Sans consulter l'Empereur, Eugénie et Rouher constituent un gouvernement de guerre présidé par le général Cousin-Montauban, comte de Palikao. Lebœuf est exclu du ministère. Les députés et les journaux républicains exigent une levée en masse, la convocation immédiate de la garde nationale à Paris et en province. Les plus modérés, comme Ernest Picard, sont les plus ardents à vouloir « armer le peuple ». On demande un général capable à la tête de l'armée, la destitution des ganaches. La revanche est-elle encore possible ?

En Lorraine, l'armée française subit une succession de défaites glorieuses : deux armées allemandes encerclent Metz, d'où Bazaine reçoit l'ordre de sortir, en direction de Verdun, pour protéger la retraite de Mac-Mahon. Incapable d'assurer le commandement de l'armée, Napoléon décide de nommer Bazaine général en chef de « l'armée du Rhin », le 12 août. Il avait déjà perdu, en quittant

Paris, ses pouvoirs civils : il renonce désormais à ses pouvoirs militaires. L'Empire n'est plus qu'une ombre. Abandonnant Bazaine dans Metz, l'Empereur se dirige sur Châlons, pour attendre le ralliement des troupes de Mac-Mahon. Les victoires allemandes de Rezonville-Mars-la-Tour et de Saint-Privat sont sanglantes : 75 000 morts, blessés ou disparus. On ignore encore à Paris que, depuis le 18 août, Bazaine, enfermé dans Metz, a perdu la partie.

Depuis le 10 août, Paris se prépare au siège, sous la direction de Trochu que vient de nommer l'Empereur. Thiers, le constructeur des fortifications, accepte de figurer au comité de défense quand les nouvelles de la défaite, annoncées par la presse étrangère, parviennent enfin dans la capitale. Au Corps législatif, Gambetta tonne, tempête, dénonce l'abandon de Sarreguemine et de Nancy, exige un sursaut patriotique, se pose déjà, avec ses amis, en successeur du régime défaillant. Trochu est en conflit ouvert avec Palikao qui vient d'expédier en renfort à Mac-Mahon les 20 000 lignards de Vinoy. A la veille de la dernière bataille, le Conseil de régence croit à l'imminence d'une révolution.

L'Empereur veut mourir à Sedan, où l'armée Mac-Mahon, qui ne parvient pas à assurer sa jonction avec celle de Bazaine, se trouve déportée par les Allemands. Il n'a plus de troupes de secours, plus de miracle à espérer. La triste cuvette où s'étale la Meuse est indéfendable. Venus de Châlons, poursuivis par deux armées prussiennes, les Français s'y entassent pendant que Bazaine échoue dans sa tentative de sortie. Le 30 août, à la tombée de la nuit, Napoléon se glisse incognito dans la ville et s'installe dans la sous-préfecture. Les Français se battent comme des lions : l'infanterie de marine à Bazeilles et les chasseurs d'Afrique du général de Margueritte se dressent, dans le souvenir mythologique de la guerre, à hauteur des cuirassés de Reichshoffen. Les exploits des combattants de cette guerre remplaceront, dans l'imaginaire du régime suivant, la légende impériale, car dans la chanson de geste de 1870, l'empereur Napoléon III est absent.

C'est un fantôme qui écrit au roi de Prusse : « Monsieur mon frère ! N'ayant pas eu le bonheur d'être tué à la tête de mes troupes, il ne me reste qu'à remettre mon épée à Votre Majesté. Napoléon. » Le vieux gentilhomme est surpris. Il ne croyait pas l'Empereur dans la place. Il le reçoit au château de Bellevue, et ne peut rien lui offrir d'autre que la capitulation : c'est son épée qu'il rend, et non celle de la France. Napoléon signe le 2 septembre. On n'avait jamais vu un souverain capituler avec toute son armée. Pour les soldats, c'était un déshonneur. Pour l'Empire, un écroulement.

Le pays était déjà livré à l'anarchie. L'invasion de l'ennemi arrachait les provinces de l'Est à l'administration impériale : Strasbourg était assiégée, Metz investie, Nancy occupée. La rébellion des gardes mobiles entraînait les troupes dans les villes de province : on annonçait ainsi des troubles à Montluçon, Perpignan, Besançon. Les gardes mobiles venus de Paris s'étaient fort mal conduits au camp de Châlons. On signalait de nombreux cas d'insoumission dans le Sud et dans l'Ouest. Quand les appelés ne refusaient pas l'incorporation, ils se servaient des fusils pour répandre l'insoumission, appelaient ouvertement à la révolution. On pouvait craindre le pire.

Tout dépendait de Paris où siégeaient les institutions de l'Empire. Le 2 septembre au soir, Jérome David, membre du Comité de défense a reçu de Bruxelles un télégramme chiffré : « Grand désastre, Mac-Mahon tué, empereur prisonnier. » Il glisse un mot à Thiers, informe l'Impératrice qui ne sait rien. Des dépêches confirment le 3. Un télégramme officiel annonce : « L'armée est défaite et captive, moi-même, je suis prisonnier. » Vers 19 heures, la foule, sur les boulevards, réclame la « déchéance ». Pendant la nuit, les députés siègent, convoqués d'urgence par Schneider. « Louis-Napoléon Bonaparte et sa dynastie sont déclarés déchus du pouvoir », lance Jules Favre. Rouher commente : « Il n'y a plus rien à faire : à demain, la révolution. » Le lendemain, 4 septembre, la foule assiège le palais Bourbon, défendu par les 5 000 hommes de Palikao. Ils laissent entrer le peuple. Les gens crient « Déchéance ! » dans l'hémicycle. Schneider coiffe son chapeau haut de forme, et lève, très digne, la séance.

— A l'Hôtel de Ville ! lance Gambetta.

Le dernier cortège de l'Empire s'avance. On aperçoit, au premier rang, la chevelure immaculée de Jules Favre, la barbe épaisse de Gambetta. C'est la revanche des avocats : la République est proclamée par eux, sans violence, à l'Hôtel de Ville. Le général Trochu est maintenu en fonctions. Un gouvernement provisoire est constitué par les onze députés républicains de Paris. La ville a pris le pouvoir. Elle décrète la patrie en danger, comme en 1793. Jules Favre cherche une issue honorable, mais Gambetta ne songe qu'à la « défense nationale ». Ses commissaires prennent le pouvoir partout en province, écartant, comme dans la capitale, révolutionnaires et anarchistes. La guerre continue, sans l'Empire. C'est la fin de l'intermède bonapartiste, dans l'histoire de France du XIXe siècle.

Que reste-t-il à la France, bientôt amputée de ses provinces de l'Est ? Sa marine et ses colonies. Une nouvelle Europe se met en place, sur les ruines de la Sainte Alliance et des traités de 1815. Des États historiques, la France est le dernier frappé, après la Russie en 1854 et l'Autriche en 1866. Un isthme économique s'établit en Europe centrale, de Hambourg et Amsterdam jusqu'à Milan et Gênes. Il attire inévitablement Vienne dans son orbite. Une solide Europe centrale coupe en deux le continent, rejetant la Russie vers l'Orient et l'Extrême-Orient, la France vers l'Angleterre et vers le Sud africain. De l'expansion du pays sous le Second Empire, on ne se rend pas compte, à l'heure de la défaite, que subsistent les racines solides du développement futur : la France est, après l'Angleterre, la seconde puissance capitaliste, maritime et coloniale de l'Europe. Son avenir se trouve brusquement rejetée au-delà des mers, au moment précis où Ferdinand de Lesseps vient d'aboutir dans son œuvre insensée de percement du canal. Cette montée de la France *off-shore* est perçue avec nervosité par le cabinet de Londres, depuis 1860. Les Anglais ont, pour la première fois depuis 1815, dû consentir de lourds investissements pour rester les premiers dans les mers du globe.

Ils n'ont rien fait pour aider la France dans son conflit avec la Prusse. Ils n'ont pas empêché les Italiens d'entrer immédiatement dans Rome, sans coup férir, au bruit des premières défaites françaises. Ils ont été les seconds artisans de l'unité de la péninsule. Ils n'ont pas davantage contrarié les menées expansionnistes de Bismarck, et leur neutralité a permis à la Prusse de se tailler la première place sur le continent. Ils se sont ainsi condamnés à reprendre, au nom d'un nouvel équilibre européen, l'alliance française (de nouveau réalisée par l'Entente cordiale de 1904), après une assez longue période de rivalités et de méfiance. Ils sont revenus à cette politique de tolérance et de partage que, pour sa part, Napoléon III avait constamment préconisée.

La présence de la France dans le monde, affirmée depuis les années 1840, a bénéficié de l'élan de la politique impériale. Morny a ouvert en Russie un marché qui ne demande qu'à prospérer, quand le régime des tsars pourra réunir les conditions d'une véritable industrialisation. Les placements méditerranéens sont riches de promesses en Turquie comme en Égypte, et, si les chemins de fer espagnols et italiens connaissent des difficultés, les Français s'affirment sur le marché des travaux publics et des chantiers urbains : les compagnies des eaux sont souvent leur œuvre, grâce au capital technologique accumulé à Paris sous l'Empire. On évoque toujours la faillite du Crédit mobilier, folle entreprise des frères Pereire. Mais le Crédit lyonnais d'Henri Germain était l'exemple d'une réussite éclatante, même après la période de stabilisation financière. D'abord à l'échelle de la région, cette institution de crédit imitait des Anglais les techniques de drainage des bas de laine et commençait par financer toutes les grandes entreprises de la région Rhône-Centre. L'activité des soyeux lui ouvrit des débouchés au Proche-Orient et en Extrême-Orient. Arlès Dufour, l'un des fondateurs, n'avait de cesse de rentabiliser, parfois fort loin, l'argent qui s'ennuyait dans les coffres des Lyonnais. La banque volait au secours du grand commerce, s'intéressant aussi bien aux blés russes et roumains, aux soies du Liban, au coton turc et égyptien, au soufre de Sicile, qu'aux produits d'Algérie. Il plaçait un grand nombre de valeurs étrangères, surtout méditerranéennes mais déjà roumaines et russes.

A l'essor capitaliste, qui devait se poursuivre après l'Empire, correspond un envol heureux des technologies françaises dans les domaines les plus variés. Le régime a rendu l'ingénieur français désirable : on se l'arrache à l'étranger pour son savoir-faire, sa capacité de réalisation, ses innovations techniques. L'exploit de l'ingénieur savoyard Sommeiller, qui a utilisé le marteau à air comprimé pour percer les Alpes, les dragues géantes de Suez, les aciers spéciaux pour la marine ont placé la technologie au plan le plus élevé. Il était certes regrettable que la guerre interrompît cet effort : il reprendrait peu après.

Derrière la technique, l'activité culturelle. Les missionnaires catholiques ont tiré le plus grand profit de la politique d'intervention en Chine, en Indochine, en Syrie, en Océanie, et de la première exploration du continent africain. Cette œuvre missionnaire, ces écoles religieuses françaises ouvertes en Orient ne seront pas remises en question même au plus fort de la politique anticléricale de la IIIe République. L'effort consenti dans la construction d'édifices religieux, ou dans la réfection des cathédrales, place la France au premier rang du dynamisme prosélyte et soutient le travail missionnaire du pape sur les terres déchristianisées : l'Empire a favorisé en France les pèlerinages, le développement de la presse et des éditions catholiques.

Plus généralement, le modèle culturel français a gagné en prestige dans le monde, d'une exposition universelle à l'autre. Il est encore trop tôt, en 1870, pour apprécier la richesse et la vigueur d'une culture non officielle, et même hostile à la société impériale, qui donnerait ses fruits vingt ans plus tard : mais si Manet ou Courbet ne sont pas encore cotés à New York et à Londres, la France, cette « tyrannie impériale », est le pays où les peintres exposent aux « salons refusés » et dont la littérature jouit dans tous les domaines (poésie, roman, théâtre, essais) d'un prestige incomparable. Les ennemis de l'Empire, vedettes de la création, n'ont pas cessé de servir le renom de la France alors même qu'ils attaquaient le régime. Victor Hugo, demain Zola, sans oublier Sainte-Beuve et Flaubert, étaient étroitement associés à la vie française, même si bien peu assistaient aux journées de Compiègne. Le régime n'a donc pas constitué une parenthèse négative, un désastreux intermède où « refusés » et exilés se sont placés en dehors de l'évolution du pays. Les modèles de la saga zolacienne des Rougon-Macquart, écrite plus tard, retraceront l'histoire sociale de l'Empire, qui avait façonné des types nouveaux d'une telle présence qu'ils fascinaient le romancier : le Mouret du *Bonheur des Dames* ne devait rien à l'Empereur, et tout à l'Empire.

Les véritables ennemis du régime, ceux qui se réjouirent de sa disparition, n'étaient point les pauvres et les opprimés, mais les notables privilégiés que l'expansion capitaliste, industrielle et commerciale gênait dans leurs habitudes. De ce point de vue, les vingt ans d'une dictature de plus en plus modérée ont accéléré l'évolution qui faisait exploser les cadres trop étroits de la richesse installée, dans la fortune familiale et provinciale. Qu'on pût rencontrer dans le Paris des cocottes et des turfistes autant de millionnaires à la fortune toute récente pouvait choquer, mais n'inquiétait guère les grands intérêts, qui s'étaient adaptés au changement. L'Empire avait, à sa création, trois objectifs : dans les domaines de l'ordre social, de l'économie et de la politique internationale. D'abord, établir durablement l'ordre social en France et rendre impossibles les révolutions. L'accroissement de la gendarmerie, la création de forces de police, la définition d'une justice sociale dure avaient répondu à cet objectif : la paix sociale avait été maintenue et Napoléon s'était même permis d'orienter la législation vers la reconnaissance de la classe ouvrière comme interlocuteur. La doctrine des « libertés civiles » devait conduire au droit de grève et à la tolérance syndicale. Si elle n'avait pas abouti à des réalisations plus rapides, c'est en raison de l'opposition des notables qui s'exprimait au Corps législatif ou dans le cénacle du Conseil d'État. Le mouvement avait été donné : il serait repris, quelques années plus tard, par Waldeck-Rousseau. Ses lois syndicales ont suscité, de son temps, toutes les louanges : personne n'a su gré à Morny l'aventurier de confier le dossier des grèves au libéral Ollivier, qui devait le plaider contre ses amis, les notables républicains.

Le deuxième volet de l'ordre social était la

politique associative, encouragée par le régime, modérément mise en place, mais qui trouverait plus tard ses développements, agricoles autant qu'industriels. Des mesures concrètes (caisse de la boulangerie, de la boucherie) assuraient la stabilité des cours des denrées de première nécessité. Enfin, le volet caritatif de la politique impériale (création d'hospices et d'hôpitaux) n'était pas négligeable. Un mouvement d'humanisation du droit, un essai d'amélioration de la condition pénitentiaire ne rencontraient pas dans la presse de droite un enthousiasme laudatif. On se gaussait au contraire d'un régime humanitaire dont on redoutait qu'il ne finisse par supprimer la peine de mort.

L'hygiène, l'amélioration des conditions de la vie urbaine, la protection et le développement de la nature, l'attention apportée à l'environnement, au circuit complexe des eaux, à l'irrigation, à la lutte contre l'inondation faisaient appel à des conceptions très neuves et recherchaient le concours de praticiens d'un grand prestige, spécialistes des arbres, des usines hydrauliques, des égouts et des stations d'épuration. Jamais on n'avait tant planté, spécialement en milieu urbain. Mais l'Empereur pensait aussi à l'aménagement du territoire, accomplissait la transformation de régions entières, luttant partout contre les friches, les marécages, pour l'assainissement des espaces soumis aux endémies. Le régime a légué au suivant la préoccupation de mieux vivre. Dans la dernière période, celle du ministre Ollivier, une commission étudiait la décentralisation et se préoccupait de développer dans les régions le goût de l'initiative économique et l'autogestion administrative.

La deuxième mission du régime autoritaire a été

de rattraper le retard du développement français, en organisant les investissements nécessaires, en rassemblant main-d'œuvre, capitaux et technologies. De ce point de vue, la réussite des années cinquante est exemplaire : les chemins de fer et les ports, le renouvellement des grandes villes créaient en France un paysage nouveau que la IIIe République ne cesserait d'enrichir : le « décollage » économique était incontestable, même si la réussite des chemins de fer s'accompagnait d'un retard accentué dans le domaine des canaux et des routes. Curieusement, les notables, loin de se féliciter d'une réussite à laquelle, sous la Monarchie de Juillet, ils n'avaient pas vraiment cru, se plaignaient des lacunes du développement ferroviaire et exigeaient que l'État finançât à leur profit des lignes d'intérêt secondaire. Cette prétention coûteuse, contenue par Rouher, devait aboutir, sous la République, au plan Freycinet, où les bondes seraient ouvertes à l'électoralisme.

La politique d'expansion rapportait aux rentiers (qui seraient bientôt très nombreux en France, jusqu'à 500 000 à la fin du siècle) de beaux dividendes, et la Bourse s'était acquis une clientèle singulièrement élargie. Entre les boursicoteurs déçus par les mexicaines (les futurs gogos de la IIIe République) et les mystérieux et puissants profiteurs de la hausse des valeurs (le Sacard de Zola), on oublie trop facilement la troupe très agrandie des moyens porteurs, les bénéficiaires du Crédit mobilier, mais surtout du Foncier et plus tard du Lyonnais. Ceux-ci constitueraient l'armature bourgeoise de la future République : leur bien-être datait de l'Empire.

Il est vrai que le « progrès » condamnait à mort

d'innombrables petits commerces, à la faillite les industries traditionnelles des campagnes : par exemple le lin dans l'Ouest, la petite métallurgie dans le Centre. Il mettait en difficulté les artisans de village, la fabrication des textiles à domicile. Le mécontentement grandissait et les notables s'inquiétaient : les petites banques de famille, prospères en province, perdaient leur clientèle. Le renouvellement social avait ses victimes. Si les agriculteurs étaient dans l'ensemble gagnants, bien que le prolétariat rural du Centre et du Sud n'eût guère profité de la hausse des prix agricoles, la détresse des masses ouvrières était dans certaines régions tragique et les industriels en rendaient responsables le traité libre-échangiste et la concurrence internationale qui cependant bénéficiaient à d'autres secteurs de la production et du commerce. L'expansion avantageait les uns, mais dérangeait les autres : il n'est pas surprenant qu'elle eût pour adversaires des notables qui défendaient l'ancien système de production, plus prudent, qui ne reposait pas sur le crédit.

La critique des notables était encore plus vive dans le domaine de la politique étrangère. Pourtant, Thiers, leur représentant le plus éclatant, avait sous Louis-Philippe titillé l'Angleterre, indigné les Allemands, provoqué en Europe des remous qui allaient jusqu'au risque de guerre, en cherchant à bousculer les traités de 1815 et en lançant la France dans une politique d'expansion outre-mer. Il avait été durement tancé par le roi, pour qui l'alliance anglaise était l'arche sainte de la paix. C'est Thiers, précisément, qui devait être l'adversaire le plus efficace, le plus attentif, de la « politique des nationalités » que Napoléon III avait engagée en Europe.

Tout était objet de griefs. Ainsi l'expédition de Crimée pourtant des plus rassurantes : elle n'avait pour objet, en accord avec l'Angleterre, que de ménager l'équilibre des puissances dans un domaine (le Proche-Orient) où la France avait des intérêts traditionnels. Cette politique se donnait pour objectif la paix par l'entente, et le congrès qui avait suivi la guerre avait fait apparaître une sorte de nouveau concert des puissances, un embryon de droit international qui tendait à rendre les conflits plus difficiles, à empêcher les abus de pouvoir des nations. On critiqua l'entreprise comme coûteuse et irréaliste, alors qu'elle avait rétabli Paris au centre des échanges diplomatiques internationaux : la politique de prestige indisposait le bourgeois.

L'aide à l'Italie suscitait l'adhésion de la gauche et des admirateurs de l'Empire : n'était-elle pas conforme aux vues européennes du grand Empereur, qui avait le premier créé, à son profit, un royaume d'Italie, prenant le risque de bousculer le pape, et même de le faire arrêter ? Mais Pie IX n'était pas Pie VII et l'opposition catholique, sensibilisée par un péril révolutionnaire, s'affirmait avec passion, parfois avec violence, et reprochait à l'Empereur d'avoir sacrifié les intérêts vitaux de la papauté pour quelques gains territoriaux (la Savoie et Nice), contribuant ainsi au développement mondial de l'anticléricalisme qui se manifestait en Italie comme en Allemagne et au Mexique. Après 1860, la conjoncture de ces oppositions rendit nécessaire une évolution du régime : devant tant d'hostilités déclarées, il devait rechercher de nouveaux appuis.

Liberté économique, libertés politiques, telle est la maxime du pouvoir après 1860. Est-il sincère ? Dans sa lutte contre les catholiques, il redécouvre avec Baroche un gallicanisme désuet qui représente une arme peu efficace contre l'ultramontanisme et la constitution en France d'un parti catholique qui devient un solide groupe de pression électorale. L'Empereur suscite, bien malgré lui, un mouvement anticlérical qui trouve à la fin des années soixante un terreau fertile dans les quartiers révolutionnaires parisiens. Mais surtout, il pousse les ultramontains extrêmes, comme Veuillot, à formuler les premiers l'hypothèse d'une séparation de l'Église et de l'État dont les notables républicains font aussitôt leur profit. Ainsi se trouve tracée une avenue politique nouvelle, qui ne rapporte pas au régime un surcroît de partisans, mais offrira aux opposants, aux futurs dirigeants de la prochaine République, un axe politique très sûr. L'anticléricalisme est bien une invention de l'Empire.

Il façonne prudemment les bases d'un système parlementaire français, par étapes successives : les députés du Corps législatif, les premiers concernés, retrouvent d'abord l'usage de la tribune, puis de la sténographie des débats, enfin de la participation du gouvernement aux travaux parlementaires. Cette évolution avait été désirée et organisée à ses débuts par le duc de Morny, ancien député orléaniste. Il jugeait inutile d'attirer sur le régime l'hostilité systématique de la classe des notables, il voulait au contraire les gagner. Les députés étaient alors des propriétaires fonciers industriels, des rentiers. Pourquoi ne pas les associer au pouvoir ? Quand ils devinrent des juristes, des avocats, des journalistes, on ne put leur fermer les portes. Il était donc inévitable que le régime se rapprochât d'une démocratie à l'anglaise. L'empereur sembla franchir le pas décisif en appelant aux affaires celui que la majorité du Parlement exigeait, Ollivier, contre Rouher. Ce changement était décisif : il impliquait le désaveu de l'État pour qui le contrôle parlementaire devait être réduit au minimum. Sous le bref consulat d'Ollivier seraient articulées les réformes (du Sénat, des municipalités, du mode de scrutin) qui deviendraient le dispositif de la future République des notables. Ainsi l'Empire, constamment combattu dans la guérilla parlementaire par ces notables, avait fini par leur offrir les clés de la maison.

S'il capitulait, c'est que les circonstances lui étaient moins favorables. Il avait dû accepter des grands banquiers (Fould, Rothschild) une pause dans l'expansion et la rectification financière. L'échec de l'affaire mexicaine et le marécage romain rendaient problématique la coûteuse politique étrangère. Dans ce domaine, un coup d'arrêt brutal suivit Sadowa : il était clair que la politique des nationalités travaillait à présent au bénéfice d'une nation qui ne paierait l'appui de la France, au mieux, que par des « pourboires » sans intérêt, et qui risquait de devenir une menace économique et politique sur la frontière du Rhin. Dès lors, l'Empereur ne songea plus à l'infériorité de la France, vis-à-vis de l'orgueilleuse Angleterre, mais au possible agenouillement de l'Empire devant la conjonction de deux forces redoutables : l'acier de la Ruhr et l'état-major prussien. Quand il devint clair que l'arrogant Bismarck ne reculerait pas devant la guerre pour imposer l'unité de son pays, puis sa suprématie en Europe, l'Empereur imagina des remèdes en profondeur, alors qu'il n'en avait plus le temps ni les moyens : des écoles pour rendre les Français capables de lutter contre la méritocratie prussienne, une armée nationale pour faire face aux vainqueurs de Sadowa qui, demain, se jetteraient sur la France. Ayant manqué ces deux objectifs, malgré les efforts tenaces et quelquefois heureux de Victor Duruy et du maréchal Niel, il ne voyait plus au danger prussien de remparts que conjoncturels : une alliance autrichienne, un engagement de l'Italie. Il était si conscient de ce danger qu'il accepta, en politique étrangère, de renoncer à soutenir ses amis de Florence pour envoyer de nouveaux soldats à Rome, ce qui excluait toute reconnaissance italienne, mais il devait, à tout prix, rétablir la paix civile en France au moment où la résurgence internationale du mythe révolutionnaire risquait de rencontrer dans les agglomérations urbaines un succès croissant. Napoléon, certes, ne se trompait pas d'ennemi, mais il avait usé ses armes. La défaite de Sedan allait faire de la politique qu'il préconisait un impérieux devoir national : ainsi les républicains pourraient-ils plus tard s'attribuer le mérite d'avoir réalisé les deux idées qui lui tenaient à cœur : l'école obligatoire et l'armée de la nation.

On comprend dès lors pourquoi toute polémique sur les mérites ou les erreurs de Napoléon III n'a pas de sens : les vingt années de pouvoir impérial sont étroitement inscrites dans le droit fil de l'évolution politique, économique, sociale, culturelle de la France pendant le siècle du charbon et de l'acier. Il n'y a pas lieu de juger l'hôte des Tuileries. On ne peut que constater l'accélération sensible dans plusieurs domaines, et l'amorce très prononcée des sillons du futur. Quant à la forme autoritaire du pouvoir impérial, on serait tenté d'affirmer qu'elle retarderait de vingt ans l'évolution du régime français vers le parlementarisme libéral, si précisément la mise en question de ce régime par celui d'aujourd'hui ne semblait donner raison à ceux qui, en 1852, avaient étranglé la République des notables. Il est vrai que la pondération des pouvoirs (exécutif et législatif) change selon les exigences de l'économie et de la société et qu'on peut préférer le règne des ingénieurs ou des financiers à celui des députés. Il reste que dans l'éternel débat de la sécurité et de la liberté, l'histoire a des désirs contrariés qui mettent en question les institutions les plus solides d'apparence. Quand on est las d'une autorité qui se refuse au contrôle de sa politique par les élus de la nation, on se prend à rêver d'un autre régime. Le discrédit des anciennes républiques (hier la deuxième, aujourd'hui la quatrième) ne pèse plus guère quand l'exigence de liberté appelle à une redéfinition plus équitable des pouvoirs, sous la pression d'une ardente attente du pays. Il n'existe pas alors de résistance possible : c'est ainsi que, sous les yeux de l'Empereur, disparut l'Empire.

BIBLIOGRAPHIE

Ouvrages généraux sur le Second Empire :

AUMMOINE et DANGEAU, *La France a cent ans*, Paris, Fayard, 1965.
DANSETTE (Adrien), *Du 2 décembre au 4 septembre*, Paris, Hachette, 1972.
GIRARD (Louis), *Napoléon III*, Paris, Fayard, 1986.
LA GORCE (Pierre de), *Histoire du Second Empire*, Paris, Plon, 7 vol., 1894-1904.
PLESSIS (A.), *De la fête impériale au mur des fédérés*, Paris, Le Seuil-Point, 1967.
POUTHAS (Ch.-H.), *Histoire politique du Second Empire*, Paris, CDU, 1954.
ROUGERIE (J.), « Le Second Empire », in *Histoire de la France*, dirigée par G. Duby, t. III, Larousse, 1972.
SÉGUIN (Ph.), *Louis Napoléon le Grand*, Paris, Grasset, 1990.
SEIGNOBOS (Ch.) in *Histoire de la France contemporaine* de Lavisse, t. VI et VII, Paris, Hachette, 1921.
ZEDLIN (Th.), *Histoire des passions françaises*, Paris, Le Seuil, 5 vol., 1981.

Ouvrages économiques :

BERGERON (L.), *L'Industrialisation de la France au XIXe siècle*, Paris, Hatier, 1979. *Les Capitalistes en France. 1789-1914*, Paris, Gallimard, 1978

BOUVIER (J.), *Le Crédit lyonnais de 1863 à 1882*, Paris, SEVPEN, 1961. *Les Rothschild*, Paris, Fayard, 1967.

BRAUDEL et LABROUSSE, *Histoire économique et sociale de la France*, t. III, vol. 1 et 2, Paris, PUF, 1976 et 1979.

CAMERON (R.), *La France et le développement économique de l'Europe*, Paris, Le Seuil, 1971.

CARON (F.), *Histoire de l'exploitation d'un grand réseau français : la compagnie des chemins de fer du Nord de 1846 à 1936*, Paris-La Haye, Mouton, 1972.

CARS (Jean des) et PINON (Pierre), *Paris-Haussmann*, Picard, 1992.

CROUZET (F.), « Essai de construction d'un indice annuel de la production industrielle française au XIXe siècle », in *Annales ESC*, janv.-fév. 1970. *De la supériorité de l'Angleterre sur la France*, Paris, Perrin, 1985.

DEVILLERS (Ch.) et HUET (B.), *Le Creusot*, Paris, Champ Vallon, 1981.

FOHLEN (Ch.), *L'Industrie textile au temps du Second Empire*, Paris, Plon, 1956.

GAILLARD (Jeanne), *Paris, la ville*, Paris, H. Champion, 1977.

GILLE (B.), *Histoire de la Maison Rothschild*, t. II, Genève, Droz, 1967.

GIRARD (L.), *La Politique des travaux publics du Second Empire*, Paris, A. Colin, 1952.

LESSEPS (Alex de), *Moi, Ferdinand de Lesseps*, Paris, Orban, 1986.

MORTON (Frédéric), *Les Rothschild*, Paris, L'Air du Temps, 1962.

MUHLSTEIN (Anka), *James de Rothschild*, Paris, Gallimard, 1981.

PALMADE (G.P.), *Capitalistes et Capitalisme français au XIXe siècle*, Paris, A. Colin, 1961.

SIMIOT (Bernard), *Suez. 50 siècles d'histoire*, Paris, Arthaud, 1974.

VIAL (J.), *L'Industrialisation de la sidérurgie française, 1814-1864*, Paris-La Haye, Mouton, 1967.

Histoire sociale :

AGULHON (M.), DESERT (G.) et SPECKLIN (R.), *Apogée et Crise de la civilisation paysanne, Histoire de la France rurale*, t. III, Paris, Le Seuil, 1976.

CHAMINE (J.-P.), *Les Bourgeois de Rouen*, Paris, PFNSP, 1982.

CHEVALIER (L.), *Classes laborieuses et Classes dangereuses à Paris pendant la première moitié du XIXe siècle*, Paris, Plon, 1958.

DUVEAU (G.), *La Vie ouvrière sous le Second Empire*, Paris, Gallimard, 1946.

KUHNHOLTZ-LORDAT (G.), *Napoléon III et la paysannerie française*, Monte-Carlo, Regain, 1962.

LEQUIN (Yves), *Les Ouvriers de la région lyonnaise, 1848-1914*, Lyon, PU de Lyon, 1977.

L'HUILLIER (F.), *La Lutte ouvrière à la fin du Second Empire*, Paris, A. Colin, 1957.

PIERRARD (P.), *La Vie ouvrière à Lille sous le Second Empire*, Paris, Bloud et Gay, 1965.

PLESSIS (A.), *Régents et Gouverneurs de la Banque de France sous le Second Empire*, Genève, Droz, 1985.

ROUGERIE (J.), *Le Procès des Communards*, Paris, Archives-Gallimard, 1978.

Histoire diplomatique et militaire :

AGERON (Ch. R.), *L'Algérie algérienne de Napoléon III à de Gaulle*, Paris, Sinbad, 1980.

BAIROCH (P.), *Commerce extérieur et Développement économique de l'Europe au XIXe siècle*, Paris, Mouton, 1976.

BARAIL (général du), *Mes Souvenirs*, Paris, Plon, 3 vol., 1895.

CASTELLANE (maréchal de), *Campagnes de Crimée, d'Italie, d'Afrique, de Chine et de Syrie. Correspondances adressées au...*, Paris, Plon, 1898.

DELMAS (Jean), *Histoire militaire de la France*, t. II, PUF, 1992.

FOHLEN (Ch.), « Bourgeoisie française, libre-échange et intervention de l'État », *Revue économique*, 1956.

MAYER (Arno), *La Persistance de l'Ancien Régime*, Paris, Flammarion, 1983.

PERRET (capitaine), *Récits de Crimée*, Paris, Bloud et Barral, s.d.

RENOUVIN (P.), *Histoire des relations internationales*, t. V, vol. 1, Paris, Hachette, 1964. *La Politique extérieure du Second Empire*, Paris, CDU, 1947.

ROTH (F.), *La Guerre de 70*, Paris, 1990.

SCHEFER (C.), *La Grande Pensée de Napoléon III. Les origines de l'expédition du Mexique. 1858-1862*. Paris, Rivière, 1939.

SERMAN (W.), *Les Officiers français dans la nation. 1848-1914*, Paris, Aubier, 1982.

WILLING (Paul), *L'Armée de Napoléon III*, musée de l'Armée, Paris, 1983.

Opinion publique et vie quotidienne :

ALLEM (M.), *La Vie quotidienne sous le Second Empire*, Paris, Hachette, 1948.

ANGLADE (Jean), *La Vie quotidienne dans le Massif central au XIXe siècle*, Paris, Hachette, 1972.

AUGIER (Paul), *Quand les grands-ducs valsaient à Nice*, Paris, Fayard, 1981.

BAC (F.), *La Cour des Tuileries sous le Second Empire*, Paris, Hachette, 1930.

BAROLI (Marc), *La Vie quotidienne des Français en Algérie*, Paris, Hachette, 1967.

BELLANGER, GODECHOT, GUIRAL et TERROU, *Histoire générale de la presse française*, t. II, Paris, PUF, 1969.

BELLET (R.), *Presse et Journalisme sous le Second Empire*, Paris, A. Colin, 1967.

BLOCH (J.-J.) et DELORT (Marianne), *Quand Paris allait à l'Expo*, Paris, Fayard, 1980.

BRIAIS (B.), *Grandes courtisanes du Second Empire*, Paris, Tallandier, 1981.

GASNAULT (F.), *Guinguettes et Lorettes,* Paris, Aubier, 1986.
LETHÈVE (J.), *La Vie quotidienne des artistes français au XIX⁰ siècle,* Paris, Hachette, 1968.
MERLIN (Olivier), *Quand le bel canto régnait sur les boulevards,* Paris, Fayard, 1978.
MIQUEL (P.) *Les Gendarmes,* Paris, Orban, 1970. *Le Second Empire,* Album, Paris, A. Barret, 1979.
MITTERAND (H.), *Zola journaliste,* Paris, 1959.
PIERRARD (P.), *La Vie quotidienne dans le Nord au XIX⁰ siècle,* Paris, Hachette, 1976.
TABARANT (A.), *Manet et son œuvre,* Paris, Gallimard, 1947.
VINCENOT (H.), *La Vie quotidienne dans les chemins de fer au XIX⁰ siècle,* Paris, Hachette, 1976.

Problèmes religieux et scolaires :

CHEVALIER (P.), *Histoire de la maçonnerie française,* t. II, Paris, Fayard, 1974.
DANSETTE (A.), *Histoire religieuse de la France contemporaine,* t. I, Paris, Flammarion, 1948.
MAURIN (J.), *La Politique religieuse du Second Empire,* Paris, Alcan, 1930.
PROST (A.), *L'Enseignement en France,* Paris, A. Colin, 1968.
WEIL (G.), *Histoire de l'idée laïque en France,* Paris, Alcan, 1925. *Histoire du parti républicain,* Paris, Alcan, 1925.
WRIGHT (V.), « Les préfets du Second Empire », in *Rev. Hist.,* juillet 1968.

Mémoires et biographies :

AMSON (Daniel), *Adolphe Crémieux,* Paris, Le Seuil, 1988.
AUTIN (Jean), *L'Impératrice Eugénie,* Paris, Fayard, 1990.
Les Frères Pereire, le bonheur d'entreprendre, Paris, Perrin, 1984.
BAUDELAIRE (Charles), *Œuvres complètes,* coll. Bouquins, Laffont, 1980.

CAMP (Maxime du), *Souvenirs d'un demi-siècle*, Paris, Hachette, 1949.

CASTILLON DU PERRON (Marguerite), *La Princesse Mathilde*, Paris, Perrin, 1956.

DECAUX (Alain), *Victor Hugo*, Paris, Perrin, 1984. *Blanqui l'Insurgé*, Paris, Perrin, 1982. *La Castiglione*, Paris, Perrin, 1964.

DELORD (Taxil), *Histoire du Second Empire*, 6 vol., Paris, 1859-1876.

DOLLEANS (Édouard), *Proudhon*, Paris, Gallimard, 1948.

DUFRESNE (Claude), *Morny*, Paris, Perrin, 1983. *Offenbach*, Paris, Critérion, 1992.

FARAT (Henri), *Persigny*, Paris, Hachette, 1957.

GONCOURT (Edmond et Jules de), *Journal*, 2 vol., Paris, Laffont-Bouquins, 1989.

GUIRAL (Pierre), *Adolphe Thiers*, Paris, Fayard, 1986.

HALÉVY (Ludovic), *Carnets*, 2 vol., Paris, Calmann-Lévy, 1923/1925.

JEAMBRUN (Pierre), *Jules Grévy ou la République debout*, Paris, Tallandier, 1991.

MAURAIN (Jean), *Baroche, ministre de Napoléon III*, Paris, Alcan, 1936.

MÉNIÈRE (Prosper), *Journal*, Paris, 1903. *La Comtesse de Valon*, Paris, Plon, 1909.

OLLIVIER (Émile), *Journal*, Paris, Julliard, 1961.

PERROD (Pierre Antoine), *Jules Favre*, Paris, La Manufacture, 1988.

SACY (J. Silvestre de), *Le Maréchal de Mac-Mahon*, Paris, Les Éditions internationales, 1960.

SAINT-MARC (Pierre), *Émile Ollivier*, Paris, Plon, 1951.

SCHNERB (R.), *Rouher et le Second Empire*, Paris, A. Colin, 1949.

Souvenirs de Madame Camescasse, Paris, Plon, 1924.

TOCQUEVILLE (Alexis de), *Œuvres complètes*, Paris, Gallimard, 1951.

VATRE (Éric), *Henri Rochefort*, Paris, Lattès, 1984.

TABLE DES MATIÈRES

La surprise du chef..................... 7

PREMIÈRE PARTIE

Le mensonge impérial

Chapitre 1. La France se réveille.......... 33
Chapitre 2. L'appareil de l'État........... 73
Chapitre 3. Le chemin de fer............ 117
Chapitre 4. L'Empire, c'est la guerre ! 159

DEUXIÈME PARTIE

Le rêve dynastique

Chapitre 5. Rome et la France 201
Chapitre 6. La fièvre italienne............ 241
Chapitre 7. L'ordre du monde............ 283
Chapitre 8. Le rappel à l'ordre 325

TROISIÈME PARTIE
Le réveil

Chapitre 9. La fête parisienne 367
Chapitre 10. Le réveil de la nation 405
Chapitre 11. Le retour des députés 443
Chapitre 12. La guerre ou la révolution 485

Mourir à Sedan 525

Bibliographie 547

collection tempus
Perrin

DÉJÀ PARU

1. *Histoire des femmes en Occident* (dir. Michelle Perrot, Georges Duby), *L'Antiquité* (dir. Pauline Schmitt Pantel).
2. *Histoire des femmes en Occident* (dir. Michelle Perrot, Georges Duby), *Le Moyen Âge* (dir. Christiane Klapisch-Zuber).
3. *Histoire des femmes en Occident* (dir. Michelle Perrot, Georges Duby), *XVIe-XVIIIe siècle* (dir. Natalie Zemon Davis, Arlette Farge).
4. *Histoire des femmes en Occident* (dir. Michelle Perrot, Georges Duby), *Le XIXe siècle* (dir. Michelle Perrot, Geneviève Fraisse).
5. *Histoire des femmes en Occident* (dir. Michelle Perrot, Georges Duby), *Le XXe siècle* (dir. Françoise Thébaud).
6. *L'épopée des croisades* – René Grousset.
7. *La bataille d'Alger* – Pierre Pellissier.
8. *Louis XIV* – Jean-Christian Petitfils.
9. *Les soldats de la Grande Armée* – Jean-Claude Damamme.
10. *Histoire de la Milice* – Pierre Giolitto.
11. *La régression démocratique* – Alain-Gérard Slama.
12. *La première croisade* – Jacques Heers.
13. *Histoire de l'armée française* – Philippe Masson.
14. *Histoire de Byzance* – John Julius Norwich.
15. *Les Chevaliers teutoniques* – Henry Bogdan.
16. *Mémoires, Les champs de braises* – Hélie de Saint Marc.
17. *Histoire des cathares* – Michel Roquebert.
18. *Franco* – Bartolomé Bennassar.
19. *Trois tentations dans l'Église* – Alain Besançon.
20. *Le monde d'Homère* – Pierre Vidal-Naquet.
21. *La guerre à l'Est* – August von Kageneck.
22. *Histoire du gaullisme* – Serge Berstein.
23. *Les Cent-Jours* – Dominique de Villepin.
24. *Nouvelle histoire de la France*, tome I – Jacques Marseille.
25. *Nouvelle histoire de la France*, tome II – Jacques Marseille.
26. *Histoire de la Restauration* – Emmanuel de Waresquiel et Benoît Yvert.
27. *La Grande Guerre des Français* – Jean-Baptiste Duroselle.
28. *Histoire de l'Italie* – Catherine Brice.
29. *La civilisation de l'Europe à la Renaissance* – John Hale.
30. *Histoire du Consulat et de l'Empire* – Jacques-Olivier Boudon.
31. *Les Templiers* – Laurent Daillez.

32. *Madame de Pompadour* – Évelyne Lever.
33. *La guerre en Indochine* – Georges Fleury.
34. *De Gaulle et Churchill* – François Kersaudy.
35. *Le passé d'une discorde* – Michel Abitbol.
36. *Louis XV* – François Bluche.
37. *Histoire de Vichy* – Jean-Paul Cointet.
38. *La bataille de Waterloo* – Jean-Claude Damamme.
39. *Pour comprendre la guerre d'Algérie* – Jacques Duquesne.
40. *Louis XI* – Jacques Heers.
41. *La bête du Gévaudan* – Michel Louis.
42. *Histoire de Versailles* – Jean-François Solnon.
43. *Voyager au Moyen Âge* – Jean Verdon.
44. *La Belle Époque* – Michel Winock.
45. *Les manuscrits de la mer Morte* – Michael Wise, Martin Abegg Jr. & Edward Cook.
46. *Histoire de l'éducation*, tome I – Michel Rouche.
47. *Histoire de l'éducation*, tome II – François Lebrun, Marc Venard, Jean Quéniart.
48. *Les derniers jours de Hitler* – Joachim Fest.
49. *Zita impératrice courage* – Jean Sévillia.
50. *Histoire de l'Allemagne* – Henry Bogdan.
51. *Lieutenant de panzers* – August von Kageneck.
52. *Les hommes de Dien Bien Phu* – Roger Bruge.
53. *Histoire des Français venus d'ailleurs* – Vincent Viet.
54. *La France qui tombe* – Nicolas Baverez.
55. *Histoire du climat* – Pascal Acot.
56. *Charles Quint* – Philippe Erlanger.
57. *Le terrorisme intellectuel* – Jean Sévillia.
58. *La place des bonnes* – Anne Martin-Fugier.
59. *Les grands jours de l'Europe* – Jean-Michel Gaillard.
60. *Georges Pompidou* – Eric Roussel.
61. *Les États-Unis d'aujourd'hui* – André Kaspi.
62. *Le masque de fer* – Jean-Christian Petitfils.
63. *Le voyage d'Italie* – Dominique Fernandez.
64. *1789, l'année sans pareille* – Michel Winock.
65. *Les Français du Jour J* – Georges Fleury.
66. *Padre Pio* – Yves Chiron.
67. *Naissance et mort des Empires*.
68. *Vichy 1940-1944* – Jean-Pierre Azéma, Olivier Wieviorka.
69. *L'Arabie Saoudite en guerre* – Antoine Basbous.
70. *Histoire de l'éducation*, tome III – Françoise Mayeur.
71. *Histoire de l'éducation*, tome IV – Antoine Prost.
72. *La bataille de la Marne* – Pierre Miquel.
73. *Les intellectuels en France* – Pascal Ory, Jean-François Sirinelli.
74. *Dictionnaire des pharaons* – Pascal Vernus, Jean Yoyotte.

75. *La Révolution américaine* – Bernard Cottret.
76. *Voyage dans l'Égypte des Pharaons* – Christian Jacq.
77. *Histoire de la Grande-Bretagne* – Roland Marx, Philippe Chassaigne.
78. *Histoire de la Hongrie* – Miklós Molnar.
79. *Chateaubriand* – Ghislain de Diesbach.
80. *La Libération de la France* – André Kaspi.
81. *L'empire des Plantagenêt* – Martin Aurell.
82. *La Révolution française* – Jean-Paul Bertaud.
83. *Les Vikings* – Régis Boyer.
84. *Examen de conscience* – August von Kageneck.
85. *1905, la séparation des Églises et de l'État.*
86. *Les femmes cathares* – Anne Brenon.
87. *L'Espagne musulmane* – André Clot.
88. *Verdi et son temps* – Pierre Milza.
89. *Sartre* – Denis Bertholet.
90. *L'avorton de Dieu* – Alain Decaux.
91. *La guerre des deux France* – Jacques Marseille.
92. *Honoré d'Estienne d'Orves* – Etienne de Montety.
93. *Gilles de Rais* – Jacques Heers.
94. *Laurent le Magnifique* – Jack Lang.
95. *Histoire de Venise* – Alvise Zorzi.
96. *Le malheur du siècle* – Alain Besançon.
97. *Fouquet* – Jean-Christian Petitfils.
98. *Sissi, impératrice d'Autriche* – Jean des Cars.
99. *Histoire des Tchèques et des Slovaques* – Antoine Marès.
100. *Marie Curie* – Laurent Lemire.
101. *Histoire des Espagnols,* tome I – Bartolomé Bennassar.
102. *Pie XII et la Seconde Guerre mondiale* – Pierre Blet.
103. *Histoire de Rome,* tome I – Marcel Le Glay.
104. *Histoire de Rome,* tome II – Marcel Le Glay.
105. *L'État bourguignon 1363-1477* – Bertrand Schnerb.
106. *L'Impératrice Joséphine* – Françoise Wagener.
107. *Histoire des Habsbourg* – Henry Bogdan.
108. *La Première Guerre mondiale* – John Keegan.
109. *Marguerite de Valois* – Eliane Viennot.
110. *La Bible arrachée aux sables* – Werner Keller.
111. *Le grand gaspillage* – Jacques Marseille.
112. *« Si je reviens comme je l'espère » : lettres du front et de l'Arrière, 1914-1918* – Marthe, Joseph, Lucien, Marcel Papillon.
113. *Le communisme* – Marc Lazar.
114. *La guerre et le vin* – Donald et Petie Kladstrup.
115. *Les chrétiens d'Allah* – Lucile et Bartolomé Bennassar.
116. *L'Égypte de Bonaparte* – Jean-Joël Brégeon.
117. *Les empires nomades* – Gérard Chaliand.
118. *La guerre de Trente Ans* – Henry Bogdan.

119. *La bataille de la Somme* – Alain Denizot.
120. *L'Église des premiers siècles* – Maurice Vallery-Radot.
121. *L'épopée cathare*, tome I, *L'invasion* – Michel Roquebert.
122. *L'homme européen* – Jorge Semprún, Dominique de Villepin.
123. *Mozart* – Pierre-Petit.
124. *La guerre de Crimée* – Alain Gouttman.
125. *Jésus et Marie-Madeleine* – Roland Hureaux.
126. *L'épopée cathare*, tome II, *Muret ou la dépossession* – Michel Roquebert.
127. *De la guerre* – Carl von Clausewitz.
128. *La fabrique d'une nation* – Claude Nicolet.
129. *Quand les catholiques étaient hors la loi* – Jean Sévillia.
130. *Dans le bunker de Hitler* – Bernd Freytag von Loringhoven et François d'Alançon.
131. *Marthe Robin* – Jean-Jacques Antier.
132. *Les empires normands d'Orient* – Pierre Aubé.
133. *La guerre d'Espagne* – Bartolomé Bennassar.
134. *Richelieu* – Philippe Erlanger.
135. *Les Mérovingiennes* – Roger-Xavier Lantéri.
136. *De Gaulle et Roosevelt* – François Kersaudy.
137. *Historiquement correct* – Jean Sévillia.
138. *L'actualité expliquée par l'Histoire.*
139. *Tuez-les tous! La guerre de religion à travers l'histoire* – Elie Barnavi, Anthony Rowley.
140. *Jean Moulin* – Jean-Pierre Azéma.
141. *Nouveau monde, vieille France* – Nicolas Baverez.
142. *L'Islam et la Raison* – Malek Chebel.
143. *La gauche en France* – Michel Winock.
144. *Malraux* – Curtis Cate.
145. *Une vie pour les autres. L'aventure du père Ceyrac* – Jérôme Cordelier.
146. *Albert Speer* – Joachim Fest.
147. *Du bon usage de la guerre civile en France* – Jacques Marseille.
148. *Raymond Aron* – Nicolas Baverez.
149. *Joyeux Noël* – Christian Carion.
150. *Frères de tranchées* – Marc Ferro.
151. *Histoire des croisades et du royaume franc de Jérusalem*, tome I, *1095-1130, L'anarchie musulmane* – René Grousset.
152. *Histoire des croisades et du royaume franc de Jérusalem*, tome II, *1131-1187, L'équilibre* – René Grousset.
153. *Histoire des croisades et du royaume franc de Jérusalem*, tome III, *1188-1291, L'anarchie franque* – René Grousset.
154. *Napoléon* – Luigi Mascilli Migliorini.
155. *Versailles, le chantier de Louis XIV* – Frédéric Tiberghien.
156. *Le siècle de saint Bernard et Abélard* – Jacques Verger, Jean Jolivet.

157. *Juifs et Arabes au XXᵉ siècle* – Michel Abitbol.
158. *Par le sang versé. La Légion étrangère en Indochine* – Paul Bonnecarrère.
159. *Napoléon III* – Pierre Milza.
160. *Staline et son système* – Nicolas Werth.
161. *Que faire?* – Nicolas Baverez.
162. *Stratégie* – B. H. Liddell Hart.
163. *Les populismes* (dir. Jean-Pierre Rioux).
164. *De Gaulle, 1890-1945*, tome I – Eric Roussel.
165. *De Gaulle, 1946-1970*, tome II – Eric Roussel.
166. *La Vendée et la Révolution* – Jean-Clément Martin.
167. *Aristocrates et grands bourgeois* – Eric Mension-Rigau.
168. *La campagne d'Italie* – Jean-Christophe Notin.
169. *Lawrence d'Arabie* – Jacques Benoist-Méchin.
170. *Les douze Césars* – Régis F. Martin.
171. *L'épopée cathare*, tome III, *Le lys et la croix* – Michel Roquebert.
172. *L'épopée cathare*, tome IV, *Mourir à Montségur* – Michel Roquebert.
173. *Henri III* – Jean-François Solnon.
174. *Histoires des Antilles françaises* – Paul Butel.
175. *Rodolphe et les secrets de Mayerling* – Jean des Cars.
176. *Oradour, 10 juin 1944* – Sarah Farmer.
177. *Volontaires français sous l'uniforme allemand* – Pierre Giolitto.
178. *Chute et mort de Constantinople* – Jacques Heers.
179. *Nouvelle histoire de l'Homme* – Pascal Picq.
180. *L'écriture. Des hiéroglyphes au numérique.*
181. *C'était Versailles* – Alain Decaux.
182. *De Raspoutine à Poutine* – Vladimir Fedorovski.
183. *Histoire de l'esclavage aux Etats-Unis* – Claude Fohlen.
184. *Ces papes qui ont fait l'histoire* – Henri Tincq.
185. *Classes laborieuses et classes dangereuses* – Louis Chevalier.
186. *Les enfants soldats* – Alain Louyot.
187. *Premiers ministres et présidents du Conseil* – Benoît Yvert.
188. *Le massacre de Katyn* – Victor Zaslavsky.
189. *Enquête sur les apparitions de la Vierge* – Yves Chiron.
190. *L'épopée cathare*, tome V, *La fin des Amis de Dieu* – Michel Roquebert.
191. *Histoire de la diplomatie française*, tome I.
192. *Histoire de la diplomatie française*, tome II.
193. *Histoire de l'émigration* – Ghislain de Diesbach.
194. *Le monde des Ramsès* – Claire Lalouette.
195. *Bernadette Soubirous* – Anne Bernet.
196. *Cosa Nostra. La mafia sicilienne de 1860 à nos jours* – John Dickie.
197. *Les mensonges de l'Histoire* – Pierre Miquel.
198. *Les négriers en terres d'islam* – Jacques Heers.

199. *Nelson Mandela* – Jack Lang.
200. *Un monde de ressources rares* – Le Cercle des économistes et Erik Orsenna.
201. *L'histoire de l'univers et le sens de la création* – Claude Tresmontant.
202. *Ils étaient sept hommes en guerre* – Marc Ferro.
203. *Précis de l'art de la guerre* – Antoine-Henri Jomini.
204. *Comprendre les Etats-unis d'aujourd'hui* – André Kaspi.
205. *Tsahal* – Pierre Razoux.
206. *Pop philosophie* – Mehdi Belahj Kacem, Philippe Nassif.
207. *Le roman de Vienne* – Jean des Cars.
208. *Hélie de Saint Marc* – Laurent Beccaria.
209. *La dénazification* (dir. Marie-Bénédicte Vincent).
210. *La vie mondaine sous le nazisme* – Fabrice d'Almeida.
211. *Comment naissent les révolutions.*
212. *Comprendre la Chine d'aujourd'hui* – Jean-Luc Domenach.
213. *Le second Empire* – Pierre Miquel.

À PARAÎTRE

Les papes en Avignon – Dominique Paladilhe.
Jean Jaurès – Jean-Pierre Rioux.
La Rome des Flaviens – Catherine Salles.

Achevé d'imprimer par
Normandie Roto Impression s.a.s.
61250 Lonrai
N° d'impression : 2404496
Dépôt légal : avril 2008

Imprimé en France